33.遯	34.大壯	35.晉	36.明夷	37.家人	38.睽	39.蹇	40.解
卦詞 4-256	卦詞 4-281	卦詞 4-304	卦詞 4-337	卦詞 5-25	卦詞 5-52	卦詞 5-88	卦詞 5-110
初六 4-258	初九 4-283	初六 4-310	初九 4-341	初九 5-29	初九 5-57	初六 5-94	初六 5-115
六二 4-260	九二 4-285	六二 4-314	六二 4-348	六二 5-31	九二 5-61	六二 5-96	九二 5-117
九三 4-263	九三 4-286	六三 4-318	九三 4-353	九三 5-35	六三 5-64	九三 5-99	六三 5-120
九四 4-267	九四 4-291	九四 4-320	六四 4-358	六四 5-42	九四 5-69	六四 5-101	九四 5-125
九五 4-270	六五 4-294	六五 4-324	六五 4-362	九五 5-44	六五 5-73	九五 5-102	六五 5-128
上九 4-271	上六 4-297	上九 4-327	上六 4-366	上九 5-46	上九 5-76	上六 5-104	上六 5-130

41.損	42.益	43.夬	44.姤	45.萃	46.升	47.困	48.井
卦詞 5-138	卦詞 5-172	卦詞 5-205	卦詞 5-240	卦詞 5-270	卦詞 5-302	卦詞 5-326	卦詞 5-365
初九 5-147	初九 5-177	初九 5-213	初六 5-243	初六 5-277	初六 5-307	初六 5-331	初六 5-373
九二 5-152	六二 5-180	九二 5-217	九二 5-249	六二 5-282	九二 5-309	九二 5-336	九二 5-376
六三 5-154	六三 5-185	九三 5-221	九三 5-252	六三 5-287	九三 5-312	六三 5-342	九三 5-381
六四 5-158	六四 5-192	九四 5-225	九四 5-256	九四 5-290	六四 5-313	九四 5-347	六四 5-384
六五 5-161	九五 5-194	九五 5-231	九五 5-259	九五 5-292	六五 5-316	九五 5-352	九五 5-386
上九 5-166	上九 5-198	上六 5-236	上九 5-263	上六 5-296	上六 5-318	上六 5-357	上六 5-388

49.革	50.鼎	51.震	52.艮	53.漸	54.歸妹	55.豐	56.旅
卦詞 6-24	卦詞 6-58	卦詞 6-97	卦詞 6-130	卦詞 6-162	卦詞 6-194	卦詞 6-227	卦詞 6-269
初九 6-31	初六 6-63	初九 6-105	初六 6-138	初六 6-167	初九 6-198	初九 6-234	初六 6-273
六二 6-34	九二 6-68	六二 6-107	六二 6-141	六二 6-171	九二 6-203	六二 6-239	六二 6-278
九三 6-36	九三 6-73	六三 6-112	九三 6-145	九三 6-175	六三 6-207	九三 6-247	九三 6-281
九四 6-41	九四 6-80	九四 6-115	六四 6-150	六四 6-180	九四 6-211	九四 6-253	九四 6-284
九五 6-45	六五 6-89	六五 6-117	六五 6-152	九五 6-183	六五 6-212	六五 6-256	六五 6-288
上六 6-47	上九 6-92	上六 6-122	上九 6-156	上九 6-187	上六 6-219	上六 6-258	上九 6-292

57.巽	58.兌	59.渙	60.節	61.中孚	62.小過	63.旣濟	64.未濟
卦詞 6-303	卦詞 6-337	卦詞 6-355	卦詞 6-385	卦詞 7-27	卦詞 7-61	卦詞 7-91	卦詞 7-127
初六 6-307	初九 6-340	初六 6-359	初九 6-392	初九 7-37	初六 7-68	初九 7-96	初六 7-135
九二 6-310	九二 6-342	九二 6-361	九二 6-396	九二 7-41	六二 7-71	六二 7-100	九二 7-137
九三 6-314	六三 6-344	六三 6-366	六三 6-398	六三 7-47	九三 7-74	九三 7-105	六三 7-138
六四 6-317	九四 6-345	六四 6-367	六四 6-400	六四 7-51	九四 7-76	六四 7-110	九四 7-141
九五 6-322	九五 6-348	九五 6-373	九五 6-403	九五 7-54	六五 7-81	九五 7-116	六五 7-145
上九 6-327	上六 6-350	上九 6-376	上六 6-405	上九 7-57	上六 7-85	上六 7-122	上九 7-149

譯註 周易四箋 7

Four Methods of Exposition on the Book of Change

옮긴이 방인(方仁)은 1980년에 서울대학교 인문대학 철학과를 졸업하였으며, 1983년에 한국학중앙연구원 부설 한국학대학원에서 「다산역학(茶山易學)사상에 대한 연구」로 석사학위를 취득하였다. 1995년에는 서울대학교 철학과에서 「태현(太賢)의 유식(唯識)철학연구」로 박사학위를 취득하였다. 다산역학과 관련해서는 「다산의 「역론(易論)」을 통해 본 卜筮의 모의실험적 기능」(『주역연구』 제4집, 한국주역학회, 1999) 등 7편의 논문을 발표하였으며, 중문(中文)으로는 「茶山易的辨證法」(『第五屆韓國傳統文化國際學術硏討會論文集』, 南京大, 2005) 등 2편, 영문(英文)으로는 "A Semiotic Approach to Understanding Tasan Chŏng Yakyong's Philosophy of Yijing"(*Review of Korean Studies*, Academy of Korean Studies, 2000) 등 3편의 논문을 발표하였다. 1989년 이래 경북대학교 인문대학 철학과 교수로 재직하고 있으며, 미국의 하버드대학 옌칭연구소와 캐나다의 브리티시 컬럼비아대학(UBC) 한국학연구소의 객원교수(Visiting Scholar)를 역임하였다.

옮긴이 장정욱(張正郁)은 1989년에 경북대학교 경상대학 회계학과를 졸업했으며, 동 대학원 철학과 박사 과정을 수료했다. 현재 대구와 인근의 대학에 출강하고 있으며, 도가(道家) 연구 동아리인 '삼현관(三玄觀)'의 모임을 이끌고 있다. 다산(茶山)의 『역학서언(易學緖言)』 중 「현산역간(玆山易柬)」(『다산학』 4호, 다산학술문화재단, 2003), 「사수고점박(沙隨古占駁)」(『다산학』 6호, 다산학술문화재단, 2005)을 번역하였고, 논문으로는 「노자(老子)의 현실인식과 사유와 실천」(경북대 석사논문, 1993), 「역상(易象)의 적용방식과 설정원리에 대한 분석－다산의 『周易四箋』을 중심으로」(대한철학회, 『철학연구』 75집, 2000), 「역사(易詞)에 나타나는 '유부(有孚)'의 의미－다산(茶山) 「역례비석(易例比釋)」의 '유부'례(有孚例)를 중심으로」(한국주역학회, 『주역연구』 제6집, 2001) 등이 있다.

역주譯註 **주역사전**周易四箋 **7**

1판 1쇄 발행 2007년 08월 20일
1판 2쇄 발행 2014년 04월 20일
1판 3쇄 발행 2017년 09월 30일
1판 4쇄 발행 2024년 01월 31일

지은이 / 다산 정약용
옮긴이 / 방인 · 장정욱
펴낸이 / 박성모
펴낸곳 / 소명출판
출판등록번호 / 제1998-000017호
주소 / 서울시 서초구 사임당로14길 15 서광빌딩 2층
대표전화 / (02) 585-7840
팩시밀리 / (02) 585-7848
somyungbooks@daum.net / www.somyong.co.kr

값 31,000원

ISBN 978-89-5626-268-0 94810
ISBN 978-89-5626-261-1 (전8권)

역주 주역사전 7

譯註 周易四箋

다산 정약용 지음

방인 · 장정욱 옮김

소명출판

일러두기

1. 이 책은 茶山 丁若鏞의 『周易四箋』(戊辰本, 24卷, 1808)을 완역하고 주석을 단 것이다.
2. 번역의 底本으로 삼은 것은 활자본 『周易四箋』(新朝鮮社本, 『與猶堂全書』, 1937)과 필사본 奎章閣 所藏 『周易四箋』과 國立中央圖書館 所藏 『周易四箋』이다. 略號로는 新朝鮮社本은 '新朝本'으로, 奎章閣本은 '奎章本'으로, 國立中央圖書館 所藏本은 '國中本'으로 표기하였다.
3. 新朝本, 奎章本, 國中本을 對校하여 오자(誤字)를 바로잡고, 이를 [校閱]로 표시하였다.
4. 각 조목은 원문과 번역문으로 나누어 실었다. 한글표기를 원칙으로 하되, 필요하다고 판단된 경우, 한글과 漢字를 병기하였다.
5. 원문은 '○' 표시로 구분한 것 외에 문단 구분이 없으나, 原文이 지나치게 긴 경우에는 적절히 나누어 문단 구분을 하였으며, '○' 표시는 그대로 살렸다.
6. 원문의 細注 부분은 원래의 위치에서 작은 글씨로 써주고, ≪ ≫로 표시해 주었다.
7. 원문에는 없으나, 의미맥락상 필요한 말은 [ ] 안에 넣었다.
8. 譯註는 脚注로 처리하였다. 『周易四箋』에서 인용하고 있는 해당 원전을 찾아 출전을 밝히고, 필요한 경우 원문을 실었으며, 인용이나 출전이 잘못된 경우 해당 원전에 근거해 바로잡았다.
9. 脚註에서 제시된 『周易四箋』 및 『易學緖言』의 典據는 新朝鮮社本의 卷數 및 面數에 의거하였다.
10. 신조선사본의 면수는 양면으로 되어 있으므로, 가·나로 나누어 표기하였다.
11. 『周易四箋』은 『四箋』으로, 그리고 『易學緖言』은 『緖言』으로 略號를 사용하였다.
12. 8卦의 离와 64卦의 離를 구별하여 표기하였다. 즉, 8卦 중의 하나로 쓰일 때에는 离로, 64卦 중의 하나로 쓰일 때에는 離로 표기하였다.
13. 본 역주본에서는 卦爻의 변화를 표시하기 위하여 기본적으로 '훈글과컴퓨터'사의 8卦 폰트를 조합하여 사용하였다. 그러나 각 卦爻 앞에 오는 괘 그림 및 기타 본문 내의 괘 그림에는 예문서원에서 만든 64卦의 폰트를 사용하였다.
14. 각 卷의 前面紙에는 卦爻辭索引을 배치하여, 각각의 卦辭와 爻詞가 기재되어 있는 卷數와 面數를 쉽게 찾아볼 수 있도록 하였다. 여기에는 64卦의 384爻辭, 64卦辭, 用九·用六 등 모두 450개의 占筮例가 제시되어 있다.
15. 각 卷의 後面紙에는 爻變表를 배치하여 爻變의 모든 例를 일목요연하게 참고할 수 있도록 하였다. 여기에는 64卦의 384爻와 用九·用六 등 모두 386개의 爻變例가 제시되어 있다.

역자 서문

다산(茶山) 정약용(丁若鏞) 선생의 저서 『주역사전(周易四箋)』에 대해서 역자(譯者)가 처음으로 관심을 갖게 된 것은 한국정신문화연구원(현재 한국학중앙연구원의 前身)의 한국학대학원에서 「다산역학사상에 대한 연구」(1983)라는 제목으로 석사논문을 쓰게 되면서부터이다. 그 이후(以後) 벌써 20년의 세월이 훨씬 지나서, 이제 그 역서(譯書)의 출간을 눈앞에 두게 되니, 벅찬 감회를 억누를 수가 없다. 솔직히 말하자면, 『주역사전』을 연구하겠다고 나섰을 때는 그 가치를 충분히 인식하고 출발했다기보다는 실학사상가로서 새로운 사상사적 전환의 틀을 마련한 다산 정약용의 경학 관련 저술 중에서 미개척 분야를 연구해 보겠다는 의욕이 더 강했던 것이 사실이었다. 하지만 이때는 『주역사전』이 번역도 되어 있지 않았을 뿐 아니라, 다산역학에 관련된 선행 연구도 거의 찾아볼 수 없었기 때문에 텍스트의 독해(讀解)는 결코 호락호락하지 않은 난제(難題)였다. 이런 상황에서 역자는 학부 시절에 『맹자(孟子)』를 배우면서 인연을 맺게 된고(故) 함재(涵齋) 김재홍(金在泓 : 1916~2006) 선생님께서 평소 다산 정약용 선생의 『주역사전』이 중국의 어떤 역학대가의 저술에도 뒤지지 않는 독창성과 탁월성을 지니고 있음을 역설하시던 것을 상기하고, 찾아뵙고 가르침을 청하게 되었다. 돌이켜 생각해보면, 선생의 가르침이 없었더라면, 당시 석사논문은 물론이고, 오늘날 『주역사전』의 번역도 감히 시도하지 못하였을 것이다. 이 기회를 빌어 지난 해 세상을 떠나신 함재(涵齋) 선생님께 마음속 깊이 감사 드린다. 역자(譯者)는 그 이후 연구 주제를 바꾸어 「신라 태현(太賢)의 유식사상(唯識思想)」이라는 제목으로 박사논문을 쓰게 되었지만, 다산역학에 관한 관심은 한 번도 마음속을 떠난 적이 없었다. 박사논문을 마친 이후로 역자(譯者)의 연구 관심은 오히려 다산역학으로 다시 옮겨오게 되었다. 다산역학은 역자가 경북대학교 철학과 대학원에서 강의를 개설한 이래, 가장 많이 설강한 과목이 되었으며, 아울러 몇 편의 관련 논문도 발표하기에 이르렀다. 그러다가 한국학술진흥재단의 2000년 동서양학술명저번역 사업에 참여하게 되어, 제자 장정욱(張正郁)과 더불어 『주역사전』의 번역에 착수하게 되었다. 지원 당시 역자가 학술진흥재단의 다른 사업에 지원하고 있는 관계로 부득이하게 장정욱이 연구책임자가 되었으나, 전체적인 총괄과 마무리는 역자가 담당하게 되었다. 번역 작업은 일단 2002년에 완료되었으나, 그 이후에도 오류를 수정하고, 내용을 보완하는 작업을 계속하였다. 2005년 8월부터 일 년 동안 캐나다 밴쿠버에 있는 브리티시 컬럼비아 대학(UBC)의 한국학연구소의 초청으로 연구년을 보내면서, 최종적인 교정작업에 몰두할 수 있었다. 역자가 번역 작업을 하면서 특히 어려움을 많이 느낀 부분은 주역의 괘사(卦辭)와 효사(爻辭)의 번역이다. 다산은 해석방법론에 있어서 자신의 독창적인 방법론을 활용하고 있기 때문에, 이전(以前)의 역학자들로부터 현저하게 차별되는 방식으로 괘사와 효사를 해석하고 있다. 다산의 독특한 괘효사(卦爻辭)의 해석을 충실히 살리기 위해, 역자는 일단 괘효사를 직역 위주로 번역하였으나, 그것만으로는 의미가 충분히 드러나지 않아,

숨은 뜻을 괄호 안에 넣어 보충함으로써 그 문맥을 살리려고 시도하였다. 그러나 그 과정에서 번역해 놓고도 문맥이 통하지 않는 부분에 이르러서는 절망감을 느낀 적이 한두 번이 아니다. 역자는 괘사와 효사의 만족할 만한 번역을 얻을 때까지 역문(譯文)을 몇 번이고 다시 고쳤으며, 다산의 관점을 충실히 반영하기 위하여 최대한 노력하였다. 아울러, 가능한 한 역주(譯註)를 상세히 달아서 독자들의 이해를 돕도록 하였다. 이미 『주역사전』의 번역본(『자세히 풀어쓴 주역사전』, 이영희 역, 민창사, 2004)이 나와 있음에도 불구하고, 본 역서(譯書)가 의의를 가질 수 있다면, 그것은 바로 이 주석(註釋) 때문일 것이다.

번역 텍스트로는 1937년에 신조선사(新朝鮮社)에 의해 간행된 활자본과 규장각(奎章閣) 소장(所藏) 필사본을 주로 사용하였고, 번역과 아울러 양본(兩本)에 대한 텍스트 대교(對校) 작업을 병행하였다. 번역이 끝나갈 무렵에 다산학술문화재단의 도움으로 국립중앙도서관에서 소장하고 있는 『주역사전』의 또 다른 필사본을 입수하게 되어 교정 작업과 더불어 텍스트 교열(校閱)에 참조하였다. 역자가 『주역사전』의 번역에 착수할 당시에는 텍스트 교열 작업까지 목표로 한 것은 아니었지만, 다산학술문화재단이 기념비적 사업의 일환으로 의욕적으로 추진하고 있는 『여유당전서』의 정본(定本) 사업에 참여하게 된 것을 계기로 철저한 자세로 임하게 되었다. 텍스트 간의 이동(異同)을 대조하여, 그 차이를 밝힐 뿐 아니라, 그 중에서 어떤 것을 모범적 텍스트로 정할 것인지에 관해서도 역자의 견해를 밝혔다. 세 개의 텍스트가 모두 일치된 경우라 하더라도, 만일 다산이 인용한 전거(典據)가 잘못된 것이 확실한 경우에는 과감하게 그 잘못을 시정(是正)하고자 하였다. 역주에서 신조선사본(新朝鮮社本)은 '新朝本'으로, 규장각본은 '奎章本'으로, 국립중앙도서관본은 '國中本'으로 표기하였다. 그리고 번역서의 편집 체제와 관련하여, 신조선사본(8卷) 체제를 따르지 않고, 『주역사전』의 무진본(24卷) 체제를 근간으로 하여 권수 등을 표기함으로써, 고본(古本)의 원형(原形)을 제시하고자 하였다. 다만 24권으로 분권(分卷)하게 되면, 각권(各卷)의 분량이 너무 작아지는 문제도 있고 하여 각권을 표시하기는 하되, 3권씩 묶어 총8책(冊)의 체제로 묶기로 하였다. 그렇지만 각주에서 『주역사전』 및 『역학서언(易學緖言)』의 전거(典據)를 제시할 경우에는 신조선사본의 권수 및 면수에 의거하기로 하였다. 그것은 일반적으로 전거(典據) 제시의 경우에 신조선사본의 권수 및 면수를 제시하는 것이 통례(通例)이고, 필사본의 경우에는 활자본과는 달리 면수를 분명하게 확정하기 어렵기 때문이다. 권수가 이중적으로 표기됨으로써 독자들에게 혼란을 야기할 소지는 있겠으나, 무진본 권수는 오직 책의 고본의 원형을 드러내기 위한 용도로 사용되었을 뿐이고, 실제로 각주에서 인용문의 출처를 밝히는 용도로는 신조선사본의 권수, 면수가 사용되었다는 점을 미리 염두에 둔다면, 큰 혼란은 없으리라고 본다.

그러면 이제 『주역사전』의 학술적 가치에 대해 말해보기로 하자. 다산은 신유(辛酉)년(1801) 강진에 유배된 이후, 자신에게 닥친 불운을 오히려 학문을 닦을 수 있는 절호의 기회로 삼아, 『주역』 연구에 착수하게 된다. 「윤외심(尹畏心)에게 보낸 편지[與尹畏心書]」에서 전하는 다산의 술회에 따른다면, "계해년(1803) 늦은 봄부터 눈으로 보는 것, 손으로 잡는 것, 입으로 읊조리는 것, 마음으로 생각하는 것, 붓으로 기록하는 것으로부터 밥을 먹고 변소에 가며, 손가락 놀리고 배 문지르는 것에 이르기까지 어느 하나도 주역 아닌 것이라고는 없었다."(『與猶堂全書』 第1集 『詩文集』 「與尹畏心書」, 제19권 19~20면) 이처럼 자나깨나 오로지 『주역』 연구에 몰두한 결과 나온 다산의 『주역』 주석서가 바로 『주역사전』이다. 다산이 『주역사전』의 완성을 위해 쏟은 정성은 그야말로 엄청난 것이었다. 『주역사전』이 세상에 최초로 모습을 드러낸 것은 1804년에 펴낸 갑자본(甲子本, 八卷)이었으나, 다산은 이에 만족하지 않고 고치고 또 고치어, 을축본(乙丑本) 8권(1805), 병인본(丙寅本) 8권(1806), 정묘본(丁卯本) 24권(1807), 무진본(戊辰本) 24권(1808)의 개정본을 차례로 내기에 이르렀다. 갑자본에서 무진본에 이르기까지 무려 모두 4번의 개고(改稿)를 거친 셈인데, 아마도 다산의 저술 중에서 이처럼 정성을 기울인 저술은 없을 것이다. 이렇게 해서 탄생된 『주역사전』을 다산은 자신의 다른 어떤 저술보다도 더 소중히 여겼다. 다산은 『주역사전』이 하늘의 도움이 없었다면 결코 나올 수 없었을 “天助之文字(하늘의 도움을 얻어 지어낸 文字)”였다고 회고하고 있다. 다산은 자신의 두 아들에게 주는 편지(「示二子家誡」)에서 다음과 같이 당부하고 있다. “『주역사전』은 그야말로 내가 하늘의 도움을 얻어 지어낸 문자(文字)이다. 결코 사람의 힘으로 통할 수 있거나, 사람의 지혜나 생각으로 도달할 수 있는 바가 아니다. 이 책에 마음을 가라앉혀 깊이 생각하여 그 속에 담긴 오묘(奧妙)한 이치를 모두 통할 수 있는 사람이 있다면, 그는 바로 나의 자손이나 친구가 되는 것이니, 그런 사람이 천년에 한 번 나오더라도 배 이상 정을 쏟아 애지중지할 것이다[周易四箋 是 吾得天助之文字 萬萬非人力可通 智慮所到 有能潛心此書 悉通奧妙者卽子孫朋友 千載一遇 愛之重之 當倍常情].”(『與猶堂全書』 第1集 『詩文集』 卷18, 5나) 다산은 자신의 저술에 대해 아는 사람은 적고, 비난하는 사람은 많다는 사실에 대해 개탄하며, 만일 천명(天命)이 허락하지 않는다면, 차라리 불에 태워버려도 좋겠다고 말하면서도, 만일 자신이 저술한 책 중에서 『주역사전』과 『상례사전(喪禮四箋)』만이라도 전승해간다면, 나머지 책들은 그냥 없애버려도 좋겠다고 말한다. 다산의 『주역사전』이 지니는 진정한 가치를 처음으로 발견하고, 이를 격려한 사람은 다산의 중형(仲兄)이었던 손암(巽菴) 정약전(丁若銓)이었다. 『주역사전』이 완성되었을 당시 흑산도(黑山島)에 유배되어 있던 손암(巽菴)은 이를 읽어보고, 복희·문왕·공자의 세 성인 마음속의 오묘한 이치가 이제야 찬연하게 밝혀졌다고 기뻐하였다. 손암은 말하기를 “처음에는 놀라고, 중간에는 기뻤고, 나중에는 나도 모르게 무릎이 굽어졌다. 저자(著者)인 내 동생을 어떤 사람이라고 해야 좋을지 모르겠다. 미용(美庸) 저 자신도 모를 것이다”라고 하였다. 손암은 특히 「계사전」 중에서 고점법(古占法)에 대한 부분을 특별히 독립시켜 주석(註釋)한 「시괘전(蓍卦傳)」

에 대해서 감탄을 금치 못하였다. 손암은 말하기를 "주역사해(周易四解)는 그 어느 것이 장관(壯觀)이 아니오리마는 시괘전(蓍卦傳)에 이르면, 더욱 절기(絶奇)한 문자(文字)인 것이다[周易四解 孰非壯觀, 而至蓍卦傳 尤是絶奇文字]"라고 하였다. 손암과 더불어 다산의 당대에 『주역사전』의 가치를 높이 평가한 인물로는 아암(兒庵) 혜장(惠藏, 1772~1811) 선사(禪師)가 있었다. 혜장 선사는 다산이 강진 유배시에 친하게 지냈던 불승(佛僧)으로서, 유학(儒學)에 대해서도 박식(博識)을 자랑하던 사람이었다. 혜장은 전통적 역학(易學)에 대해서도 해박하였으나, 다산의 『주역사전』을 접하고 나서는 산승(山僧)이 20년 동안 역학(易學)을 공부한 것이 모두 헛된 일에 지나지 않았다고 고백하고, 그 이후로 40세라는 아까운 나이로 세상을 떠날 때까지 한결같이 다산 역학의 열성적인 전수자가 되었다.

그렇다면 다산의 『주역사전』의 대략적인 내용에 대해서 살펴보기로 하자. 『주역사전』의 '四箋'이란 글자 그대로는 '네 가지 주석'이라는 뜻이지만, 보다 구체적으로는 『주역』 해석을 위한 ① 추이(推移), ② 효변(爻變), ③ 호체(互體), ④ 물상(物象)의 네 가지 방법론을 가리킨다. 먼저 추이(推移)란 전통적인 역학방법론인 괘변설(卦變說)을 가리키고, 호체(互體)란 상괘(上卦)와 하괘(下卦) 외에 중간에서 괘를 취하는 것을 가리키며, 물상(物象)이란 괘사를 해석할 때 철저하게 「설괘전(說卦傳)」에 설명된 괘의 상징에 의거하여 해석하는 것을 가리킨다. 이 중에서 효변을 제외한 나머지 세 방법론은 역학사를 통해 전승되어 내려온 것이기 때문에, 새로운 것이 아닌 것처럼 보일 수도 있으나, 구체적으로 그 내용을 살펴보면, 보다 정밀한 해석이 가능하도록 다산에 의해서 새롭게 조직된 것임을 알 수 있다. 다산역학의 방법론 중에서 가장 독창적인 요소라고 부를 수 있는 것은 단연코 효변의 방법론이다. 다산은 이 효변법(爻變法)을 개발함으로써 첩첩산중 가로막고 있던 해석학적 난제를 단숨에 해결하는데 성공할 수 있었다. 효(爻)란 획(畫)과 구분되는 개념으로서, 획(畫)이 단순히 그어진 선(線) 이외의 것을 가리키지 않는 정태적 개념이라고 한다면 이와는 달리 효(爻)는 음(陰)에서 양(陽)으로, 혹은 양(陽)에서 음(陰)으로 변화된 상태를 가리키는 동태적 개념이라고 할 수 있다. 이 효변 개념은 역해석자에게 코페르니쿠스적인 발상의 전환을 요구한다. 효변설(爻變說)을 따른다면, 음(陰)은 비록 음으로 표기되어 있다고 하더라도 사실은 노음(老陰)이기 때문에 이미 양으로 변동되고 있는 과정을 가리키며, 양(陽)은 비록 양으로 표기되어 있다고 하더라도 사실은 노양(老陽)이기 때문에 이미 음으로 변동되고 있는 과정을 가리킨다. 따라서, 효변설을 취하면, 대부분의 역학가들이 양(陽)으로 보고 있는 것을 반대로 음(陰)으로 보고, 대부분의 역학가들이 음(陰)으로 보고 있는 것을 오히려 양(陽)으로 보게 되는 것이다. 역학사상 효변을 통해 괘사를 해석한 역학자의 경우는 정말로 희귀하다. 주자(朱子)의 경우에도 점법(占法)에서는 효변설을 취하고 있으나, 괘사 해석에서는 전혀 효변을 취하고 있지 않다. 따라서, 효변설에 관한 한 다산은 거의 대부분의 역학자들이 취하고 있는 전통적 해석방식에 도전하고 있다고 보아도 과언이 아닐 것이다. 다산의 효변설이 역학사상 일대사건이 될 수 있는 것도 바로 이 효변설이 지니는 혁명적인 발상 때문이다. 그렇다면 다산은 어떻게 이 효변설에 착안하게 되었으며, 다른 대부분의 역학자들의 통설에 맞설 수 있는 용기와 확신을 지닐 수 있었을까? 그것은 바로 『춘추좌씨전』에 소개되어 있는 춘추관점(春秋官占)의 점서례(占筮例)를 통해서였다. 『춘추좌씨전』에는 건초구(乾初九)를 '乾之姤'라고 표기하고 있는 등의 예가 자주 등장하고 있는데, 여기서 '乾之姤'는 '乾의 姤'라고 읽으면 안 되고, '乾이 姤로 간다', 혹은 '乾이 姤로 변화한다'라고 읽어야 하는 것이다. 즉 이때 '之'는 문자 그대로 '갈 지(之)자'로 읽어야 하는 것이다. 이러한 용례는 『춘추좌씨전』에 17개, 『국어(國語)』에 3개가 나타나고 있다. 다산은 『춘추좌씨전』과 『국어』의 점서례(占筮例)에 대한 철저한 분석을 통해, 이것이 『춘추좌씨전』과 『국어』의 몇몇 사례에 국한되는 것이 아니라, 『주역』 64괘(卦) 384효(爻) 전체에 모두 적용되어야 하는 방법론임을 확신하게 된다. 역학의 정통적 계보가 단절되게 된 이유도 바로 이 효(爻)가 변동하는 법이 온전히 전수되지 못했던 데 있다. 효변을 취하지 않게 되면, 물상(物象)이 맞지 않게 되고, 물상이 맞지 않게 되자 「설괘전(說卦傳)」을 폐기하게 되니, 아예 『주역』을 올바로 해석하게 되는 길이 끊어져 버린 것이다. 그렇지만, 효변설을 취하고, 다시 변동된 물상을 「설괘전」에 대조해 본다면, 3백 84개의 효사(爻詞)가 글자마다 부합하고 글귀마다 계합(契合)하여 털끝만큼도 의심스럽거나 통하지 않는 것이 없게 된다는 것이다. 「윤외심(尹畏心)에게 보낸 편지[與尹畏心書]」에서 다산은 효변을 궁전(宮殿)의 천문만호(千門萬戶)를 모두 열 수 있는 열쇠에 비유하고 있다. 궁전 속에는 종묘의 아름다움과 백관의 풍부함이 모두 그 속에 있으나, 단지 자물쇠가 견고히 채워져 있어서, 그 문 앞에 누가 이르더라도 아무도 감히 내부를 엿볼 수 없는 상황이다. 그런데 여기에 하나의 만능열쇠가 있어, 그 열쇠만 손에 쥔다면, 궁전의 모든 문을 열 수 있으니, 그 열쇠로 외문(外門)을 열면 외문이 열리고, 중문(中門)을 열면 중문이 열리고, 고문(皐門)·고문(庫門)·응문(應門)·치문(雉門) 등이 차례로 열려, 결국에는 천문만호가 모두 활짝 열려 종묘의 아름다움과 백관의 풍부함을 모두 감상할 수 있게 되는 것과도 같다. 다산의 외손자인 방산(舫山) 윤정기(尹廷琦, 1814~1897)가 그의 저서 『역전익(易傳翼)』에서 이 효변을 주역 해석의 비밀문을 여는 "황금열쇠(金鑰匙)"라고 불렀던 것도 바로 이 때문이다. 요즈음의 말로 한다면 이른바 '마스터 키'(master key)와도 같은 것이 바로 효변이라 하겠다. 이처럼 일단 효변설을 취하게 되자, 다산은 『주역』의 해석학적 난제들을 파죽지세처럼 풀어 나갈 수 있었다. 뿐만 아니라, 다산은 효변설을 추이설(推移說) 등의 다른 방법론적 수단과 효과적으로 결합시킴으로써 마침내 만족할 만한 『주역』 전편의 해석에 성공하기에 이르렀다. 지금까지 역자(譯者)는 효변설을 중심으로 다산역학방법론의 의의를 설명하였으나, 보다 자세한 내용을 알기 위해서는 『주역사전』의 해제(解題)를 참조하기를 바란다.

이 번역본이 완성되기까지 도움을 주신 많은 분들께 이 자리를 빌어 감사를 드리고 싶다. 무엇보다도 동서양명저번역사업이라는 뜻깊은 사업을 통해, 『주역사전』의 학술적 가치를 세상에 널리 알릴 수 있는 기회를 부여해 준 한국학술진흥재단에 깊은 감사를 드리고 싶다. 아울러, 귀중한 자료인 『주역사전』의 국립중앙도서관 소장본을 구하여, 텍스트의 비교대조에 큰 도움을 주신 다산학술문화재단에 깊은 감사를 드린다. 그 다음으로 역자(譯者)는 경북대 철학과 대학원 수업을 통해 『주역사전』을 접하게 된 것을 계기로 이제는 다산역학에 관해서는 전문적인 학자의 수준으로 성장한 나의 제자 장정욱이 공역자(共譯者)로서 보여준 성실성과 각고(刻苦)의 노력에 대해 찬사를 보내고 싶다. 아울러 학업에 바쁜 와중에도 교정작업을 헌신적으로 도와준 경북대 철학과 대학원의 제자 김상현과 이정숙에게도 역시 고마움을 전하고 싶다. 그리고 이 역주본(譯註本)에서 64괘의 폰트(font)를 사용할 수 있도록 선뜻 허가해주신 예문서원 오정혜 사장님과 이를 주선해주신 계명대 홍원식 교수님께도 진심으로 감사의 말씀을 드리고 싶다. 책의 출판이 늦어지는데도 인내심을 갖고 기다려주신 소명출판의 박성모 사장님의 배려와 원문(原文)과 세주(細注)가 뒤엉켜서 어지럽던 원고를 전문적인 편집 작업을 통해 깔끔하게 정리해주신 편집진의 노고가 없었더라면, 이 책이 이렇게 세상에 나올 수 없었을 것이다. 그리고 마지막으로 이 번역이 시작해서 끝날 때까지 헌신적으로 뒷받침해주고, 성원을 아끼지 않은 나의 아내에게도 고마운 마음을 표하고 싶다.

『주역사전』 무진본(戊辰本) 발간
이백주년을 한 해 앞둔 2007년 7월에
경북대 연구실에서
방인 삼가 적음

周易四箋 戊辰本 卷之二十一

『주역사전』 해제(다산의 역경해석 방법론)와 **참고문헌**은
『周易四箋』 8권 말미에 수록하였습니다.

譯註 周易四箋 1

譯註 周易四箋 2

譯註 周易四箋 3

周易四箋 戊辰本 卷之七

周易四箋 戊辰本 卷之八

周易四箋 戊辰本 卷之九

譯註 周易四箋 4

譯註 周易四箋 5

譯註 周易四箋 6

譯註 周易四箋 8

周易四箋 戊辰本 卷之十九

【61. 풍택 중부(風澤 中孚)】

兌下巽上 ○ 第三十四卦 ≪大過之交 重离之移≫

離 → 中孚

中孚←交易→大過

兌는 下卦이고, 巽은 上卦이다. ○ 第34卦이다.[1] ≪大過卦의 交易卦이

1) 中孚卦는 똑바로 보거나, 뒤집어 보아도 어느 경우나 동일한 형태가 되므로 正卦나

고, 重离卦로부터 推移된 卦이다.[2])≫

雜卦傳曰 中孚 信也

「雜卦傳」에서 말하였다. "中孚는 믿음이다."

○朱子曰 孚字 從瓜從子 如鳥抱子之象 今之乳字 亦從孚

≪鄭東卿云 中孚 有卵象≫

○朱子가 말하였다. "'孚'字는 '손톱 爪(조)'字와 '아들 子(자)'字의 결합이니, 마치 새가 새끼를 품고 있는 象과 같다. 지금의 '乳(유)'字도 역시 '孚(부)'字로부터 왔다."[3]) ≪정동경(鄭東卿)[4])이 말하였다. "中孚卦에는 알[卵]의 象이 있다."≫

○鏞案 衍卦五十 皆有推移之本 故 升降往來 各[5])有情變 而

反卦 등으로 부르지 않는다. 이처럼, 正卦와 反卦의 구별을 형성하지 않는 괘에는 乾, 坤, 坎, 離, 頤, 大過, 中孚, 小過의 8괘가 있다.

2) 衍卦는 모두 辟卦로부터 推移되며, 辟卦는 辟卦 자체의 進退消長의 운동에 의하여 推移된다. 그런데 다산에 따르면, 小過卦와 中孚卦는 辟卦이기는 하지만, 辟卦 내부의 陰陽의 消長으로부터 독립되어 있다. 따라서 다른 辟卦로부터 推移되지 않으며, 交易卦로부터 변화의 근본을 취한다. 또 茶山에 따르면, 中孚卦는 重離卦로부터, 또 小過卦는 習坎卦로부터 변화된다고 하는데, 그것은 辟卦는 결코 衍卦로부터 변화되지 않는다는 다산 자신이 수립한 推移의 원칙에 분명히 어긋난다. 그뿐 아니라, 中孚卦와 小過卦는 推移할 때, 한 爻 以上은 移動해서는 안 된다는 一爻往來의 원칙에도 어긋난다. 예컨대 小過卦는 習坎卦의 2가 3으로 가고, 5가 4로 감으로써 성립된다. 그러나 다산은 이 兩卦의 경우는 그야말로 特特非常之例에 해당되는 것으로서, 聖人의 用心한 바가 奇奇妙妙한 곳이라고 주장한다. 즉 中孚와 小過의 辟卦가 衍卦로부터 변하는 데에는 논리적 비약이 있는 것은 틀림없지만, 그 비약은 바로 우주의 신비한 日月의 氣盈과 朔虛에서 비롯된다고 본 것이다.

3) 『朱子語類』 卷73 「中孚」(中華書局, 1986, 1867면).

4) 정동경(鄭東卿) : 生沒年 未詳. 字는 소매(少梅). 號는 합사(合沙). 자칭 '합사어부(合沙漁父)'라 하여, 학인(學人)이 '合沙先生'이라 불렀다. 宋代 초기의 心學을 대표하는 인물. 저술로는 『易說』(3卷)이 있다.

5) [校閱] 新朝本과 國中本에는 "各有情變"으로 되어 있으나 奎章本에는 "皆有情變"

四時之卦 亦有進退消長之勢 至於中孚小過 既無推移 亦無消長故 唯以交易之法 察其變動

○[鏞案] 연괘(衍卦) 50卦는 모두 추이(推移)의 근본을 가지고 있기 때문에, 오르고 내리거나, 오고 가는 것에 있어서 각각 독특한 변화가 있고, 四時之卦[6]에 있어서도 역시 나아가고 물러가거나, 꺼지고 자라남의 형세가 있다. [그러나] 中孚卦와 小過卦에 있어서는 이미 추이(推移)도 없으며, 또한 소장(消長)도 없는 까닭에, 오직 交易의 방법을 통해 그 변동을 살핀다.

中孚者 大過之交也 《澤風交》 大過之卦 四剛中梗 坎疑極大 《爲大坎》 疑則不信 物莫能孚 交之中孚則 大离之信 《兼畫离》 洞然中虛 《三四柔》 此之謂 中孚也

中孚←交易→大過

中孚卦는 大過卦의 交易卦이다. 《澤風의 交易》 大過卦의 때에는 네 개의 剛이 가운데 굳게 있으니, 坎의 의심이 지극히 크다. 《[大過卦는] 大坎의 형태》 의심하면, [무엇이든] 믿지 못하는 법이므로, 어떤 것에 대해서도 신뢰를 얻을 수 없는 것이다. [大過卦로부터] 交易하여 中孚卦가 되면, 大离의 믿음이 있어서 《[中孚卦를] 겸획(兼畫)하면, 离의 형태》 그 [마음] 한 가운데 확 트여 있으니 《제3·4位의 柔》 이것을 일러 中孚라고 한다.

으로 되어 있다. 앞의 "皆有推移之本"에서 "皆"가 이미 한 번 나왔으므로, 반복을 피하는 것이 좋을 것으로 보인다. 따라서 여기서는 前者를 따른다.

6) 四時之卦: 乾, 坤, 復, 剝, 姤, 夬, 臨, 觀, 遯, 大壯, 泰, 否.

邑虛中曰 郛 ≪外城也≫ 葭虛中曰 莩 ≪中皮也≫ 腹虛中曰 脬 ≪又物之虛中者 入水則浮≫ 中孚者 虛中也

邑이 가운데 비어 있는 것을 '郛(부)'라고 하고 ≪[郛(부)는] 外城을 가리킴≫ 갈대가 속이 비어 있는 것을 '莩(부)'라고 하고 ≪[莩(부)는] 속에 있는 피막(皮膜)을 가리킴≫ 배가 가운데 비어 있는 것을 '脬(포)'라고 하니 ≪또 가운데가 텅 빈 것은 물 속에 들어가면 뜨게 됨≫ 中孚는 가운데가 빈 것을 가리킨다.

又此二卦 無所從來 特從坎離二卦 升降而往來之 復成坎离 ≪兼畫三≫ 夫坎離者 日月也 ≪說卦云≫ 日之氣盈 月之朔虛 非所以立閏乎 故曰 小過中孚者 閏月之卦也

離 → 中孚　　　坎 → 小過

또 이 [小過卦와 中孚卦의] 두 卦는 [12辟卦로부터] 변화된 바가 없고, 다만 坎과 離의 두 卦[7]를 따라서 오르고 내리거나, 오고 감으로써, 다시 坎과 离의 형태를 이룬다. ≪[小過卦와 中孚卦를] 겸획(兼畫)하여 삼획괘(三畫卦)로 만들면, 坎과 离의 형태가 됨≫ 무릇 坎과 离는 해와 달에 해당된다. ≪「說卦傳」에 그렇게 말함≫ 해의 기운은 가득 넘치는 반면에, 달은 초하루(朔)에는 어긋나니, [이것이] 윤달을 설정하는 이유가 아니겠는가![8] 그러므로 小過卦와 中孚卦는 윤달의 卦라고 말한다.

---

7) 여기서 坎, 離는 삼획괘를 가리키는 것이 아니라 육획괘로서 坎卦, 離卦를 가리킨다.
8) 태양과 달의 운행의 주기가 서로 달라 일치하지 않기 때문에, 윤달의 설정이 불가피하다는 뜻이다.

中孚,[9] 豚魚, 吉. 利涉大川. 利貞.

中孚는 새끼돼지와 물고기[처럼 소박한 祭物이]라고 하더라도, [정성(精誠)만 있다면] 吉할 것이다. [또한] 큰 내(大川)를 건너는 데 이로울 것이다. [또한] 일을 맡아 처리함에 이로울 것이다.

此 中孚之不變者也 內外齊潔 ≪下倒巽≫ 中以离孚 ≪二五夾≫ 祭祀之卦也

이것은 中孚卦가 변하지 않는 경우이다. 안팎으로 가지런하고, 깨끗이 하고, ≪[中孚卦의] 下卦를 뒤집으면 巽≫ 가운데 离의 믿음이 있으니 ≪2·3·4·5의 협괘(夾卦)[는 大离의 형태]≫ [中孚卦는] 祭祀의 卦이다.

卦以大過交易 ䷛ ≪澤風交≫ 大過之卦 通體爲坎 ≪上下夾≫ 是爲大豕 ≪坎爲豕≫ 下巽上巽 ≪上倒巽≫ 亦有魚鱻[10] ≪虞易 巽爲魚≫

中孚←交易→大過

[中孚]卦는 大過卦로부터 交易된 것이다. ≪澤×風의 交易≫ 大過卦는

---

9) 中孚. ①"中孚는"이라고 懸吐할 경우, 中孚卦의 占卦를 지칭하는 것으로 볼 경우에, "中孚卦의 占卦가 의미하는 바"를 설명하기 위해서 表題로 내세우는 것이 된다. ② "中孚니"라고 懸吐할 경우, "마음에 믿음이 있으니", 혹은 "信心이 가득하니" 정도로 해석할 수 있다. ③"中孚면"이라고 懸吐할 경우, "마음속에 믿음만 있다면"이라는 조건절로 본다면, 만일 믿음만 있다면, 하찮은 祭物을 쓰더라도 문제될 것이 없다는 뜻으로 해석될 수 있다.

10) [校閱] "亦有魚鱻"의 "鱻"이 新朝本에는 마치 細注의 한 부분인 것처럼 보이는데, 原注의 한 부분이다.

전체로 통틀어 坎의 형태가 되니 ≪위에서 아래까지 통틀어 협괘(夾)卦≫ 이것은 큰 돼지를 상징한다. ≪坎은 돼지를 상징함≫ 또한 [大過卦의] 下卦는 巽이요, 上卦도 巽이니, ≪[大過卦의] 上卦는 [兌이니] 뒤집힌 巽이 됨≫ 물고기의 상징이 있다. ≪우번(虞翻)의 易에서는 巽이 물고기를 상징한다고 하였다.≫

交而中孚則 魚雖如舊 ≪上下巽≫ 昔之大豕 今爲小豶 ≪大畜 以巽爲豶豕≫ 豕小曰 豚 ≪豕之子≫ 祭之所薦 豚魚而已 牲羞之薄 莫此若也 ≪義見下≫

中孚←交易→大過

[澤風 大過卦가] 交易하여 [風澤] 中孚卦가 되면, 물고기는 예전 그대로이나 ≪[中孚卦의] 上卦는 巽이고, 下卦는 [兌로서 뒤집힌] 巽이 됨≫ 以前의 큰 돼지는 지금 [中孚卦에서는] 작은 불알 깐 돼지(小豶)가 되었으니 ≪大畜卦에서 巽으로써 불알 깐 돼지를 상징함≫ 돼지가 작은 것을 '豚'이라고 한다. ≪새끼돼지를 가리킴≫ 제사상(祭祀床)에 올린 것이 새끼돼지와 생선뿐이니, 祭需의 간소함이 이보다 더할 수 없다. ≪설명이 아래에 나온다.≫

雖然 大過之時 誠信未孚 ≪大坎疑≫ 今也 大离之誠 ≪兼畫三≫ 虛中以治 ≪祭義文≫ 中旣孚矣 雖豚魚而亦吉 此 筮牲之占也

中孚←交易→大過

그러나 大過卦의 때에는 정성과 믿음이 [있기는 하나] 아직 미덥지 못하였는데 ≪[大過卦는] 大坎[의 형태]이니, 의심을 뜻함≫ 지금 [中孚卦에 이르러서는] 大离의 정성으로 ≪[中孚卦를] 겸획(兼畫)하여 삼획괘(三畫卦)로 만듦[으로써 大离의 형태가 됨]≫ 마음을 비워서 [제사와 관련된 일을] 처리하니 ≪[“虛中以治”는] 『禮記』「祭義」에 나오는 글[11]≫ [마음의] 속이 이미 [이처럼] 믿음으로 가득 차 있다면, 비록 돈어(豚魚)[처럼 등급(等級)이 떨어지는 제물(祭物)이]라고 하더라도, 역시 길할 것이니, 이것은 희생(犧牲)을 점치는 점에 해당된다.[12]

○大過之時 大坎之川 ≪上下夾≫ 无以過涉 ≪見大過上六≫ 交而中孚則 震舟虛中 ≪互震木≫ 坎險遂過 ≪今無坎≫ 利涉大川也

中孚 大過

○大過卦의 때에는 大坎의 河川이 있어서 ≪[大過卦의] 上下의 협괘(夾卦)[는 大坎의 형태]≫ 건널 방법이 없었는데 ≪大過卦 上六의 爻詞에 보임≫ [澤×風을] 交易하여 [風澤] 中孚卦가 되면, 震의 배가 가운데가 비어 있어서 ≪[中孚卦의] [下]互卦는 震의 나무를 상징함≫ 坎의 험난한 河川을 마침내 건너니 ≪지금 [中孚卦에는] 坎이 없음≫ [이것을 가리켜] “利涉大川”이라고 한 것이다.

○大過之時 坎德貞固 交而中孚則 民志以悅 ≪兌在下≫ 仰順

---

11) 허중이치(虛中以治) : “마음속을 비워 잡념을 버리고, 일을 처리하는 것”을 뜻한다. 『禮記』「祭義」에 나오는 말이다. “孝子將祭, 慮事不可以不豫, 比時具物, 不可以不備, 虛中以治之”, 즉 “효자(孝子)가 부모의 제사를 지내려 할 때에는 일 생각하기를 미리 하지 않으면 안 되며, 그때에 이르러 필요한 것을 갖추기 위해서는 미리 준비하지 않으면 안 되는 것이다. 마음속을 비워 잡념을 버리고, 그 일을 처리해야 한다.”(李相玉 譯, 『禮記』 下, 자유문고, 2000, 73면)

12) “此 筮牲之占也”는 앞서 “此 …… 祭祀之卦也”라고 말한 것에 대응된다. 여기서 “筮牲之占”이라고 말한 것은 엄밀히 말한다면, 彖詞 중에서도 “豚魚吉”에만 적용된다.

天命 ≪巽在上≫ 其事遂已 ≪今无坎≫ 利幹事也 ≪利於貞≫

中孚 大過

○大過卦의 때에는 坎의 성질이 바르고 곧은데, [大過卦로부터] 交易하여 中孚卦가 되면, 백성들의 마음으로 기뻐하며 ≪兌가 [中孚卦의] 下卦에 있음≫ 위로 天命에 순응하여 ≪巽이 [中孚卦의] 上卦에 있음≫ 그 일이 마침내 이루어지니 ≪지금 [中孚卦에] 坎이 없음≫ 일을 주간(主幹)함에 이로운 것이다. ≪일[을 맡아 처리함]에 있어 이롭다.≫

○案 胡炳文 以豚魚 爲河豚江豚 謬矣 古者 牲牢 有五等 ≪見儀禮≫ 大牢 少牢 特牲 其厚者也 特豚一鼎 其物最薄 ≪三鼎則有魚≫ 國語 觀射父曰 士食魚 祀以特豚 庶人食菜 祀以魚 ≪王制云庶人 薦麥以魚≫ 又 楚屈建曰 士有豚犬之奠 庶人有魚炙之薦 豚魚者 牲羞之薄品也 若論冥頑之物 奚特豚魚哉

○[案] 호병문(胡炳文)이 "돈어(豚魚)"가 '河豚'[13] 혹은 '江豚'[14]을 뜻한다고 주장하였으나, 옳지 않다. 古代에 희생을 올릴 때 다섯 등급(五等)[15]이 있었는데 ≪『儀禮』에 보임≫ 대뢰(大牢)와 소뢰(少牢)와 특생(特牲)은 그 등급(等級)이 높은 희생물에 해당된다. 특돈일정(特豚一鼎)은 그 [다섯 등급] 중에서 祭物의 그 등급이 가장 낮은 희생물에 해당된다. ≪삼정(三鼎)[16]의 경우에는 물고기[魚]의 희생을 쓴다.≫ 『국어(國語)』「초어(楚語)」에서 관

---

13) 『周易傳義大傳』에 인용된 胡炳文의 글에는 '河豚'이란 말이 없다. 그것은 "江豚"에 돌고래라는 뜻도 있기 때문에, "江豚"이 돌고래를 가리키지 않고, 복어를 가리킨다는 것을 강조하기 위해서 茶山이 보충해서 삽입한 것이 아닌가 생각된다.

14) 江豚 : 돌고래의 일종을 지칭하기도 하나, 여기서는 '복어'를 가리킨다.

15) 五等의 생뢰(牲牢) : ① 대뢰(大牢), ② 소뢰(少牢), ③ 특생(特牲), ④ 삼정(三鼎), ⑤ 특돈일정(特豚一鼎).

사보(觀射父)[17]가 말하였다. "선비(士)는 물고기를 먹고, 제사를 드릴 때에는 특돈(特豚)을 쓰며, [일반] 서인(庶人)의 경우에는 채소를 먹고, 제사에는 물고기를 올린다."[18] ≪『禮記』「王制」에서 말하였다. "庶人은 보리를 [제사상에] 바치고, 생선을 곁들인다.[19]"≫ 또 楚의 굴건(屈建)[20]이 말하기를, "선비(士)에게는 돈(豚)·견(犬)으로써 제사지냄(奠)이 있고, 서인(庶人)에게는 생선(魚)과 구운 고기(炙)로써 제사드림(薦)이 있다"[21]라고 하였으니, 돈어(豚魚)는 祭祀의 희생으로 바치는 [등급이 낮은] 간소한 品目에 해당된다. 만약 우매하고 둔한 동물로 말하자면 어찌 다만 새끼돼지와 생선뿐이겠는가?[22]

䷼

彖曰 : 中孚, 柔在內而剛得中也,[23] 說[24]而巽, 孚乃化邦也. 豚

---

16) 西周의 禮器制度에 따르면, 정(鼎)에는 9, 7, 5, 3의 네 가지 등급이 있는데, 천자는 구정(九鼎), 제후는 칠정(七鼎), 대부는 오정(五鼎), 士는 삼정(三鼎)을 쓴다.

17) 관사보(觀射父) : 楚의 大夫, 『國語』「楚語」에 觀射父에 관하여 다음과 같이 평한 구절이 있음. "楚나라의 보물로는 觀射父가 있습니다. 그는 말주변이 뛰어나, 제후들과 교제하여, 아무도 우리 주군을 비방하지 않게 할 수 있습니다."(신지영·이정재 역, 『國語』, 홍익출판사, 1998, 257면)

18) 『國語』「楚語」에 "士食魚炙, 祀以特牲, 庶人食菜, 祀以魚"라고 함.

19) 『禮記』「王制」, "庶人, 春薦韭, 夏薦麥, 秋薦黍, 冬薦稻. 韭以卵, 麥以魚, 黍以豚, 稻以雁."

20) 굴건(屈建) : 楚나라의 영윤(令尹=楚나라의 宰相)의 職位에 있었던 인물.

21) 『國語』「楚語」에 나오는 말이다. "士有豚犬之奠, 庶人有魚炙之薦."

22) 사실은 "豚魚"를 우매하고 둔한 동물로 해석한 것은 程子와 朱子이다. 만약 程朱의 說처럼 "豚魚"가 우매하고 둔한 동물을 든 것이라면, 다른 예를 들 수도 있었을 텐데, 하필이면, 그것을 例로 들었겠는가라는 反問이다.

23) [校閱] 『周易』의 原本에는 "柔在內而剛得中也"의 '也'字가 없다.

24) '說'字의 발음은 '열'이며, '기뻐한다', '즐거워한다'는 뜻이다.

魚吉, 信及豚魚也, 利涉大川, 乘木舟虛也, 中孚, 以利貞, 乃應乎天也.

「彖傳」: 中孚는 柔가 안에 있고, 剛이 中을 얻음이니, [백성들을] 기쁘게 하고, [그러면서도] 겸손하니, 믿음으로써 이에 나라를 교화함이다. "豚魚吉"이라고 한 것은 믿음이 [하찮은] 새끼돼지와 물고기에까지 미친다는 것을 가리키는 것이고, "利涉大川"이라고 한 것은 목선(木船)에 승선(乘船)하였는데, 배(舟)가 비어 있기 때문이며, 마음에 믿음을 갖고 일을 맡아 처리하면 이로운 것은 곧 [정성(精誠)이] 이에 하늘[의 뜻]에 부응(符應)하였기 때문이다.

離之爲卦 剛則在內 《三四剛》 柔乃得中 《二五柔》 變之爲中孚 离則离矣 《兼畫三》 柔內而剛中也 孔子言之者 明卦以離變也

離 → 中孚

離卦는 剛이 안에 있고 《[離卦의] 3·4位는 剛》 柔가 이에 中을 얻은 형태이었는데 《[離卦의] 2와 5는 柔》 [離卦로부터] 변하여 中孚卦가 되면, 离는 离이지만 《[中孚卦를] 겸획(兼畫)하면, 삼획괘(三畫卦)의 离가 됨》 "柔內而剛中", 즉, "柔가 안에 있고, 剛이 中을 얻은 것"이 된다. 孔子가 [「彖傳」에서 이처럼] 말한 것은 中孚卦가 離卦로부터 변한 것임을 분명히 밝히기 위함이다.[25)]

彖詞 用交易之象 《大過交》 故孔子補明之 《小過同》

25) 中孚卦는 辟卦에 속하지만, 다른 벽괘들처럼, 十二辟卦 내에서의 점차적인 進退消長의 방식에 의하여 推移하지 않고, 離卦로부터 변하니, 이는 推移의 特例에 해당된다.

中孚←交易→大過

彖詞에서는 交易의 象을 사용한 까닭에 ≪澤風 大過卦로부터 交易[되어 風澤 中孚卦가 됨]≫ 孔子가 [「彖傳」에서 推移의 用例를] 보충하여 밝힌 것이다. ≪小過卦의 경우도 동일하다.[26]≫

○ 艮之城邑 ≪三五互≫ 震主在內 ≪二四互≫ 离信以化之 ≪二五夾≫ 孚乃化邦也 ≪悅巽命≫

中孚

○艮의 城邑에 ≪[中孚卦의] 3·4·5의 互卦≫ 震의 主君이 안에 있고 ≪[中孚卦의] 2·3·4의 互卦[는 震]≫ 离의 믿음으로써 [백성을] 교화하므로 ≪2·3·4·5의 협괘(夾卦)[는 大离의 형태가 됨]≫ "孚乃化邦", 즉 "믿음으로써 이에 나라를 교화함"이라고 한 것이다. ≪巽의 命을 기뻐한다.≫

○ 信及豚魚者 离之明信 ≪今大离≫ 雖於豚魚之薄薦 無所不及也 春秋傳曰 苟以明信[27] 澗谿沼沚之毛 可薦神明[28] 亦此意也

○"信及豚魚"라고 한 것은 离의 참다운 믿음이 ≪[中孚卦는] 지금 大离

26) 小過卦의 경우도 동일하다는 뜻은 小過卦의 推移의 방식이 中孚卦의 경우처럼, 特例에 해당된다는 뜻이다. 즉 小過卦는 다른 辟卦로부터 변하는 것이 아니라, 習坎卦로부터 推移된 것이다. 이는 中孚卦가 離卦로부터 변화된 것과 같다.

27) [校閱] 『左傳』의 原文에는 "苟以明信"이 "苟有明信"으로 되어 있다.

28) [校閱] 『春秋左傳』의 原文에는 "神明"이 "鬼神"으로 되어 있다.

의 형태≫ 비록 새끼돼지와 물고기처럼 하찮은 공물(供物)이라고 하더라도, 미치지 않는 바가 없음을 말한 것이다. 『春秋左氏傳』(隱公 3年)에, "苟有明信, 澗谿沼沚之毛, …… 可薦于鬼神", 즉 "진실로 밝은 믿음이 있다면, 계곡이나 늪에서 나는 풀이라도 神明에게 供物로 바칠 수 있다"29)라고 한 것도 바로 이 뜻이다.

易凡言有孚 皆祭祀之占也 孚乃利用禴 ≪萃與升≫ 有孚盈缶 ≪比30)初六≫ 有孚顒若 ≪觀之彖≫之類 無非人神感應之理 況於中孚哉 今之讀易者 以信及豚魚 爲如韓愈祭鱷之事 失之遠矣

일반적으로 易에서 "有孚"라고 말한 경우는 모두 祭祀의 占에 해당된다. "부내이용약(孚乃利用禴)", ≪萃卦와 升卦≫ "유부영부(有孚盈缶)", ≪比卦의 初六의 爻詞≫ "유부옹약(有孚顒若)" ≪觀卦의 彖詞≫ 등의 종류에 있어서 [어느 것 하나라도] 사람과 神이 [서로] 감응하는 이치가 아닌 것이 없는데, 하물며 中孚卦에 있어서랴! 지금 易을 읽는 사람이 "신급돈어(信及豚魚)"의 뜻을 한유(韓愈, 768~824)의 「제악어문(祭鰐魚文)」31)에서의 의미

29) 『春秋左氏傳』 '隱公 3年'에 다음과 같이 말하였다. "苟有明信, 澗谿沼沚之毛, 蘋蘩蕰藻之菜, 筐筥錡釜之器, 潢汙行潦之水, 可薦於鬼神, 可羞于王公. 而況君子結二國之信, 行之以禮, 又焉用質?", 즉 "진실로 밝은 믿음이 있다면, 계곡이나 늪에서 나는 풀·마름·다북쑥 같은 나물이나, 광주리·가마솥 등의 기명(器皿), 땅에 괴어 있는 물, 길바닥을 흐르는 물이라도 鬼神에게 드리고, 王公에게 바칠 수 있는 것인데, 하물며, 군자가 두 나라 사이의 약속을 맺음에 있어, 禮儀로써 행한다면, 무슨 인질(人質)을 쓴단 말인가?"(권오돈 역, 『春秋左氏傳』, 홍신문화사, 1976, 21~22면)

30) [校閱] "比初六"이 "比"가 新朝本에는 "毛"로 되어 있는데, 誤記이다.

31) 韓愈(768~824)가 쓴 「祭鰐魚文」을 가리킨다. 그런데 韓愈가 「祭鰐魚文」을 쓴 緣由는 다음과 같다. 韓愈는 819년 헌종황제(憲宗皇帝)가 불골(佛骨)을 모신 것을 비판하는 「論佛骨表」를 지어, 간하다가, 헌종의 노여움을 사서, 조주(潮州, 현재 廣東省)의 자사(刺史)로 좌천되게 되었다. 그런데 한유가 임지에 도착하자 백성들이 그들의 문제를 상소하였는데, 그 하나가 악어(鰐魚)에 관한 것이었다. 악어가 골짜기에 모여 있다가, 가축을 잡아먹고, 심지어 인명까지 해한다는 것이었다. 이에 한유는 「祭鰐魚文」을 지었는데, 그 글의 내용은 인간에게 몰리는 악어의 억울한 사정을 변호하고, 악어를 회유하여 쫓아내고자 하는 것이다. 즉 "악어들에게 일 주일 간의 여유를 줄 테니 남쪽의 바다

처럼 해석하니, [그 本旨로부터] 벗어남이 매우 멀다.

○二陰乘剛 ≪二四互≫ 是 乘木也 ≪互震木≫ 通卦虛中 ≪三四柔≫ 是 舟虛也 虛舟涉川 豈有臭載之理

䷼

中孚

○[中孚卦에서] 두 陰이 剛을 타고 있으니 ≪2·3·4의 互卦≫ 이것이 "乘木", 즉 "목선(木船)을 탄 것"이다. ≪互卦인 震의 나무를 지칭함≫ [中孚] 卦를 전체적으로 보면, 가운데가 텅 비어 있으니 ≪[中孚卦의] 3·4는 柔≫ 이것이 "舟虛", 즉 "배가 비어 있음"의 뜻이다. 빈 배를 타고, 河川을 건너는데, [배가] 침몰할[32] 리가 있겠는가?

○按 胡氏江豚之說 近儒頗宗之 本草云 江豚 一名 猪魚 東風則 張口向東 ≪震爲東≫ 西風則 張口向西 ≪兌爲西≫ 風起則見 ≪現≫ 有如影響 ≪巽爲風≫ 其於此卦之象 雖若偶合 江豚之名 不見九經 且 豚魚吉 三字 不成文理 不可讀也

○[案] 胡氏[33]의 강돈(江豚)의 說[34]을 近來의 유자(儒者)들이 많이 추

에 가 살도록 하라. 만약 어기면 포수를 시켜 모두 죽여버리겠다"는 것이다. 이처럼, 악어같은 무지몽매한 동물도 회유하면 통하는 것으로 묘사되고 있다. 그러나 茶山은 韓愈의 취지를 원용(援用)하여, "信及豚魚"의 뜻을 "내 정성이 무지몽매한 生物까지도 교화시킨다"는 뜻으로 해석해서는 안 된다고 주장하고 있다.

32) 취재(臭載): ① 배에 실은 짐이 상하여 냄새가 나고, 못쓰게 됨, ② 짐을 실은 배가 침몰함. 여기서는 ②의 뜻.

33) 胡氏: 胡炳文을 가리킨다.

34) 돈어(豚魚)가 '江豚', 즉 '복어'를 지칭하는 것으로 보는 說을 말한다. 큰 강에서 잡히는 살찐 고기이기 때문에 하돈(河豚)이라고 하고, 강에서 잡히는 것은 강돈(江豚)이라고 한다.

종하고 있다.[35] 『본초(本草)』[36]에서 말하기를, "강돈(江豚)을 일명(一名) 저어(豬魚)라고도 한다. [江豚이라는 물고기는] 동풍(東風)이 불면, 입을 동쪽을 向하여 벌리고 ≪震은 東쪽이 됨≫ 서풍(西風)이 불면, 입을 서쪽을 向하여 벌리며 ≪兌는 서쪽이 됨≫ [물 위에] 바람이 불면, 나타나니 ≪'見'字의 발음은 '현'≫ [바람이 불면, 복어가 나타나는 모습이] 마치 [兩者 사이에] 무슨 관계가 있는 듯하다"라고 하였다. ≪巽은 바람을 상징한다.≫ 그 說이 이 卦의 象에 우연히 들어맞는 것 같기는 하나, 강돈(江豚)의 명칭은 九經[37]에는 보이지 않는다. 또 [그 경우] "돈어길(豚魚吉)"의 세 글자를 읽을 때, 文理가 통하지 않아서, 읽을 수가 없다.

至於薄祭之義 易詞 屢言之 如東隣[38]殺牛 西鄰禴祭 ≪既濟爻≫ 二簋可用享 ≪損之彖≫ 孚乃利用禴 ≪萃與升≫ 羸豕孚蹢躅 ≪姤初六≫ 之類 不可殫述 豚魚之吉 亦此義也 後世 憲章壞亂 庶人之

35) 豚魚가 복어를 가리킨다는 胡炳文의 說을 朱子도 주장하였다. 그러나 豚魚를 지혜롭고 信實한 靈物로 보는 胡炳文의 관점과는 달리, 朱子는 豚魚를 우매한 生物로 보고 있는 점이 다르다.

36) "本草"란 초근목피(草根木皮)를 위주로 하고 동물·광물을 포함하는 약품을 말하는 것으로, 특히 한방약물을 대표하는 말이다. 本草에 관한 가장 오래된 저서는 後漢時代에 장중경(張仲景 : B.C.250년경)이 集成하고 편찬(編纂)한 『神農本草經』이다. 그 다음은 梁나라 도홍경(陶弘景, 452~536)이 편찬한 『神農本草經集註』인데, 730종의 약종이 수록되어 있다. 그 후 唐나라 고종 때 이적(李勣)이 『新修本草』를 펴냈는데 여기에서 처음으로 서역(西域)의 여러 가지 약종이 기재되었고, 동·식·광물의 그림이 실렸다. 宋나라에 와서 『嘉祐補註神農本草』가 간행되었다. 이것은 圖經으로서 원품의 그림이 붙어 있으며, 1,082종이 수록되었다. 그 후 당신미(唐愼微)의 『經史證類備急本草』(일명 『大觀本草』)가 출간되었는데, 여기에는 1,800종의 약물이 수록되어 있다. 諸家 중 마지막으로 집대성한 본초학서는 명(明)나라 이시진(李時珍)이 펴낸 『本草綱目』으로, 여기에서 처음으로 동·식·광물로 분류되었으며, 역대 제가들이 수록한 약종보다 374종의 신약이 증약되었고, 처방 8,160종이 실렸다. 여기서 茶山이 언급하고 있는 『本草』는 明代에 이시진(李時珍)이 펴낸 『本草綱目』을 가리키는 것으로 보인다.

37) 九經 : ① 三禮(『儀禮』·『禮記』·『周禮』), 三傳(『左傳』·『公羊傳』·『穀梁傳』), 三經(『詩經』·『書經』·『易經』)을 합친 명칭. ② 『詩經』, 『書經』, 『易經』, 『孝經』, 『春秋』, 『論語』, 『孟子』, 『周禮』, 『禮記』.

38) [校閱] "東隣"의 "隣"이 新朝本에는 鄰으로 되어 있다.

祭 恥不殺牛 卿相之家 縟於王室 持世敎者 宜有以矯救也

'박제(薄祭)'[39]의 뜻에 대해서는 易詞에서 빈번히 언급하였다. [예컨대] "동린살우(東隣殺牛)", "서린약제(西鄰禴祭)"≪旣濟卦 九五의 爻詞≫, "이궤가용형(二簋可用享)"≪損卦의 彖詞≫, "부내이용약(孚乃利用禴)"≪萃卦와 升卦≫, "리시부척촉(羸豕孚蹢躅)"≪姤卦 初六의 爻詞≫의 部類 [등] 이루 다 언급할 수 없으니, "돈어길(豚魚吉)"이라고 한 것도 역시 이 뜻에 해당된다. 후세에 법도가 무너지고, 혼란스럽게 되어, 庶人이 제사지낼 때에도, 소를 잡지 않는 것을 부끄럽게 여기고, 경상(卿相)의 집이 왕실(王室)보다 번화하니, 사회의 [올바른] 기풍을 지키려는 사람은 마땅히 [이처럼 잘못된 현상을] 바로잡아야 한다.

初九 : 虞吉. 有他, 不燕. ◯ 象曰 : 初九虞吉, 志未[40]變也.

初九 : 우제(虞祭)[41]를 지내면 길할 것이다. [뜻하지 않게] 다른 일이 생길 것이니, 연회(宴會)를 베풀지 못할 것이다. ◯「象傳」: 初九에서 우제(虞祭)를 지내면 吉하다고 한 것은 [정성스러운] 뜻이 아직 변하지 않았기 때문이다.

此 中孚之渙也 虞吉者 虞祭之吉也[42]

---

39) 박제(薄祭) : 等級이 높은 供物을 많이 바치지 않는 祭祀, 즉, 간소한 祭祀.

40) [校閱] 新朝本과 國中本에는 "未"가 있으나, 奎章本에는 없다. 周易의 經文에 의거하여, 보충하는 것이 옳다.

41) 우제(虞祭) : 장례를 마친 뒤에 지내는 제사.

42) [校閱] 新朝本과 國中本의 "虞吉者 虞祭之吉也"가 奎章本에는 "虞吉之義 未詳"이

中孚 → 渙

이것은 中孚卦가 渙卦로 변하는 경우이다. "虞吉"이란 우제(虞祭)의 吉함을 말한다.

或曰[43] 渙自否來 ≪四之二≫ 否以泰交 ≪天地交[44]≫ 國門之北 ≪坤艮上≫ 乾父是出 ≪乾出外≫ 葬父之卦也 ≪檀弓云 葬於北方北首≫

中孚→初爻變→渙 ← 推移 ← 否　泰

或者가 말하였다. "渙卦는 否卦로부터 왔으며 ≪[否卦의] 4가 2로 감≫ 否卦는 泰卦로부터 交易된 卦이다. ≪天地의 交易≫ 나라의 [도성(都城)의] 문(門)의 북쪽으로[45] ≪坤과 艮의 위≫ 乾의 아버지가 나가시니 ≪乾이 밖으

라고 되어 있다. 그런데 虞祭처럼 잘 알려지고 중요한 제사에 대해서, 왜 奎章本에서는 그 뜻을 상세히 알 수 없다고 했는지는 분명치 않다. 혹시 현행 奎章本에 傳承의 오류가 있을 가능성도 있다. 이처럼, 두 종류의 현행본에 있어서, 그 차이가 너무나 현저하기 때문에, 이러한 현상은 우리로 하여금 兩者의 관계에 대해서 再考케 한다. 新朝本이 奎章本에 비해 最近에 만들어진 것은 분명하지만, 그렇다고 해서, 奎章本이 新朝本보다 더 정확하고, 정통적인 권위를 갖는 것으로 간주하는 것도 역시 편견일 수 있다. 만약 정인보 등이 일제시대에 新朝本을 새로 편집할 때, 현행의 奎章本 이외에 적어도 한 종류 以上의 奎章本을 참조하였다면, 新朝本이 오류를 교정한 뒤 만들어져 보다 完本에 가까울 가능성이 충분히 있다고 하겠다. 실제로, 譯者가 최근 입수한 국립중앙도서관 소장본에서는 新朝本처럼 "虞吉者 虞祭之吉也"로 되어 있다.

43) [校閱] "或曰"이 奎章本에는 있으나 新朝本과 國中本에는 없다. 여기서는 奎章本을 따른다.

44) [校閱] "天地交"가 奎章本과 國中本에는 "地天交"로 되어 있다. 交易의 관계를 언급한 것이므로, "地天交"라고 해도 틀렸다고는 할 수 없으나, "天地交"로 말하는 것이 일반적 관례에 더 부합한다.

45) 북쪽이란 자기가 살던 지역을 중심으로 그 북쪽을 가리키는 것이지, 일반적인 방위로서 북방을 가리키는 것은 아니다.

로 나감≫ 아버지를 장사지내는 卦이다." ≪『禮記』「檀弓」편에서 말하였다. "北方에 장사지내고, 북쪽으로 머리를 둔다."46)≫

移之爲渙 ≪四之二≫ 則迎精而反 ≪乾爲精≫ 歸于坎宮 ≪四之二≫ 以見艮廟 ≪互艮而离見≫ 非反虞乎 坤牛坎豕 ≪下本坤≫ 巽以潔之 ≪上今巽≫ 虞而祭也 古者葬日 必虞日中行事 ≪見檀弓≫ 离位之中 ≪二爲中≫ 行此坎事 ≪坎爲事≫ 日中而虞也

[否卦로부터] 推移하여 渙卦가 되면 ≪[否卦의] 4가 2로 감≫ [죽은 자의] 혼령의 神主를 모시고 되돌아와서 ≪乾은 혼령을 상징함≫ 坎의 집으로 들어오고 ≪4가 2로 감≫ 艮의 사당에 모시니 ≪[渙卦의] 上互卦는 艮이니, [또 下互卦는 离인데, 离는 보는 것을 뜻하므로, 艮의 사당을] 离로써 봄≫ [이것은] 돌아와 우제(虞祭)를 지내는 것이 아니겠는가! 坤의 소와 坎의 돼지를 차려놓고 ≪下卦는 본래 坤≫ 巽으로써 재계(齋戒)하니 ≪[渙卦의] 上卦는 지금 巽≫ 우제(虞祭)를 지내는 것이다. 옛날에는 장례(葬禮)를 지내는 바로 그 날에, 우제(虞祭)를 지냈으니, 우제(虞祭)는 반드시 그 날 중(日中)에 지내야 하는 것이다.47) ≪[『禮記』] 「단궁(檀弓)」篇을 참조할 것≫ 离位의

46) 『禮記』「檀弓下」 第四에 "孔子曰, "殷已慤, 吾從周 葬於北方, 北首, 三代之達禮也(孔子께서 말씀하셨다. "殷나라는 너무 질박하다. 나는 周나라를 따르겠다", "나라의 북쪽 땅에 장사지내고, 머리를 북쪽으로 두는 것은 夏·殷·周 三代의 통용된 禮이다"라고 함)."(송명호 역, 『禮記集說大全』 제1권, 높은밭, 2002, 522~523면)

47) 우제(虞祭)는 장사 지낸 날이 초우(初虞)가 되고, 재우(再虞)는 초우 뒤의 유일(柔日) 아침에, 삼우(三虞)는 재우를 지내고 난 다음의 강일(剛日)을 골라 아침에 지낸다. 유일은 십간(十干)의 乙, 丁, 己, 辛, 癸의 날을 말하고 剛日은 십간(十干) 중의 甲, 丙, 戊, 庚, 壬의 날을 말한다. 따라서 재우는 이틀만이나 3일 만에 삼우는 3일 만이나 4일 만에 지내게 된다. 초우(初虞)에서부터 제사(祭祀)의식이 정식으로 시작되는데, 초우(初

가운데에서 ≪제2位가 中이 됨≫ 坎의 일을 행하니 ≪坎은 事를 상징함≫ 일중(日中)에 우제(虞祭)를 지내는 것이다.

○ 渙自否來 ≪二之四≫ 否之時 乾賓巽主 ≪三五巽≫ 將受坤養 ≪否下坤≫ 移之爲渙 則坎患猝至 ≪下今坎≫ 乾賓遂去 ≪今無乾≫ 此有他而不燕也 ≪不宴飮≫ 或疾或雨 ≪皆坎象≫ 其象不定 故謂之有他 ≪比 大過 亦然≫ 中孚之卦 本是相見之禮 ≪兼畫离≫ 而兌食巽讓 又是燕樂之象 故其占如此

否 → 渙

○渙卦는 否卦로부터 왔다. ≪[否卦의] 2가 4로 감≫ 否卦의 때에는 乾의 손님과 巽의 주인이 ≪[否卦의] 3·4·5는 巽≫ 막 坤의 대접을 받으려고 하는데 ≪否卦의 下卦는 坤≫ [否卦로부터] 推移하여 渙卦가 되면, 坎의 우환(憂患)이 갑자기 닥쳐서 ≪下卦가 지금 坎이다≫ 乾의 손님이 마침내 떠나가니 ≪[渙卦에는] 지금 乾이 없음≫ 다른 일이 생겨서, 잔치를 하지 못하게 된 것이다. ≪["不燕"은] 잔치하지 않음을 가리킴≫ 或 질병에 걸리거나, 或 비가 오는 일이 있는 등 ≪[질병과 비는] 모두 坎의 象에 해당됨≫ 그 象을 확정할 수 없는 까닭에, 이것을 일컬어 [단지] "有他", 즉 "다른 일이 있다"라고만 한 것이다. ≪比卦[48]와 大過卦[49]의 경우도 역시 그러함≫ 中孚卦는 본래 상견례(相見禮)에 해당되는 卦인데 ≪[中孚卦를] 兼畫하면 离의 형태≫ [中孚卦에는 兌와 巽이 모두 있으니] 兌의 음식과 巽의 사양(辭讓)함이 또

虞)의 경우 혹시 묘소가 멀더라도 이 날을 넘기지 말 것이며 만일 집이 멀어서 당일로 집에 돌아갈 수 없다면 중간에 자는 집에서라도 지내야 한다. 만일 해가 저물거나, 목욕할 시간이 없으면 간단하게라도 몸을 씻는 것이 좋다.

48) 比卦 初六에 "有他, 吉"이라고 함.

49) 大過卦 九四에 "有它, 吝"이라고 함.

한 [잔치하고 즐기는] 연락(燕樂)의 象에 해당된다. 그러므로 그 占이 이와 같다.

○大离未改 ≪二五夾≫ 志未變也 孝子之虞其親 誠信而已

中孚 → 渙

○大离가 아직 바뀌지 않았으니 ≪[渙卦의] 2·3·4·5의 협괘(夾卦)≫ "志未變", 즉 "精誠이 아직 변하지 않은 것"이다. 효자(孝子)[50]가 그 [돌아가신] 부모에게 우제(虞祭)를 지냄에 정성(精誠)과 믿음으로 할 따름이다.

九二 : 鳴鶴在陰, 其子和之. 我有好爵, 吾與爾靡之. ○[51] 象曰 : 其子和之, 中心願也.

九二 : 우는 학이 [연못 남쪽의] 그늘에 있거늘, 그 새끼가 화답함이로다. 나에게 좋은 작위(爵位)가 있으니, 내가 너와 함께 [天命에] 순종하도다.[52] ○「象傳」: "그 새끼가 화답함(其子和之)"은 마음속으로부터 [진실로] 사랑하기 때문이다.[53]

---

50) 효자(孝子) : 일반적인 의미로 쓰인 것이 아니라, 喪主에 대한 지칭이다.

51) [校閱] 新朝本과 國中本에는 "○"의 표시가 있으나, 奎章本에는 없다.

52) 여기서 茶山은 "吾與爾靡之"를 '좋은 벼슬을 누린다'의 뜻으로 해석하는 다른 주석가들과는 달리, '임금과 제후가 함께 天命에 순종한다'는 의미로 풀고 있다.

53) 다산은 '願'을 '愛', 즉 '사랑함'의 뜻으로 풀이하고 있다. 따라서 "願하기 때문이다"는 "사랑하기 때문이다"의 뜻이다.

此 中孚之益也 离爲飛鳥 《荀九家》 中孚者 大鳥也 巽爲潔白 《說卦文》 其象 鶴也 兩口相向 《上顚兌》 兩震對鳴 《上倒震》 和鳴之象也

䷼

中孚

이것은 中孚卦가 益卦로 변하는 경우이다. 离는 날아가는 새(飛鳥)를 상징하니 《荀九家의 易에 보임》 中孚는 [大离의 형태로서] 큰 새가 되며, [中孚卦의 上卦는 巽인데] 巽은 깨끗함과 흰색을 상징하니 《「說卦傳」의 글》 그 象이 鶴이 된다. 두 입이 서로 상대방을 향하고 《[中孚卦의] 上卦는 [巽인데] 뒤집힌 兌가 됨》 두 개의 震이 상대방을 대하고 우니 《[中孚卦의 3·4·5는] 上互卦로서 [艮인데] 뒤집어진 震이 됨》 화답하면서 우는 象이다.

其變爲益 坤則爲母 《今互坤》 母鶴之鳴也 《震爲鳴》 兌澤在北 《上顚兌》 水南曰陰 《爾雅云》 鳴鶴在陰也 艮則爲子 《三五互》 彼和鳴者 子鶴也

䷼ ䷩

中孚 → 九二爻變 → 益

[中孚卦 九二가] 爻變하여 益卦가 되면, 坤은 어미가 되니 《지금 [益卦의] 下互卦가 坤》 어미학이 우는 것이다. 《震은 우는 것을 상징함》 兌의 연못이 북쪽에 있는데 《[益卦의] 上卦는 [巽인데] 뒤집으면 兌가 됨》 물의 남쪽이 그늘이 되니 《『爾雅』에 보임[54]》 이것을 가리켜 "鳴鶴在陰", 즉 "우는 鶴이 [연못 남쪽의] 그늘에 있음"이라고 한 것이다. 艮은 새끼가 되니

≪[益卦의] 3·4·5의 互卦[는 艮이니, 새끼를 상징함]≫ 저 화답하여 우는 것은 새끼학이다.

○益自否來 ≪四之一≫ 我者 乾王也 乾王在上 以其巽命 ≪否互巽≫ 封[55]其艮男 ≪二四互≫ 使爲震侯 ≪四之一≫ 以主坤國 ≪二四互≫ 我有好爵也 ≪爾者 艮男也≫ 靡者 順也 震艸在下 ≪下今震≫ 仰順巽風 ≪上本巽≫ 其象 靡也 ≪草偃風曰 靡≫ 乾王震侯 ≪否上乾≫ 咸順巽命 ≪本天命≫ 吾與爾靡之也

中孚 → 二爻變 →益 ← 推移 ←否

○益卦는 否卦로부터 왔으니 ≪[否卦의] 4가 1로 감≫ "我"는 [否卦의 上卦에 있는] 乾王을 가리킨다. 乾王이 위에 있으면서 巽의 명령을 내려 ≪否卦의 互卦인 巽≫ 그 艮의 아들을 봉(封)하여 ≪[益卦의] 2·3·4는 互艮≫ 震의 諸侯로 삼아서 ≪4가 1로 감≫ 坤國을 주관하게 하였으니 ≪2·3·4의 互卦[는 坤]≫ [이것을 가리켜] "아유호작(我有好爵)", 즉 "나에게 좋은 작위(爵位)가 있다"라고 한 것이다. ≪'爾'는 艮男에 해당됨≫ '靡'는 순종하여 따름을 뜻한다. 震의 풀이 아래에 있으면서 ≪[益卦의] 下卦는 지금 震≫ 巽의 바람을 맞아 받으니 ≪[益卦의] 上卦는 본래 巽≫ 그것은 "미(靡: 순종함)"의 象인 것이다. ≪풀이 바람에 눕는 것을 "미(靡)"라고 함≫ 乾의 임금과 震의 제후가 ≪否卦의 上卦는 乾≫ 모두 巽의 천명에 순종하니 ≪[巽은] 본래 天命을 뜻함≫ [이것을 가리켜] "오여이미지(吾與爾靡之)", 즉 "너와 내가 [함께 天命에] 순종한다"라고 한 것이다.

---

54) 『爾雅』에서는 그 出處가 확인되지 않으며, 『說文解字』에 있다.
55) [校閱] "封其艮男"의 "封"이 奎章本에는 "卦"로 되어 있으나, 誤記이다.

天王之家 其長子主器 ≪爲太子≫ 不以封侯 唯小子 列爵分土 此 所以艮少男之受爵也

天王의 집안에서는 그 長子가 祭器를 주관하니 ≪[長子가] 太子가 됨≫ 封侯가 [祭器를 주관하게] 하지 않는다. 長子 밑의 다른 손아래 자식들의 경우에는 작위(爵位)의 등급을 나누고, 토지를 분배할 수 있으니, 이것이 艮의 少男이 작위를 받는 까닭이 된다.

○中心者 誠也 願者 愛也 离則爲誠 ≪二五夾≫ 兩兌相悅 ≪无反對故 取倒象≫ 中心願也

䷼

中孚

○"中心"은 성실함(誠)을 뜻하고, "願"은 사랑함(愛)을 뜻한다. 离는 誠이 되고 ≪[中孚卦의] 2·3·4·5의 협괘(夾卦)[는 大离의 형태가 됨]≫ 두 개의 兌가 서로 기뻐함이니 ≪反對가 없으므로, 顚倒된 象을 취함≫ [그것은] "中心願", 즉 "마음속으로부터 [진실로] 사랑"하기 때문이다.

○案 陸績本 靡作縻 ≪埤[56]倉 又作縻≫ 縻者 繫也 ≪程子云 係慕≫ 京房本 作劘 ≪音磨 與和叶≫ 劘者 分散也 於卦象 無當兩義 皆非也

○[案] 육적본(陸績本)에서는 '靡(미)'字를 '縻'字로 적었는데 ≪『비창(埤倉)』[57]에 또한 '縻(미)'字로 적었음≫ '미(縻)'字는 묶는 것(繫)을 뜻한다. ≪程子가 말하기를, "係慕", 즉 "연연해서 애착함"의 뜻이라고 하였음[58]≫ 경방본(京房本)

56) [校閱] 新朝本에는 "병(琕)"이 "비(埤)"로 보이는데, 誤記로 의심된다. "창(倉)"은 '창(蒼)'의 誤記이다.

57) 『비창(埤蒼)』: 後魏의 장읍(張揖)의 저술로서 망실(亡失)되었다.

에서는 ['미(縻)'字를] '마(劘)'字로 적었는데 ≪'劘'字는 音이 마(磨)로 읽히니, '和'字와 叶韻의 관계에 있음≫ 마(劘)는 分散됨을 뜻한다. [그러나] 卦象에 있어 [陸績本과 京房本의 글자에 상응하는] 두 뜻에[59] 해당됨이 없으니, 모두 잘못된 것이다.

○胡炳文云 卵生爲孚 故取鶴母子之象

○胡炳文이 말하였다. "알에서 태어난 것이 '孚'이니, 鶴의 母子의 象을 취한 것이다."

孔子曰 君子 居其室 ≪震夫巽妻同居曰 室≫ 出其言 ≪兌言以震出≫ 善 ≪震爲仁≫ 則千里之外 ≪互艮 在坤疆之外≫ 應之 ≪二柔而五剛≫ 況其邇者乎 ≪初剛而二柔≫ 居其室 出其言 ≪下本兌≫ 不善 ≪本非震≫ 則千里之外 違之 ≪二五 本皆剛≫ 況其邇者乎 ≪初與二俱剛≫ 言出乎身 ≪出乎震≫ 加乎民 ≪二四坤≫ 行發乎邇 ≪震爲行≫ 見乎遠 ≪坤國外≫ 言行 ≪兌與震≫ 君子之樞機 ≪艮門之開閉≫ 樞機之發 榮辱之主也 ≪震爲榮 巽爲屈辱≫ 言行 君子之所以動天地也 ≪否之天地 動爲益≫ 可不愼乎 ≪互艮節≫

孔子가 말하였다. "君子는 그 자신의 집에 머물러도 ≪震의 夫와 巽의 妻가 同居하는 것을 '室'이라고 함≫ 말을 꺼내는 것이 ≪兌의 말을 震으로써 내보냄≫ 착하면 ≪震은 仁을 상징함≫ 천리 밖에서도 ≪互卦의 艮이 坤의 강역(疆域) 밖에 있음≫ 이에 호응하니 ≪[益卦에서] 2는 柔이며, 5는 剛≫ 하물며 그 가까운 데 있어서이겠는가? ≪[中孚卦에서] 初와 2는 모두 剛≫ [君子가

---

58) 程伊川의 『易傳』의 原文은 다음과 같다. "好爵我有而彼亦係慕, 說好爵之意同也", 이 구절의 뜻은 다음과 같다. "좋은 벼슬을 내가 가지고 있으면, 저 또한 戀慕함은 좋은 벼슬을 좋아하는 뜻이 같기 때문이다." 여기서 '係慕'는 연모(戀慕)함을 뜻한다.

59) 두 뜻(兩義)이란 ① 연연해서, 애착함, ② 분산됨, 나누어 가짐의 뜻을 말한다.

자신의] 집에 있으면서 말을 꺼냄에 ≪[中孚卦의] 下卦는 본래 兌≫ 착하지 않으면 ≪[中孚卦의 下卦는 兌이니] 본래 震이 아님≫ 千里 밖에서도 [이를] 어기니 ≪[中孚卦의] 2와 5는 본래 모두 剛≫ 하물며 가까운 데 있어서이겠는가? ≪[中孚卦의] 初와 2는 모두 剛≫ 언어는 자신의 몸으로부터 나가서 ≪震에서 나옴≫ 백성에게 영향을 주고 ≪[益卦의] 2·3·4는 坤≫ 행실은 가까운 데서 발생하여 ≪震은 行을 상징함≫ 먼 데서 드러난다. ≪益卦의 下互卦인 离는 보는 것을 뜻하므로] 坤國의 밖[에서도 震의 행실이 드러남]≫ [그러므로] 言行은 ≪兌는 言을 상징하고, 震은 行을 상징함≫ 君子의 요체(要諦)와 같으니 ≪艮門의 열리고 닫힘이 '추기(樞機)' 즉 門의 지도리를 통해서 이루어짐≫ 추기(樞機)의 발동(發動)은 영욕(榮辱)을 주관한다. ≪震은 영화(榮華)를 상징하고, 巽은 굴욕(屈辱)을 상징한다.≫ [이처럼] 言行은 君子가 天地를 움직이는 수단이니 ≪否卦의 天地가 움직여서 益卦가 됨≫ [어찌] 신중하지 않을 것인가!" ≪[益卦의 3·4·5는] 互卦의 艮으로서, 節을 상징함[60]≫

○案 中孚者 感應之卦也 風雷益者 同聲相應之卦 故其象爲鳴鶴相和 孔子所謂 善則天理之外應之者 亦同聲相應也 ≪風雷本同聲≫

○[案] 中孚는 感應의 卦이고, 風雷 益卦는 동성상응(同聲相應)의 卦이다. 그러므로 그 象이 우는 鶴이 서로 화답하는 것이 된다. 孔子께서 말씀하신 바, "善則天理之外應之", 즉 "착하면, 천리 밖에서도 호응한다"라고 한 것도 역시 동성상응(同聲相應)[의 例]이다. ≪바람과 우레는 본래 같은 소리를 냄≫

---

60) 『周易』「繫辭傳」의 내용이다.

䷈

六三 : 得敵, 或鼓或罷, 或泣或歌. ◯ 象曰 : 或鼓或罷, 位不當也.

六三 : 敵을 만남에, [위장전술을 써서] 혹은 북을 치기도 하고, 혹은 그치기도 하며, 혹은 눈물을 흘리기도 하며, 혹은 노래를 부른다. ◯「象傳」: "혹은 북을 치기도 하고, 혹은 그치기도 하는 것(或鼓或罷)"은 [그] 자리가 합당하지 않기 때문이다.

此[61] 中孚之小畜也 大离之兵 ≪兼畫三≫ 兩帥對陣 ≪上互亦倒震≫ 兌金巽木 互相剋伐 ≪金克木≫ 得敵之卦也

䷼ → ䷈

中孚 → 小畜

이것은 中孚卦가 小畜卦로 변하는 경우이다. 大离의 軍兵들이 있어서 ≪[中孚卦를] 兼畫하여 三畫卦[로 만들면 大离의 형태가 됨]≫ 두 장수(將帥)가 [두 부대로 나뉘어서 서로] 대진(對陣)하고 있는데 ≪[中孚卦의] 上互卦는 艮이니, 역시 뒤집힌 震의 형태라고 할 수 있음≫ [中孚卦의 下卦인] 兌의 쇠와 [中孚卦의 上卦인] 巽의 나무가 서로 상극(相剋)의 관계에 있어, 서로 대립하니 ≪金이 木을 이김≫ [中孚卦는] 적을 만나는 卦이다.

◯ 卦之兩互 卽成頤卦 ≪山雷卦≫ 頤之六三 其卦賁也 ䷕ 無[62]反之卦 本取倒象 ≪中孚 無反對≫ 賁倒則 噬嗑也 ䷔

61) [校閱] "此"가 奎章本에는 "比"로 되어 있는데, 誤記이다.
62) [校閱] 奎章本에는 "無"가 "无"로 되어 있다.

中孚→兩互作卦→頤→三爻變→ 賁→反易←噬嗑

○中孚卦의 兩互卦가 곧 頤卦를 형성하니 ≪[中孚卦의 兩互卦는] 山雷頤卦가 됨≫ [山雷] 頤卦의 六三爻는 [爻變하게 되면] 그 卦가 [山火] 賁卦가 된다. [그런데 頤卦는 뒤집어도 역시 똑같은 頤卦가 되니] 反對의 卦가 없는 까닭에, 본래 顚倒된 象을 취하는데 ≪中孚卦도 [역시 뒤집어도 같은 中孚卦가 되므로] 反對卦가 없음≫ 賁卦의 뒤집힌 象을 취하면, 噬嗑卦가 된다.

以噬嗑則 离革震鳴 其象爲鼓 ≪离虛中 有鼓象≫ 离喜震聲 其象爲歌 ≪喜而聲曰 歌≫ 以賁則 雖有离革 不以震鳴 ≪賁上艮≫ 或罷者也 ≪罷 止也 艮爲止≫ 离目有水 ≪賁互坎≫ 不以震聲 ≪賁上艮≫ 或泣者也 ≪有淚無聲曰 泣≫

中孚→兩互作卦→頤→三爻變→ 賁→ 反易←噬嗑

噬嗑卦에는 离의 가죽(革)과 震의 울림(鳴)이 있으니, 그 象이 북(鼓)이 되며 ≪离는 가운데가 비어 있으니, [离에는] 북의 象이 있음≫ 离의 즐거워함과 震의 소리가 있으니, 그 象이 노래가 된다. ≪기뻐서 내는 소리가 노래≫ 賁卦에는 비록 离의 가죽이 있으나, 震의 소리를 동반하지 않으니 ≪賁卦의 上卦는 艮≫ "或罷", 즉 "혹은 그만두는 것"이 된다. ≪'罷'는 멈춤의 뜻이니, 艮은 멈춤의 뜻이 된다.≫ [賁卦에서는] 离의 눈(目)에 눈물이 있으나 ≪賁卦의 下互卦는 坎≫ 震의 소리가 없으니 ≪賁卦의 上卦가 艮≫ "혹읍(或泣)", 즉 "[소리 없이] 눈물을 흘리는 것"이 된다. ≪눈물을 흘리되, 소리 없이 우는 것

을 '읍(泣)'이라고 함≫

正卦 倒卦 ≪倒噬嗑 正賁≫ 象不一定 ≪象相反≫ 或之者 疑之也 曷云哉 震帥旣亡 ≪頤上艮≫ 坎輿載尸 ≪賁互坎≫ 秘之不發 以欺敵人 ≪如姜維 諱孔明死≫ 故或鼓或罷 或泣或歌也

中孚→兩互作卦→ 頤→三爻變→ 賁→ 反易← 噬嗑

正卦와 倒卦의 경우에 있어서 ≪뒤집힌 卦는 噬嗑卦가 되고, 正卦는 賁卦가 된다.≫ 象이 일정하지 않으니 ≪象이 相反됨≫ "或……"이라고 한 것은 미심쩍다는 뜻이다. 어찌 그렇게 말하는가? 震의 장수(將帥)가 이미 죽어 ≪頤卦의 上卦가 艮≫ 坎의 수레에 그 시체를 싣는데 ≪賁卦의 互卦인 坎≫ [그 사실을 비밀로 하고] 드러내지 않고, 적을 속이는 것이다. ≪강유(姜維)[63]가 제갈공명(諸葛孔明)이 죽은 것을 [위장하여] 숨긴 것과 같다.≫ 그러므로 "或鼓或罷, 或泣或歌", 즉 "[敵을 만남에] 혹은 북을 치거나, 혹은 그만두고, 혹은 [소리 없이] 눈물을 흘리거나, 혹은 노래를 부른다"라고 한 것이다.

○位不當者 本象也 ≪陰居三≫ 本不當位 故諸象不吉

中孚

---

63) 강유(姜維) : 蜀漢의 장수. 원래 魏나라 장수였으나 제갈량에게 투항하여 크게 신임을 얻었다. 제갈량이 죽은 후 철수 중에 마치 살아 있는 것처럼 위장하여, 적을 물리쳤다. "죽은 제갈공명이 살아 있는 사마중달을 달아나게 했다"는 故事는 여기에서 유래되었다.

○"位不當"은 本象에 해당된다. ≪陰이 제3位에 있음≫ [제3位에 陰이 있는 것은] 본래 합당한 위치가 아니므로, 모든 象이 不吉한 것이다.

○案 此爻[64] 與離九三 其象相同者 ≪彼亦鼓與歌≫ 彼爲重离 此爲兼离 ≪兼畫三≫ 卦德不殊也 ≪彼亦賁噬嗑≫

中孚

離

○[案] [中孚卦 六三의] 이 爻가 離卦 九三의 爻詞와 더불어 그 象이 서로 같은 것은 ≪저 離卦의 爻詞에서도 역시 '鼓'와 '歌'가 나옴≫ 離卦의 경우는 重离卦이고 이 中孚卦의 경우도 겸획(兼畫)한 离로서 ≪[中孚卦를] 兼畫하여 三畫卦[로 만들면, 离의 형태가 됨]≫ 卦의 성격이 다르지 않기 때문이다. ≪그 離卦의 경우에도 역시 [離卦 九三을 효변하면, 正卦인] 賁卦와 [賁卦를 뒤집어 성립된] 噬嗑卦가 있음≫

○又按 荀九家 以震爲鼓 非矣 离有鼓象

○[又案] 荀九家는 震이 북(鼓)을 상징한다고 주장하였으나, 잘못이다. 离에 북(鼓)의 모습(象)이 있다.

64) [校閱] 新朝本과 國中本에는 "此爻"로 되어 있으나 奎章本에는 "此文"으로 되어 있다. 前者가 더 적합한 것으로 보인다.

六四 : 月幾望, 馬匹亡, 无咎. ◯ 象曰 : 馬匹亡, 絶類, 上也.

六四 : 달이 거의 보름이 될 즈음에, 말 한 마리[65]가 사라졌으나, 허물이 없을 것이다. ◯「象傳」: "馬匹亡(말 한 마리가 사라진 것)"은 [卦象으로 보면, 말이 그 같은] 무리로부터 떨어져서, [위쪽으로] 올라간 것을 가리킨다.

此 中孚之履也 履自夬來 ≪上之三≫ 亦其交也 ≪澤天交≫ 夬之時  坎月之位 ≪四五六≫ 兌缺未盈 ≪夬上兌≫ 幾乎乾圓 ≪震而兌而乾≫ 月幾望也 ≪見括例≫ 乾馬在下 ≪夬下乾≫ 我有馬匹也 ≪匹之義見下≫ 交之爲履則 我之馬匹 ≪內爲我≫ 忽亡在彼 ≪履上乾≫ 馬匹亡也是 何日也 月幾望之時也

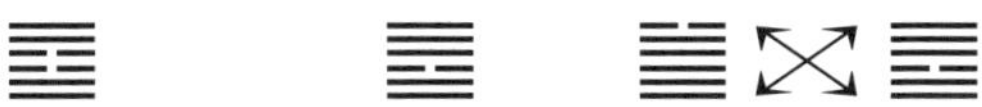

中孚 → 六四爻變 → 履 ← 推移 ←夬 ← 交易→履

이것은 中孚卦가 履卦로 변하는 경우이다. 履卦는 夬卦에서 왔는데 ≪[夬卦의 上이 3으로 감≫ [履卦와 夬卦의 兩卦는] 또한 交易의 관계에 있다. ≪澤天 夬卦가 交易[함으로써 天澤 履卦가 됨]≫ 夬卦일 때에는 坎月의 위치에 ≪4·5·6位[는 본래 坎位]≫ 兌가 이지러진 채로 있어, 아직 가득 찬 만월(滿月)의 상태에 이르지는 못하였으나 ≪夬卦의 上卦가 兌≫ 거의 乾의 [둥근] 원(圓)에 가까우므로 ≪달은 震[의 초생달]이 되고, 兌[의 반달]로 되며, 乾

65) 다산은 細註에서 "一馬, 爲一匹也"라고 하였다. 즉, '필(匹)'을 두 마리가 한 짝을 이루는 것으로 보지 않고, 한 마리를 뜻하는 것으로 보므로, "마필(馬匹)"은 결국 "말 한 마리"의 뜻이 된다.

[의 보름달]이 됨≫ "月幾望", 즉 "달이 거의 보름에 가깝다"라고 한 것이다. ≪括例[表][66]에 보임≫ 乾의 말이 [夬卦의] 下卦에 있으니 ≪夬卦의 下卦가 乾≫ 나에게 말이 한 마리가 있는 것이다. ≪필(匹)의 뜻은 아래에 보임≫ [그런데 澤天 夬卦로부터] 交易하여 [天澤] 履卦가 되면 나의 말 한 필(匹)이 ≪內卦는 我가 됨≫ 갑자기 사라져서 저 쪽에 있으니 ≪履卦의 上卦는 乾≫ [이것을 가리켜] "마필망(馬匹亡)", "말 한 마리가 사라진 것"이라고 한 것이다. 이것은 어떤 날인가? [그때는 다름 아닌] "월기망(月幾亡)", 즉 "달이 거의 보름에 가까울 때"이다.

○夬以一陰 下乘五剛 今降于乾 ≪上之三≫ 義无咎也 ≪善補過≫

○夬卦에서는 한 개의 陰이 그 아래 다섯 개의 剛을 타고 있었는데, 지금 [履卦가 되면, 夬卦의 下卦에 있는] 乾의 아래로 내려가니 ≪[夬卦의] 上이 3으로 감≫ 義理로 볼 때, 허물이 없는 것이 된다.[67] ≪[无咎는] 허물을 잘 보완(補完)함[의 뜻이 됨]≫

○夬之一剛 ≪第三畫≫ 絶其羣類 ≪下本乾≫ 上從二陽 ≪三之上≫ 絶類上也 ≪上 升也≫ 离則爲絶

66) 여기서 괄례(括例)는『四箋』「括例表」를 가리키는 것이 아니라,「易例比釋」을 가리킨다.

67) 여기서 말을 잃어버린 것 그 사실 자체에 아무런 허물이 없다고 말하는 것은 아니다. '无咎'는 허물을 잘 보완함의 뜻이니, 말 한 마리를 잃어버린 것은 분명히 허물이 된다. 그러나 一陰이 五陽을 올라타고 있는 것은 위태롭고도 잘못된 상황이었는데, 그 陰이 陽 밑으로 내려갔으니, 그 義理로 볼 때 허물이 없다는 뜻이다.

䷼　　　䷉　　䷪

中孚→ 六四爻變 → 履 ← 推移 ←夬

○夬卦의 한 개의 剛이 ≪[夬卦의] 第3畫[을 가리킴]≫ 그 [乾의 陽의 같은] 무리로부터 떨어져 ≪[夬卦의] 下卦는 본래 乾≫ 上卦에 있는 두 개의 陽畫을 따르니 ≪3이 上으로 감≫ "絶類上", 즉 "[그] 무리로부터 떨어져서, [위로] 올라간 것"이다. ≪上은 올라간다는 뜻이 됨≫ [履卦의 下互卦는 离인데] 离는 끊어짐(絶)의 뜻이 된다.

○案 月幾望 固爲盛滿之戒 然 其在筮家 仍可以占其日期 小畜之凶 謂月幾望之夕 不可出征也 歸妹之吉 謂月幾望之夕 可以嫁妹也

○[案] "月幾望"은 본래 가득 찬 것을 경계하는 것이다. 그러나 점치는 자(筮家)에 있어서는 ["月幾望"으로써] 그 기일(期日)을 점칠 수 있다. 小畜卦의 凶한 경우는 月幾望의 저녁에 [군대를] 출정(出征)시켜서는 안 되는 것이며,[68] 歸妹卦의 吉한 경우는 月幾望의 저녁에 누이를 시집보내도 좋은 것이라고 하였다.[69]

○又按 程子 以兩馬爲匹 然 周禮 校人注 四匹爲乘 ≪又三乘爲皁≫ 一馬爲一匹也 謂馬爲匹者 兩服兩驂 必以其耦 故雖一馬 亦名爲匹馬也

○[又案] 程子는 두 마리 말이 한 필(匹)을 이루는 것으로 생각했다. 그러나 『周禮』「夏官司馬」「校人」의 注에, "[말이] 네 필(匹)이 되면, 乘이 된다"라고 하였으니 ≪또 三乘을 '皁(조)'라고 함[70]≫ 한 마리 말이 일필

68) 原文은 "月幾望, 君子, 征凶"이다.

69) 原文은 "帝乙歸妹, 其君之袂, 不如其娣之袂良, 月幾望, 吉"이다.

(一匹)이 되는 것이다. 말을 필(匹)이라고 일컫는 것은 [네 마리 말 중에서, 중간의 두 마리 말에 해당되는] 양복(兩服)과 [바깥쪽의 두 마리 말에 해당되는] 양참(兩驂)이 반드시 짝을 이루기 때문이니, 비록 한 마리 말이라고 하더라도 역시 '필마(匹馬)'라고 부른 것이다.

九五 : 有孚攣如, 无咎. ○ 象曰 : 有孚攣如, 位正當也.

九五 : [서로] 믿음이 있으니, [한 쪽] 팔이 부러져도 다른 팔에 의지하니, 허물이 없을 것이다. ○「象傳」: "有孚攣如"라고 한 것은 그 지위가 합당함을 말한 것이다.

此 中孚之損也 攣者 手曲也 《說文云》 五之旣變 艮肱遂折 《本互艮》 其象 攣也 一肱雖折 一肱尙完 《上今艮》 恃以爲手 左右相救 《一手救一手》 有孚攣如也 《孚 恃也》

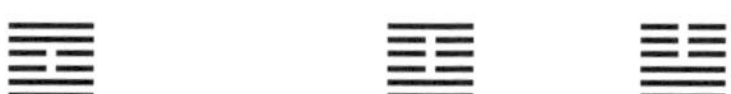

中孚 → 九五爻變 → 損 ← 推移 ←泰

이것은 中孚卦가 損卦로 변하는 경우이다. '련(攣)'은 팔이 [병들거나, 부러져서] 굽은 것을 가리킨다. 《[그 뜻이 許愼의]『說文』에 보임》 [中孚卦의 九五爻가] 爻變하여 [損卦로 되면] 艮의 팔뚝(肱)이 드디어 부러지니 《본래 [中孚卦의] 上互卦가 艮》 그 象이 구부러짐(攣)이 된다. 한 팔이 비록

70)『周禮』「夏官司馬」「校人」에 "三乘爲皁"이라고 함.

부러졌으나, [다른] 한 팔이 아직 온전하니 ≪[損卦의] 上卦가 지금 艮≫ [성하지 못한 팔도 성한 팔에] 의지하여, [나름대로] 손의 구실을 하는 것이다. 왼쪽 손과 오른쪽 손이 서로 도우니 ≪한 쪽 손이 다른 한 쪽 손을 救해줌≫ [이것을 가리켜] "有孚攣如"라고 한 것이다. ≪孚는 '恃', 즉 '믿고 의지하는 것'을 뜻한다.≫

大离猶舊 ≪損大离≫ 所以孚也 ≪离爲孚≫

䷼ ䷨

中孚→九五爻變→損

[中孚卦 九五가 爻變하여, 損卦로 되더라도] 大离의 형태는 以前과 마찬가지로 있으니 ≪[中孚卦도 大离의 형태이지만] 損卦는 역시 大离의 형태가 됨≫ 이것이 믿음(孚)을 지니는 까닭이 된다. ≪离는 '孚', 즉 '믿음'을 상징한다.≫

曷云哉 損自泰來 ≪三之上≫ 泰之時 南鄰富實 ≪下三陽≫ 北鄰耗虛 ≪上三陰≫ ☷ 移之爲損則 損南益北 ≪三之上≫ 富不獨擅 ≪救其鄰≫ 志相孚矣 ≪六位皆應 故有孚≫ 小畜九五 宜參看

䷼ ䷨ ䷊

中孚→五爻變→損←推移←泰

어째서 그렇게 말하는가? 損卦는 泰卦로부터 왔는데 ≪[泰卦의] 3이 上으로 감≫ 泰卦의 때에는 남쪽 이웃은 부유한 반면에 ≪[남쪽 이웃이란 泰卦의] 下卦의 세 개의 陽을 가리킴≫ 북쪽 이웃은 [재산을] 탕진하여 [국고가] 텅 비어 있다. ≪[泰卦의] 上卦의 세 개의 陰≫ [泰卦로부터] 推移하여 損卦

가 되면, 남쪽[의 재산]을 덜어서, 북쪽에 보태주니 ≪[泰卦의] 3이 上으로 감≫ [이것은] 富를 독점하지 않으며[71] ≪그 이웃을 구함≫ 마음으로 서로 신뢰하는 것이다. ≪[損卦에서는 1과 4, 2와 5, 3과 6의] 여섯 位가 모두 상응하는 관계에 있으므로, 有孚라고 한 것≫ 小畜卦의 九五[의 爻詞]를 마땅히 참고해 보아야 한다.[72]

○泰之時 柔以乘剛 ≪坤在上≫ 今剛旣升 ≪三之上≫ 是 无咎也

中孚→五爻變→損 ← 推移←泰

○泰卦의 때에는 柔가 剛을 타고 있다가 ≪坤이 [乾보다] 위에 있음≫ 지금 [損卦가 되면] 剛이 이미 올라가니 ≪[泰卦의] 3이 上으로 감≫ 이것이 "无咎"라고 한 까닭이다.

○位正當者 本象也 ≪陽居五≫

○"位正當"은 [中孚卦의] 本象에 해당된다. ≪陽이 제5位에 있다.≫

---

71) 천(擅): '멋대로 하다', '마음대로 하다', '하고 싶은 대로하다', '차지하다' 등의 의미.

72) 茶山은 「易例比釋」(上)의 爻詞의 '有孚例'에서, "中孚六爻 皆宜有孚 唯九五言之者 明小畜九五 其象 宜同也 ≪皆有孚攣如≫(中孚卦의 여섯 爻에는 모두 "有孚"[의 例]가 있어야 마땅한데, 단지 九五에서만 "有孚"를 언급한 것은, 小畜의 九五와 그 [相互援助의] 象이 동일해야 한다는 것을 밝힌 까닭이겠다. ≪[中孚卦 九五와 小畜卦 九五의] 두 곳에서 모두 "有孚攣如"라 하였다≫"라고 하였다. 中孚卦 九五와 小畜卦 九五는 "有孚攣如"라는 爻詞도 동일하지만, "損南益北"(中孚 九五)과 "南鄰之富, 移於北鄰"(小畜 九五)의 象이 동일하게 나타난다.

上九 : 翰音登于天, 貞凶. ○ 象曰 : 翰音登于天, 何可長也.

上九 : 닭이 [소리치며] 하늘에 오르니,[73] 일을 맡아 처리함에 흉함이 있을 것이다. ○「象傳」: 닭이 [소리치며] 하늘에 오르더라도 [곧 추락할 것이니] 어찌 오래갈 수 있겠는가?

此 中孚之節也 卦以大過交易 《澤風交》 大過之時 巽雞在下 ䷛ 交而易之 巽雞升矣 《今上巽》 雞曰翰音 《曲禮文》 其位在天 《五六天》 翰音登于天也 震以鳴之 《二四互》 是 有音也 中以离飛 《二五夾》 飛上天也

이것은 中孚卦가 節卦로 변하는 경우이다. [中孚]卦는 大過卦로부터 交易된 卦이다. 《[大過卦]의 澤風이 交易[함으로써 風澤 中孚卦가 됨]》 [澤風] 大過卦일 때에는 巽의 닭이 아래에 있었는데, 交易하여 [風澤 中孚卦가 되면] 巽의 닭이 [위로] 올라간 것이다. 《지금 [中孚卦의] 上卦가 巽》 닭을 가리켜 '한음(翰音)'이라고 하는데 《[이런 用例는]『禮記』「曲禮」의 글에 나옴》 그 [닭의] 위치가 하늘에 있으니 《5·6位는 天位에 해당됨》 翰音登于天", 즉 "닭이 하늘에까지 오른 것"이다. 震으로써 우니 《[中孚卦의] 2·3·4의 下互卦[는 震이 됨]》 이것이 소리가 들리는 까닭이

73) "翰音"은 그 자체가 닭의 별칭이므로, 구태여 "닭의 소리"라고 번역할 것은 없다. 실제로 하늘로 오르는 것은 닭이지, 닭의 소리가 아니다. 그런데도 "소리치며"라는 말을 보충한 것은 卦象에 震鳴의 象이 있기 때문이다.

된다. [中孚卦의] 가운데 离의 나는 象이 있으니 ≪[中孚卦의] 2·3·4·5의 협괘(夾卦)[는 大离가 되는데, 离에는 비상(飛翔)의 뜻이 있음]≫ 하늘에 날아 오르는 것이다.

變而爲坎 ≪上今坎≫ 雞則亡矣[74] 卦象 ≪巽今亡[75]≫ 如此 雖有坎貞 ≪上今坎≫ 於事 凶也[76]

中孚→上爻變→節

[中孚卦의 上九가 효변하여, 節卦로 됨에, 上卦가 巽으로부터] 변하여 坎이 되었으니, ≪[節卦의] 上卦는 지금 坎≫ 닭이 없어진 것이다. 卦象이 ≪巽이 지금 없어짐≫ 이와 같으니, 비록 坎의 곧음(貞)이 있더라도 ≪[節卦의] 上卦는 지금 坎≫ 일[을 맡아 처리함]에 있어서 흉할 것이다. ≪[中孚卦에는 巽이 있었으나, 節卦가 되면] 巽이 지금 없어진 것이다.≫

○雞以股行 ≪巽爲股≫ 不能高飛 暫登必墜 何可長也 ≪如亢龍之

---

74) [校閱] 新朝本과 國中本에는 "雞則亡矣"로 되어 있으나 奎章本에는 "雞何去也"로 되어 있다.

75) [校閱] "巽今亡"의 細注가 新朝本에서는 "卦象"과 "如此" 사이에 있으나, 奎章本에서는 "雞何去也"와 "卦象如此" 사이에 있다. 國中本에는 "雞則亡矣"와 "卦象如此"의 사이에 있다. 즉, "雞則亡矣 ≪巽今亡≫ 卦象如此"로 되어 있다.

76) [校閱] 新朝本에는 "變而爲坎 雞則亡矣 卦象 ≪巽今亡≫ 如此"로 되어 있으나 奎章本에는 "變而爲坎 ≪上今坎≫ 鷄何去也 ≪巽今亡≫ 卦象如此"로 되어 있다. 奎章本의 구절을 해석하면 다음과 같다. "[中孚卦의 上九가 爻變하여 節卦로 되면] 변하여 坎이 되었으니 ≪[節卦의] 上卦가 지금 坎≫ 닭은 [날라 보았자, 금새 땅에 다시 떨어질 것이니, 간다고 한들] 어디로 가겠는가? ≪巽이 지금 없어짐≫." 奎章本과 新朝本의 내용에 본질적인 차이가 있는 것은 아니지만, 奎章本은 그 의미가 애매한 측면이 있는 반면에, 新朝本의 文勢가 더 자연스럽고, 의미가 보다 분명하다. 따라서 위의 原文은 新朝本을 기준으로 하였다.

不可久≫

○닭은 [주로] 다리로 걸어다니는 동물로서 ≪巽은 다리를 상징함≫ 높이 날 수 없으니, [설령] 잠시 [날아] 올랐다 하더라도, 반드시 추락(墜落)할 것이다. 어찌 [닭이 하늘로 날아오르더라도] 오래갈 수 있겠는가? ≪마치 [乾卦 上九에서] 항룡(亢龍)이 오래갈 수 없는 경우와 같다.≫

○案 世說 以朱博 驟至三公 爲翰音登天 亦此義也

○[案]『世說新語』[77]에서, 주박(朱博)[78]이 갑자기 삼공(三公)[79][의 등급의 지위]에 오른 것을 "翰音登天"의 뜻에 비유한 것도 역시 이 뜻에 해당된다.[80]

---

77)『世說新語』: 南朝 宋 劉義慶 撰, 梁 劉孝標 注. 東漢에서 東晋까지의 逸事와 瑣語를 기록하였다.

78) 주박(朱博) : "『漢書』에 따르면, 朱博은 字가 子元이며, 두릉(杜陵) 사람이다. 승상이 되어 임명식에 임하여 궁전에 올라, 칙명을 받을 때, 종이 울리는 듯한 큰 소리가 났다. 황제가 揚雄과 이심(李尋)에게 그 까닭을 묻자, [이심(李尋)이] 대답하기를 "洪範에 이른바 고요(鼓妖 : 귀를 홀리게 하는 요괴, 총명치 못함)라는 것이옵니다. 군주가 총명치 못하여, [신하가] 헛된 명성으로 승진하면, 無形의 소리가 나는 것이옵니다"라고 했다. 주박은 나중에 사건에 연루되어 자살하였다. 그래서『序傳』에 이르기를, '朱博의 한음(翰音)은 고요(鼓妖)가 먼저 냈다'라고 했다.『易經』의 中孚卦의 上九에 "翰音登於天, 貞凶"이라고 하니, 王弼의 注에 이르기를, "翰, 高飛也, 飛者, 音飛而實不從也", 즉 "翰은 높이 나는 것이다. 飛는 소리는 드날리는데, 실상은 따르지 못하는 것이다"라고 하였다(漢書曰 朱博 字子元 杜陵人 爲丞相 臨拜 延登受策, 有大聲如鍾鳴 上問揚雄 李尋 對曰 洪範所謂鼓妖者也 人君不聽, 空名得進 則有無形之聲 博後坐事自殺 故序傳曰 博之翰音, 鼓妖先作 易中孚曰 上九 翰音登於天 貞凶 王弼注曰 翰高飛也, 飛者, 音飛而實不從也."(김장환 譯註,『世說新語』上, 살림, 1996, 153면)

79) 삼공(三公) : 영의정, 좌의정, 우의정을 가리키는 명칭.

80)『世說新語』에서 "朱博翰音"을 언급하고 있는 맥락은 다음과 같다. 치태위(郗太尉)가 사공(司空)에 임명되었을 때, 동석한 사람들에게 다음과 같이 말하였다. "평생토록 나의 바램은 그다지 많은 것에 있지 않았습니다. 어쩌다 세상이 몹시 혼란한 때를 만나 三公의 지위에 오르게 되었습니다. 주박(朱博)의 한음(翰音)처럼 실로 마음에 부끄럽습니다(郗太尉拜司空 語同坐曰 平生意不在多 値世故紛紜 遂至台鼎 朱博翰音 實愧於懷)."(김장환 譯註, 앞의 책, 153면)

【62. 뇌산 소과(雷山 小過)】

艮下震上 ○第三十五卦 ≪頤之交 重坎之移≫

頤 ←交易← 小過← 推移← 習坎

艮은 下卦이고, 震은 上卦이다. ○제35번째의 괘이다.[81] ≪[小過卦는] 頤卦로부터 交易된 卦이고, 重坎卦로부터 推移된 것이다.[82]≫

雜卦傳曰 小過 過也

『雜卦傳』에서 말하였다. "小過는 지나침이다."[83]

○程子曰 小者過 又爲過之小

○程子가 말하였다. "[小過卦는] 작은 것이 지나친 것이요, 또 지나침이 적은 것이다."

○鏞按 小者 陰也 ≪朱子云≫ 過者 交過也 卦以頤交 ≪山雷交≫

---

81) 小過卦는 똑바로 보거나, 뒤집어 보아도 어느 경우나 동일한 형태가 되므로 正卦나 反卦 등으로 부르지 않는다. 이처럼, 正卦와 反卦의 구별을 형성하지 않는 괘에는 乾, 坤, 坎, 離, 頤, 大過, 中孚, 小過의 8괘가 있다.

82) 重坎之移는 中孚卦의 "重离之移"의 경우와 마찬가지로, 推移의 特例에 해당된다. 中孚卦의 例를 참조할 것.

83) 지나침에는 다음의 세 가지 의미가 있다. ①[정도가] 지나치게 과도함, ②[공간적으로] 지나쳐 감, ③허물.

交而過之 四陰相過 此之謂 小過也 過者 愆也 卦爲兼坎 ≪兼畫三≫ 坎則多眚 ≪說卦文≫ 然 比之大過 猶之爲小 ≪彼四陽≫ 所以爲小過也 餘見中孚大過

頤　　　小過

○[鏞案] "小"는 陰을 가리키고 ≪朱子가 [그렇게] 말함≫ "過"는 [공간적으로] 교차(交叉)해서 지나가는 것을 가리킨다. 小過卦는 頤卦로부터 交易된 것이니 ≪山雷 [頤卦]를 交易[함으로써, 雷山 小過卦가 됨]≫ 交易하여 지나가니, [頤卦에 모여 있던] 네 개의 음이 [小過卦가 되면, 두 부분으로 분리되어] 서로 지나가니, 이것을 일컬어, "小過"라고 말하는 것이다. "過"는 허물(愆)을 뜻한다. [小過]卦는 겸획(兼畫)한 坎의 형태가 되니 ≪겸획(兼畫)하여 삼획괘(三畫卦)[로 만들면 坎의 형태가 됨]≫ 坎은 곧 많은 허물(多眚)을 상징한다. ≪「說卦傳」의 글≫ 그러나 [小過卦는] 大過卦에 비교하면, 오히려 적으니 ≪[小過卦에는 네 개의 陰이 있으나] 大過卦에는 네 개의 陽이 있음≫ [이것이] 小過라고 불리는 까닭이다. 나머지는 中孚卦와 大過卦[의 설명]에 나온다.

小過, 亨, 利貞, 可小事, 不可大事. 飛鳥遺之音, 不宜上, 宜下, 大吉.

小過는 [작은 일에] 형통하고, 일을 맡아 처리함에 이로우니, 작은 일은 할 수 있으나, 큰 일은 할 수 없을 것이다. [하늘을] 날아가는 새가 남겨놓은 소리이니,[84] 올라가지 말 것이며, 내려가야 할 것이니, [내려간다면[85]] 크게 길함이 있을 것이다.

此 小過之不變者也 卦以頤交 ≪山雷交≫ 交而過之 柔不失中 ≪不失其二五≫ 陰道之亨也

頤 小過

이것은 小過卦가 변하지 않는 경우이다. [雷山] 小過卦는 [山雷] 頤卦로부터 交易된 卦이니 ≪山雷 頤卦를 交易함≫ 교차(交叉)되어 지나가더라도, 柔가 中을 잃지 않으니 ≪그 2와 5를 잃지 않음≫ 陰의 道가 형통한 것이다.

○頤之旣交 小者相過 ≪交過之≫ 而坎德貞固 ≪今大坎≫ 利於貞也

頤 小過

○頤卦가 이미 交易됨에, 작은 것이 서로 지나쳐 가고 ≪교차되어 지나감≫ 坎의 덕이 곧고 견고하니 ≪[小過卦를 兼畫하면] 지금 大坎의 형태≫ 일을 맡아 처리함에 이롭다.

---

84) 飛鳥遺之音 : (다른 가능한 해석) 가는 소리(之音)를 남긴다.
85) 다산은 주석에서 "大吉者, 下者之占也"라고 하고 있기 때문에, 이러한 조건적 의미가 부가되는 것이다.

○卦又以習坎移之 《見中孚》 習坎之時 ䷜ 柔不得中 《不得二與五》 剛不失中 《得二五》 移之小過 《二之三而五之四》 柔乃得中 《得二五》 剛則失之 《失二五》 可小事 《陰德小》 不可大事也

習坎 → 推移 → 小過

○小過卦는 또한 習坎卦로부터 推移된 것이다. 《[이런 推移의 방식은] 中孚卦에 보인다.》 習坎卦의 때에는 柔가 中을 얻지 못한 반면에 《[中位인] 제2位와 제5位를 얻지 못함》 剛이 中을 잃지 않았는데 《[中位인] 2와 5의 자리를 얻음》 [習坎卦로부터] 推移하여 小過卦가 되면 《[習坎卦의] 2가 3으로 가고, [동시에] 5가 4로 감[86]》 柔가 中을 얻은 반면에 《2와 5를 얻음》 剛이 中을 잃으니 《2와 5를 잃음》 작은 일은 할 수 있으나 큰 일은 할 수 없는 것이다.

○頤爲大离 ䷚ 是 飛鳥也 《荀九家》 交而過之 《爲小過》 則飛鳥旣去 《今不离》 震聲猶止 《上震而下艮》 遺之音也 遺之奈何 過者 過去[87]也 過空之鳥 身去音止 《艮爲止》 相過而不相値 卦德然也

頤　　小過

86) 推移는 한 畫이 가면, 한 획이 오는 一往一來를 원칙으로 하지만, 여기서는 二畫의 往來에 속하므로 推移의 特例에 해당된다.

87) [校閱] 新朝本에는 "過者, 去也"로 되어 있으나 奎章本과 國中本에는 "過者, 過去也"로 되어 있다. 여기서는 後者를 따른다.

○頤卦는 大离가 되니, 이것은 날아가는 새(飛鳥)가 된다. ≪荀九家의 說≫ [頤卦로부터] 交易하여 지나가면 ≪小過卦가 됨≫ 날아가는 새(飛鳥)는 이미 떠나가 버려 [없고] ≪[頤卦에서는 大离의 형태가 있었으나] 지금 [小過卦에서는] 离가 없음≫ 震의 소리만 남아 있으니 ≪[小過卦의] 上卦는 震이며, 下卦는 艮≫ [이것이] 남아 있는 소리이다. 어떻게 해서, 소리가 남겨진 것일까? "過"는 지나가는 것이니, 하늘을 [날라서] 지나가는 새가 몸은 떠나간 반면에, [그 새가 남긴] 소리는 남아 있으니 ≪艮은 머무름이 됨≫ [신체와 음성이] 서로 지나가, [서로] 만나지 못하기 때문이다. [小過의] 卦의 성질이 [본래] 그러한 것이다.

○震自下升 ≪今上震≫ 艮自上降 ≪本上艮≫ 頤之交也 升者失位 ≪陽居四≫ 降者得位 ≪陽居三≫ 不宜上而宜下也

○震은 [山雷 頤卦의] 아래로부터 상승하고 ≪지금 [小過卦의] 上卦가 震≫ 艮은 [山雷 頤卦의] 위로부터 하강한 것인데 ≪본래 [頤卦의] 上卦가 艮≫ [小過卦가] 頤卦로부터 交易됨에 상승한 것은 [그 합당한] 지위를 잃은 반면에 ≪[小過卦에서] 陽이 제4位에 있음≫ 하강한 것은 [그 합당한] 지위를 얻었으니 ≪陽이 제3位에 있음≫ 올라가지 말고 내려가야 하는 것이 마땅하다.

○大吉者 下者之占也

○"大吉"은 내려가는 경우의 占卦에 해당된다.[88]

---

88) 따라서 彖詞의 "不宜上, 宜下, 大吉"의 "宜下"를 조건적으로 해석해야 된다.

彖曰 : 小過者, 小者過而亨也. 過以利貞, 與時行也. 柔得中, 是以小事吉也, 剛失位而不中, 是以不可大事也. 有飛鳥之象焉, 飛鳥遺之音, 不宜上, 宜下大吉, 上逆而下順也.

「彖傳」: 小過는 [공간적으로] 작은 것이 지나감에 형통한 것이다. 지나감으로써 일을 맡아 처리하면 이로운 것은 때의 상황에 맞추어 실천하기 때문이다. 柔가 中을 얻었으니, 이런 까닭에 작은 일이 吉한 것이다. 剛이 지위를 잃어, 中을 얻지 못하였으니, 이런 까닭에, 큰 일은 할 수 없는 것이다. 날아가는 새의 卦象이 있으니, "飛鳥遺之音"이라 한 것이요, "不宜上, 宜下, 大吉"이라고 한 것은 위로 올라가는 것은 [시세(時勢)에] 거스르는 것이 되고, 아래로 내려가는 것은 [시세(時勢)에] 순응(順應)하는 것이 되기 때문이다.

四陰相過 《頤四陰》 交不失中 《二與五》 小者 過而亨也 兌秋坎冬 《有互兌》 其德 利貞 《兌利而坎貞》 與時行也

頤 小過

네 개의 陰이 서로 지나가는데 《頤卦의 네 陰을 말함》 교차되어 中을 잃지 않으니 《2와 5를 말함》 [이것을 가리켜] "小者, 過而亨也"이라고 한 것이다. 兌는 가을이 되고, 坎은 겨울이 되는데 《[小過卦에는] 互兌가 있음, [또 小過卦는 전체적으로 大坎의 형태]》 그 德이 [각각] 利와 貞이 되는 까닭에 《兌는 利가 되고, 坎은 貞의 뜻이 됨》 "與時行也"라고 한 것이다.

○曰得曰失者 明此卦以習坎變也 昔者不得 故今云 得也 昔者得之 故今云 失也 習坎之時 柔不得中 《二五剛》 剛乃得之

≪得二五≫ 今也 得失相反 故孔子明之也 剛失位者 震也 ≪習坎五之四≫

習坎 → 推移 → 小過

○“得”이라고 하고, “失”이라고 한 것은 이 小過卦가 習坎卦로부터 변한 것임을 분명히 밝힌 것이다. 以前에는 얻지 못했기 때문에, 지금 얻는다고 말한 것이고, 以前에는 얻었던 까닭에, 지금 잃었다고 말한 것이다. 習坎卦의 때에는 柔가 中을 얻지 못하고 ≪[習坎卦의] 2와 5가 剛≫ 剛이 中을 얻었는데 ≪[習坎卦에서 剛이] 2와 5를 얻음≫ 지금[小過卦]에 와서는 [“剛失位而不中”이라고 하였으니, 이처럼] 得失이 相反되는 까닭에, 공자께서 [분명히] 밝히신 것이다. “剛失位(剛이 그 합당한 地位를 잃었다)”라고 한 것은 [小過卦의] 震을 가리킨 것이다. ≪習坎卦의 5가 4로 갔다. [따라서 小過卦의 震이 형성된 것이다.][89]≫

○象者 貌像也 中二剛似腹背 ≪宜橫看≫ 上下四陰 ≪共八片≫ 雙翼外張 飛鳥之象也 离爲飛鳥 ≪頤大离≫ 以火德也 坎爲羽翼 ≪漸上九 以坎爲羽≫ 以像似也 張淸子曰 橫飛之鳥 其勢迅速 身已飛過 而微有遺音

小過

○[“有飛鳥之象焉”의] “象”은 모습이 비슷한 것을 뜻하니, [小過卦

89) 習坎卦의 2가 3으로 간 것은 “剛失位”의 경우에 해당되지 않는다. 왜냐하면 2가 3으로 가면, 剛이 陽의 자리인 제3위에서 得位하기 때문이다.

의] 가운데 있는 두 개의 剛은 [새의] 배(腹)와 등(背)과 비슷하고 ≪옆으로 보아야 함≫ [小過卦의] 上下의 네 개의 陰은 ≪모두 여덟 조각≫ 두 날개를 밖으로 [활짝] 펼친 모습이니, 날아가는 새의 모습이다. 离가 날아가는 새(飛鳥)가 되는 것은 ≪頤卦는 大离의 형태≫ 불의 성질로 말미암은 것이고,[90] 坎이 날개의 상징이 되는 것은 ≪漸卦 上九에서 坎으로써 날개를 삼은 用例가 있음≫ [坎의 형태가 새의 날개의 모습과 더불어] 그 모습이 비슷하기 때문이다. 張淸子가 말하였다. "옆으로 날아가는 새는 그 氣勢가 매우 빠르기 때문에, 몸이 이미 날아갔어도, 미약하게 남아 있는 소리가 있다."

○震自下升 ≪本下震≫ 柔乃乘之 ≪上二陰≫ 艮自上降 ≪今下艮≫ 剛乃在上 ≪下二陰≫ 上逆而下順也

頤 小過

○[小過卦의 上卦인] 震은 아래로부터 올라간 것인데 ≪본래 [頤卦의] 下卦는 震≫ [小過卦의 上卦에서는] 柔가 [剛을] 타고 있다. 반면에 ≪[小過卦의] 5와 6의 두 개의 陰을 가리킴≫ 艮은 [頤卦의] 위에서부터 내려온 것인데 ≪지금 [小過卦의] 下卦가 艮≫ 剛이 [柔의] 위에 있다. ≪[小過卦의] 下卦에 初位와 제2位의 두 개의 陰이 있음≫ [따라서 이것을 가리켜] "上逆而下順"이라고 말한 것이다.

○或曰 上逆者 上卦之陰升也 ≪四之五≫ 下順者 下卦之陽升也 ≪二之三≫ 明卦以習坎變也

---

90) 象으로 말미암은 것이 아니라, 卦德으로 말미암은 것에 해당된다.

習坎→推移→小過

○或者가 말하였다. "'上逆'이란 上卦의 陰이 올라간 것을 가리키고 ≪4가 5로 감≫ '下順'이란 下卦의 陽이 올라간 것이다." ≪2가 3으로 간 것이다.≫ [或者의 주장도 역시] 小過卦가 習坎卦로부터 변한 것을 밝힌 것이다.

○案 周禮 大卜 國大貞則作龜 小事則莅[91]卜 ≪屯九五 小貞吉 大貞凶≫ 小事大事 卽指是也

○[案]『周禮』「春官」「大卜」에 "大卜이 나라의 큰 일이 있으면 거북점을 직접 주관하고, 작은 일이 있으면 卜占에 참여한다"[92]라고 하였으니 ≪屯卦 九五에서 "작은 일은 길하고, 큰일은 흉함[小貞吉, 大貞凶]"이라고 함≫ 小事와 大事란 곧 이것을 가리킨다.

初六 : 飛鳥以, ≪句≫ 凶. ○象曰 : 飛鳥以, 凶, 不可如何也.

初六 : [하늘을] 날아가는 새가 제멋대로 날아가니, ≪句≫ [그물에 걸려] 흉할 것이다. ○「象傳」: "날아가던 새가 제멋대로 날아가다가, [그물에 걸려] 흉한 꼴을 당한 것(飛鳥以凶)"이니, 어찌해 볼 도리가 없는 것이다.

---

91) '莅'字는『周禮』의 原文에는 '涖'字로 되어 있다. 뜻은 같다.

92)『周禮』「大卜」, "凡國大貞 卜立君 卜大封 則視高作龜 凡小事 涖卜."(陳戍國 點校,『周禮·儀禮·禮記』(古典名著普及文庫), 岳麓書社, 1995)

此 小過之豐也 春秋傳曰 能左右之 曰 以 《僖 二十六年》 以者左右之也 卦如飛鳥 兩翼外張 《義見上》 飛鳥以也 巽繩中設 《上互倒巽 下互巽》 其象 網也 變而爲豐 离乃麗之 《今下离》 麗其翼也 於飛鳥 凶 《上六 宜比玩》

小過→初爻變→豊

이것은 小過卦가 豐卦로 변하는 경우이다. 『春秋傳』에 "[군대를] 좌지우지(左之右之)하는 것을 '以'라고 말한다"[93]라고 하였으니, 《희공(僖公) 26년》 '以'는 '좌지우지(左之右之)하는 것'을 뜻한다.[94] 小過卦는 [그 卦의 모양이] 마치 날아가는 새가 두 날개를 밖으로 펼치고 있는 것과 같으니[95] 《뜻이 위에 보임》 "飛鳥以"라고 한 것이다. 巽의 줄이 가운데 설치되니 《[小過卦의] 上互卦가 顚倒된 巽이고, 下互卦가 巽》 그 象이 그물이다. [初六爻가] 변하여, 豐卦로 되면, 离로써 그것에 걸려드니 《지금 [豐

93) 『春秋左氏傳』(僖公 26年)에 "凡師能左右之 曰 以"라고 함. 여기서 "能左右之"라고 한 것은 왼쪽으로 가게 하고 싶으면, 왼쪽으로 가게 하고, 오른쪽으로 가게 하고 싶으면 오른쪽으로 가게 하는 것을 말한다(楊伯峻 編著, 『春秋左傳注』(修訂本) 卷1, 中華書局, 1993, 442면). 모기령의 『仲氏易』에서도 小過卦 初六의 "飛鳥以凶"의 "以"자를 설명하면서, 『左傳』의 "凡師能左右之 曰 以"의 句를 써서 注를 달고 있다(毛奇齡, 『仲氏易』(『中國古代易學叢書』 第36卷), 中國書店出版社, 1992, 415면).

94) 『春秋左氏傳』(僖公 26年)에서 "凡師能左右之 曰 以"라고 하였을 때, "以"자의 본래 의미는 軍師를 좌지우지(左之右之)하면서 마음대로 부리는 것을 뜻한다. 다산이 『左氏傳』(僖公 26年)에서 "以"자의 뜻을 취하였으므로, "飛鳥以凶"의 "以"도 역시 그 뜻으로 해석하는 것이 옳을 것이다. 따라서 "飛鳥以凶"은 새가 조심스럽게 날지 않고, 제 마음대로 날아가다가 그물에 걸리게 되니 흉한 것으로 해석될 수 있다. 다만, 다산이 注에서 "卦如飛鳥, 兩翼外張, 飛鳥以也"라고 하였으므로, "以"에는 새가 두 날개를 왼쪽과 오른쪽으로 활짝 벌리고 날아가는 모습을 가리킨다고 볼 수도 있다. 또한 새가 두 날개를 벌린 채로 날아가다가, 그 모습 그대로 그물에 걸려 있는 것을 가리킨다고도 볼 수 있을 것이다.

95) 小過卦의 5·6位의 陰과 1·2位의 陰은 새의 두 날개에 해당된다.

卦의] 下卦가 离≫ 그 날개가 [그물에] 걸리는지라, 날아가는 새에게 凶한 것이다. ≪上六의 用例와 비교해서 음미해 보아야 한다.[96]≫

○鳥旣罹網 不可如何 古詩云 羅當奈何

○새가 이미 그물에 걸려, 어찌할 수 없음이니, 옛 詩[97]에 이르기를, "나당내하(羅當奈何 : 그물에 걸렸으니, 어찌하오)"라고 하였다.

○案 虞仲翔云 离爲網罟 非矣 离旣爲鳥 又爲網罟則 是 天下之鳥 無非投羅之雀 惡可乎哉 重离之爲網罟 正以其巽繩 ≪三四剛 與[98]小過同≫ 八卦之离 安得爲網罟哉

○[案] 우중상(虞仲翔)이 "离는 그물(網罟)이 된다"라고 하였으나, 잘못된 주장이다. 离가 이미 새[의 상징]인데, 다시 [이것이] 그물[의 상징]도 된다면, 이것은 천하의 새가 [모두] 그물에 뛰어든 새가 되지 않음이 없게 될 터이니, 어찌 옳겠는가? 두 개의 离가 합쳐져서 [離卦에서] 그물의 뜻이 나오는 것은 바로 巽의 줄이 있기 때문이니 ≪[重离卦에서] 제3位와 제4位의 剛이 있는 것은 그 小過卦[에서 제3·4位의 剛이 있는 것]의 경우와 같음≫ 八卦의 离가 어찌 [단독으로] 그물이 될 수 있겠는가?

---

96) 小過卦의 初六에서는 "飛鳥以凶"이라고 하였고, 上六에서는 "飛鳥離之, 凶"이라고 함. 다산은 두 경우 모두 새가 날아가다가 그물에 걸려서 흉한 경우로 해석하고 있다.

97) 古詩 : 한빙(韓憑)의 처(妻) 何氏가 부른 「鳥鵲歌」를 가리킨다. 東晉(317~420)의 간보(干寶)의 『搜神記』 「韓憑夫婦」에 따르면, 戰國時代 宋나라 강왕(康王)의 사인(舍人) 중 韓憑이라는 자가 있었다. 그는 아내 何氏를 얻었는데 보기 드문 절색이었다. 康王이 그녀의 아름다움을 탐하여, 韓憑을 변방으로 내쫓고 그 부인을 후궁으로 삼았다. 확실한 내용은 알 수 없지만 『彤管集』의 기록에는 韓憑의 妻 何氏가 다음과 같은 「烏鵲歌」를 지어 부른 뒤 자살했다고 함. "南山有烏, 北山張羅, 烏自高飛, 羅當奈何!"(『漢文大系』 卷18, 「古詩賞析」 卷2, 周詩, 7면 富山房, 大正 3年)

98) [校閱] "與小過同"의 "與"가 新朝本에는 "其"로 되어 있는데, 誤記가 아닌지 의심된다.

䷽

六二 : 過其祖, 遇其妣, 不及其君, 遇其臣, 无咎. ○象曰 : 不及君, 臣不可過也.

六二 : 조부(祖父)를 거쳐서 조모(祖母)를 만나고,[99] 그 君主에게 [엎드려 우러러 볼지언정] 다가가지 못하다가, [뒤에 君主가] 그 臣下를 만나니, 허물이 없을 것이다. ○「象傳」: [그] 君主에게 [엎드려 우러러 볼지언정] 다가가지는 않았으니, [그] 신하(臣下)를 허물할 수 없다.

此 小過之恒也 過者 交過也 ≪交易之≫ 遇者 离之德也 相見乎离 ≪說卦文≫ 其象遇也 卦以坎變 ≪義見上≫ 乾其祖也 ≪坎者 乾之男

---

99) "過其祖, 遇其妣"의 해석은 '過'를 어떻게 풀이하는가에 따라서 크게 달라질 수 있다. ① '過'를 공간적으로 거쳐가는 것으로 해석하는 경우에는 "過其祖, 遇其妣"는 "그 祖父를 거쳐서, 그 祖母를 만난다"의 뜻이 된다. 이 경우, "過其祖, 遇其妣"와 "不及其君, 遇其臣"은 의미상으로 同格의 지위를 지닌 것처럼 보인다. 즉 "臣下가 그 君主를 우러러 볼지언정 그 군주를 감히 넘보지 않다가, 그 군주가 그 臣下를 만나는 것"이나 혹은 "祖父를 거쳐서, 祖母를 만나는 것"이나 간에, 어느 것이나 "无咎", 즉 올바른 행동이다. 君主의 신분적 위계가 臣下보다 높은 것처럼, 祖母의 사회적 지위는 祖父보다 더 높은 것으로 설정되고 있다. "周人之禮, 尊事姜嫄, 妣尊於祖也"라는 다산의 주석에서 알 수 있듯이, 周代 初期에는 "妣尊於祖也"의 관습이 행해지고 있었다. ② '過'를 '무시한다', '능멸한다' 등의 의미가 내포된 것으로 해석하는 경우에는 "過其祖, 遇其妣"는 "그 祖父를 [무시해 건너뛰어] 지나쳐 버리고 그 祖母를 만난다"는 뜻이 된다. 실제로, 다산의 "下不陵上, 臣不可以過君也, 臣固然矣, 妣可以過祖乎"라는 언급은 '過'를 '무시하다', '능멸하다'의 뜻으로 풀이하는 것이 정당화될 수 있는 근거가 되는 것처럼 보인다. 그러나 과연 ②처럼, 강하게 해석할 수 있을지는 의문이다. 왜냐하면 祖母가 祖父를 능멸하는 것은 臣下가 君主를 능멸하는 것이나 마찬가지로 용납될 수 없는 일이기 때문이다. 설령, 周代에 祖父보다 祖母를 더 존경(尊敬)한 禮가 행해졌다고 하더라도, 그것이 곧 祖母가 祖父를 능멸했다는 것을 뜻하는 것은 아닐 것이다. 오히려, "妣可以過祖乎"라는 언급에서 알 수 있듯이, 祖母가 祖父를 능멸하는 일은 있을 수 없다. 그럼에도 불구하고, "그 祖父를 거쳐서, 그 祖母를 만나는 것"은 祖父보다 祖母를 尊崇하는 周初의 독특한 관습에 起因하는 것으로 보면 될 것 같다. 따라서 여기서는 ①의 해석을 취하기로 한다.

也 小過又生於重坎≫ 坤其妣也 ≪爲祖母≫

習坎→推移→小過→2爻變→恒

이것은 小過卦가 恒卦로 변하는 경우이다. "過"는 교차(交叉)하여 지나가는 것이고 ≪交易한 것≫ '遇(만난다)'라고 한 것은 离의 성격이니, 离에서 서로 만나므로 ≪「說卦傳」의 글≫ 그 象이 만나는 것이 된다. 小過卦는 習坎卦로부터 변한 것이니 ≪뜻이 위에 나타남≫ 乾은 그 할아버지에 해당되고 ≪坎은 乾의 아들이고, 小過卦도 또한 重坎卦에서 생긴 것≫ 坤은 그 할머니에 해당된다. ≪[坤은] 祖母가 된다.≫

○ ䷟ 恒之爲卦 交而過之 旣成益卦 ䷩ 此爻取此象也 ☴ 巽升于上 ☰ 乾乃交過 ≪三陽相交過100)≫ 過其祖也 ≪乾爲祖≫ 旣過乾祖 乃成益卦 ䷩ 益有坤妣 ≪下互坤≫ 相見乎离 ≪益大离≫ 遇其妣也

恒 益

○[雷風] 恒卦를 交易해서 지나가게 하면, 이미 [風雷] 益卦를 이루니, 이 [小過卦 六二의] 爻는 이 [交易의] 象을 취한 것이다. [恒卦의 下卦에 있던] 巽이 위로 상승함에 乾을 이에 교차하여 지나가기는 하지만 ≪[恒卦의] 세 陽이 서로 交易[됨으로써, 益卦에서는 세 陰이 됨]≫ 그 할아버지를 지나가게 되는 것이다. ≪乾이 할아버지가 됨≫ 이미 乾의 할아버지를

100) [校閱] 新朝本과 國中本에는 "三陽相交過"로 되어 있으나 奎章本에는 "三陽相交易"으로 되어 있다.

지나감에, 이에 益卦를 이루었으니, 益卦에는 坤의 할머니가 있어서 ≪[益卦의] 下互卦가 坤≫ 离에서 서로 만나니 ≪益卦는 大离의 형태≫ 그 할머니를 만나는 것이다.

○☳ 震降于下 ≪恒上震≫ 乾乃交過 下者不及 ≪仰不及≫ 不及其君也 ≪言不及者 明君臣之義≫ 旣降于君 ≪震降下≫ 乃成益卦 ䷩ 益有坤臣 ≪下互坤≫ 相見乎离 遇其臣也

恒 益

○震의 臣下가 [애초에는 恒卦의 乾의 君主 위에 있었다가, 이제는] 아래로 내려감에 ≪恒卦의 上卦가 震≫ 乾이 이에 교차(交叉)하여 지나치게 된다. 아래 있는 것은 [위에] 미치지 못하니 ≪우러러 보기는 하지만 가지 않음≫ [恒卦에 있던 下互卦의 乾의] 君主에 미치지 못하는 것이다. ≪"不及"이라고 한 것은 君主와 臣下 간의 道義를 밝힌 것이다.≫ 이미 君主의 아래로 내려와 ≪震의 臣下가 아래로 내려옴≫ 益卦를 이루었으니, 益卦에는 坤의 신하가 있어 ≪[益卦의] 下互卦가 坤≫ 离에서 서로 만나므로, "遇其臣"이라고 한 것이다.

○恒自泰來 柔降爲巽 ≪四之一≫ 伏於乾君 ≪下本乾≫ 是 无咎也

泰 → 恒

○恒卦는 泰卦로부터 왔다. 柔가 내려와 巽이 되어 ≪[泰卦의] 4가 1로

감≫ 乾의 君主에게 엎드리니 ≪본래 下卦가 乾[이며, 또한 恒卦의 2·3·4는 乾이니, 初位의 柔가 그 위의 乾의 君主 밑에서 엎드려 있는 象]≫ 이것이 "无咎"가 되는 까닭이다.

○下不陵上 臣不可以過君也 臣固然矣 妣可以過祖乎 周人之禮 尊事姜嫄 妣尊於祖也

○아랫사람은 윗사람을 능멸(陵蔑)해서는 안 되며, 신하는 감히 君主를 지나쳐 능멸해서는 안 된다. 신하[의 도리]가 본래 이럴진댄, [하물며] 조모(祖母)가 [어찌] 조부(祖父)를 능멸할 수 있겠는가? 周나라 사람의 禮에 강원(姜嫄)[101]을 존경(尊敬)하여 섬긴다고 하니, [그것은] 할아버지보다 할머니를 더 존경한 것이다.

○案 卦德本過 故論過不及之禮

○[案] [小過라는] 卦의 성격이 본래 지나침에 있는 까닭에, 지나치거나 미치지 못하는 禮를 논한 것이다.

九三 : 弗過防之, 從或戕之, 凶. ○象曰 : 從或戕之, 凶如何也.

九三 : [禮의 法度를] 넘지 않도록 [禮로써] 막으니, [禮를 지키지 않으면, 누군가가] 쫓아와서 或 죽일 수도 있으니, 흉하다. ○「象傳」: "從或戕之([누군가가] 쫓아와서 或 죽일 수도 있다)"라고 하였으니, [그] 흉함이 어

101) 강원(姜嫄) : 周나라 先祖인 후직(后稷)의 어머니.

떠하겠는가?[102)]

此 小過之豫也 卦以頤交 ䷚ 交而過之 《交易之》 乃小過也 《坎爲過》 弗過之時 《不交易之時》 大离之防 《頤大离》 剛乃在外 《最上畫》 弗過防之也 《三爲卦主 故追言本象》

이것은 小過卦가 豫卦로 변하는 경우이다. [雷山] 小過卦는 [山雷] 頤卦를 交易시킨 것이니 [頤卦에서 山과 雷를] 교차시켜서 [반대 방향으로] 지나가게 한 것이 《[上卦와 下卦의 위치를] 교환하여 바꿈》 [곧] 小過卦이다. 《坎은 지나침이 됨》 지나치지 않았을 때에는 [즉 頤卦의 때에는] 《[弗過之時란] 交易하지 않을 때를 말함》 大离가 제방(堤防)이 되어 《頤卦는 大离의 형태》 剛이 밖에서 [막고] 있으니 《[頤卦의] 가장 높은 곳에 있는 획》 [이것을 가리켜] "弗過防之"라고 한 것이다. 《제3爻가 卦主가 되는 까닭에 本象을 좇아 말한 것이다.》

○ 交而過之 离防雖毁 《小過則不离》 艮剛猶存 《今下艮》 今剛遂折 《三今柔》 從或戕之也 戕者 殺也 卦象顚倒 其占可疑 《不一定》 或之者 疑之也

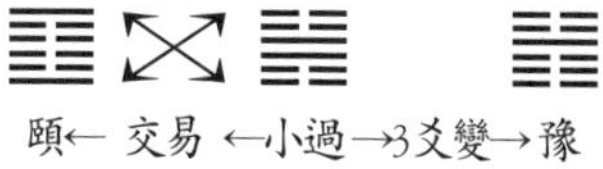

102) (다른 가능한 해석) 九三 : [정도가] 지나치지 않을 때, 막아야 하니, 계속 從事하면, 다른 사람이 당신을 죽일 것이니, 흉하다. 象曰 : 계속 從事하면, 다른 사람이 당신을 죽일 수도 있다고 하였으니, [그] 흉함이 어떠하겠는가?

○[山雷 頤卦를] 交易시켜 [山과 雷를 교차시켜] 지나치게 하면, 离의 제방(堤防)은 비록 허물어졌으나 ≪小過卦에는 离가 없음≫ 艮의 剛은 여전히 남아 있었는데 ≪지금 [小過卦의] 下卦가 艮≫ 지금 [小過卦의 九三爻가 爻變하여, 豫卦가 되면] 剛이 마침내 끊어지니 ≪[豫卦에서] 제3位가 지금 柔≫ [이것을 가리켜] "從或戕之([누군가가] 좇아와서 或 죽일 수도 있다)"라고 말한 것이다. "戕"은 죽이는 것을 뜻한다. 卦象이 전도(顚倒)된 까닭에, 그 점괘가 미심쩍은 것이니 ≪[미심쩍다는 것은 그 象이] 일정하지 않음을 뜻함≫ "或……"이라고 함은 미심쩍다는 뜻이다.

○防者 禮也 國而無禮 ≪离今亡≫ 凶如何也

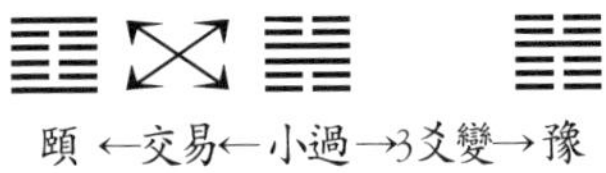

○"防"은 禮를 가리킨다. 나라에 禮가 없으니 ≪[小過卦에서] 离가 지금 없어짐≫ [그] 흉함을 어찌 할 것인가?

九四 : 无咎. 弗過遇之, 往厲, 必戒. 勿用永貞. ○象曰 : 弗過遇之, 位不當也, 往厲必戒, 終不可長也.

九四 : 허물이 없을 것이다. [공간적으로] 지나치지 않고, 만나게 될 것이다. 가면 위태롭게 될 것이니, 반드시 경계해야 한다. 오랫동안 [시일(時日)이 걸리는] 事業을 하지 말아야 한다. ○「象傳」: "弗過遇之"라고

한 것은 [그] 지위가 합당하지 않음을 말한 것이다. "往厲必戒"라고 한 것은 끝내 [추진하는 일이] 오래 갈 수 없음을 말한 것이다.

此 小過之謙也 頤之時 君子在下 小人在上 ≪下震而上艮≫ 交而過之 君子在上 ≪今上震≫ 乃无咎也

頤　　　小過→4爻變→謙

이것은 小過卦가 謙卦로 변하는 경우이다. 頤卦의 때에는 君子가 아래에 있고, 小人이 위에 있었는데 ≪[頤卦의] 下卦가 震이고, 上卦가 艮≫ 交易하여 [上卦와 下卦를 서로] 지나가게 하면, 君子가 위에 있게 되니 ≪[小過卦에서] 지금 上卦가 震≫ 곧 허물이 없는 것이다.

○ 頤之旣過 ≪交過之≫ 乃小過也 ≪坎爲過≫ ䷚ 弗過之時 ≪不交易之時≫ 大离之遇 ≪頤大离≫ 嘉會以相見 ≪离之象≫ 弗過遇之也 ≪四爲卦主故 追言本象≫ 其遇奈何 南國北國 ≪上下卦≫ 兩君相會也 ≪震爲主≫

頤　　　小過

○頤卦[의 上下卦]를 이미 교차시키면 ≪[頤卦를] 交易시켜서 [上卦와 下卦를 지나치게 함≫ 이에 小過卦가 된다. ≪坎이 지나침이 됨≫ [한편 交易을 통해, 上卦와 下卦를] 지나가게 하지 않았을 때에는 ≪交易을 하지 않았을 때[, 즉 頤卦의 때]를 가리킴≫ 大离의 만남을 통해서 ≪頤卦는 大离卦≫ 경사스러운 모임과 상견례(相見禮)를 가지게 되므로 ≪离의 象≫ [이것을 가리

켜] "弗過遇之"라고 한 것이다. ≪제4位가 卦主가 되는 까닭에, 本象[103]을 좇아 말한 것≫ 그 만남은 어찌된 것인가? 南國과 北國의 ≪上卦와 下卦[가 각각 北國과 南國이 됨]≫ 두 君主가 서로 만난 것이다. ≪[頤卦의 上卦는 倒震이며, 下卦도 震이니] 震은 主人을 상징함≫

豊之小過曰 遇其配主 亦以頤也

豊→初爻變→小過←交易→ 頤

豊之小過(豊卦가 小過卦로 가는 경우)[104]에서 "遇其配主(그 상대군주를 만난다)"라고 한 것도 역시 [小過卦가] 頤卦에 의거한 말이다.[105]

○謙自剝來 ≪上之三≫ 一剛孤高 ≪剝上艮≫ 是 往厲也 ≪往者危≫ 移之爲謙則 成言乎艮 ≪下今艮≫ 止於其內 ≪艮于下≫ 厲必戒也 ≪艮爲戒≫

小過→4爻變→謙 ←推移← 剝

103) 여기 "本象"은 小過卦의 象을 말하는 것이 아니라, 頤卦의 象을 가리킨다.

104) 豊初九를 가리킨다. 豊初九의 爻辭: "遇其配主, 雖旬, 无咎, 往有尙(그 짝이 되는 君主를 만나되, 비록 열흘이 되었으나, [열흘을 넘긴 것은 아니므로] 허물이 없을지니, 가면, 崇尙을 받는 일이 있을 것이다)."

105) 豊初九의 茶山의 해석을 참고할 것. "頤與小過 皆取顚也 ≪無反對≫ 頤之時 兩震之侯 ≪上倒震≫ 相見乎离 ≪頤大离≫ 嘉會以合禮 ≪离爲禮≫ 遇其配主也 ≪耦國之君爲配主≫(小過卦는 본래 頤卦와 交易의 관계에 있으니 ≪山雷 頤卦가 지금 雷山 小過卦로 된 것≫ 頤卦와 小過卦는 모두 顚倒된 象을 취한 것이다. ≪[頤卦와 小過卦는] 뒤집어도 [똑같은 형태가 되므로] 反對되는 象이 없음≫ 頤卦의 때에 두 사람의 震의 諸侯가 ≪頤卦의 上卦는 顚倒된 震≫ 离에서 相見禮를 갖고 ≪頤는 大离의 형태≫ 기쁘게 會合을 가짐으로써 禮에 合致되니 ≪离는 禮가 됨≫ [이것을 가리켜] "遇其配主"라고 말한 것이다. ≪상대편 나라의 군주가 配主가 된다≫)."

○謙卦는 剝卦로부터 왔다. ≪[剝卦의] 上이 3으로 감≫ [剝卦에서] 한 개의 剛이 홀로 높게 있으니 ≪剝卦의 上卦는 艮≫ 이것을 가리켜 "往厲"라고 한 것이다. ≪가는 자가 위태롭게 된다.≫ [剝卦로부터] 推移하여, 謙卦가 되면, 艮에서 말씀을 이루어 ≪[謙卦의] 下卦가 지금 艮≫ 그 內部에서 그치니 ≪艮의 그침이 下卦에 있음≫ [이것을 가리켜] "厲, 必戒", 즉 '[가면] 위태로우니, 반드시 경계해야 한다'라고 한 것이다. ≪艮이 경계(警戒)함의 뜻이 된다.≫

○剝之時 致役乎坤 ≪剝下坤≫ 艮以成之 ≪成于終≫ 宜若永貞 ≪義見下≫ 剛往太過 ≪至于上≫ 反而爲勞 ≪上之三爲坎≫ 勿用貞[106]也 ≪幹事曰 貞≫ 周禮 大祝求永貞 ≪見括例≫ 永貞者 久長之事也 ≪年祝 化祝 等≫

小過→4爻變→謙←推移←剝

○剝卦의 때에, 坤에서 勞役을 하고 ≪剝卦의 下卦가 坤≫ 艮으로써 이루니 ≪끝나는 곳에서 完成됨≫ 오랫동안 사업(事業)을 하여야 마땅할 듯 하지만 ≪뜻이 아래에 나옴≫ 剛이 가서 크게 지나치고 ≪[剝卦의] 上[의 위치]에 도달함≫ 되돌아와서도 [다시] 노역(勞役)하게 되므로 ≪上이 3으로 가서 坎이 됨≫ 사업(事業)을 하지 못할 것이라고 말한 것이다. ≪事業을 주관함을 '貞'이라고 한다.≫ 『周禮』「大祝」에 "大祝이 長久한 事業을 기원한다(大祝求永貞)"[107]라고 하였으니 ≪「괄례표(括例表)」에 보임≫ "永貞"이란 오랜 기일

---

106) [校閱] 新朝本과 奎章本과 國中本에 모두 "勿用貞"으로 나온다. 그러나 六四의 爻辭에는 "勿用永貞"으로 되어 있다.

107) 『周禮』「大祝」. "육축의 점사를 관상하는데 조상귀신과 하늘귀신과 땅귀신을 섬김으로써 복과 상서로움을 희구하며 영원한 일을 구한다(掌六祝之辭 以事鬼神祇 祈福祥 求永貞)." 육축은 다음과 같다. "順祝, 年祝, 吉祝, 化祝, 端祝, 策祝."

이 걸리는 사업(事業)을 뜻한다. ≪[長久한 事業이란] 년축(年祝)이나, 화축(化祝) 등을 가리킨다.[108)]≫

○位不當者 本象也 ≪陽居四≫

小過

○"位不當"이라고 한 것은 [小過卦의] 本象을 가리킨다.[109)] ≪陽이 [陰의 자리인] 제4位에 머무르고 있다.≫

○陽消於剝 ≪九月卦≫ 物終乎艮 ≪謙下艮≫ 終不可長也 ≪終不可永貞≫

小過→4爻變→謙 ←推移 ←剝

○陽은 剝卦에서 소진(消盡)되고 ≪[剝卦는] 9月의 卦에 해당됨≫ 만물은 艮에서 종결(終結)되니 ≪謙卦의 下卦가 艮≫ 끝내 오래갈 수 없는 것이다. ≪끝내 永久히 事業을 주간(主幹)할 수 없다.≫

---

108) 「易例比釋」을 참조할 것. "年祝"은 나라가 오래 지속되도록 비는 것이며, "化祝"은 백성들을 敎化시키는 일이 잘 되도록 비는 것이다.

109) 이 경우 "本象"은 앞에서 "四爲卦主故 追言本象"라고 한 경우와는 달리, 本象의 일반적 기준을 따른다.

六五: 密雲不雨, 自我西郊. 公, 弋取彼在穴. ○象曰: 密雲不雨, 已上也.

六五: 짙은 구름이 끼었으나, 비가 오지 않으니, 우리 서교(西郊)[의 들판]에서, 교제(郊祭)를 지낸다.[110] 公이 주살(弋)을 써서, 구멍에 있는 것을 잡는다. ○「象傳」: "밀운불우(密雲不雨)"라고 한 것은 [구름이] 이미 위에 [너무 높이] 있기 때문이다.

此 小過之咸也 咸自否來 陰自下升 《三之上》 遂爲大坎 《二上夾》 山出雲也 《下艮山》 雲雖在天 《五六天》 剛乃稠密 《中三剛》 不成坎水 《非正坎》 密雲不雨也 坤牛巽潔 《本坤而互巽》 以祭乾天 《否上乾》 其象 郊也 剛自外來 《上之三》 兌則爲西 《西方卦》 自我西郊也 卦德爲過 《過於中》 雲之不雨 過於密也 小畜宜參看

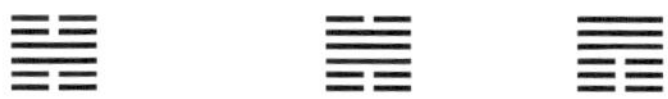

小過→六五爻變→ 咸 ←推移 ←否

110) "密雲不雨 自我西郊": 이러한 해석이 정당화될 수 있는 근거는 다산이 주석에서 "坤牛巽潔, 以祭乾天, 其象, 郊也"라고 하였고, 또 동일한 句가 있는 小畜卦의 象詞에 대한 주석에서도, "巽以潔齊, 上齊乾天 《天風姤》 其象 郊也 《祭天必於郊》"라고 하고, "西風不成雨, 則雖禱天而何得哉(서쪽에서 바람이 불어도 비를 이루지 못하니, 비록 하늘에 빌더라도 무슨 이득이 있겠는가?)"라고 함으로써, 비가 오지 않아, 하늘에 비는 상황을 상정하고 있기 때문이다.

(第二의 가능한 해석) 우리 西郊로부터, 짙은 구름이 끼었으나, 비가 오지 않는다. 이렇게 해석할 수 있는 근거는 小畜卦의 象詞에도 小過卦와 동일한 "密雲不雨, 自我西郊"의 句가 나오는데, 그것을 다산이 해석하기를, "亦自夬來, 兌爲西方, 是 西郊也, 陰自夬來, 是 其雲 自我西郊也"라고 하였기 때문이다. 즉 "其雲, 自我西郊也"라고 하였으니, "그 구름이 우리 西郊로부터 온다"고 해석하는 것이 정당화될 수 있다.

이것은 小過卦가 咸卦로 변하는 경우이다. 咸卦는 否卦로부터 왔으니, 陰이 아래로부터 올라가 ≪[否卦의] 3이 上으로 감≫ 마침내 大坎이 되니 ≪[咸卦의] 2·3·4·5·6의 협괘(夾卦)≫ 山에서 구름이 일고 있는 것이다. ≪[咸卦의] 下卦는 艮이니, 山을 상징함≫ 비록 구름이 하늘에 있기는 하나 ≪제5·6位는 天位에 해당됨≫ 剛이 조밀(稠密)하여 ≪[咸卦의] 가운데 있는 세 개의 剛을 가리킴≫ 坎의 물을 이루지 못하니 ≪[비록 咸卦에 大坎의 형태가 있는 것은 사실이나, 坎位에 있는] 正坎이 아님≫ [이것을 가리켜] "密雲不雨"라고 한 것이다. 坤의 소를 巽으로 정결(淨潔)히 다루어 ≪[否卦의 下卦가] 본래 坤이고, [咸卦의] 下互卦가 巽≫ 乾의 하늘에 제사를 지내니 ≪否卦의 上卦가 乾≫ 그 象이 郊祭를 지내는 모습이 된다. 剛이 밖으로부터 오고 ≪[否卦의] 上이 3으로 감≫ 兌는 곧 西方이 되므로 ≪兌는 西方의 卦≫ "自我西郊"라고 한 것이다. [小過의] 卦의 성격이 지나침에 있으니 ≪[小過卦는] 가운데에 [있는 3과 4가 모두 陽이니, 陽의 기운이] 지나친 것이다.≫ 구름이 비가 되지 않는 것은 [그 陽의 기운이] 조밀(稠密)함이 지나치기 때문이다. 小畜卦의 경우를 마땅히 참고해 보아야 한다.[111)]

○咸自否來 ≪三之上≫ 本以乾君 發其坎弓 ≪咸大坎≫ 公之射也 ≪上之三≫ 繫以巽繩 ≪本互巽≫ 矢與弓連 ≪上之三 猶連≫ 其射弋也 ≪繳射禽曰 弋≫ 小過者 飛鳥也 五之旣變 艮雄兌雌 ≪上今兌≫ 入于坎穴 ≪巽爲入≫ 禽在穴也 公乃弋之 取在穴也 ≪大坎穴≫

小過→六五爻變→咸←推移←否

○咸卦는 否卦로부터 왔다. ≪[否卦의] 3이 上으로 감≫ [否卦의 上卦에

---

111) 小畜卦의 彖詞에도 "小畜, 亨 ,密雲不雨, 自我西郊"라고 하였다.

있는] 乾은 본래 君主인데, 坎의 활을 발사(發射)하니 ≪咸卦는 大坎[이니, 큰 활을 상징함]≫ 公이 [화살을] 쏜 것이다. ≪[否卦의] 上이 3으로 감≫ 巽의 줄로 묶어서 ≪[咸卦의 2·3·4의] 下互卦는 본래 巽≫ 화살과 활을 연결(連結)하니 ≪[否卦의] 上이 3으로 가서, 마치 연결된 것 같음≫ 그 발사(發射)하는 것은 [줄을 매어 쏘는 화살인] 주살인 것이다. ≪[활에] 줄을 매어서 짐승을 쏘아 잡는 도구를 '주살'[弋]이라고 한다.≫ 小過卦는 나는 새를 상징한다. 제5爻가 이미 변하여, [咸卦로 되면] 艮의 수컷과 兌의 암컷이 ≪[咸卦의] 上卦가 지금 兌≫ 坎의 구멍에 들어가니 ≪[咸卦의 下互卦는 巽인데] 巽은 들어감의 뜻이 됨≫ 날짐승이 구멍속에 있거늘, 公이 주살을 써서, 구멍에 있는 짐승을 잡는 것이다. ≪[咸卦의 2·3·4·5·6은 大坎卦가 되는데] 大坎은 구멍을 상징함≫

胡炳文云 坎爲弓 故射隼射雉 此 僅取彼在穴 甚言 陰小之不足大有爲也

호병문(胡炳文)[112]이 말하였다. "坎은 활이므로, 송골매(隼)를 쏘고 꿩(雉)을 쏘는 데 쓴다. [그러나 지금 小過卦의 六五爻의] 이 경우는 겨우 저 구멍 속에 있는 것을 잡는 데 쓴다. 陰이 작아서, 크게 일을 벌리기에는 적합하지 않다는 것을 강조하여[113] 말한 것이다."[114]

---

112) 호병문(胡炳文, 1250~1333) : 元代의 程朱學者. 字는 중호(仲虎), 號는 운봉(雲峯).

113) 심언(甚言) : 白話体로 쓰일 때 심언(甚言)은 "무슨 말인가?" 정도의 뜻으로 사용된다. 이 경우 심(甚)은 의문대사로 상황·대상·시간 등이 확실하지 않음을 나타내며, '무엇'·'어떻게'·'어느' 등으로 해석한다(『虛辭大辭典』, 현암사, 2003, 463면). 혹은 동작·행위·성질·상태 등의 정도가 심화됨을 나타내는 補語로 간주할 수도 있다(『虛詞大辭典』, 성보사, 2001, 389면). 그러나 현재의 문맥에서 심언(甚言)을 "무슨 말인가?"의 뜻으로 해석하기에는 文勢가 자연스럽지 못한 측면이 있다. 여기에서는, 심언(甚言)을 "……는 것을 과장되게 말한 것이다", 혹은 "……는 것을 강조해서 말한 것이다" 정도로 해석하는 것이 적당하다고 본다. 즉, "公, 弋取彼在穴(公이 주살을 써서, 구멍에 있는 것을 잡음)"이라는 표현은 陰이 작아서, 크게 일을 벌리기에는 적합하지 않다는 것을 과장되게 말한 표현이 된다. 일반적으로 활은 송골매나 꿩 등을 쏘는 데 사용하지만, 지금 小過卦의 六五爻의 경우는 公이 주살을 사용하여 겨우 저 구멍 속에 있는 작

○已上者 過高也 陰自下升 ≪三之上≫ 過於高亢 ≪至於上≫ 所以不雨也 升若至五 豈不成坎 ≪三之四[115]則 爲互坎≫

小過→六五爻變→咸←推移←否

○"이상(已上)"은 지나치게 높은 것이니, 陰이 아래로부터 올라가 ≪[否卦의] 3이 上으로 감≫ 지나치게 높이 치솟아 오르니 ≪[陰이] 上에 이름≫ [이것이] 비가 오지 않는 까닭이 된다. 만약 [否卦의] 3이 올라가서, 제5位에 이른다면, 어찌 坎을 이루지 못하겠는가? ≪[否卦의] 3이 4로 가면, [推移하여 旅卦가 될 것이니, 2·3·4·5가] 互卦의 坎을 형성할 것이다.[116]≫

○案 小過者 大坎也 坎則爲雨 故其占爲密雲不雨

○[案] 小過卦는 大坎卦이며, 坎은 곧 비(雨)를 상징하는 까닭에, 그 占이 "密雲不雨"의 占卦가 된다.

은 짐승을 잡으려고 하는 경우이므로, 작은 陰으로 큰 일을 하려는 것을 강조해서 말한 것이 된다.

114) 胡炳文의 인용문은 原文으로부터 축약된 것이다. 원문은 다음과 같다. "雲峯 胡氏曰, ……坎爲弓, 凡互坎, 或厚坎, 皆取弋射象, 然, 彼射隼射雉, 此 僅取彼在穴 甚言陰小之不足大有爲也."(『備旨具解原本周易』, 二以會, 1982, 960면)

115) [校閱] 奎章本과 新朝本과 國中本에 모두 "三之五"로 되어 있다. 그러나 否卦의 3이 5로 가면, 旅卦에서 大坎을 이루지만, 互坎은 이루지 않는다. 만약 "三之四"(즉, 否卦에서 漸卦로 推移하는 경우)로 되면, 互坎이 형성되어, 비를 내릴 수 있는 상황으로 된다. 따라서 "三之五"를 잘못된 것으로 보고, "三之四"로 바로잡는다.

116) [校閱] 奎章本과 新朝本에 "三之五則爲互坎"으로 되어 있는데, "三之五"의 경우에는 한 가지 의문이 제기된다. 앞서, 다산은 비록 咸卦에 大坎의 형태가 있는 것은 사실이나, 坎位에 있는 正坎이 아니기 때문에, 비가 오지 않는 것이라고 설명한 바 있다. 그런데 다산은 여기서 否卦의 3이 5로 감(旅自否來)의 경우에는, 2, 3, 4, 5가 互卦의 大坎을 형성하기 때문에 비가 올 수 있는 것처럼 설명하고 있다. 그러나 앞서의 설명대로라면, 旅卦에서의 大坎卦도 또한 正坎이 아닌 것은 마찬가지이기 때문에 설명의 정합성을 잃은 것이 될 것이다.

上六 : 弗遇過之. 飛鳥離之, 凶, 是謂災眚. ○象曰 : 弗遇過之, 已亢也.

上六 : 만나지 않고, 지나친다.[117] 날아가는 새가 [그물에] 걸려서, 흉하니, 이것을 [가리켜] 재앙이라고 한 것이다. ○「象傳」: "弗遇過之"라고 한 것은 너무 높이 올라간 것을 말한 것이다.

此 小過之旅也 旅則上离 ≪今上[118]剛≫ 离則相遇也 ≪嘉會以相見≫ 弗遇之時 天地相過 不與之交 ≪天地不交否≫ 弗遇過之也

小過→上六爻變→旅

이것은 小過卦가 旅卦로 변하는 경우이다. 旅卦에서는 곧 上卦가 离이고 ≪[旅卦의] 上이 지금 剛≫ 离는 곧 서로 만나는 것이 되니 ≪즐겁게

117) 茶山은 未濟卦의 卦辭에 대한 주석에서, "若以小狐汔濟, 爲未了語, 則如良馬逐, 飛鳥離之之類, 又皆不可讀乎"라고 말하고 있다. 여기서, "飛鳥離之"를 연결해서 읽으면, 안 된다는 점이 일단 분명해진다. 그런데 이때, 과연 前句와 연결해서 읽으면 안 된다는 의미인가? 아니면, 後句와 연결해서 읽으면 안 된다는 의미인가? 大畜卦 九三의 "良馬逐"의 경우에는 "良馬逐"의 앞에 前句가 없으므로, 당연히 後句와 연결해서 읽으면 안 된다는 뜻이 되지만, 小過卦上六의 爻辭인 "弗遇過之, 飛鳥離之, 凶, 是謂災眚"의 경우에는 "飛鳥離之"의 前後로 句가 있으므로, 신중한 판단이 필요하다. 먼저 前句인 "弗遇過之"와 "飛鳥離之"의 관계를 보면, 兩者 사이에 아무런 의미 연관도 찾을 수 없다. 반면에, 後句인 "凶, 是謂災眚"과 "飛鳥離之" 사이에는 분명한 의미연관이 존재한다. 날아가는 새가 [그물에] 걸린 것(飛鳥離之) 그 자체가 흉(凶)한 사건이자, 재앙(災眚)이 아닐 수 없는 것이다. 따라서 譯者는 "弗遇過之"에서 일단 句를 끊고, "飛鳥離之, 凶, 是謂災眚"의 전체를 의미상 연결되는 句로 보고 讀解하였다.

118) [校閱] 新朝本과 國中本에는 "上今剛"으로 되어 있으나 奎章本에는 "今上剛"으로 되어 있다.

모여서 상견례(相見禮)를 가짐≫ 만나지 않을 때에는, 天地가 서로 엇갈려 지나쳐 버리고 더불어 교섭하지 않게 되므로 ≪하늘과 땅이 [서로] 사귀지 않는 것이 否[卦]의 뜻이 됨≫ [이것을 가리켜] "불우과지(弗遇過之)"라고 한 것이다.

○本以飛鳥 ≪義見象≫ 今乃离麗 ≪上今离≫ 飛鳥 離之也 其離奈何 巽爲網也 ≪兩互[119]巽≫

小過→上六爻變→旅

○본래 날아가는 새(飛鳥)였는데 ≪뜻이 象詞에 보임≫ 지금 离의 걸리는 卦象이 되니 ≪[旅卦의] 上卦가 지금 离≫ [이것을 가리켜] "飛鳥離之(날아가는 새가 [그물에] 걸렸다)"라고 한 것이다. 어찌하여 [그물에] 걸린 것인가? 巽이 그물이 되기 때문이다. ≪[旅卦의] 下互卦가 巽卦이다.≫

○本以坎眚 ≪二五夾≫ 今又离災 ≪离爲火≫ 日月之過 謂之災眚也

小過→上六爻變→旅

○본래 [小過卦는 大坎卦의 형태이므로] 坎의 재앙이 있었는데 ≪[小過卦의] 2·3·4·5의 夾卦[는 大坎이 됨]≫ 지금 [旅卦에서] 다시 离의 재앙

119) [校閱] 新朝本과 奎章本과 國中本에 모두 兩互巽이라고 되어 있으나 下互巽의 착오로 보인다. 만일 착오가 아니라면, 本卦인 小過卦의 下互卦와 小過上六의 之卦인 旅卦의 下互卦가 모두 巽이기 때문에 "兩互巽"이라고 말한 것일 수도 있다. 그러나 다시 생각해 보면, 小過卦에는 비록 巽의 그물은 있더라도 离가 없기 때문에, 그물에 걸린 象이 도출되지는 않는다. 그물에 걸리기 위해서는 上六이 효변하여, 旅卦가 되어야 上卦가 离가 되어 그물에 걸리는 象이 도출된다.

이 있으니 ≪离는 불[의 재앙]이 됨≫ 해와 달[의 영향]이 지나치게 되면, [재앙을 가져오게 되므로, 이것을 일컬어] "재생(災眚)"[120]이라고 한 것이다.

○亢者 位極也

○["이항(已亢)"의] '항(亢)'은 위치가 極에 도달한 것을 가리킨다.

○案 小過者 過也 故二三四六 皆以過遇爲占 初與五六 皆以飛鳥爲象 飛鳥亦過者也

○[案] 小過卦는 지나감(過)에 관련된 괘인 까닭에, 제2爻, 제3爻, 제4爻, 제6爻에서 모두 지나가거나, 만나는 경우로써 占을 삼았고, 初爻, 제5爻,[121] 제6爻의 경우에도 모두 날아가는 새로써 象을 삼았으니, 飛鳥도 역시 지나가는 것에 속한다.

63. 수화 기제(水火 旣濟)

䷾

离下坎上 ○第三十六卦之正 ≪泰二之五≫

---

120) 재(災)와 생(眚)은 모두 재앙을 뜻한다. 그런데 災는 재앙 중에서도 특히 불(火)이 나는 재앙을 뜻한다.

121) 六五의 경우에는 飛鳥가 명시적으로 언급된 것은 아니지만, 다산의 주석에서 송골매와 꿩이 나오므로, 이도 또한 飛鳥라고 하겠다.

离는 下卦이고, 坎은 上卦이다. ○第36卦의 正卦이다. ≪泰卦의 2가 5로 간다.≫

雜卦傳曰 旣濟 定也

『雜卦傳』에서 말하였다. "旣濟는 定해짐이다."

○程子曰 水在火上 水火相交 則爲用矣 故爲旣濟[122]

○程子가 말하였다. "[旣濟卦의 성격은] 물[☵]이 불[☲] 위에 있는 것이니, 물과 불이 서로 교섭하면 作用이 일어나는 까닭에, '旣濟'가 된다."

○鏞案 濟者 相涉也 又 救助其不及也 火性炎上 水性潤下 水在火上 勢必相涉 ≪氣相入≫ 燥熱太甚 濕冷太過 水火相涉 理必救助其不及 此之謂旣濟也 左傳 晏嬰之言 曰[123] 水火醯梅 以烹魚肉 濟其不及 以洩其過 若以水濟水 誰能食之 ≪昭 二十年≫ 濟者 救也

---

122) 「易傳」의 原文에는 '則爲用矣'와 '故爲旣濟' 사이에 '各當其用'이라는 구절이 삽입되어 있다. 즉 原文은 다음과 같다. '程子曰 "爲卦 水在火上 水火相交 則爲用矣 各當其用 故爲旣濟."

123) [校閱] 新朝本과 國中本에는 "晏嬰之言"과 "水火醯梅" 사이에 "왈(曰)"이 있으나, 奎章本에는 없다.

○[鏞案] “濟”는 서로 교섭하는 것이며, 또한 그 [부족하여] 미치지 못하는 것을 도와주는 것이다. 불의 성질은 위로 타오르는 것이고, 물의 성질은 아래로 젖어드는 것인데, [旣濟卦를 보면] 물이 불 위에 있으니, 그 기세가 반드시 서로 상호작용을 하게 된다. ≪[위에 있는 물의 기운은 내려가고, 아래에 있는 불의 기운은 올라가므로, 두] 기운이 서로 [섞여서] 들어감≫ 건조하고 뜨거움이 너무 심하고, 습하고 차가움이 매우 지나치게 되면, 물과 불이 서로 교섭하여, [뜨거운 기운은 위로 가고, 찬 기운은 내려감으로써] 서로 그 부족한 것을 돕는 것이 필연적인 이치이니, 이것을 일러 “旣濟”라고 한다. 『左傳』에 안영(晏嬰)[124]의 말에 이르기를, “물과 불과 매실을[125] 가지고 생선과 고기를 삶을 적에, 그 맛의 모자라는 것을 보충하고, 그 지나친 것을 묽게 하니, …… 만약 [반대되는 성질의 사물로써, 그 맛을 조절하지 않고] 물로써 물에 맞춘다면, [어느] 누가 그것을 먹겠습니까?”[126]라고 하였는데 ≪昭公 20年條[127]≫ [이런 의미에서] ‘濟’는

---

124) 안영(晏嬰) : 춘추시대 齊나라 대부. 안자(晏子)는 그의 경칭이다. “강남의 귤이 회수를 건너면 강북의 탱자가 된다(南橘北枳)”라고 한 그의 말은 유명하다. 『晏子春秋』는 그의 언행록이다.

125) 염매(鹽梅)는 소금과 매실을 뜻함, 그런데 소금이 지나치게 되면, 너무 짠맛이 나게 되고, 매실이 지나치게 되면, 너무 신맛이 되므로, 소금과 매실의 양을 적절히 조절하여, 음식의 간을 맞추거나, 맛을 알맞게 加減하는 일을 뜻하기도 함.

126) 『春秋左氏傳』(昭公 20年)의 원문에서 상당히 많은 부분이 생략된 문장이다. 原文은 다음과 같다. “齊侯至自田, 晏子侍于遄臺, 子猶馳而造焉. 公曰 : 「唯據與我和夫!」 晏子對曰 : 「據亦同也,焉得爲和?」 公曰 : 「和與同異乎?」 「異. 和如羹焉, 水, 火, 醯, 醢, 鹽, 梅, 以烹魚肉, 燀之以薪, 宰夫和之, 齊之以味, 濟其不及, 以洩其過. 君子食之, 以平其心. 君臣亦然. 君所謂可而有否焉, 臣獻其否以成其可; 君所謂否而有可焉, 臣獻其可以去其否, 是以政平而不干, 民無爭心. 故詩曰 : 『亦有和羹, 旣戒旣平. 鬷嘏無言, 時靡有爭. 先王之濟五味, 和五聲也,以平其心, 成其政也. 聲亦如味, 一氣, 二體, 三類, 四物, 五聲, 六律, 七音, 八風, 九歌, 以相成也; 淸濁,小大, 短長, 疾徐, 哀樂, 剛柔, 遲速, 高下, 出入, 周疏, 以相濟也. 君子聽之, 以平其心. 心平, 德和. 故詩曰 : 『德音不瑕』. 今據不然. 君所謂可, 據亦曰可; 君所謂否, 據亦曰否. 若以水濟水,誰能食之 若琴瑟之專壹, 誰能聽之? 同之不可也如是.”(文璇奎 역, 『春秋左氏傳』 下, 명문당, 1987, 210~212면)

127) 『春秋左氏傳』에 따르면. 안영(晏嬰)이 이러한 말을 하게 된 배경은 다음과 같다. “제나라 군주가 사냥에서 귀환함에, 안자(晏子)가 천대(遄臺)에서 옆에 모시고 있었는데,

'救함(돕는 것)'을 뜻한다.

又 濟者 益也 ≪左傳 莫敖云 盍請濟師于王≫ 卦自泰來 剛往益坤 ≪二之五≫ 以助其貧 ≪如益卦≫ 此之謂 濟也

泰 → 旣濟

또 '濟'는 보탬(益)의 뜻이다. ≪『左傳』에 楚나라의 막오(莫敖)[128]가 [투렴(鬪廉)[129]에게 이르되] "어째서 王에게 군사를 증원(增員)해 줄 것(濟)을 청하지 않습니

공자 유(猶)(梁丘據)가 수레로 달려왔다. 그때에 군주가 말하기를, "양구거(梁丘據)만이 나와 더불어 '和'를 이루는도다"라고 하였다. 이 말에 대하여, 안자(晏子)가 말하기를, "양구거(梁丘據) 역시 ['和'가 아니라,] '同'을 이루는 사람입니다"라고 하였다. 그러자, 군주가 묻기를, "和와 同은 서로 다른 것인가?"라고 하였다. 그래서, 안자(晏子)는 다음과 같이 대답하였다. "다르옵니다. '和'는 마치 국을 만드는 일과 같습니다. 국은 물, 불, 초, 장, 소금, 매실의 신맛을 넣어, 생선이나 고기를 삶음에 나무를 때어, 삶아, 요리사가 맛을 맞춤에 맛의 부족함을 채우고, 지나친 점을 덜게 하옵니다. 그리하여, 君子가 그 국을 드시고는, 그 마음이 和平해지는 것이옵니다. 君臣간의 관계도 이와 마찬가지입니다. 군주가 좋다고 하더라도, 혹 좋지 못한 점이 있으면, 신하는 그 좋지 못한 점을 말씀드려, 是正하도록 하옵고, 君主가 좋지 않다고 하더라도, 좋은 점이 있으면, 그 좋은 점을 말씀드려, 그릇된 점을 제거토록 하는 것이옵니다. …… 양구거(梁丘據)의 경우에는 그렇지 않사옵니다. 군주님께서 좋다고 이르시는 것을 양구거(梁丘據)도 무조건 좋다고 말하고, 군주님께서 좋지 않다고 이르시는 것은 양구거(梁丘據)도 또한 무조건 좋지 않다고 말하옵니다. 만약에 물을 물로 맛을 맞춘대서야, 누가 그것을 맛있게 먹을 수 있을 것이며, 만약에 거문고(금琴)나 큰 거문고(슬瑟)의 어느 한 가지 만을 똑같은 소리로 탄대서야, 그 소리를 누가 좋게 들을 수 있으오리이까? [그저 맞장구나 치는] '同'이 안 된다는 것은 바로 이와 같은 이유 때문이옵니다."(文璇奎 역, 위의 책, 210~212면)

128) 막오(莫敖)는 人名이 아니라 官職의 명칭이다. 楚나라에서 막오(莫敖)의 벼슬에 있던 사람은 굴하(屈瑕)이다.

129) 투렴(鬪廉) : 楚나라에서 막오(莫敖)의 職을 맡고 있던 굴하(屈瑕)의 책사(策士)였던 인물, 屈瑕에게 정예군으로 하여금 밤에 기습하도록 가르쳤으며, 군대는 군사의 수에 달린 것이 아니며 의심한 것 없으니 무슨 점을 치는가 하고 가르친 것도 역시 鬪廉이었으니, 굴하(屈瑕)가 승리할 수 있었던 것은 모두 투렴(鬪廉)의 계책(計策)에 따른 것이었다.

까?"라 하였다.[130]≫ 旣濟는 泰卦로부터 왔으니, 剛이 [위로] 나아가서 坤을 도와서 ≪[泰卦의] 2가 5로 감≫ 그 가난함을 구원하니 ≪[이런 "剛往益坤"은] 益卦와 같은 경우이다≫ 이를 두고 '濟'라고 한 것이다.

又 濟者 涉川也 泰之乾人 涉此坎川 ≪下互坎≫ 至于坤陸 ≪二之五≫ 此之謂 旣濟也

䷊ → ䷾

泰 → 旣濟

또 '濟'는 하천을 건너가는 것을 뜻한다.[131] 泰卦의 乾의 사람이 坎의 하천을 건너서 ≪[旣濟卦의 2·3·4의] 下互卦가 坎≫ 坤의 육지에 이르니 ≪[泰卦의] 2가 5로 감≫ 이것을 일러 "旣濟"라고 한다.

䷾

旣濟, 亨, ≪句≫ 小利貞, 初吉, 終亂.

---

130) 『左傳』 '桓公 11年條'에는 투렴(鬪廉)이 막오(莫敖)에게 운국(鄖國)을 치겠다고 말하자 막오가 왜 지원병을 요청 않느냐는 기사가 있다. 막오가 말하였다. "그러면 왜 왕에게 군대를 지원해 달라고 요청하지 않는가?" 투렴이 대답하길 "전투에 이기는 것은 군의 화합에 달려 있지 군사가 많은 것에 달려 있지 않습니다. 商이 周에 대적하지 못했던 것을 그대도 알고 있는 바입니다. 군대를 잘 정비하여 나아가는데 군사를 더 보탤 필요는 없습니다." 막오는 또 "그러면, 점을 쳐봅시다." 이에 대답하기를 "卜이란 의혹을 결정하기 위한 것입니다. 의혹이 없는데 왜 점(占卜)을 치려하십니까?" 이렇게 해서 鄖의 군대를 포소에서 대패시키고 마침내 화평의 서약을 맺고 돌아왔다.

131) 以上의 설명을 종합해보면, 濟字에는 네 가지 의미가 있다. ①濟者, 相涉也. ②濟者, 救(助)也 (晏嬰). ③濟者 益也. ④濟者 涉川也.

既濟는 亨通하고, ≪句≫ 작은 일을 맡아 처리함에 이로울 것이다. 처음에는 吉하지만, 끝에 가서는 혼란하게 될 것이다.

此 既濟之不變者也 卦自泰來 柔降得位 ≪五之二≫ 遂以嘉會 ≪下今离≫ 其占 亨也

䷊ ䷾

泰 → 既濟

이것은 既濟卦가 변하지 않는 경우이다. 既濟卦는 泰卦로부터 왔다. [泰卦의 五의] 柔가 아래로 내려가서 [합당한 中位의] 자리를 얻어 ≪[泰卦의] 5가 2로 감≫ 마침내 좋은 만남을 가지니 ≪[既濟卦의] 下卦가 지금 [禮를 상징하는] 离≫ 그 占이 亨通한 것이다.

○坤得一剛 ≪二之五≫ 以爲貞固 ≪上今坎≫ 利於貞也 ≪宜幹事≫ 坤德本小 ≪陰曰小≫ 小利貞也

䷊ ䷾

泰 → 既濟

○坤이 한 개의 剛을 얻어서 ≪[泰卦의 2가 5로 감≫ 바르고 건실하게 되니 ≪[既濟卦의] 上卦가 지금 坎≫ 일을 맡아 처리함에 이로운 것이다. ≪일을 주간(主幹)하는 것이 마땅하다.≫ 坤의 성질은 본래 작은 데 있으니 ≪陰을 가리켜 '小'라고 함≫ "小利貞"이라고 한 것이다.

○下爲离嘉 ≪喜以合≫ 是 初吉也 上爲坎險 ≪險則亂≫ 是 終亂也

䷾

既濟

○[既濟卦의] 下卦는 离의 기뻐함(嘉)이 되니 ≪기쁘게 만남≫ 이것이 "初吉"에 해당된다. [既濟卦의] 上卦는 坎의 험난함이 되니 ≪험난함은 곧 혼란함의 뜻이다≫ 이것이 "終亂"에 해당된다.

○朱子曰 亨小 當爲小亨

○朱子가 말하였다. "[經文에는] '亨小'라고 되어 있지만] 당연히 '小亨'으로 써야 한다."

○案 遯亦曰 亨 ≪句≫ 小利貞 孔子曰 小利貞 浸而長也 此經亦當以小字 屬下句讀

○[案] 遯卦에서도 역시 "亨, 小利貞"이라고 하였는데, 이에 대해 孔子는 [遯卦의 「彖傳」에서] "小利貞, 浸而長也"라고 해석하였다. [따라서] 이 經文에서도 역시 '小'字를 마땅히 下句에 붙여서 읽어야 한다.[132]

䷾

彖曰 : 既濟亨, 小者亨也, 利貞, 剛柔正而位當也. 初吉, 柔得中也, 終止則亂, 其道窮也.

「彖傳」: "既濟亨"이라고 한 것은 작은 것이 형통한 것을 말한 것이요,

132) 朱子는 "亨小"로써 끊어 읽었지만, 茶山은 그에 대한 반론의 근거를 제시하고 있다.

"利貞"이라고 한 것은 剛과 柔가 正의 위치에 있고, 그 지위가 합당함을 말한 것이다. "初吉"이라고 한 것은 柔가 中의 자리를 얻은 것을 말한 것이요, 끝에 가서 그치면, 혼란하게 된다고 한 것은 그 道가 궁색(窮塞)하게 됨을 말한 것이다.

卦自泰來 柔降得位 ≪五之二≫ 坤又得剛 ≪五今剛≫ 小者 亨也 ≪陰道亨≫ 經不言小故 孔子明之

䷊ → ䷾

泰 → 旣濟

旣濟卦는 泰卦로부터 왔다. 柔가 [아래로] 내려가서, 바른 자리를 얻고 ≪[泰卦의] 5가 2로 감≫ 또 [泰卦의 上卦인] 坤이 剛을 얻으니 ≪[旣濟卦의] 5가 지금 剛≫ [이것을 가리켜] "小者亨"이라고 한 것이다. ≪["小者亨"은] 陰道가 형통함을 가리킴≫ 經文에 "小"라는 말이 나오지 않으므로, 孔子께서 그것을 [분명히] 밝히신 것이다.

○六位皆正 ≪皆得位≫ 其位當也 六十四卦之中 六位皆當者 旣濟而已

䷾

旣濟

○[旣濟卦에서는] 6位가 모두 正位를 차지하고 있으니 ≪[旣濟卦에서, 1·3·5의 剛位에 陽畫이 머무르고, 2·4·6의 柔位에 陰畫이 머무르고 있으므로] 모두 [바른] 자리를 얻은 것≫ 그 지위가 합당한 것이다. 64卦 가운데 여섯 位가 모두 합당한 위치에 있는 경우는 [이] 旣濟卦뿐이다.

○陰來居二 ≪五之二≫ 柔得中也

泰 → 旣濟

○陰이 [內卦로] 와서, [下卦의 中인] 제2位에 머무르니 ≪[泰卦의] 5가 2로 감≫ [이것을 가리켜] "柔得中"이라고 한 것이다.

泰之時 三陽前進 有行無止 ≪前无阻≫ 移而濟之 ≪二之五≫ 遂以离防 ≪三[133]五互≫ 是 終止也 坎險在前 ≪上今坎≫ 震道遂塞 ≪三五互≫ 其道窮也

復 → 臨 → 泰 → 旣濟

泰卦의 때에는 [復卦 以來로] 세 陽이 전진(前進)함에 나아갈지언정, 멈춤은 없었는데 ≪앞에서 막고 있는 것이 없음≫ [泰卦로부터] 推移하여 [旣濟卦로] 건너가게 되면 ≪[泰卦의] 2가 5로 감≫ 마침내 离로써 막히니 ≪3·4·5의 互卦[는 离]≫ 이것이 "終止"라고 말한 까닭이다. 坎의 험난함이 앞에 있어서 ≪[旣濟卦의] 上卦가 지금 坎≫ 震의 道가 마침내 막히니 ≪3·4·5의 互震≫ "其道窮"이라고 한 것이다.

○案 易例 坎則不窮 ≪坎爲通≫ 此云 道窮者 坎險重疊 ≪下互坎≫ 不能爲通也 ≪內坎 不能通≫

○[案] 易例에 따르면, 坎은 곧 막히지 않음의 뜻이 된다. ≪坎은 通함

133) [校閱] "三五互"의 "三"이 奎章本에는 "二"로 되어 있는데, 誤記이다.

의 뜻이 된다.134)≫ 그런데 여기서 "道窮"이라고 한 것은 坎의 험난함이 중첩(重疊)되어 있어서 ≪未濟의 [上卦도 坎이고] 下互卦도 [또한] 坎≫ 通할 수 없기 때문이다. ≪內部의 坎이 通하지 못한다.≫

初九 : 曳其輪. 濡其尾, 无咎. ◯ 象曰 : 曳其輪, 義无咎也.

初九 : 그 수레(輪)를 끌며, [우마(牛馬)가 하천(河川)을 건너감에] 그 꼬리를 [물에] 적시니, 허물이 없을 것이다. ◯「象傳」: 그 수레를 끄니, 의롭고 허물이 없다.

此 旣濟之蹇也 蹇自小過來 ≪四之五≫ 大坎之輪 ≪兼畫坎≫ 坎以曳之 ≪上今坎≫ 曳其輪也 ≪說卦 坎爲輪 爲曳≫

旣濟 → 蹇 ← 小過

이것은 旣濟卦가 蹇卦로 변하는 경우이다. 蹇卦는 小過卦로부터 왔는데 ≪[小過卦의] 4가 5로 감≫ 큰 坎의 수레를 ≪小過卦를 획을 겹쳐 보면 坎이 됨≫ 坎으로 끌어당기니 ≪[蹇卦의] 上卦가 지금 坎≫ "예기륜(曳其輪)"라고 말한 것이다. ≪「說卦傳」에서 坎은 수레[輪]가 되고, [그 수레를] 끄는 것[曳]이 된다고 하였다.≫

---

134)「說卦傳」에 "其於輿也, …… 爲通"라고 하였다.

○旣濟未濟 本自泰否來 ≪二之五≫ 牛馬之濟川也 ≪坤牛而乾馬[135]≫ 故濡尾 濡首 兩卦相[136]同也

泰 → 旣濟　　　　　未濟 ← 否

○旣濟卦와 未濟卦는 본래 [각각 泰卦와 否卦로부터] 왔으니 ≪[兩卦의 경우] 모두 2가 5로 감≫ 소(牛)와 말(馬)이 河川을 건너는 것이다. ≪坤은 소가 되고, 乾은 말이 된다.≫ 따라서 [꼬리를 河川에 적시는] "濡尾"와 [머리를 河川에 적시는] "濡首"의 例가 [旣濟卦와 未濟卦의] 兩卦에서 서로 동일하게 나타난다.

據說卦方位 本以震始 終以艮終 故易例 震則爲首 ≪說見下≫ 艮爲尾也 ≪虞氏云≫ 蹇自觀來 ≪上之三≫ 剛來[137]涉川 ≪上今坎≫ 沾其艮尾 ≪下今艮≫ 濡其尾也

泰 → 旣濟 → 蹇 ← 觀

「說卦傳」의 方位에 의거해서 본다면, 본래 震에서 시작하여, 艮으로 끝나게 되는 까닭에, 易例에서 震은 곧 머리가 되고 ≪이 설명은 아래에 나옴≫ 艮은 꼬리가 된다. ≪虞翻이 그렇게 말함≫ [지괘(之卦)인] 蹇卦는 觀卦로부터 왔는데 ≪[觀卦의] 上이 3으로 감≫ 剛이 곧 하천을 건넘에 ≪[蹇卦의] 上卦가 지금 坎≫ 그 艮의 꼬리를 물에 적시니 ≪[蹇卦의] 下卦가 지금

135) [校閱] "乾馬"의 "馬"가 奎章本에는 "爲"로 나오는데, 誤記이다.
136) [校閱] 新朝本과 國中本에는 "兩卦皆同"으로 되어 있으나 奎章本에는 "兩卦相同"으로 되어 있다. 뜻에는 큰 차이가 없다.
137) [校閱] 新朝本과 國中本에는 "來"로 되어 있으나, 奎章本에는 "乃"로 되어 있다. 前者를 따른다.

艮≫ [이것을 가리켜] "濡其尾"라고 한 것이다.

易例 初爲尾 ≪見遯卦≫ 然 其取象 必以艮尾 ≪艮末小 如尾≫ 不憑空也

易例에 初位는 꼬리에 해당된다. ≪遯卦에 [그 用例가] 나온다.≫ 그러나 그 象을 取함에 있어서는 [初位라고 해서 무조건 꼬리로 삼는 것이 아니고] 반드시 艮으로써 꼬리를 삼으니 ≪艮은 그 말단(末端)이 작은 것이 마치 꼬리의 모습과 같음≫ 아무런 근거도 없이 象을 취하는 것이 아니다.

○小過之移 ≪四之五≫ 剛往得位 ≪陽居五≫ 觀之爲蹇 ≪上之三≫ 剛來得位 ≪本失位≫ 是 无咎也 ≪善補過≫

觀 → 蹇 ← 小過

○小過卦에서 [蹇卦로] 推移하는 경우에도 ≪[小過卦의] 4가 5로 감≫ 剛이 가서 그 [합당한] 地位를 얻는다. ≪陽이 제5位에 있음≫ [그리고] 觀卦에서 [推移하여] 건괘(蹇卦)로 변하는 경우에도 ≪[觀卦의] 上이 3으로 감≫ 剛이 [內卦로] 들어와서 합당한 地位를 얻으니 ≪[觀卦에서 上位에 있는 剛은] 본래 합당한 地位를 잃고 있음≫ 이것이 "无咎"라고 한 까닭이다. ≪[无咎는] 잘 허물을 보완한다는 뜻이다.≫

○小過之時 本有兌義 ≪上互兌≫ 義无咎也

旣濟 → 蹇 ← 小過

○小過卦의 때에는 본래 兌의 義로움이 있으니 ≪[小過卦의 3·4·5의] 上互卦가 兌≫ [이것을 가리켜] "義无咎"라고 한 것이다.

○案 乾之彖傳 以復一陽 爲首出庶物 震爲首也 明夷之復曰 得其大首[138] ≪九三文≫ 震爲首也 震爲乾元 ≪乾爲首≫ 元者首也

明夷→九三爻變→復

○[案] 乾卦의 「彖傳」에서 復卦의 [初位의] 한 개의 陽으로써 "首出庶物"이라고 하였으니, 震은 首(머리)가 된다. 明夷卦로부터 復卦로 변하는 경우에도 "得其大首"라고 하였으니 ≪[明夷卦의] 九三의 爻辭≫ 震은 首(머리)가 된다. 震은 乾의 근본(乾元)이 되니 ≪[「說卦傳」에 따르면] 乾은 '首(머리)'가 됨≫ '元'은 [곧] 머리(首)를 가리킨다.

○學圃云 泰否之時 本以乾坤爲首尾 故二濟之卦 濡其首尾也

旣濟 ← 泰　　　否 → 未濟

○學圃가 말하였다. "[旣濟卦는 泰卦로부터 왔으며, 未濟卦는 否卦로부터 왔는데] 泰卦와 否卦의 때부터, 본래 乾과 坤으로써 [각각] '머리(首)'와 '꼬리(尾)'의 상징으로 삼았던 까닭에, 旣濟卦와 未濟卦의 두 卦

138) [校閱] 新朝本과 奎章本과 國中本에 모두 "獲其大首"로 되어 있다. 그러나 明夷卦 九三의 爻辭에는 본래 "得其大首"로 되어 있으므로, "獲"을 "得"으로 고쳤다.

에서 그 머리나 꼬리를 적신다는 말이 나온 것이다."

六二 : 婦喪其茀, 勿逐, 七日得. ○象曰 : 七日得, 以中道也.

六二 : 부인(婦人)이 그 [수레 뒤쪽에 있는] 차양(遮陽)을 잃어버렸으나, [잃어버린 차양(遮陽)을 찾으러] 뒤쫓아가지 않더라도, 7일 만에 [다시] 되찾을 것이다. ○「象傳」: "七日得([잃어버린 차양(遮陽)을] 7일 만에 다시 되찾은 것)"은 中道를 따랐기 때문이다.

此 旣濟之需也 茀者 車之後蔽也 ≪義見下≫ 卦有坎离 ≪坎中男≫ 离其婦也 泰之時 坤輿之後 ≪坤在上≫ 震竹爲蔽 ≪乾者 震之積≫ 其象 茀也 ≪茀第通≫

泰 → 旣濟 → 需

이것은 旣濟卦가 需卦로 변하는 경우이다. '茀(불)'은 [부인용] 수레의 뒤쪽에 있는 가리개를 가리킨다. ≪뜻이 아래에 나온다.≫ 旣濟卦에는 坎과 离가 있는데 ≪坎은 中男≫ 离는 [中女이니] 그 [中男의] 婦人이다. [旣濟卦는 泰卦로부터 왔는데] 泰卦의 때에는, 坤의 수레 뒤에 있는 ≪坤이 [泰卦의] 上卦에 있음≫ 震의 대(竹)가 [수레를 가리는] 차양(遮陽)이 되니 ≪乾은 震이 쌓인 것≫ 그 모습(象)이 수레 뒤쪽에 있는 가리개[茀]와 같다. ≪'茀(불)'字와 '第(불)'字는 서로 통용된다.≫

移之旣濟則 盜竊其茀 ≪二之五 爲坎≫ 离乃露面 ≪离婦 無所蔽≫ 婦喪其茀也

泰 → 旣濟 → 需

[泰卦로부터] 推移하여 旣濟卦로 되면, 도적이 그 [수레의] 차양(遮陽)을 훔쳐감에 ≪[泰卦의] 2가 5로 가면, [旣濟卦의 上卦는 도적을 상징하는] 坎이 됨≫ 离[의 婦人]의 얼굴이 이에 드러나 버리니 ≪离의 婦人이 가린 것이 없음≫ [이것을 가리켜] "부상기불(婦喪其茀)"이라고 한 것이다.

泰以震行 ≪本三震≫ 今爲离阻 ≪中互离≫ 是 勿逐也 二之旣變 車茀如舊 ≪如泰時≫ 失而得也 ≪得舊乾≫

復 → 臨 → 泰 → 旣濟

泰卦는 震으로써 行進하여 왔는데 ≪[復卦, 臨卦, 泰卦에 이르기까지] 세 개의 震이 축적된 것≫ 지금 [旣濟卦에서] 离로써 막히게 되니 ≪[旣濟卦의] 가운데 互卦인 离가 있음≫ 이것이 "勿逐"이라고 한 까닭이 된다. [旣濟卦의] 六二爻가 爻變하게 되면, 수레의 덮개(茀)가 [다시] 옛 날과 같아지게 되니 ≪[需卦의 下卦는 乾이니] 泰卦의 때와 마찬가지로 됨≫ 잃어 버렸다가 [다시] 찾은 것이다. ≪以前의 乾을 [다시] 얻은 것이다.≫

據說卦方位 次於坎者 艮也 ≪本失於坎日≫ 自艮至乾 適爲七宮 ≪艮震巽离坤兌乾≫ 七日得也 ≪每以一宮 爲一日≫ 震六二 宜參看 ≪睽初九 亦同≫

「說卦傳」의 方位에 따르면, 坎의 다음 자리에 있는 것이 艮이다. ≪본래 坎의 날에 [물건을] 잃어버린 것이다.≫ 艮에서 乾까지 일곱 개의 宮을 거치니 ≪①艮→②震→③巽→④离→⑤坤→⑥兌→⑦乾≫ "七日得"이라고 한 것이다 ≪한 개의 宮마다 하루가 된다.≫ 震卦 六二의 경우를 참조해 보아야 한다. ≪["勿逐"이라는 말이 나오는 것과 먼저 失物하였다가 나중에 찾게 되는 것은] 睽卦 初九의 경우도 동일하다.≫

○柔不失中 ≪离虛中≫ 勿以震逐 ≪不出中≫ 以中道也

○[旣濟卦에서 제2位의] 柔가 中의 자리를 잃지 않고 ≪[旣濟卦의 下卦인] 离는 가운데가 비어 있음≫ 震으로써 쫓지 않으니 ≪가운데에서 나오지 않음≫ 中道로써 하는 것(以中道)이다.

○案 茀者 車蔽也 ≪或作笰≫ 簟茀 蒲茀 翟茀之類 屢見詩禮 爾雅曰 車前謂之輾[139] 車後謂之笰 ≪蔽其後≫

139) [校閱] "車前謂之輾"의 "輾"이 新朝本과 國中本에는 "艱"으로 되어 있는데, 誤記이다.

○[案] '茀(불)'은 수레의 덮개(車蔽)를 뜻한다. ≪['茀(불)'은] 간혹 '불(第)'字로 적기도 한다.≫ "점불(簟茀)"[140]·"포불(蒲茀)"·"적불(翟茀)"[141] 등이 『詩經』과 『禮記』에 자주 보인다. 『爾雅』「釋器」에서 말하였다. "[수레의 덮개 가운데] 수레의 앞에 있는 것을 '흔(䩵)'이라고 하고, 수레 뒤에 있는 것을 '불(第)'이라고 한다."[142] ≪'茀(불)'은 그 後面을 가리는 데 사용되는 것이다.≫

○ 古本 茀 或作髴 ≪子夏傳≫ 或作紱 ≪荀爽本≫ 或作弗 ≪董遇本≫ 虞仲翔曰 髴謂鬒髮也 ≪下卦本乾 乾爲首≫ 王輔嗣曰 茀 首飾也 若荀氏 則由茀誤芾 由芾轉韍 由韍誤紱 ≪謂蔽膝也 紱與韍通≫ 不顧卦象 唯文字是逐 誤之甚矣 旣濟之卦 以濟不通也 故 繻袽曳輪 皆用舟車之象 茀之爲車蔽 審矣 詩云 濟盈不濡軌 ≪匏有苦葉篇≫ 車亦濟川之具也

泰 → 旣濟 → 需

○古本에서는 '茀(불)'字가 간혹 '髴(불)'字로 되어 있는 경우가 있으며 ≪「子夏傳」≫ 또는 '紱(불)'字 ≪荀爽本≫ 혹은 '弗(불)'字로 된 경우도 있다. ≪동우(董遇)의 책≫ 虞仲翔은 [이 '茀(불)'字를 '불(髴)'字로 보고]

140) 점불(簟茀) : 『詩經』에서는 「齊風」「載驅」의 "簟茀朱鞹", 「小雅」「南有嘉魚之什」「采芑」의 "簟茀魚服", 「大雅」「蕩之什」「韓奕」의 "簟茀錯衡" 등의 표현에 나온다.

141) 적불(翟) : 『詩經』「衛風」「碩人」에 "翟茀以朝"이라는 표현이 나온다.

142) 『爾雅』에 "車前謂之䩵, 車後謂之第"라고 나오는 것이 아니라, 『爾雅』「釋器」편에 "輿, 革前謂之䩵, 後謂之第(수레의 앞 가죽을 흔(䩵)이라 하고, 뒤의 가죽을 불(第)이라고 한다)"라고 하였다. 즉, 흔(䩵)은 부드러운 가죽으로 수레의 앞턱을 꾸민 것이요, 불(第)은 부드러운 가죽으로 뒤를 꾸민 것이다(崔亨柱·李俊寧 編著, 『爾雅注疏』, 자유문고, 2001, 208면).

‘髴(불)’을 ‘숱이 많고, 검고 윤기 있는 머리털(鬒髮)’로 해석하였고 ≪[泰卦의] 下卦가 본래 乾이고, 乾은 머리를 상징함≫ 왕보사(王輔嗣)는 ‘茀(불)’을 머리장식(首飾)으로 해석하였다. 아마도 [‘茀’字를 ‘紱(불)’字로 간주한] 순상(荀爽)의 경우는 ‘茀’字를 ‘芾(불)’字로 誤認하고, ‘芾(불)’字를 ‘韍(불)’字로 바꾸어서 ‘韍(불)’字를 ‘紱’字로 誤認한 것 같다. ≪[무릎가리개를 뜻하는] 폐슬(蔽膝)을 가리킨다. ‘인끈 紱(불)’은 ‘폐슬 韍(불)’과 통용된다≫ [이들 주석가들은] 卦象은 고려하지 않고, 오직 文字만을 따라서 해석하니, 그르침이 심하다. 旣濟卦의 성격은 通하지 않는 것을 [소통시켜서] 구제(救濟)하는 데 있다. 수(繻)・녀(袽)≪旣濟六四≫・예(曳)・륜(輪)≪旣濟卦初九≫ 등의 경우는 모두 배(舟)와 수레(車)의 象을 적용한 것이니, ‘茀(불)’字도 수레덮개를 뜻한다는 것이 분명하다. 『詩經』에서 “제영불유궤(濟盈不濡軌)”라고 하였거니와 ≪『詩經』「포유고엽(匏有苦葉)」≫ 수레(車)도 또한 강물을 건너는 도구인 것이다.

○又按 王肅曰 二五相應 七日得也 二五之合成七 本自無義 況震六二 未有五應 ≪震二五 皆陰≫ 又何以七日得乎 ≪彼不知爻變≫ 其義非也

泰 → 旣濟 → 需　　　震 → 歸妹

○[又按] 王肅은 “[旣濟卦의] 제2位와 제5位가 [陰과 陽으로서] 相應하므로 ‘七日得’의 뜻이 된다”라고 하였는데, 2와 5가 합쳐져서 7이 된다는 것은 [이 경우에] 본래 아무런 [해당되는] 의미도 없는 것이다. 하물며 震卦 六二[143]의 경우는 제5位와 호응하는 바가 없으니 ≪震卦의

143) 震六二에서도 ‘勿逐 七日得’이라는 구절이 있다.

제2位와 제5位는 모두 陰≫ 또 어떻게 "七日得"이 되겠는가? ≪[王肅은] 爻變을 알지 못한 것이다.≫ 그 해석은 틀린 것이다.

○學圃云 下卦位 离也 ≪一二三≫ 乾則离隱 ≪爲伏离≫ 不乾則离露 ≪女露面≫ 乾其蔽也

泰 → 旣濟 → 需

○學圃가 말하였다. "下卦는 [본래] 离位에 해당되는데 ≪1·2·3은 离位≫ [泰卦와 旣濟卦와 需卦의 상호관계에서 下卦가] 乾이 되면 离[의 中女]가 숨게 되고 ≪伏离가 됨≫ [下卦가] 乾이 되지 않으면, 그 离가 드러나게 되니 ≪女人이 얼굴을 드러냄≫ 乾은 그 [수레를 가리는] 덮개에 해당된다."

九三 : 高宗伐鬼方, 三年克之, 小人勿用. ○象曰 : 三年克之, 憊也.

九三 : [殷나라 무정(武丁)인] 고종(高宗)이 귀방(鬼方)을 정벌(征伐)하여,[144] 3年이 걸려서야 승리하니, 小人은 쓰지 말아야 한다. ○「象傳」: "三年克之"라고 한 것은 [그만큼 귀방(鬼方)을 정벌함에 있어] 노고(勞苦)가 많았음을 말한 것이다.

144) 武丁(高宗)이 鬼方을 정벌했다는 것은 甲骨卜辭를 통해서도 역사적 사실로 입증된다(吳浩坤·潘悠 저, 양동숙 역, 『중국갑골학사』, 동문선, 2002, 365면).

此 旣濟之屯也 屯自臨觀來 ≪升降之≫ 臨則 大君在南 ≪大震 剛在內≫ 其德尙白 ≪臨下兌≫ 高宗之象也 ≪殷君象≫ 觀則 大艮在北 ≪剛在外≫ 其名爲鬼 ≪艮爲鬼≫ 鬼方之國也 ≪北狄名≫ 移之爲屯則 剛乃北征 ≪臨二之五≫ 伐鬼方也 坎之罪惡 ≪上今坎≫ 震以聲之 ≪我今震≫ 聲罪曰 伐也 ≪春秋傳≫

旣濟 → 屯　　臨 → 屯 ← 觀

이것은 旣濟卦가 屯卦로 변하는 경우이다. 屯卦는 臨卦와 觀卦로부터 왔다. ≪[臨卦로부터] 상승하거나, [觀卦로부터] 하강함≫ 臨卦에서는 大君이 남쪽에 있는데 ≪大震의 剛이 안쪽에 있음≫ 그 德이 흰색을 숭상하니 ≪臨卦의 下卦인 兌≫ 高宗[145]의 象이다. ≪殷나라 임금의 象≫ 觀卦에서는 大艮이 북쪽에 있는데 ≪剛이 바깥쪽에 있음≫ 그 명칭이 鬼가 되니 ≪艮은 鬼가 됨≫ 鬼方의 나라이다. ≪[鬼方이란] '北狄'의 명칭≫[146] [그런데 臨卦로부터] 推移하여 屯卦가 되면, 剛이 이에 北쪽으로 정벌(征伐)에 나서니 ≪臨卦의 2가 5로 감≫ [이것을 가리켜] "伐鬼方", 즉 "鬼方을 정벌함"이라고 한 것이다. 坎의 죄악(罪惡)을 ≪[屯卦의] 上卦는 지금 坎≫ 震으로써 성토(聲討)하니 ≪[屯卦의] 內卦는] 我가 되니, 지금 震≫ 罪를 성토(聲討)하는 것을 '伐'이라고 한다. ≪『春秋左傳』의 用例이다.≫

據說卦方位 自兌至坎 ≪臨下兌≫ 寔爲三宮 ≪上今坎≫ 其伐三年也 ≪一宮爲一年≫ 本以兌金 ≪臨下兌≫ 伐彼巽木 ≪觀上巽≫ 无不克也 ≪金克木≫

145) 高宗은 殷王인 武丁을 가리킨다. 뒤에 나오는 다산의 주석을 참고할 것.

146) 귀방(鬼方)은 商나라의 서북쪽에 있던 나라로서, 商왕조와 귀방(鬼方)과의 전투는 주로 무정(武丁)시대에 가장 빈번하게 발생하였다. 귀방(鬼方)에 대한 기록은 갑골문의 복사(卜辭)에도 나타난다(吳浩坤 · 潘悠 저, 양동숙 역, 『중국갑골학사』, 동문선, 2002, 386~387면)

「說卦傳」의 方位에 따르면, 兌에서 坎에 이르기까지 ≪臨卦의 下卦는 兌≫ [모두] 3宮이 되니 ≪[屯卦의] 上卦가 지금 坎≫ 그 정벌에 3年이 걸린 것이다. ≪1宮이 1年에 해당된다.≫ 본래 兌의 쇠로써 ≪臨卦의 下卦는 兌[인데, 金을 상징함]≫ 저 巽의 나무를 치니 ≪觀卦의 上卦는 巽[인데, 木을 상징함]≫ 이기지 못함이 없다. ≪[五行의 이치로 볼 때] 金이 木을 이긴다.≫

○艮者 小人也 ≪今互艮≫ 律其坎罪 ≪上今坎≫ 放之國外 ≪二之五≫ 小人勿用也 曷云哉 國以艮開 ≪坤爲國≫ 家以艮承 ≪坎爲家≫ 開國承家 小人勿用也 ≪師上六≫ 伐國而克 察奸而黜 其義 同也

旣濟 → 屯

○艮은 小人을 가리킨다. ≪지금 [屯卦에] 互艮이 있음≫ 그 坎의 罪를 다스려서 ≪[屯卦의] 上卦는 지금 坎≫ 국외(國外)로 추방하니 ≪[臨卦의] 2가 5로 감≫ "小人勿用"이라고 한 것이다. 어째서 그러한가? 艮으로써 개국(開國)하고 ≪坤은 나라가 됨≫ 艮으로써 家門을 繼承하니 ≪坎은 家가 됨≫ 國家를 開國하고, 家門을 繼承함에 있어서는 [당연히] 小人을 써서는 안된다. ≪師卦 上六에 ["開國承家, 小人勿用"이라는 말이] 나옴≫ 제후국을 정벌하여 승리하는 것과 간신배를 살펴서 축출하는 것은 그 의미가 동일

하다.

○儩者 勞也 勞乎坎也 ≪遯九三≫

○비(儩)는 노고(勞苦)를 가리키니, [「說卦傳」에서 "勞乎坎"이라고 하였으니] 坎에서 수고로운 것이다. ≪遯卦 九三의 『小象傳』을 참조할 것≫

○案 高宗者 武丁也 卦之本象 乾以爲离 ≪本乾王≫ 离則爲丁 ≪又爲武≫ 是 武丁也 ≪履[147]巽 皆以离 爲武≫ 剛乃北征 ≪二之五≫ 伐鬼方也 ≪坎北方≫ 水將克火 ≪我离而彼坎≫ 何以克之 須至三年 ≪至三爻≫ 我乃克之也 ≪得金克木之吉≫

○[案] 고종(高宗)[148]은 [다름 아닌] 무정(武丁)[149]을 가리킨다. [旣濟]卦의 本象으로 볼 때, [旣濟卦는 泰卦로부터 왔으니, 下卦는] 乾이었다가, 离로 된 것이니 ≪[旣濟卦의 下卦는] 본래 乾의 王이었음≫ 离는 곧 丁이니 ≪[离는] 또 武가 됨≫ 이는 [곧] 武丁을 가리킨다. ≪履卦와 巽卦에서도 모두 离를 '武'로 보았다.≫ 剛이 곧 北方으로 정벌을 가니 ≪[泰卦의] 2가 5로 감≫ "伐鬼方", 즉 "鬼方을 정벌한다"라고 한 것이다.[150] ≪坎은 北方에 해당된

---

147) [校閱] "履巽"의 "履"가 奎章本에는 "离"로 되어 있는데, 誤記이다.

148) 高宗은 武丁의 廟號이다. 황제가 죽으면 일반적으로 2개의 정식 칭호를 가지는데, 하나는 시호(諡號)이고 하나는 묘호(廟號)이다. 시호는 황제가 죽은 후 대신들이 황제의 생전의 행적을 고려하여 제정한 일종의 칭호로, 게다가 필요하면 부단히 증가할 수 있다. 소위 묘호(廟號)는 봉건종법제사제도와 관련이 있는 칭호이다. 제왕이 죽으면 모두 황족 중의 世系에 근거하여 묘호(廟號)를 붙여서 그의 황실 종족 속에서의 지위를 확정한다. 이 방법은 殷代에서 비롯되었다. 예를 들어 殷王 太甲을 太宗, 太戊를 中宗, 武丁을 高宗이라고 한 것이 그것이다.

149) 무정(武丁, B.C.1324~1265 在位) : 殷나라 제22대왕, 武丁은 父王 소을(少乙)에 이어 임금이 되었으며, 반경 이후 다시 약해진 국력을 다시 일으켰다. 賢君으로 전해짐, 武丁 시기부터는 갑골문이 다량으로 발견되고 있다.

150) 반경(盤庚)이 殷(하남 안양)으로 천도한 후 상 왕조는 정치, 경제와 군사 등의 방면에서 큰 발전을 이룩했다. 武丁시대에는 대규모의 戰爭을 통하여 首都의 安定을 도모하였다. 武丁은 상대의 노예주 귀족의 통치를 공고히 하고 더 확장하기 위하여, 끊임없이 대외에 용병하였다. 당시 하지(下旨), 토방(土方), 강방(姜方)과 귀방(鬼方) 등의 부락이

다.≫ 물이 장차 불을 이길 것이니 ≪나는 离이고, 상대는 坎≫ 어떻게 [火에 해당되는] 내가 [水에 해당되는 상대방을 쉽게] 이기겠는가? 반드시 3年이 걸려서야 ≪3爻에까지 이름≫ 내가 비로소 상대를 이기게 될 것이다 ≪쇠[金]가 나무[木]를 이기는 吉함을 얻는다.≫

○又按 漢書 匡衡傳云 成湯化異俗[151]而懷鬼方 ≪漢之匈[152]奴 卽其地≫ 西羌傳云 殷室中衰 諸夷[153]皆叛 至高宗 征西戎鬼方 三年乃克 ≪鬼方 北國也≫ 古禮 人死 葬於北方 北首 ≪檀弓文≫ 故 北國謂之鬼方 以卦象 則艮乃爲鬼 ≪艮爲死≫ 坎爲北方也

○[又按] 『漢書』 「광형전(匡衡傳)」에 "성탕(成湯)이 [오랑캐들의] 다른 풍속을 교화하고 귀방(鬼方)을 회유하였다"라고 하였으며[154] ≪漢代의 흉노가 곧 그 지역임≫ 『後漢書』 「서강전(西羌傳)」에는 "殷나라 왕실이 중간에 쇠미함에, 여러 오랑캐가 모두 반란을 일으켰는데, 高宗대에 이르러

중원 서북방을 에워싸고 있었는데, 이따금 변경에 침입해 군사 약탈과 더불어 노예들도 빼앗아 갔다. 기원전 1296년, 武丁은 망승(望乘)을 파견하여 이들을 징벌하도록 명하였다. 망승은 5,000여 명의 군사를 거느리고 우선 하지를 진공하여 그 해 12월에 전쟁을 끝내고, 다음 해 곧바로 비교적 강대한 귀방과의 작전을 시작하였다. 상왕은 위하(渭河)유역에서 활동하고 있는 주인(周人) 및 롱서(隴西)의 강방(羌方)이 이를 틈타 교란하는 것을 방지하기 위하여, 몽후(蒙候)를 특파하여 이들을 감시하게 하였는데, 이는 귀방에 대한 작전에 역량을 집중하기 위한 것이었다. 귀방은 상군이 원정온 것을 보자, 더 나아가 토방과 연맹을 맺고 상군에 대항하였다. 쌍방의 접전은 매우 치열하여, 武丁은 7차례나 원군을 보냈고 총병력은 2만 3천여 명에 달하였고, 이 전쟁은 기원전 1293년 말까지 지속되었는데 상의 승리로 끝났다.

151) [校閱] 新朝本과 奎章本과 國中本에 모두 "化夷俗"으로 되어 있다. 文理는 통하지만, 현행본 『漢書』의 원문에는 "異俗"으로 되어 있으므로, 원문을 따른다.

152) [校閱] 奎章本과 國中本에는 "흉노(匈奴)"로 되어 있으나 新朝本에는 "凶奴"로 되어 있다. "匈奴"를 "凶奴"로도 썼으므로, 誤記라고는 볼 수 없다.

153) [校閱] 奎章本에는 "諸候皆叛"으로 되어 있고, 新朝本에는 "諸侯皆叛"으로 되어 있다. 毛奇齡의 『仲氏易』에는 "諸侯皆叛"으로 나온다. 그러나 현행본 『後漢書』에 "諸夷皆叛"으로 되어 있으므로, 원문을 따른다. 何楷의 『古周易訂詁』(景印 文淵閣四庫全書 第三六冊), 276면에는 "化'異'俗", "諸'侯'皆叛"이라 나온다.

154) 『漢書』 卷81 「匡衡傳」, "化異俗而懷鬼方也."

서융(西戎)[155]과 귀방(鬼方)을 정벌함에 3년 만에 이겼다"라고 하였다.[156] ≪鬼方은 북쪽에 있던 나라≫ 고례(古禮)에 사람이 죽으면 "[살던 곳의] 북쪽에 머리를 북쪽으로 하여 매장"하였다. ≪『禮記』「檀弓」의 글[157]≫ 그러므로 북쪽의 나라를 "귀방(鬼方)"이라 하니, 卦象으로 보면 곧 艮이 "귀(鬼)"가 되며 ≪艮은 죽음이 됨≫ 坎은 북쪽이 된다.

䷾

六四 : 繻有衣袽, 終日戒. ○ 象曰 : 終日戒, 有所疑也.

六四 : [배에] 물이 새는 것을 틀어막기 위하여 낡아서 해진 옷의 헝겊을 사용한다. 종일(終日)토록 경계하여야 한다. ○「象傳」: 종일(終日)토록 경계하는 것은 [혹시 외부에 있을지도 모를 도적에 대하여] 의심하는 바가 있기 때문이다.

---

155) 서융(西戎) : 중국 고대에 한인(漢人)이 서방의 이민족을 가리켜 부른 명칭. 한인은 4방의 이민족을 동이(東夷)·서융(西戎)·남만(南蠻)·북적(北狄) 등으로 불렀다. 그 중에서 서융에 해당하는 것은 귀방(鬼方)·험윤(玁狁) 등으로 불려 이미 殷代와 周初부터 나타났다. 그들은 간쑤[甘肅]에서 산시[陝西]·산시[山西] 지방에 걸쳐 활약한 것으로 보이며, 이 지역에서 일어난 周王朝도 서융 때문에 자주 고통을 받았으며, B.C.8세기에 그 일부족인 견융(犬戎)은 서주(西周)를 멸망시켰다. 東周시대에 들어서도 그들의 활약은 계속되었으나 秦나라의 세력에 눌려 차츰 쇠퇴하였다.

156) 『後漢書』(卷87) 「西羌傳」(第77)에 나온다. "成湯旣興, 伐而攘之, 及殷室中衰 諸夷皆叛, 至于武丁, 征西戎, 鬼方, 三年乃克"이라고 함(『後漢書』 卷10, 中華書局, 1965, 2870면).

157) 『禮記』「檀弓下」 第4에 "孔子曰, "殷已慤, 吾從周 葬於北方, 北首, 三代之達禮也(孔子께서 말씀하셨다. '殷나라는 너무 질박하다. 나는 周나라를 따르겠다', 나라의 북쪽 땅에 장사지내고, 머리를 북쪽으로 두는 것은 夏·殷·周 三代의 통용된 禮이다)"라고 함(송명호 역, 『禮記集說大全』 제1권, 높은밭, 2002, 522~523면).

此 旣濟之革也 繻者 縫合[158]也 《義見下》 袽者 敗衣[159]也 《義見下》 革自大壯來 《二之五》 乾衣中斷 《大壯本下乾》 其象袽也 震舟之中 《大壯 本上震》 以此塡之 《二之五》 陰縫遂合 《革五剛》 繻有衣袽也 旣濟爲卦 震舟之上 《泰之時 有震》 本有坎水 漏船之象也 本象如是 故爻象乃然

泰 → 旣濟 → 革 ← 大壯

이것은 旣濟卦가 革卦로 변하는 경우이다. '수(繻)'는 봉합(縫合), 즉 "[갈라진 자리를] 메워서 막는 것"을 뜻하며 《그 설명이 아래에 나타남》 '녀(袽)'는 '낡아서 해진 옷(敗衣)'을 가리킨다. 《그 설명이 아래에 나타남》 革卦는 大壯卦로부터 왔는데 《[大壯卦의] 2가 5로 감》 [大壯卦에서 革卦로] 推移하게 되면, 乾의 옷(衣)의 가운데가 뜯어지니 《大壯卦에서 본래 下卦는 乾[인데, 乾은 옷을 상징함]》 그 象이 낡아서 해진 옷(袽)이 된다. 震의 배안을 《大壯卦에서 본래 上卦는 震》 이 헌옷 조각으로 틀어막는데 《大壯卦의 2가 5로 감》 陰의 갈라진 부분이 이에 봉합되니 《革卦의 제5位는 剛이 됨》 [이것을 가리켜] "수유의녀(繻有衣袽 : [배에] 물이 새는 것을 틀어막기 위하여, 낡아서 해진 옷의 헝겊을 사용한다)"라고 한 것이다. 旣濟卦의 형태는 震의 배 위에 《[旣濟卦의 母卦인] 泰卦의 때에 震이 있음》 본래 坎의 물이 있는 모습이니, 배에 물이 새는 象이다. 本卦의 象이 이와 같은 까닭에 爻變한 象도 역시 이와 같다.

○革自遯來 《上之一》 离位艮終 《一二三》 是 終日也 《遯下

158) [校閱] "縫合"의 "合"이 新朝本에는 "各"으로 되어 있는데, 誤記이다.
159) [校閱] 新朝本에는 "패서(敗絮)"로 되어 있으나 奎章本에는 "敗衣"로 되어 있다. "패서(敗絮)"는 낡은 헌 솜옷을 가리키고, "敗衣"는 낡은 헌 옷을 가리킨다.

艮[160]≫ 移之爲革 則[161]兌以誡之 ≪上今兌[162]≫ 离以自防[163] ≪下今离[164]≫ 終日戒也[165] 曷然哉 坎盜离防 ≪上本坎≫ 本有禦寇之象 而四則多懼 ≪大傳文≫ 故於四言之也

䷾ ䷰ ䷠

旣濟 → 革 ← 遯

○[旣濟卦의 六四爻의 之卦인] 革卦는 遯卦로부터 왔다. ≪[遯卦의] 上이 1로 간 것이다.≫ [遯卦는 해를 상징하는] 离位에서 ['終'을 의미하는] 艮으로 끝마침(終)이니 ≪1·2·3은 离位≫ [이것을 가리켜] '終日'이라고 한 것이다. ≪遯卦의 下卦는 艮이다.≫ [遯卦로부터] 推移하여 革卦로 가면, 兌로써 경계하고 ≪[革卦의] 上卦가 지금 兌≫ 离로써 스스로 방비(防備)하니 ≪[革卦의] 下卦가 지금 离≫ [이것을 가리켜] "終日戒"라고 한 것이다. 어째서 그러한가? [旣濟卦는] 坎의 도적에 대해서, 离로써 방비하는 형상이니 ≪[旣濟卦의] 上卦가 본래 坎≫ 본래 도둑을 막는 象이라고 할 수 있는데 [특히] 제4位는 근심이 많은 자리에 해당되므로 ≪「繫辭傳」의 글≫ 제4位에서 이렇게 말한 것이다.

160) [校閱] "遯下艮"의 細注가 新朝本과 國中本에는 있으나, 奎章本에는 없다.
161) [校閱] "移之爲革"과 "兌以誡之" 사이에 "則"이 新朝本과 國中本에는 있으나, 奎章本에는 없다.
162) [校閱] 新朝本과 國中本에는 "上今兌"로 되어 있으나 奎章本에는 "革上兌"로 되어 있다.
163) [校閱] "离以自防"이 新朝本과 國中本에는 있으나, 奎章本에는 빠져 있다.
164) [校閱] "离以自防 ≪下今离≫"의 부분이 新朝本과 國中本에는 있으나, 奎章本에는 모두 빠져 있다.
165) [校閱] "曷然哉"와 "本有禦寇之象"의 사이에 들어 있는 부분이 奎章本과 新朝本과 國中本에 서로 다르게 나온다. 즉, 新朝本과 國中本에는 "曷然哉, 坎盜离防 ≪上本坎≫, 本有禦寇之象"으로 되어 있는 데 반해서, 奎章本에는 "曷然哉, 旣濟爲卦, 離防在內, 坎盜在外 ≪上本坎≫, 本有禦寇之象"으로 되어 있다.

○坎盜在外 ≪上本坎≫ 有所疑也

䷾

既濟

○[既濟卦에서 보면] 坎의 도적이 바깥에 있으므로 ≪[既濟卦의] 上卦가 본래 坎≫ "有所疑"라고 말한 것이다.

○案 古本 繻 或作襦 ≪釋文也≫ 或作䘿 ≪子夏傳 及王廙本≫ 或作需 ≪說文也≫ 或曰 當作濡 ≪王弼云≫ 然 漢書 繻[166]者 符帛也 合兩而爲信也 卽繻之爲縫合 審矣 ≪舊說 遂以符帛解之 以終日戒 爲關[167]防戒嚴之意≫

○[案] 古本에서는 '수(繻)'字가 혹 ['저고리'라는 뜻의] '유(襦)'字로 되어 있거나 ≪『經典釋文』의 경우≫ 또는 [역시 저고리를 뜻하는] '유(䘿)'字로 나오며 ≪『子夏傳』과 왕이(王廙)의 本[168]≫ 혹은 '需'字로 나온다. ≪『說文』의 경우≫ 或者는 ['물에 젖다'는 뜻의] '濡'字로 되어야 한다고 주장하였다.[169] ≪王弼도 그렇게 말함[170]≫ 그런데 『漢書』「종군전(終軍傳)」에서는 '수(繻)'字가 '符信으로 사용하는 비단조각(符帛)'이라는 의미로 사용되고 있으니, [이것은 '수(繻)'字를 곧 나누어 가졌던] 두 조각을 맞추어서 신표(信標)를 뜻하는 것으로 간주한 것이다.[171] 따라서 '수(繻)'字가 '봉합(縫

166) [校閱] 奎章本과 國中本에는 "繻"로 되어 있으나, 新朝本에는 "襦"로 되어 있다.

167) [校閱] "關防"의 "關"이 奎章本에는 "閃"으로 보이는데, "關"의 略字가 분명하게 보이지 않아 그렇게 된 것으로 보인다.

168) 『經典釋文』에 소개되어 있다.

169) 예컨대 정단례(程端禮)는 『周易異文釋』에서 "繻當作濡(수(繻)는 당연히 유(濡)로 써야 한다)"고 주장하였다(김상섭 역, 『高亨의 周易』, 예문서원, 1995, 495면).

170) 王弼은 注에서 "繻, 宜曰濡(繻는 마땅히 적시다는 뜻의 濡로 써야 한다)"라고 함.

171) 『漢書』(卷64下) 「嚴朱吾丘主父徐嚴終王賈傳」(第34下)을 참조할 것. 즉, 그 原文은 다음과 같다. "初, 軍從濟南當詣博士, 步入關, 關吏予軍繻, 軍問, 以此何爲, 吏曰, 爲

合)'의 뜻이 된다는 것을 잘 살펴야 한다. ≪舊說에서는 ['수(繻)'字를] 부백(符帛)의 뜻으로 풀이하고, "終日戒"를 "관문(關門)을 닫고 방어(防禦)하며, 경계를 삼엄(森嚴)하게 한다"는 뜻으로 해석하기에 이르렀다.≫

○又案 袽或作絮 ≪說文云 絮緼也≫ 或作絮 ≪京房本≫ 或作茹 ≪子夏傳≫ 盖 袽絮帤 本皆同音 卽敗絮之塞舟漏者也 徐鍇云 帛臭也 ≪黃庭經云 人間紛紛臭如帤≫ 臭者 敗也 ≪盤庚云 臭厥載≫ 總之 旣濟爲卦 本是濟川之象 故車茀舟袽 皆用卦象 不可他解也

○[又按] '袽(여)'字를 간혹 [솜을 뜻하는] '絮(서)'字로 보기도 하고 ≪『說文』에서는 헌 솜(絮緼)을 뜻한다고 하였음[172]≫ 또는 [헌 옷 솜을 뜻하는] '絮(녀)'字 ≪京房의 本≫ 혹은 '茹(여)'字로 보기도 하는데 ≪『子夏傳』≫ 아마도 '袽'字·'絮'字·'帤(녀)'字는 본래 모두 同音이니, 곧 낡은 솜(敗絮)으로써 배가 새는 것을 막는 것(塞舟漏者)을 뜻한다. 서개(徐鍇)가 말하기를, [帤(녀)"는] 비단이 낡은 것을 뜻한다고 하였는데 ≪『황정경(黃庭經)』[173]

復傳, 還當以合符, 軍曰, 大丈夫西遊, 終不復傳還, 棄繻而去"라고 함. "關吏予軍繻"의 句에 대한 장안(張晏)의 注에서 "繻音須, 繻, 符也. 書帛裂而分之, 若券契矣"라고 함. 또 蘇林의 注에 "繻, 帛邊也, 舊關出入皆以傳, 傳(須)(煩), 因裂繻頭合以爲符信也"라고 함. 顔師古는 蘇說에 대해 찬동하였다(班固 撰, 顔師古 注, 『漢書』 卷9, 中華書局, 1983, 2819~2820면).

172) 許愼은 『說文』에서 旣濟卦의 "수유의녀(繻有衣袽)"를 "繻有衣絮"로 인용하고, 絮를 결온(絮緼), 즉 정결하게 얽힌 삼의 뜻으로 해석하고 있다. 또 絮는 묵은 솜이라는 뜻의 폐서(敝絮)라고 하였다(김상섭 역, 『高亨의 周易』, 예문서원, 1995, 495면).

173) 『황정경(黃庭經)』: 중국 魏晉시대의 道家들이 養生法과 수련의 원리에 관해 쓴 道敎서적. 원래 명칭은 『太上黃庭外景玉經』·『太上黃庭內景玉經』이다. 그밖에 후서로 『太上黃庭中景經』이 있다. 『黃庭經』은 『抱朴子』 「遐覽」편에 이미 저록되어 있으며 七言歌訣 형식으로 씌어진 초기도교경전이다. 黃은 중앙의 色이고, 庭은 四方의 中을 뜻하는데, '黃庭'이란 인간의 性과 命의 근본을 가리키는 것으로서, 구체적으로는 뇌(上黃庭)·심장(中黃庭)·비장(下黃庭) 등을 말한다고 한다. 양생과 수련의 요지는 명리(名利)를 탐내는 마음이 없는 담박한 상태(恬淡)와 무욕(無欲), 허무자연(虛無自然)에 이르는 데 있다. 또한 거기에 이르는 방법은 기욕(嗜慾)을 단절시키고 호흡을 조절하며, 신성(神性)을 길러, 精·氣·神을 '황정(黃庭)'에 응집시키는 것이다. 「內景經」과 「外景經」은 내용면에서 비슷한 부분이 많다. 「內景經」은 양구자(梁邱子)가 주석을 달았

「은경장(隱景章)」에서 "人間紛紛臭如帤", 즉 "人間의 어지러운 모습이 마치 낡아서 해어진 걸레와도 같다"라고 하였다.[174]≫ 여기에서 '취(臭)'字는 '敗', 즉 '해어진 것, 부서진 것, 손상된 것, 파손된 것'을 의미한다.[175] ≪『書經』「盤庚」에서 "[그 배에] 실은 물건이 파손된다(臭)"고 하였다.≫ 결론적으로 말한다면, 旣濟卦는 본래 河川을 건너는 象에 해당되는 까닭에, 수레의 '불(茀)'과 배(舟)의 '여(袽)'는 모두 [河川을 건너는] 卦象을 적용한 것이니, 다른 해석은 옳지 않다.

○ 學圃云 革之爲卦 西天之下 ≪兌乾下≫ 离日遂沒 終日之象也

䷾ ䷰

旣濟 → 革

○學圃가 말하였다. "[旣濟卦의 六四爻의 之卦인] 革卦는 서쪽 하늘 아래 ≪서쪽인 兌와 乾의 아래≫ 离의 태양이 마침내 지니, 하루가 끝마치는 象에 해당된다."

고, 「外景經」은 무성자(務成子)가 주석을 하였는데, 原文은 모두 七言句에 맞추어 서술하였다. 일반적으로 『中景經』은 『黃庭經』에 포함되지 않는다. 『黃庭經』의 주해서는 많은 편이며 그 중 양구자(梁邱子)와 무성자(務成子)의 영향이 비교적 크다.

174) 『黃庭經』「內經」第24章「은경장(隱景章)」에 나오는 구절이다. 그 구절이 포함된 문구는 다음과 같다. "하불등산송아서(何不登山誦我書), 울울요조진인허(鬱鬱窈窕眞人墟), 입산하난고주저(入山何難故躊躇), 인간분분취여녀(人間紛紛臭如帤)." 최창록의 『黃庭經』 번역에서는 이 구절을 다음과 같이 옮겼다. "어찌 산에 오르지 않고, 내 책을 읽으리오. 울울창창하고 아늑하니, 眞人의 터로다. 입산함이 무엇이 어려워 주저하는고? 인간세상은 살 곳이 못된다. 냄새는 먹걸레같도다."(최창록 역, 『황정경』, 동화문화사, 1993, 72~73면) 原文은 張繼禹 主編『中華道藏』第23冊, 華夏出版社, 2004, 30면을 참조할 것.

175) 茶山은 "臭者, 敗也"라고 보았으나, 최창록의 『黃庭經』 번역에서는 '臭'를 냄새의 뜻으로 보았다(최창록 역, 위의 책, 73면).

九五：東隣殺牛，不如西鄰之禴祭，實受其福. ◯ 象曰：東隣殺牛，不如西鄰之時也. 實受其[176]福，吉大來也.

九五：동쪽 이웃에서 [제사 때에] 소를 잡는다고 하더라도, 서쪽 이웃에서 [간소한] 약제(禴祭)로써 실제로 그 복(福)을 받는 것만 같지 못하다. ◯「象傳」：동쪽 이웃에서 [제사드릴 적에] 소를 잡는 것이 서쪽 이웃에서 天時를 얻는 것만 같지 못하다. 실제로 그 복(福)을 받을 것이니 吉함이 크게 올 것이다.

此 旣濟之明夷也 明夷自小過來 《四之一》 震者 東鄰也 《小過之上震》

泰 → 旣濟 → 明夷 ← 小過

이것은 旣濟卦가 明夷卦로 변하는 경우이다. 明夷卦는 小過卦로부터 왔는데 《[小過卦의] 4가 1로 감》 震은 東鄰(동쪽 이웃)에 해당된다. 《小過卦의 上卦는 震이다.》

亦自臨來 《二之三》 兌者 西鄰也 《臨下兌》

旣濟 → 明夷 ← 臨

176) [校閱] "實受其福"의 "其"가 新朝本에는 빠져 있는데, 誤記이다.

明夷卦는 또한 臨卦에서 왔는데 ≪[臨卦의] 2가 3으로 간 것≫ 그 兌는 서쪽 이웃(西鄰)에 해당된다. ≪臨卦의 下卦는 兌[인데, 兌는 서쪽을 상징한다.]≫

大坎之矢 ≪小過本大坎≫ 寔殺坤[177]牲 ≪坤中矢爲坎≫ 東隣殺牛也

䷾ ䷣ ䷽

既濟 → 明夷 ← 小過

大坎의 화살이 있는데 ≪小過卦가 본래 大坎의 형태≫ 이것이 坤의 희생을 죽이니 ≪坤에 화살이 적중하여 坎으로 됨≫ [이것은] "東隣殺牛"에 해당된다.

大震之菜 ≪臨大震≫ 爚於离火 ≪一二三位离≫ 西鄰禴祭也

䷾ ䷣ ䷒

既濟 → 明夷 ← 臨

大震의 채소(菜蔬)가 있는데 ≪臨卦는 큰 震≫ 이를 离의 불(火)에 달궈서 데쳐내니 ≪1·2·3은 离位≫ [이것은] 西鄰(서쪽 이웃)에서 지내는 약제(禴祭)에 해당된다.

移之明夷 ≪四之一≫ 東鄰則 震主云亡 ≪上爲東≫ 坤國遂墟 ≪坤無主≫ 西鄰則 有隕自上 ≪四之一≫ 离福大至 ≪下今离≫ 東隣殺牛不如西鄰之受福也 我以离誠 ≪下今离≫ 彼以坤貪[178] ≪上今坤≫ 福

177) [校閱] "寔殺坤牲"의 "坤"이 新朝本에는 "神"으로 되어 있는데, 誤記이다.
178) [校閱] "彼以坤貪"의 "탐(貪)"이 奎章本에는 "빈(貧)"으로 되어 있으나 誤記이다. 文理로 볼 때, "彼以坤貪"이 옳으므로 新朝本과 國中本을 따른다.

所異也 東鄰者 紂也 西鄰者 文王也

䷾ ䷣ ䷽

旣濟 → 明夷 ← 小過

[小過卦로부터] 推移하여 明夷卦로 되면 ≪[小過卦의] 4가 1로 감≫ 동쪽 이웃에서는 곧 震의 君主가 없어지고 ≪上卦는 東쪽이 됨≫ 그 坤의 나라가 이에 황폐해진다. ≪坤에 君主가 없어짐≫ 반면에 서쪽 이웃에서는 위로부터 내려오는 것이 있으니 ≪[小過卦의] 4가 1로 감≫ [그것은 다름 아닌] 离의 복(福)이 크게 도래(到來)한 것이다. ≪[明夷卦의] 下卦가 지금 离≫ [따라서] 동쪽 이웃에서 소를 잡아서 제사를 드린다고 하더라도, 서쪽 이웃에서 간소한 제사로써 복(福)을 받는 것만 같지 못한 것이다.[179] 나(西隣)는 离의 정성으로써 제사를 드리는 데 반해서 ≪[明夷卦의] 下卦가 지금 离≫ 저 쪽의 상대방(東隣)에서는 坤의 탐욕(貪慾)으로써 제사를 드리니 ≪[明夷卦의] 上卦가 지금 坤≫ 그 받는 복(福)이 다른 것이다. [여기서] 東鄰은 폭군인 주(紂) 임금을 가리키고, 西鄰은 周나라의 文王을 가리킨다.

○時者 春夏也 春夏時 物鮮薄故 祭之以禴也 ≪見禮疏≫ 臨泰之時 震則爲春 ≪三五互≫ 今又离夏 ≪下今离≫ 此之謂 時也

䷊ ䷾ ䷣ ䷒

泰 → 旣濟 → 明夷 ← 臨

○[여기 나오는] 時는 봄과 여름을 가리킨다. 봄과 여름에는 만물이 어리고 귀하기 때문에 약제(禴祭)를 지낸다.[180] ≪『禮記』의 註疏에 보임≫ 臨

179) 약제(禴祭)에 소를 사용하지 않았음을 가리키는 것이다.

180) 禴祭는 봄 혹은 여름에 올리는 제사로서, 보리와 채소 등 변변치 못한 음식을 위주로

卦와 泰卦의 때, 震이 곧 봄을 상징하며 ≪[泰卦의] 3·4·5의 互卦[는 震]≫ 지금 [明夷卦의 때에] 다시 离의 여름이 되니 ≪[明夷卦의] 下卦가 지금 离≫ 이것을 일컬어 '時'라고 한 것이다.

○小過之移 剛自外來 ≪四之一≫ 吉大來也 ≪陽曰 大≫

旣濟 → 明夷 ← 小過

○小過卦로부터 推移하여 [明夷卦로 되면] 剛이 밖으로부터 [안으로] 들어오니 ≪[小過卦의] 4가 1로 감≫ [이것을 가리켜] "吉大來"라고 한 것이다. ≪陽을 가리켜 '大'라고 한다.≫

○案 泰之兩互 上震下兌 亦東西也 坤牛受射 ≪二之五≫ 東殺牛也 离夏用享 ≪下今离≫ 西祭禴也 五之旣變 東國遂空 ≪中剛亡≫ 禍福之判也 本象爻象 妙合如此 易可易言哉

泰 → 旣濟 → 明夷

○[案] [旣濟卦의 母卦인] 泰卦의 兩互卦를 보면, 上互卦가 震이고, 下互卦가 兌이니, 역시 東과 西에 해당된다. [泰卦로부터 推移하여 旣濟卦로 되면] 坤의 소가 화살을 맞으니 ≪[泰卦의] 2가 5로 감≫ 동쪽에서 소를 죽인 것이다. 离의 여름에 제사를 지내니 ≪[旣濟卦의] 下卦가 지금 离≫ 서쪽에서 약제(禴祭)를 지냄이다. [旣濟卦의] 제5爻가 변하여, [明夷卦로 되

행하는 제사이다. 『周禮』「大司馬」에 따르면 소 등의 희생을 올리는 대신에 禴祭에 사냥해서 잡은 새들을 올렸다는 기록이 있다.

면] 東國은 마침내 텅 비게 되니 ≪中剛이 없어짐≫ [여기에서 東鄰과 西隣의] 화(禍)와 복(福)이 [판이(判異)하게 서로] 갈라지는 것이다. 本象과 爻象이 이처럼 오묘(奧妙)하게 부합되니, 『易經』의 理致를 [과연] 쉽게 말할 수 있을 것인가!

○ 又按 漢書 禴祭作瀹祭 瀹菜之意也 ≪爾雅疏 亦云≫ 周禮 以爲夏祭 ≪天保詩注 同≫ 然 王制 明堂位 諸篇 又以春礿 爲禴 ≪勺龠 皆量名[181]≫

○ [又按] 『漢書』 「郊祀志」에서는 약제(禴祭)를 약제(瀹祭)라고 하였는데,[182] 나물을 데쳐낸다는 뜻이다. ≪『爾雅』[183]의 疏에도 역시 이렇게 말함[184]≫ 『周禮』에서는 [禴을] 여름 제사라고 하였다.[185] ≪『詩經』 「天保」의 詩의 注에서도 같은 말을 하였음[186]≫ 그러나 [『禮記』의] 「王制」[187] · 「明堂位」 등의 諸篇에서는 또한 봄의 약(礿) 제사를 '약(禴)'이라고 하였다. ≪'작(勺)'과 '약(龠)'은 모두 용량(容量)을 재는 그릇의 이름이다.≫

○ 又案 鄭玄 以上坎爲西鄰 以下离爲東鄰 蓋以禮記 月生於西 ≪坎爲月≫ 日出於東也 ≪离爲日≫ 其義甚謬 況下鄰[188] 何嘗殺

181) [校閱] 奎章本에는 "量名"으로 되어 있으나 新朝本과 國中本에는 "量器"로 되어 있다. "量器"가 뜻이 더 명확하지만, "量名"을 "量器名"의 略稱이라고 본다면, 誤記는 아니다.

182) 『漢書』(卷25) 「郊祀志」(第5下)에서 旣濟卦 九五의 爻辭를 인용하면서, "東隣殺牛, 不如西鄰之瀹祭"라고 함. 즉, "禴祭"라고 하지 않고, "瀹祭"라고 함.

183) 『爾雅』 「釋天」에 "夏祭曰 礿(여름제사를 약(礿)이라고 한다)"라고 함.

184) 『爾雅』의 손염(孫炎)의 注에 "禴, 薄也, 夏時百穀未登, 可薦者, 薄也"라고 함.

185) 『周禮』 「大宗伯」에 "以禴夏享先王(여름제사를 先王에게 올린다)"라고 함.

186) 『詩經』 「天保」에 "약사증상(禴祠烝嘗), 우공선왕(于公先王)"이라고 한 句를 가리킨다.

187) 『禮記』 「王制」편에 "春曰 礿"이라고 함.

188) [校閱] 奎章本과 國中本에는 "离"로 되어 있으나 新朝本에는 "鄰"으로 되어 있다. 여기서는 後者를 따른다.

牛哉

○[又案] 鄭玄은 [旣濟卦의] 上卦인 坎을 西鄰으로 보고, 下卦인 离를 東鄰으로 보았는데, 아마도 [이러한 鄭玄의 說은] 『禮記』「祭義」에서 말한 바, "달은 서쪽에서 나오고 《坎은 月이 됨》 해는 동쪽에서 나온다"는 說에 따른 것으로 보인다.[189] 《离는 해가 됨》 [그러나 鄭玄의] 해석은 매우 잘못된 것이다. 하물며 아래쪽 이웃(下鄰)이 언제 소를 잡은 적이 있단 말인가?[190]

○ 學圃云 明夷者 外國文明也 紂之中國 不如文王之夷國 《岐周 西夷也》 明夷之卦也

○學圃가 말하였다. "明夷는 [文字 그대로] 外國의 문화가 文明의 상태로 됨을 뜻한다. 폭군이었던 紂의 中國의 문화가 文王의 오랑캐 나라(夷國)의 문화보다 못한 것[을 표현한 것]이 《[文王의 근거지였던] 기주(岐周)[191]는 西夷에 해당됨》 明夷卦이다.

孔子曰 君子 不以菲廢禮 《菲謂禴》 不以美沒禮 《謂殺牛》 故君子 苟無禮 《离爲禮》 雖美不食焉 易曰 東隣殺牛 不如西鄰之禴祭 寔受其福[192] 《見坊記》

孔子께서 말씀하시기를, "君子는 [차린 것이] 보잘것없다(菲)고 해서, 禮를 폐하지 않으며 《'菲', 즉 '보잘것없다'라고 한 것은 '禴祭'를 가리킴》 풍성하게 잘 차렸다고 해서, 禮를 무시하지 않는 것이니 《'殺牛', 즉 '[제사

---

189) "日出於東, 月生於西"라는 句는 『禮記』「祭義」(第24)편에 나온다.

190) '東鄰殺牛'의 東鄰은 明夷卦의 上卦에 해당됨. 그러므로 '東鄰殺牛'는 下隣에서 일어나는 것이 아니라, 上隣에서 일어난다.

191) 기주(岐周) : 기산(岐山) 밑의 옛 周나라의 도읍지로서, 文王의 출생지로 알려져 있다. 『孟子』「離婁章句下」에 "文王生於岐周"라고 하였다.

192) "'寔'受其福"의 '寔'字는 誤字가 아니다.

드릴 때] 소를 잡는 것'을 말함≫ 그런 까닭에 君子는 진실로 禮가 없으면 ≪离는 禮를 가리킴≫ 아무리 맛이 좋다고 하여도, 먹지 말아야 하는 것이니, 易에 '東隣殺牛, 不如西鄰之禴祭, 寔受其福'이라고 하였다'라고 하였다." ≪『禮記』「坊記」[193]에 나온다.≫

上六 : 濡其首, 厲. ○象曰 : 濡其首, 厲, 何可久也.

上六 : 그 머리를 [물에] 적시는지라, [머리가 물에 잠기니] 위태롭다. ○「象傳」: 그 머리를 [물에] 적시는지라, 위태로우나, [그처럼 위태로운 상황이] 어찌 오래갈 수 있겠는가!

此 旣濟之家人也 家人自中孚來 ≪三之二≫ 艮尾震首 ≪孚兩互≫ 本以离燥 ≪本大离≫ 移之家人則 坎水忽盈 ≪今互坎≫ 震首是沾 ≪二之三爲水≫ 濡其首也 兌本乘剛 ≪中孚 本下兌≫ 厲所致也

旣濟 → 家人 ← 中孚

193) 「坊記」는 『禮記』의 한 편명이다. 『禮記』 중에서 『易』을 인용하고 있는 편명은 「解經」·「坊記」·「表記」·「緇衣」篇인데, 이 중에서 「解經」篇을 제외하면 모두 子思의 作으로 알려져 있다. 곽점초간(郭店楚簡)에는 子思 관련 문헌이 많은 것으로 알려지고 있는데, 郭店楚簡이 『易』을 6經에 포함한 것을 보면 子思之儒는 일찍부터는 『易』을 경전으로 수용하였을 가능성이 농후하다(李成珪, 「『史記』와 易學」, 서강대 인문과학연구소 제7회 인문강좌, 2001년 10월).

이것은 旣濟卦가 家人卦로 변하는 경우이다. 家人卦는 中孚卦에서 나왔는데 ≪[中孚卦의] 3이 2로 감≫ 艮의 꼬리와 震의 머리가 ≪中孚卦의 兩互卦를 말함≫ 본래 离[의 불]로 말미암아 건조(乾燥)되어 있었다. ≪中孚卦는 본래 大离의 형태≫ [그런데 中孚卦로부터] 推移하여 家人卦로 되면, 坎의 물이 갑자기 가득 넘쳐나서 ≪家人卦에서 지금 [물을 상징하는] 互坎이 생겨남≫ 震의 머리가 이에 젖게 되니 ≪2가 3으로 가서 水가 됨≫ "濡其首"라고 한 것이다. [中孚卦의 下卦인] 兌는 본래 柔가 剛을 올라타고 있으니 ≪中孚卦에서 본래 下卦가 兌≫ 위태로운 상황이 초래된 것이다.

○乘剛之厲 何可久也 溺于坎水 ≪二之三≫ 亶其然矣

旣濟 → 家人 ← 中孚

○[柔가] 剛을 올라타고 있는 위태로움이 어찌 오래 갈 수 있겠는가! 坎의 물에 빠져 있는 상황이 ≪[中孚卦의] 2가 3으로 감≫ 진실로 그러하다.

○案 家人自遯來 ≪一之四≫ 乾首亦濡也 然 二濟之卦 皆以震艮爲首尾 ≪見初九≫

旣濟 → 家人 ← 遯

○[案] 家人卦는 또한 遯卦로부터 온 것인데 ≪[遯卦의] 1이 4로 감≫ [이 경우에도] 역시 乾의 머리가 젖는 것이다. 그러나 旣濟卦와 未濟卦의 두 卦는 모두 震과 艮을 각각 머리(首)와 꼬리(尾)로 삼은 것이다.[194]

194) 「說卦傳」에 의거한 物象과는 차이가 있으니, 이런 말을 덧붙인 것이다.

≪[旣濟卦의] 初九에서 [그 설명이] 보인다.≫

○學圃云 上一陰 以陰居上 ≪位最高≫ 所以危也 爻象 必取於本象

○學圃가 말하였다. "[旣濟卦의] 上位에 한 개의 陰이 있어서, 陰으로써 上位에 자리잡고 있으므로 ≪제일 높은 위치에 있음≫ 위태로운 것이 된다. 爻象은 반드시 本象에 의거하여 취하는 것이다.[195]"

【64. 화수 미제(火水 未濟)】

坎下离上 ○第三十六卦之反 ≪否二之五≫

坎은 下卦이고, 离는 上卦이다. ○第36卦의 反卦이다. ≪否卦의 2가 5로 간다.≫

---

195) 讀易要旨의 제5則인 播性의 원리에 따르면, 本卦가 爻變하여, 之卦로 되더라도, 爻詞의 해석은 本卦를 중심으로 행해져야 한다. 왜냐하면 本卦의 성격(性氣)을 버리고, 之卦의 物象만을 오로지 적용(專用)한다면, 해석이 크게 어긋나게 될 것이기 때문이다.

序卦傳曰 物不可窮也 故受之以未濟 終焉

『序卦傳』에서 말하였다. "萬物은 소진(消盡)되어 버릴 수 없기 때문에 [旣濟卦의 다음 순서를] 未濟卦로 받아서 [64卦를] 종결지은 것이다."

○雜卦傳曰 未濟 男之窮[196]也 ≪三陽 皆居陰≫

○『雜卦傳』에서 말하였다. "未濟卦는 男子의 곤궁함이다." ≪三陽이 [2·4·6의 위치에 있으니, 陽인데도 불구하고] 모두 陰의 자리에 있다.≫

○程子曰 火在水上 不相爲用故 爲未濟

○程子가 말하였다. "불[☲]이 물[☵] 위에 있으니, [불은 위로 올라가 버리고, 물은 아래로 내려가므로] 상호적으로 作用이 일어나지 못하기 때문에, '未濟'라고 한 것이다."

○鏞案 旣濟自泰來 未濟自否來 時運之通塞不同 卦德以殊也 旣濟 六位皆正 ≪皆得位≫ 未濟 六位皆舛 ≪皆失位≫ 位置之邪正 不同 卦德以殊也

泰 → 旣濟　　否 → 未濟

○[鏞案] 旣濟卦는 泰卦로부터 왔고, 未濟卦는 否卦로부터 왔으니, [旣濟卦와 未濟卦의 母卦인 泰卦와 否卦의] 時運의 통함과 막힘이 서로 같지 않으므로, [旣濟卦와 未濟卦의] 괘의 성격이 이렇게 다르게 된 것이다. [그리고] 旣濟卦는 [初位에서 上位에 이르기까지] 여섯 자리가

196) [校閱] 新朝本에는 「雜卦傳」의 '窮'字가 '竆'字로 나오는데, 같은 글자이다. 奎章本과 國中本에는 「序卦傳」이나 「雜卦傳」에 모두 "窮"으로 나온다.

모두 正位인 데 반해서 ≪[陽位인 1·3·5位가 陽이며, 陰位인 2·4·6位가 陰이니] 모두 합당한 자리를 얻었음≫ 未濟卦는 그 여섯 자리가 모두 어그러져 있으니 ≪1·3·5位는 陽位인데도 불구하고, 陰이 자리잡고 있고, 2·4·6位는 陰位인데도 불구하고, 陽이 자리잡고 있으니] 모두 합당한 자리를 상실한 것≫ 그 위치의 바름과 어긋남이 같지 않은 까닭에, 괘의 성격이 [이처럼] 다른 것이다.

炎上者 在上 ≪离在上≫ 潤下者 在下 ≪坎在下≫ 太陽不煦 ≪不下燭≫ 雲雨不騰 ≪坎在下≫ 物不相涉 ≪不相交≫ 萬化不興 ≪如 天地不交 爲否≫ 所以爲未濟也

未濟

[또 未濟卦를 보면] 위로 불타오르는 것이 위에 있고 ≪离가 上卦에 있음≫ 젖어서 아래로 흐르는 것이 아래에 있다. ≪坎이 下卦에 있음≫ [따라서] 태양은 [만물을] 따뜻하게 내려 쪼이지 못하고 ≪아래로 내려 비치지 않음≫ 비구름은 위로 올라가지 못해서 ≪坎水가 [올라가지 못하고 그대로] 아래에 있음≫ 事物이 서로 교섭하지 못하고 ≪서로 섞이지 않음≫ 만물에 변화가 일어나지 않으니 ≪예컨대 天地가 서로 교섭치 않는 것이 否卦가 되는 상황과 같음≫ [이것이] 未濟가 된 까닭이다.

坎川在內 坤民墊溺 ≪坤爲坎≫ 其或前進者 ≪二之五≫ 又被离防 ≪上今离≫ 不能遂達 ≪剛在前≫ 未濟之象也

否 → 未濟

[또한] 坎의 냇물이 안에 있어, 坤의 백성이 거기에 빠지는데 ≪否卦에서 未濟卦로 됨에, 坤이 坎으로 됨≫ 그 [坤의 백성들 가운데 그 물을 건너] 혹시라도 앞으로 나아간 자가 있다고 하더라도 ≪[否卦의] 2가 5로 감≫ 다시 离의 제방(隄防)에 막혀버려 ≪[未濟卦의] 上卦가 지금 离인데, 离는 둑을 뜻함≫ 결국에는 [저쪽 편에] 도달하지 못하니, ≪剛이 앞에 [가로 놓여] 있음≫ [이것이] 未濟의 象이 되는 까닭이다.

易之爲道 方以類聚 物以羣分 乾坤者 類聚之極 所以爲首也 旣濟未濟者 羣分之極 所以爲終也

䷀ 乾　䷁ 坤　　䷾ 旣濟　䷿ 未濟

易의 원리는 [「繫辭傳」에서 말했듯이] "方以類聚"하고, "物以羣分"하는 데 성립한다. 乾卦와 坤卦는 類聚(같은 무리끼리 모인 것)의 극단적 例이기 때문에 [『周易』의 64卦의] 첫머리에 놓인 것이고, 旣濟卦와 未濟卦는 羣分(무리가 흩어진 것)의 극단적 例이기 때문에, [『周易』의 64卦의] 끝에 놓인 것이다.

䷿

未濟, 亨. 小狐汔濟. ≪句≫ 濡其尾, 无攸利.

未濟는 형통함이다.197) 어린 여우가 냇물을 거의198) 건넜다.199) ≪句≫

197) "未濟, 亨, 小狐汔濟, 濡其尾, 无攸利"를 만일 "未濟는 亨하니 小狐汔濟하니 濡其

[소 혹은 말이 냇물을 건너다가] 그 꼬리를 [물에] 적시니, [꼬리를 잘리게 되어] 이로울 것이 없다.

此 未濟之不變者也 卦自否來 ≪二之五≫ 柔往得五 遂以嘉會 ≪上今离≫ 其占亨也

否 → 未濟

이것은 未濟卦가 변하지 않는 경우이다. 未濟卦는 否卦로부터 왔는데 ≪[否卦의] 2가 5로 감≫ 柔가 가서 5位를 얻어, 마침내 좋은 만남을 갖는 까닭에 ≪[未濟卦의] 上卦가 지금 离≫ 그 占이 형통한 것이다.

○卦有二坎 ≪上互坎≫ 是 二狐也 ≪荀九家≫ 剛來爲坎 ≪五之二≫ 下坎大狐 ≪陽曰大≫ 柔往爲坎 ≪二之五≫ 互坎 小狐也 ≪陰曰 小≫ 狐之方濟 ≪二之五≫ 一水雖過 ≪下坎則已踰≫ 一水未濟 ≪狐尙在水中≫ 离防在前 ≪剛在上≫ 幾乎得濟 ≪幾乎至於上≫ 小狐汔濟也 汔者幾也 ≪大雅云 汔可小康≫

尾니 无攸利하니라"로 전체를 연결하여 읽는다면, 未濟卦가 형통한데, 다시 이로울 것이 없는 것("无攸利")이 되므로, 문맥상 모순이 발생한다. 또 다산은 細註에서 "小狐汔濟"와 "濡其尾"를 각각 별개의 象으로 간주하고 있으며, "无攸利"는 "濡其尾"와 의미상 연결된 것으로 간주하고 있다. 따라서 다산의 주석에 따라, "未濟, 亨"을 하나의 의미단위로, "小狐汔濟"를 또 하나의 독립된 의미단위로, 그리고 "濡其尾, 无攸利"를 또 다른 의미단위로 간주하는 讀解방식을 취하였다.

198) 「程傳」에는 "汔"을 "仡(날랠 흘)"로 보아야 한다고 하였다(金碩鎭, 『周易傳義大全譯解』 下, 대유학당, 1996, 1325면). 高亨은 "汔"을 "涸"으로 보았다(김상섭 역, 『高亨의 周易』, 예문서원, 1995, 498면).

199) 茶山은 細註에서 "小狐汔濟, 爲一句, 濡其尾, 別爲一句, 明兩句, 各一象也"라고 하였다. 따라서 "小狐汔濟"와 "濡其尾"를 별개의 象으로 보고, 연결하여 읽지 않았다.

否 → 未濟

○[未濟]卦에는 두 개의 坎이 있는데 ≪[未濟卦의] 上互卦도 坎≫ 이것은 두 마리의 여우에 해당된다. ≪[坎이 狐가 된다는 것은] 荀九家의 說≫ 剛이 와서, 坎으로 되었으니 ≪[否卦의] 5가 2로 감≫ 下卦인 坎은 큰 여우에 해당되고 ≪陽을 가리켜, 大라고 함≫ 柔가 가서 坎으로 되었으니 ≪2가 5로 감≫ 上互卦인 坎은 어린 여우에 해당된다. ≪陰을 가리켜 小라고 함≫

[그 어린] 여우가 바야흐로 물을 건넘에 ≪[否卦의] 2가 5로 감≫ 한 곳의 물은 비록 건넜지만 ≪下卦의 坎은 이미 넘었음≫ 다른 한 곳의 물은 미처 건너지 못하고 있다. ≪여우가 여전히 물 속에 있음≫ [그렇지만] 离의 둑이 [바로] 앞에 가로 놓여 있으니 ≪[上卦가 离이고] 上九의 剛이 六五의 위에 있음≫ 거의 물을 건너 간 것이나 마찬가지 이므로 ≪거의 上畫에 도달함≫ [이것을 가리켜] "小狐汔濟"라고 한 것이다. [여기서] '汔(흘)'이란 '幾', 즉 '거의'의 뜻이다. ≪『詩經』「大雅」에 "汔可小康", 즉 "조그만 행복을 거의[200] 이룰 수가 있다"라는 구절이 나온다.≫

○濡其尾者 牛馬之尾也 ≪見旣濟初九≫ 卦自否來 ≪二之五≫ 互艮之尾 ≪否互艮≫ 坎水今沾 ≪下今坎≫ 濡其尾也 易例 初爲尾

否 → 未濟

---

200) 『詩經』에는 "汔"을 역시 "幾"라고 하기는 하나, 그 "幾"를 "바랄 기"로 보아, "소강이라도 가능하기를 바란다"라고 해석. 한편, 『詩經』의 諺解에는 "거의"라는 말로 해석되어 있다. 『詩經』의 이 귀절에서는 "幾"를 "바라다"라고 보는 것이 자연스러운 것으로 생각된다. "汔"을 "幾"로 보았을 때, 그 뜻이 "거의"(危(거의 위), 近)인지 "바라다"(乞)인지에 대해서는 논란이 있어 왔다(金啓華 譯注, 『詩經全釋』, 江蘇古籍出版社, 1995, 707면; 王宗石 編著, 『詩經分類詮譯』, 湖南教育出版社, 1993, 656면 참조).

○[旣濟卦와 未濟卦에서] "濡其尾"[의 '尾']는 소나 말의 꼬리를 가리킨다. ≪旣濟卦의 初九에 [그 例가] 보임≫ [未濟]卦는 否卦로부터 왔거니와 ≪[否卦의] 2가 5로 감≫ [그 否卦의] 互艮의 꼬리를 ≪否卦의 [2·3·4가] 互艮≫ 坎의 물로 지금 적시니 ≪[未濟卦의] 下卦가 지금 坎≫ [이것을 가리켜] "濡其尾"라고 한 것이다. 易例에 初가 꼬리(尾)가 된다.

○本以坤虛 今得一陽 ≪五之二≫ 宜若有利 尾以离斷 ≪下互离≫ 巽命遂絶 ≪否互巽≫ 无攸利也 ≪巽爲利≫

否 → 未濟

○본래 [否卦의 下卦는 坤이니] 坤으로 말미암아 텅 비어 있었던 것이, 지금 [否卦로부터 推移하여 未濟卦가 되면] 한 개의 陽을 얻게 되니 ≪[否卦의] 5가 2로 감≫ 당연히 이로움이 있을 것 같으나, [否卦의 2·3·4의 艮의] 꼬리가 离로 말미암아 절단되고 ≪未濟卦의 2·3·4位의 下互卦가 [단절(斷絶)을 상징하는] 离≫ [아울러] 巽의 天命도 단절되기에 이르렀으니 ≪否卦의 [3·4·5의] 互卦는 巽[인데, 지금 未濟卦에 이르러 斷絶됨]≫ "无攸利"라고 한 것이다. ≪巽은 이로움이 된다.≫

○案 諸家 皆以尾 爲狐尾 ≪本義 以兩卦四爻 並作狐首 狐尾≫ 然 孔子之傳 小狐汔濟 爲一句 濡其尾 別爲一句 明兩句 各一象也 且 先儒 或以飮酒濡首 爲人首之濡 卽兩卦之文 或指狐[201] 或指他獸 ≪今傳泛云 獸涉水≫ 或指人也 有是理乎 遯之遯尾 亦不言馬 而明是馬尾 則此卦之爲牛馬之尾 無異例也

---

201) [校閱] "或指狐"의 "狐"가 奎章本에는 "虎"라고 되어 있는데, 誤記이다.

○[案] 대부분의 易學家들이 모두 [經文의] '尾(꼬리)'를 '여우꼬리'로 간주하고 있다. ≪[朱子의] 『周易本義』에서도 [旣濟·未濟의] 두 卦의 네 군데 爻[202]에서 [단지 '尾'와 '首'라고만 되어 있는 것을] 모두 여우머리[狐首]와 여우꼬리[狐尾]를 가리키는 것으로 보았다.[203]≫ 그러나 孔子의 「彖傳」에서도 "小狐汔濟"가 하나의 구절을 이루고 있고, [또] "濡其尾"가 다른 하나의 구절을 이루고 있어,[204] 두 句가 각기 다른 하나의 象임을 분명히 하고 있다. 또한 先儒들은 [未濟卦上九의 「小象傳」에 나오는] "飮酒濡首"라는 구절을 가지고, 사람의 머리를 [술에] 적시는 것으로 해석하는데, 그렇다고 한다면 旣·未濟 두 卦의 동일한 글이 여우를 가리키기도 하고, 또는 다른 짐승을 가리키기도 하며 ≪지금 『易傳』에서는 단지 짐승이 물을 건너는 것으로 말하고 있음≫ 혹은 사람을 가리키는 것이 되기도 하니, 이런 이치가 있겠는가? 遯卦[初六]의 "遯尾"에서도, 역시 말(馬)을 명시적으로 언급하지는 않았으나, 분명히 이것은 말의 꼬리(馬尾)를 가리키니, 이 旣·未濟卦에서도 소나 말의 꼬리가 됨은 예외가 없다.

若以小狐汔濟 爲未了語 則如良馬逐 飛鳥離之之類 又皆不可讀乎 史記 春申君傳 引易 狐涉水 濡[其]尾[205] ≪謂 始易終難≫ 又 韓嬰詩傳云 官怠于宦成 病加于小愈[206] 引此詞 以戒之 ≪謂

---

202) 兩卦의 四爻는 ①旣濟卦 初九의 '濡其尾', ②旣濟卦 上六의 '濡其首', ③未濟卦 初六의 濡其尾, ④未濟卦 上九의 濡其首를 가리킨다.

203) 未濟 初六의 "濡其尾"에서 朱子가 "狐尾"로 본다고 명시적으로 말한 바는 없다. 그러나 未濟의 彖에서는 역시 "여우의 꼬리"로 본 셈이니, 결국 네 군데에서 여우의 꼬리나 머리로 본 것은 옳다고 하겠다.

204) 「彖傳」에서 "小狐汔濟, 未出中也, 濡其尾, 无攸利, 不續終也"라고 한 것을 가리킨다.

205) [校閱] 『史記』 「春申君列傳」의 原文에는 "狐涉水, 濡其尾"로 되어 있다. 즉 원문에는 "其"가 들어 있으나, 茶山의 인용문에서는 생략되어 있다.

206) [校閱] "官怠于宦成, 病加于小愈"의 "于"가 奎章本에는 모두 "乎"로 나온다. 즉, "官怠乎宦成, 病加乎小愈"로 되어 있다. 『韓詩外傳』의 原文에는 "於"로 되어 있다. 즉, "官怠於宦成, 病加於小愈"로 되어 있다.

狐尾長 涉水則濡尾≫ 古語云 狐欲渡河 無如尾何 雖諸文如此 今玩經文 必非狐尾也

䷠ ䷌ ䷫

遯 → 同人 ← 姤

만약 [여기의] "小狐汔濟"라는 구절로써 종결(終結)되[어 일단락(一段落)되]지 않[고, 後句로 그 의미가 이어지]는 구절로 삼는다면, [大畜卦 九三의] "良馬逐"이나 [小過卦 上六의] "飛鳥離之(나는 새가 그물에 걸림)" 등의 종류는 또한 모두 독해(讀解)할 수 없을 것이 아니겠는가? 한편 『史記』「春申君列傳」[207]에서는 『周易』의 이 구절을 인용하여, "여우가 물을 건너다가, 꼬리를 물에 적신다(狐涉水, 濡其尾[208])"라고 말하고 있다. ≪이를 "처음에는 쉬우나 그 끝은 곤란해진다"라는 뜻이라고 하였다.[209]≫ 또한 한영(韓嬰)의 『詩傳』[210]에서는 "관직은 무엇을 이루었다는 데서 태만해지고, 질병은 조금 낫을 때 더욱 심해진다(官怠於成, 病加於小愈[211])"라고 하

207) 「春申君傳」은 『史記』 卷78에 나온다.

208) 狐涉水, 濡其尾 : 『史記』 「春申君列傳」의 원문과 『周易』의 원문이 다르다. 즉, 『周易』에는 "소호흘제(小狐汔濟), 유기미(濡其尾)"로 되어 있으나 『史記』 「春申君列傳」에서는 "호섭수(狐涉水), 유기미(濡其尾)"로 되어 있다.

209) 시이종난(始易終難) : 『史記』 「春申君列傳」에서 "易曰, 狐涉水, 濡其尾, 此言始之易, 終之難也"이라고 함. 楚의 春申君이 秦나라 王이 楚나라를 공격하려는 계획을 포기시키기 위해 설득하면서 한 말이다(남만성 역, 『史記列傳』 上, 을유문화사, 1995, 193면).

210) 韓嬰詩傳 : 漢代의 한영(韓嬰)이 쓴 『韓詩外傳』을 가리킨다. 『韓詩外傳』은 『詩經』의 해설서로 총10권 310장으로 구성되어 있다. 『韓詩外傳』은 春秋시대의 역사는 물론 민간의 雜說, 제자백가의 서적에 실린 고사 등을 제시하고, 끝에 『詩經』의 구절을 인용하는 형식을 취하고 있는데, 인용된 고사는 유가의 經世治學, 仁義道德 등 교훈적 일화가 대부분이지만 『詩經』의 깊은 뜻을 故事를 통해 새롭게 느낄 수 있다.

211) 『韓詩外傳』(卷8)의 原文은 다음과 같다. 즉, "官怠於有成, 病加於小愈, 禍生於懈惰, 孝衰於妻子, 察此四者, 愼終如始, 易曰, 小狐汔濟. 濡其尾, 詩曰, 靡不有初, 鮮克有終(관직은 무엇을 이루었다는데서, 태만해지고, 질병은 조금 낫을 때 더욱 심해진다. 禍는 게으름에서 생기고, 孝는 아내와 자식 때문에 약해진다. 이 네 가지를 잘 살펴 끝도 처음처럼 삼가야 한다. 『易經』에서는 "작은 여우가 물을 건너면서 거의 다 건너 놓고

면서, 바로 『周易』의 이 구절을 인용하여 경계로 삼고 있다. ≪"여우의 꼬리가 길어서, 물을 건넘에 곧 그 꼬리를 적시게 된다"라고 하였다.≫ 옛 속담(古語)[212]에도 "여우가 강을 건너고자 하나, 그 꼬리는 어찌 할 수 없다(狐欲渡河 無如尾何)"라는 말이 나온다고 한다. 비록 이상의 여러 글에서 "狐尾"로 나오는 것은 사실이지만, 지금 『周易』의 經文을 음미해 보건대, ['濡其尾'의 '尾(꼬리)'가] 여우꼬리(狐尾)를 가리키는 것이 아님이 틀림없다.

○解九二 宜參看 ≪坎爲狐≫ 何楷云 內坎爲狐 三五之坎 爲小狐

否 → 未濟

○解卦 九二[의 경우]를 참조하여야 한다. ≪역시 坎을 여우로 봄≫ 하해(何楷)[213]가 말하였다. "[未濟卦의] 內卦의 坎은 狐(여우)가 되는데, 3·4·5位의 坎은 小狐(어린 여우)가 된다."

彖曰 : 未濟亨, 柔得中也, 小狐汔濟, 未出中也, 濡其尾, 无攸利, 不續終也, 雖不當位, 剛柔應也.

꼬리를 적신다"라고 하였으며, 『詩經』에서는 이렇게 노래하였다. "처음을 잘하지 않은 것은 아니나, 끝을 잘 마무리함이 적었네")."(임동석 역주, 『韓詩外傳』, 예문서원, 2000, 540면)

212) 狐欲渡河, 無如尾何 : 『風俗通』에 나오는 말이라고 함. 俗語에 여우가 강을 건너려고 하지만, 무거운 꼬리는 어찌할 수 없다는 말이 있다고 함. 대개 여우는 머리는 가벼우나 꼬리는 무거워서 꼬리를 지고 건넌다. 그런데 여우가 그 꼬리를 적셨다면, 그 몸은 이미 빠진 것이다. 작은 여우는 헤엄을 칠 수 없어, 물이 마른 후에 건너가야 하나, 물이 다 마르지 않았는데도 얕은 줄 알고, 건너갈 수 있다고 여기고, 급하게 건너려고 하다가, 마침내 꼬리를 적시는 화를 불러들인 것이라고 풀이한다(김상섭 역, 『高亨의 周易』, 예문서원, 1995, 498면; 胡汝章 主編, 『成語辭海』 下, 中國卓越出版公社, 1990, 1354면).

213) 하해(何楷) : 明末淸初의 經學家, 자는 元子·玄子, 저술로는 『古周易訂詁』·『詩經世本古義』 등의 저술이 있다.

『彖傳』: "未濟亨"이라고 말한 것은 [否卦의 2가 5로 추이하면서] 柔가 [5位의] 中의 자리를 얻었기 때문이다. "小狐汔濟"이라고 한 것은 [어린 여우가 그 물] 속에서 아직 나오지 못한 것을 가리킨 것이다. "濡其尾, 无攸利"라고 말한 것은 끝맺을 수 있도록 잇지 못했기 때문이다. [이 未濟卦는] 비록 그 자리는 바르지 않으나, 剛과 柔가 서로 호응한다.

○柔得中者 二之五也 ≪否之移≫ 未出中者 離有防也

否 → 未濟

○"柔得中"이라고 한 것은 [否卦의] 2가 5로 간 것을 가리킨다. ≪否卦로부터 推移함[으로써 未濟卦가 됨]≫ "未出中"이라고 한 것은 [未濟卦의 上卦에] 离의 제방(隄防)이 있기 때문이다.

○不續終者 不以巽繩 ≪否互巽≫ 續艮終也 三陽相離 ≪上下离≫ 不相連續也

否 → 未濟

○"不續終"이라고 한 것은 巽의 밧줄로써 ≪否卦의 [3·4·5는] 互卦의 巽≫ 艮으로 끝맺을 수 있도록 잇지 못했음을 가리킨 것이다. [未濟卦에서 보면] 세 개의 陽이 서로 격리(隔離)되어 있으니 ≪上卦와 下[互]卦가 离≫ 서로 연속(連續)되지 못한 것이다.

○六十四卦之中 六位皆失者 未濟而已 位雖不當 剛柔則相

應也

否 → 未濟

○64卦 중에서 여섯 位가 모두 그 [합당한] 지위를 상실한 것은 未濟卦 밖에 없다. 그 地位가 비록 不當하기는 하지만, 剛과 柔가 相應하고 있다.

初六 : 濡其尾, 吝. ○ 象曰 : 濡其尾, 亦不知極也.

初六 : [물을 건너다가] 그 꼬리를 적시니, [잘못을 고치는데] 인색함이 있다. ○「象傳」: “[물을 건너다가] 그 꼬리를 적시게 된 것(濡其尾)”은 여전히 극한(極限)[의 위기의 상황]에 처해 있음을 깨닫지 못했기 때문이다.

此 未濟之睽也 睽自中孚來 《四之五》 震首艮尾 《孚兩互》 本以离燥 《兼畫离》 移之爲睽 則坎水之涉 《今互坎》 艮尾是沾 《五之四》 濡其尾也

未濟 → 睽 ← 中孚

이것은 未濟卦가 睽卦로 변하는 경우이다. 睽卦는 中孚卦로부터 왔다. ≪4가 5로 간 것이다.≫ 中孚에서는 震의 머리와 艮의 꼬리가 ≪中孚卦의 [下互卦는 震이 되며, 上互卦는 艮이 되니] 두 互卦[는 머리와 꼬리가 됨]≫ 본래 离[의 불]에 의하여 건조(乾燥)하게 되었는데 ≪中孚卦는 획을 겹치면 大离≫ [中孚卦로부터] 推移하여 睽卦가 되면, 坎의 물을 건널 때에 ≪지금 [睽卦의 3·4·5의] 互卦가 坎≫ 艮의 꼬리가 이에 젖게 되니 ≪[中孚卦의] 5가 4로 감≫ [이것을 가리켜] "濡其尾"라고 한 것이다.

○ 睽自大壯來 ≪上之三≫ 大兌之厲 ≪乘四剛≫ 移亦乘剛 ≪今下兌≫ 其占吝也 ≪不改過≫

大壯 → 睽

○[또] 睽卦는 大壯卦로부터 나온 것이기도 한데 ≪[大壯卦의] 上이 3으로 감≫ 이 경우 大兌의 위태로움이 있었다 ≪[大壯卦에서는] 陰이 네 개의 剛을 올라타고 있다.≫ 이것이 推移하여 睽卦로 되어도, 역시 陰이 剛을 올라타고 있으니 ≪지금 睽卦의 下卦가 兌≫ 그 占이 [허물을 고침에 있어] 인색함(吝)이 된다. ≪허물을 고치지 않은 것이다.≫

○ 物極必變 理之常也 大兌之厲 亦云 極矣 移亦不改 ≪又乘剛≫ 亦不知極也

大壯 → 睽 ← 中孚

○사물이 극도(極度)에 이르면 반드시 변하는 것은 영원한 이치이다. [大壯卦에서] 大兌의 위태로움도 역시 극도에 이른 것이라 하겠는데,

[睽卦로] 옮겨가서도 [그 위태로움이] 역시 바뀌지 않으니 ≪여전히 [柔가] 剛을 올라타고 있음≫ [이것을 가리켜] “亦不知極”이라고 한 것이다.

九二 : 曳其輪, 貞吉. ◯象曰 : 九二貞吉, 中以行正也.

九二 : 그 수레를 끌어당기니, 일을 맡아 처리하면 [마치 수레를 끌어당기는 것처럼 순조롭게 진행되므로] 길하다. ◯「象傳」 : 九二에서 “貞吉”이라고 한 것은 中道로써 올바름을 행하기 때문이다.

此 未濟之晉也 卦自否來 ≪五之二≫ 互坎之輪 ≪說卦文≫ 坎以曳之 ≪下正坎≫ 曳其輪也 輪本易轉 又從曳之 ≪五之二≫ 言其易也 二爲卦主故 言其本象

否 → 未濟 → 晉

이것은 未濟卦가 晉卦로 변하는 경우이다. [未濟]卦는 否卦로부터 왔다. ≪5가 2로 간 것이다.≫ [未濟卦의 3·4·5位의] 互坎의 수레(輪)를 ≪「說卦傳」의 글≫ [未濟卦의 下卦인] 坎으로써 끌어당기니 ≪[未濟卦의] 下卦가 正坎≫ “예기륜(曳其輪)”라고 한 것이다. 수레는 본래 잘 구르는 물건인데, 다시 [그것을] 끌기까지 하니 ≪5가 2로 간 것≫ [“曳其輪”은 어떤 일의] 용이(容易)함을 표현하는 것이다. 九二가 卦主가 되기 때문에, 그 本象을 말한 것이다.

○ 否塞之時 剛自外反 ≪五之二≫ 遂以坎貞 ≪下今坎≫ 幹事吉也

○否卦의 궁색(窮塞)한 때에, 剛이 밖으로부터 들어와 ≪[否卦의] 5가 2로 감≫ 마침내 坎의 貞(곧음)으로써 하니 ≪[未濟卦의] 下卦가 지금 坎≫ 일을 주간(主幹)함에 吉한 것이다.

○否塞之時 挽引君子 ≪引上乾≫ 如曳車輪 ≪五之二≫ 遂至國中 ≪坤之中≫ 行其正事 ≪坎中正≫ 中以行正也

否 → 未濟 → 晉

○否卦의 비색(窮塞)한 때에, 君子를 [초빙하여] 끌어당기니 ≪[否卦의] 上卦인 乾으로부터 [九五의 剛을] 끌어당겨 옴≫ 마치 수레를 끄는 것처럼 [순조롭게] ≪[否卦의] 5가 2로 감≫ 마침내 나라 안에 이르게 하여 ≪坤의 가운데로 간 것≫ 그 올바른 일을 행하니 ≪坎은 '中正'의 상태≫ [이것을 가리켜] "中以行正"이라고 한 것이다.

六三 : 未濟, 征凶. 利涉大川. ○象曰 : 未濟征凶, 位不當也.

六三 : 未濟卦의 상황에서는 정벌하면, 흉하다. 큰 河川을 건넘에 이롭다. ○「象傳」: "未濟征凶"이라고 한 것은 [그] 지위가 합당하지 않기 때문이다.

此 未濟之鼎也 未濟之征 ≪二之五≫ 乾破其剛 ≪破爲离≫ 水乃克火 其占 吉矣 三之旣變 乾剛復完 ≪今互乾≫ 我顧爲木 ≪下今巽≫ 火將焚之 ≪上猶离≫ 何以堪之 未濟征凶也 乾本我敵 坤本我土 ≪否之時≫ 今乾逼我 ≪逼至二≫ 疆土大蹙 ≪只一陰≫ 不旣凶乎

否 → 未濟 → 鼎

이것은 未濟卦가 鼎卦로 변하는 경우이다. 未濟卦에서 정벌(征伐)을 나간 상황을 보면 ≪[否卦의] 2가 5로 감≫ 乾이 그 剛을 부수고 ≪乾의 가운데가 쪼개져서 离[火]가 됨≫ [五行의 이치로 볼 때] 물이 곧 불을 이기니, 그 占이 길한 것이다. 그러나 [六三이] 이미 爻變하여, [鼎卦로 되면] 乾의 剛이 다시 완전하게 되니 ≪지금 [鼎卦의] 互卦는 乾≫ 내(我, 內卦)가 도리어 나무로 되어 ≪[鼎卦의] 下卦가 지금 巽[이니, 木이 됨]≫ [鼎卦에서 上卦의] 불이 장차 [下卦의 巽의 나무를] 태워 버릴 것이니 ≪[未濟卦의 上卦도 离였는데, 鼎卦에서도] 上卦는 여전히 离≫ [내가] 어찌 그것을 감당하겠는가? 그래서 "未濟, 征凶"이라고 한 것이다. [否卦의 상황에서] 乾은 [外卦로] 본래 나의 敵이었고, 坤은 [內卦로] 본시 나의 영토였는데 ≪否卦의 때[에 그러함]≫ 지금 [鼎卦에서 보면] 乾이 우리를 압박하여 ≪[그] 압박해 [들어] 오는 것이 제2位에까지 다다름≫ [나의] 강토(疆土)가 크게 위축되었으니 ≪[鼎卦에서는 땅을 상징하는] 단지 한 개의 陰만 남음≫ 이미 凶하게 된 것이 아니겠는가!

○ 鼎自大壯來 ≪一之上≫ 剛自內往 踰此大坎 ≪一五夾≫ 遂達彼岸 ≪一之上≫ 利涉大川也

否 → 未濟 → 鼎 ← 大壯

○[六三의 之卦인] 鼎卦는 大壯卦에서 나왔는데 ≪[大壯卦의] 1이 上으로 감≫ [이때] 剛이 안에서 떠나감에 이 大坎[의 大川]을 넘어서 ≪[鼎卦의] 1·2·3·4·5의 夾卦[는 大坎의 형태]≫ 마침내 저편 기슭에 [무사히] 도달하니 ≪[大壯卦의] 1이 上으로 감≫ [이것을 가리켜] "利涉大川"이라고 한 것이다.

○位不當者 本象也 ≪陰居三≫

○"位不當"이라고 한 것은 [未濟卦의] 本象을 가리킨다. ≪陰이 [陽의 자리인] 제3位에 머무른 것이다.≫

○案 征凶者 未濟之占也 ≪三爻動≫ 利涉者 鼎之占也 ≪自大壯而來≫ 故 爻詞 特加未濟二字 以別之也

否 → 未濟 → 鼎 ← 大壯

○[案] "征凶"이란 未濟卦의 占이며 ≪六三이 변동한 경우≫ "利涉"은 鼎卦의 占이다. ≪大壯卦에서 추이하여 나온 것이다.≫ 그러므로 爻詞에서 특별히 "未濟"라는 두 글자를 첨가하여, [後者와] 구별한 것이다.

○易學四同 利涉之上 奄增不字 此 由不知[214]爻變 而反疑聖經也

214) [校閱] "由不知爻變"의 "知"가 奎章本에는 "如"로 되어 있는데, 誤記이다.

○[明代의 계본(季本)[215])이 지은]『易學四同』[216])에서는 "利涉[大川]"의 句節 위에 아무 근거도 없이 '不'字를 첨가[217])하였는데, 이것은 爻變을 알지 못함으로 말미암아, 도리어 聖人이 만드신 경전(『周易』)을 의심한 것이다.

九四 : 貞吉, 悔亡, 震用伐鬼方, 三年, 有賞于大國. ○象曰 : 貞吉悔亡 志行也.

九四 : 일을 맡아 처리하면, 吉할 것이다. [변화된 상황은 다시 원래대로 되돌아갈 것이니] 바뀐 것이 없을 것이다. 震의 제후(諸侯)[218])가 귀방(鬼方)을 정벌하니, 3年이 되어서야 大國으로부터 賞을 받을 것이다. ○「象傳」: "貞吉悔亡"이라고 한 것은 그 뜻한 바를 실행함을 가리킨다.

此 未濟之蒙也 蒙自臨來 ≪一之上≫ 剛之既升 坎德貞固 ≪下今

---

215) 계본(季本, 1485~1563) : 자는 明德, 호는 彭山, 明나라 때 經學家·心學家·王守仁을 사사하여 陽明學을 전승하였다. 저술로는『四書私考』·『孔孟圖譜』·『易學四同』·『周易別錄』·『蓍法別傳』·『春秋私考』등이 있다.

216) 季本의『易學四同』에 관해서는『四庫全書摠目提要』上(53면)을 참조할 것.

217) '利涉大川'을 '不利涉大川'으로 고쳤다는 뜻. 아마도 季本(계본)이 그렇게 고친 것은 前句에서 '征凶'이라고 했으므로, 문맥의 흐름상, '利涉大川'이 올 수 없다고 보았기 때문일 것이다. 그러나 다산은 '征凶'은 未濟卦의 本象이고, '利涉大川'은 之卦인 鼎卦의 變相이기 때문에, 兩者는 전혀 별개의 사건으로서 아무런 모순이 발생하지 않는다고 본 것이다.

218) 甲骨卜辭에 따르면, 周가 殷의 속국이었을 때 周의 先人인 震用은 鬼方의 전쟁에 참가하여 그 공로로 殷王의 하사품을 받았던 것이 역사적 사실로 증명된다. 다산이 甲骨卜辭를 참조했을 가능성은 물론 없으나, 그가 주석에서 "大震之侯, 率其坤衆, 往伐北國"이라고 한 것은 갑골복사의 기록과 일치한다고 하겠다(吳浩坤·潘悠 저, 양동숙 역,『중국갑골학사』, 동문선, 2002, 365면)

坎》 幹事 吉也

䷋ → ䷿ → ䷃ ← ䷒

否 → 未濟 → 蒙 ← 臨

이것은 未濟卦가 蒙卦로 변하는 경우이다. 蒙卦는 臨卦로부터 왔는데 《[臨卦의] 1이 上으로 감》 剛이 이미 상승함에, 坎의 德이 바르고 굳건하니 《[蒙卦의] 下卦가 지금 坎》 일을 맡아 추진함에 吉한 것이다.

○卦自否來 《二之五》 失其坤疆 《下爲坎》 今坤如舊 《蒙互坤》 是 悔亡也 《變者 亡》

○[未濟]卦는 否卦로부터 推移하여 온 것이다. 《[否卦의] 2가 5로 간 것이다.》 그 [否卦에 있던] 坤의 강토(疆土)를 상실하였다가 《[未濟卦의] 下卦가 坎이 됨》 이제 [九四爻가 爻變하여 蒙卦로 되면] 坤[의 땅]을 以前처럼 [회복]하니 《蒙卦에는 [3·4·5位에] 互坤이 있음》 이것이 "悔亡"이다 《["悔亡"이란] 변했던 것이 [다시] 없어졌다는 뜻이다.》

○蒙自臨來 《一之上》 臨者 大震也 《兼畫三》 大震之侯 率其坤衆 《臨四陰》 往伐北國 《臨上坤》 遂見艮鬼 《上今艮》 伐鬼方也 震以聲之 《聲坎罪》 可用伐也

䷋ → ䷿ → ䷃ ← ䷒

否 → 未濟 → 蒙 ← 臨

○[未濟 九四의 之卦에 해당되는] 蒙卦는 臨卦로부터 왔는데 《[臨卦의] 1이 上으로 감》 臨卦는 大震의 형태이다. 《兼畫하여 三畫으로 만듦[으로써 大震이 됨]》 大震의 제후(諸侯)[219]가 그 坤의 군중(群衆)을 이끌

219) 甲骨卜辭에 따르면, 周가 殷의 속국이었을 때, 震用이라고 불리우던 제후가 실재로

고 ≪[군중(群衆)은] 臨卦의 네 개의 陰을 가리킴]≫ 북쪽 나라를 정벌하러 갔다가 ≪[國은] 臨卦의 上卦인 坤을 가리킴≫ 마침내 艮의 귀신을 만나니 ≪[蒙卦의] 上卦가 지금 艮≫ [이것을 가리켜] "伐鬼方"이라고 한 것이다. 震으로써, 귀방(鬼方)[220]을 성토(聲討)하니 ≪坎의 죄를 성토함≫ 정벌할 수 있는 것이다.

○坎之車馬 ≪下今坎≫ 坤之國土 ≪三五互≫ 震之好爵 ≪二四互≫ 皆所以賞有功也 雖然 蒙自觀來 ≪五之二≫ 今失巽命 ≪觀上巽≫ 賞不可施也 ≪巽爲施≫ 據說卦方位 自艮至巽 ≪上今艮≫ 恰爲三宮 ≪艮震巽≫ 必旣伐 三年而後 ≪每以一宮 當一年≫ 方有賞于大國也 ≪巽命以賞之≫ 大國者 震主之坤國也

觀 → 蒙 ← 臨

존재하였고, 震用은 鬼方과의 전쟁에 참가하여 그 공로로 殷王의 하사품을 받았던 것이 사실로 입증된다고 한다(앞의 책, 365면).

220) 귀방(鬼方): 다산은 旣濟 九三에서 "鬼方之國也 ≪北狄也≫", 혹은 "鬼方, 北國也"라고 함, 또 다산은 漢代의 흉노가 곧 그 鬼方을 의미한다고 하였다(漢之匈奴 卽其地). 그리고 다산은 北方의 夷狄을 鬼方으로 보는 것은 사람이 죽으면 살던 곳의 북쪽에 머리를 북쪽으로 하여 매장하였던 중국인들의 생활풍습과도 관련이 있다고 보고 있다. 최근의 역사적 연구에 따르면, 殷나라 武丁시대 때에 商왕국의 중원의 서북방을 에워싸고 있던 부족국가로 하지(下旨), 토방(土方), 강방(羌方)과 귀방(鬼方) 등이 있었는데, 이들은 이따금 변경에 침입해 군사약탈과 더불어 노예들도 빼앗아 갔으므로, 기원전 1296년, 武丁은 망승(望乘)을 파견하여 이들을 징벌하도록 명하였다. 망승은 5,000여 명의 군사를 거느리고 우선 하지를 진공하여 그 해 12월에 전쟁을 끝내고, 다음 해 곧바로 비교적 강대한 귀방과의 작전을 시작하였다. 商王은 위하(渭河) 유역에서 활동하고 있는 주인(周人) 및 롱서(隴西)의 강방(羌方)이 이를 틈타 교란하는 것을 방지하기 위하여, 몽후(蒙候)를 특파하여 이들을 감시하게 하였는데, 이는 귀방에 대한 작전에 역량을 집중하기 위한 것이었다. 귀방은 상군이 원정온 것을 보자, 더 나아가 토방과 연맹을 맺고 상군에 대항하였다. 쌍방의 접전은 매우 치열하여, 武丁은 일곱 차례나 원군을 보냈고 총병력은 2만 3천여 명에 달하였고, 이 전쟁은 기원전 1293년 말까지 지속되었는데 商의 승리로 끝났다.

○坎의 수레와 ≪[蒙卦의] 下卦가 지금 坎≫ 坤의 國土와 ≪3·4·5位의 互卦≫ 震의 좋은 벼슬은 ≪[蒙卦의] 2·3·4位의 互卦≫ 모두 功을 세우면, 그에 대해 賞으로 주는 것이다. 그러나 蒙卦는 觀卦로부터 온 것이기도 한데 ≪[蒙卦의] 5가 2로 감≫ 이 경우 [觀卦에 있던] 巽의 명령이 [蒙卦로 오면] 상실되어 ≪觀卦의 上卦는 巽≫ 賞을 베풀 수가 없는 것이다. ≪巽은 '시혜(施惠)'의 뜻이 됨≫

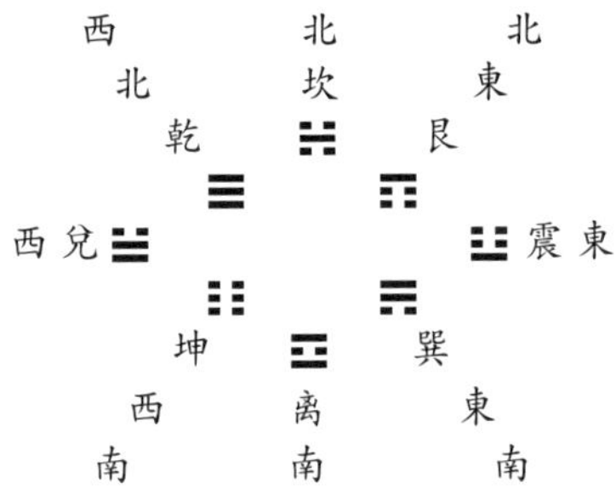

그런데 「說卦傳」의 方位에서 보면, 艮에서 [命을 내리는] 巽에 이르기까지 ≪[蒙卦의] 上卦가 지금 艮≫ 3宮을 거치니 ≪艮→震→巽≫ 반드시 정벌한지 3年이 지난 後라야 ≪한 개의 宮마다 1年에 해당됨≫ 바야흐로 "大國으로부터 상(賞)을 받게 되는 것(有賞于大國)"이다. ≪[艮의 鬼方을 정벌한 지 3年이 지나면] 巽의 命令으로써 상을 주는 것≫ [여기서] "大國"이란 震의 君主의 坤國을 가리킨다.

○剛旣北伐 ≪一之上≫ 下遂坎志 ≪兌變坎≫ 是 志行也 ≪震爲行≫

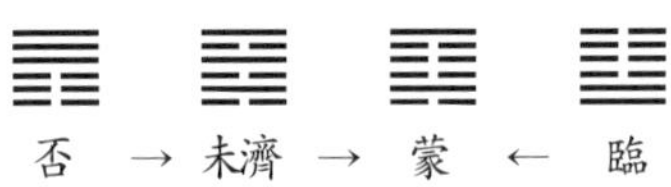

○[臨卦로부터 推移하여 蒙卦로 되면] 剛이 이미 北伐을 단행하고 ≪[臨卦의] 1이 上으로 감≫ [蒙卦의] 下卦에서 이에 坎의 뜻한 바를 이루니

≪兌가 坎으로 변함≫ 이것을 가리켜 "志行"이라고 한 것이다. ≪[蒙卦의 2·3·4位의] 震이 곧 '行'이다.≫

○學稼云 詞與旣濟九三 大同者 反易之卦 三四相照也

旣濟←反易→未濟

○學稼가 말하였다. "[이 "伐鬼方"이라는] 爻詞가 旣濟卦 九三의 爻詞[221]와 더불어 대략적으로 같은 것은 反易卦[222]의 경우 제3位와 제4位가 서로 대응하기 때문이다."

六五: 貞吉, 无悔. 君子之光, 有孚, 吉. ○象曰: 君子之光, 其暉, 吉也.

六五: 일을 맡아 처리하면, 吉할 것이다. [변화된 상황은 다시 원래대로 되돌아갈 것이니] 바뀐 것이 없을 것이다. 君子에게 [빛나는] 광채(光彩)가 있음이니, 믿음을 두는지라, 吉할 것이다. ○「象傳」: 君子가 내는 광채(光彩)는 [밖으로 강렬히 발산(發散)하지 않더라도 안으로] 그 은은하게 빛남이 吉한 것이다.

---

221) 旣濟九三의 爻詞는 다음과 같다. "高宗, 伐鬼方, 三年克之, 小人은 勿用."

222) 旣濟卦와 未濟卦는 서로 反易의 관계에 있다.

此 未濟之訟也 訟自遯來 ≪三之二≫ 剛自外來 坎德貞固 ≪下今坎≫ 幹事吉也

否 → 未濟 → 訟 ← 遯

이것은 未濟卦가 訟卦로 변하는 경우이다. 訟卦는 遯卦에서 왔는데 ≪[遯卦의] 3이 2로 감≫ 剛이 밖에서 안으로 들어와서, 坎의 德으로 바르고 굳건하니 ≪[訟卦의] 下卦가 지금 坎≫ 일을 주간(主幹)함에 吉한 것이다.

○卦自否來 ≪二之五≫ 中失其乾 ≪變爲离≫ 今乾如舊 ≪上今乾≫ 无所悔也

否 → 未濟 → 訟

○[未濟]卦는 否卦에서 나왔는데 ≪[否卦의] 2가 5로 감≫ 이런 과정 중에 그 [否卦의 上卦인] 乾을 상실했지만 ≪未濟卦에서 變하여 离로 됨≫ 지금 [爻變하여 訟卦가 되면서] 乾이 다시 以前처럼 되니 ≪[訟卦의] 上卦가 지금 乾≫ 후회할 것이 없는 것이다.

○乾德如舊 中有离明 ≪二四互≫ 君子之光也 ≪乾君子≫

否 → 未濟 → 訟　　中孚 → 訟 ← 遯

○[訟卦에서] 乾의 德이 以前과 같고, 그 가운데 离의 밝음이 있으니

≪訟卦의 2·3·4位의 互卦가 离≫ "君子之光"이다 ≪[訟卦의 上卦인] 乾이 君子≫

○訟自中孚來 ≪四之一≫ 大离之孚 移不失信 ≪今互离≫ 是 有孚也

未濟→5효변→ 訟←推移 ←中孚

○[未濟 六五의 之卦인] 訟卦는 中孚卦로부터 왔으니 ≪[中孚卦의] 4가 1로 감≫ [中孚卦에] 大离의 믿음(孚)이 있었는데 [推移하여, 訟卦로] 推移하여도 그 믿음을 상실하지 않으니 ≪訟卦에서도 지금 2·3·4位에 互卦의 离가 성립함≫ 이것을 가리켜 "有孚"라고 한 것이다.

○离反爲乾 光氣內實 ≪義見下≫ 其暉吉也 ≪卽所云 闇[223]然日章≫

否 → 未濟 → 訟　　中孚 → 訟 ← 遯

○[未濟卦의 上卦에 있던] 离가 [未濟卦 六五가 爻變하여, 訟卦로 되면] 다시[224] 乾으로 되고 [訟卦의 下互卦에 있던 离의] 빛의 기운이 [은은히] 안으로 충만하니 ≪이 뜻은 아래에 나옴≫ [이것을 가리켜] "其暉吉", 즉 "그 빛이 [안으로 은은히 빛나니] 吉한 것"이라고 한 것이다. ≪즉 [여기서] 말한 바 "暉"는 [『中庸』에서 말한 바] "[君子의 道는] 어두운 듯하지

223) [校閱] 新朝本과 奎章本과 國中本에 모두 "黯然日章"이라 나오는데, 뜻은 통하나, 통행본 『中庸』의 원문에 의거하여 '闇'字로 고친다. 굳이 '黯'字로 할 이유가 없다.
224) "反爲"라는 표현은 애초에 否에서 上卦가 乾이었기 때문이다. 즉 否→未濟→訟으로 변하면서, 그 上卦가 乾(☰)→离(☲)→乾(☰)으로 되었다.

만, 날로 밝아진다(闇然日章)"[225]라고 말한 것에 해당된다.≫

○案 周禮 十煇之煇 本與暉通 管輅曰 日中爲光 朝日爲暉 謂光氣未散也 ≪朱子曰 暉者 光之散也≫

○[案] 『周禮』에 나오는 "십운(十煇)"[226]의 '운(煇)'字는 본래 여기의 '빛 暉(휘)'字[227]와 통한다.[228] 관로(管輅)[229]는 "해가 중천에 떠 있는 상태의 빛이 '光'이고, 아침 햇살은 '휘(暉)'이다"라고 하였는데,[230] '휘(暉)'란 그 빛의 기운이 아직 강렬하게 발산되지 않는 상태를 뜻하는 말이다. ≪朱子가 말하기를, "휘(暉)는 빛이 발산하는 것이다"라고 하였다.[231]≫

---

225) "암연일장(闇然日章)"은 『中庸』에 나오는 말로서, 君子의 道를 형용한 것이다.

226) 십운(十煇) : 열 가지의 해무리를 가리킴, 십운(十煇)의 법을 관찰하는 일은 시침(眡祲)이 관장하였는데, 요사스럽고 상서로운 조짐을 관찰하고 길흉을 점쳤다. 이때, 열 가지의 해무리란 ① 침(祲), ② 상(象), ③ 휴(鑴), ④ 감(監), ⑤ 암(闇), ⑥ 몽(瞢), ⑦ 미(彌), ⑧ 서(敘), ⑨ 제(隮), ⑩ 상(想)을 가리킨다(『周禮』 「春官」 「眡祲」). '煇'字는 빛난다는 뜻이 아니라, 해무리의 뜻이므로, '휘'로 읽지 않고, '운', 혹은 '훈'으로 읽는다(池載熙, 李俊寧 譯, 『周禮』, 자유문고, 2002, 292면).

227) 煇本與暉通 : 毛奇齡도 『仲氏易』에서 "煇卽暉字"라고 함(毛奇齡, 『仲氏易』(『中國古代易學叢書』 卷36), 中國書店出版社, 1992, 425면).

228) 眡祲(眡=視)이 관장하는 "十暉之法"이 있음(陳戍國 點校, 『周禮 · 儀禮 · 禮記』(古典名著普及文庫), 岳麓書社, 1995, 68면; 賈公彦, 『周禮注疏』(十三經注疏本), 上海古籍出版社, 1990, 381면).

229) 관로(管輅, 208~256) : 三國시대 魏의 유명한 점술가, 字는 公明, 風角占相의 道에 정통함(諸橋轍次, 『大漢和辭典』 卷8, 大修館書店, 昭和 55年, 808면; 심경호 역주, 『주역철학사』, 예문서원, 1994, 261면, 280면).

230) 日中爲光 朝日爲暉 : 관로(管輅)로부터 인용한 이 句는 毛奇齡의 『仲氏易』에도 역시 인용되어 있다(毛奇齡, 『仲氏易』(『中國古代易學叢書』 第36卷), 中國書店出版社, 1992, 425면).

231) 茶山은 '暉'가 "光氣未散"의 상태를 지칭하는 것이라고 보는 데 반해서, 朱子는 '暉'가 반대로 "光之散"의 상태로 본다. 이것은 毛奇齡이 『仲氏易』에서 "程朱, 以爲暉者, 光之散則, 相反矣"라고 한 것과 상통하는 것이다. 毛奇齡은 『周禮』에서 '暉'를 "光氣內斂"의 뜻으로 보았고, 관로(管輅)의 說도 또한 "日中光散, 朝日光斂"을 뜻하는 것이라고 한다. 즉, 『周禮』와 관로(管輅)의 설은 '暉'를 "光氣內斂"의 뜻으로 보는 것인 데 반해서, 程子와 朱子는 반대로 '暉'를 光氣가 발산(發散)하는 상태를 지칭하는 것으로 본 것이다. 따라서 다산은 주석에서 모기령의 견해를 참조하고 채택한 것으로 볼 수 있다(毛奇齡, 『仲氏易』(『中國古代易學叢書』 第36卷), 中國書店出版社, 1992, 425면).

上九 : 有孚于飮酒, 无咎. 濡其首, 有孚, 失是. ○ 象曰 : 飮酒濡首, 亦不知節也.

上九 : [서로] 믿음을 두고, 술을 마시니, 허물이 없을 것이다. [소나 말이 물을 건넘에] 그 머리를 [물에] 적시게 될 것이며, [서로] 믿음이 있으나, [오히려 그 지나친 믿음 때문에] 과실(過失)을 범하게 될 것이다.[232) ○「象傳」: [지나치게] 술을 마시는 것과 머리를 [물에] 적시는 것은 [어느 것이나 간에] 역시 [자신을] 절제(節制)할 줄 모르는 데에서 말미암은 것이다.

此 未濟之解也 解自臨來 ≪一之四≫ 本以兌口 ≪臨下兌≫ 今含坎酒 ≪下今坎≫ 是 飮酒也 中以离孚 ≪二四互≫ 有孚于飮酒也

未濟 → 解 ← 臨

이것은 未濟卦가 解卦로 변하는 경우이다. 解卦는 臨卦로부터 온 것이다. ≪[臨卦의] 1이 4로 간 것이다.≫ [臨卦에는] 본래 兌의 입이 있었는데 ≪臨卦의 下卦는 兌≫ 이제 [그 입으로써] 坎의 술을 머금으니 ≪[解卦

232) 茶山은 주석에서 "飮酒, 濡首, 必以並擧, 其實, 各爲一象也"라고 하였다. 따라서 "有孚于飮酒, 无咎"를 한 句로 보고, "濡其首, 有孚, 失是"를 또 다른 한 句로 보아야 한다. 「小象傳」에서 孔子가 '飮酒'와 '濡首'를 병렬하여 거론한 것은 사람이 술에 빠지는 것과 말이 물에 빠지는 것은 자기제어의 능력을 상실함으로 인해 발생한 현상이라는 점에서 동일하기 때문이다. 그러나 사람이 술에 빠지는 것(飮酒)과 말이 물에 빠지는 것(濡首)은 엄연히 각각 별개의 하나의 象이다. 따라서 兩者의 의미를 연결시켜, 사람이 술에 취해, 급기야는 그 머리를 술에 빠트리는 것처럼 해석한다면 옳지 않다는 것이다.

의] 下卦는 지금 坎≫ 이것이 "飮酒"이다. 가운데 离의 믿음이 있으니 ≪[解卦의 2·3·4位의] 互卦가 离≫ [이것을 가리켜] "有孚于飮酒"라고 한 것이다.

○臨之時 兌德乘剛 今剛旣升 ≪一之四≫ 是 无咎也

○[解卦는 臨卦로부터 왔으니] 臨卦의 때에는 兌의 성질이 [柔로써] 剛을 올라탐에 있었는데, 지금 [解卦에서는] 剛이 이미 상승해 있으니 ≪[臨卦의] 1이 4로 감≫ 이것이 "无咎"라고 말한 까닭이다.

○解自臨來 ≪一之四≫ 剛往涉川 ≪踰下坎≫ 沾其震首 ≪上今震≫ 濡其首也 ≪見旣濟初九≫ 卦有二坎 ≪上互坎≫ 涉其坎川 濡於坎水也 ≪上坎濡≫

否 → 未濟 → 解 ← 臨

○解卦는 臨卦에서 나왔는데 ≪[臨卦의] 1이 4로 감≫ 그 剛이 [앞으로] 나아가서 물을 건넘에 ≪[解卦의] 下卦에 있는 坎水를 건넘≫ 그 震의 머리를 적시니 ≪[解卦의] 上卦가 지금 震[인데 머리를 상징함]≫ 이것을 가리켜 "濡其首"라고 한 것이다. ≪[이에 대한 설명은] 旣濟卦 初九에 나옴≫ [解]卦에는 두 개의 坎이 있으니 ≪[解卦의] 3·4·5位의 上互卦도 坎≫ 그 두 번째 坎의 하천을 건너면서, 坎의 물에 젖게 되는 것이다. ≪[解卦의] 上互卦의 坎에 [머리를] 적시는 것이다.≫

○有孚者 有恃也 ≪离爲信≫ 有恃之故 過失如此 ≪飮而濡≫ 有孚失是也

○"有孚"는 '믿음을 갖는다'는 뜻이다. ≪离는 '信'이 됨≫ [서로] 믿는

까닭에, 과실(過失)을 이처럼 범하게 되니, ≪즉 飮酒를 하고, 그리고 머리가 젖게 됨≫ [이것을 가리켜] "有孚失是"라고 한 것이다.

○解自小過來 ≪三之二≫ 失其艮節 ≪下艮亡≫ 能无溺乎 人而能節 必不沈湎于酒 馬而能止 ≪艮爲止≫ 必不墊溺于水 其湎其溺由不知節也 ≪坎爲知≫ 書曰 剛制于酒 ≪節 制也≫ 今無剛制 ≪艮制亡≫ 其有濟乎

未濟 → 解 ← 小過

○解卦는 [또한] 小過卦에서 나왔는데 ≪[小過卦의] 3이 2로 감≫ 그 艮의 절제를 잃어버리니 ≪[小過卦의] 下卦는 艮인데 [解卦에서는] 없어짐≫ [어찌] 빠지지 않을 수 있겠는가? 사람이 절제를 할 수 있다면, 술에 빠지는 일이 결코 없을 것이며, 말(馬)이 멈출 수 있다면 ≪[小過卦의 下卦는 艮인데] 艮은 '止(멈춤)'을 뜻함≫ 물에 빠지는 일이 결코 없을 것인데, 사람이 술에 탐닉하거나, 말이 물에 빠지는 것은 절제를 알지 못하기 때문에 생겨나는 일이다. ≪坎은 '知(앎)'를 뜻함≫ 『書經』「주고(酒誥)」에서 "剛制于酒",[233] 즉 "술을 엄격히 절제한다"라고 하였는데 ≪節은 制御함의 뜻≫ 지금 [그처럼] 엄격히 절제(節制)함이 없으니 ≪艮의 節制가 없어짐≫ [사람이나, 말이] 어찌 [무사히 술과 물을] 건널 수 있겠는가?

○案 人之沈湎于酒 如馬之墊溺于水 故孔子之傳 飮酒 濡首 必以並擧 其實 各爲一象也 後來 詩家 每以飮酒 爲濡首 ≪楊誠齋云 未濟上九之濡首者 非水也 酒也≫ 誤矣 人雖沈湎 未有蘸其首於酒中

233) 剛制于酒 :『尙書』「周書」「酒誥」에 나오는 말. 「酒誥」편은 周公이 술 때문에 빚어지는 재앙을 강력하게 警戒한 내용으로 하고 있다.

者 唯[234]陶元亮 葛巾漉酒 還復著之 未必周公豫用此事也

○[案] 사람이 술에 빠져 탐닉하는 것은 마치 말이 물에 빠지는 것과 같다. [그러므로] 孔子가 『象傳』에서 "음주(飮酒)"와 "유수(濡首)"를 언급한 것은 틀림없이 이런 이유 때문에 같이 거론한 것인데, 사실은 [이상의 설명에서처럼, "飮酒"와 "濡首"는] 각각 별개의 하나의 象인 것이다. 以後 詩人들이 [이를 오해하여] 항상 술 마시는 것을 "유수(濡首)"라고 하거니와 ≪양성재(楊誠齋)[235]가 말하기를, "未濟卦 上九의 '濡首'에서 머리를 적시는 것은, 물[에 적시는 것]이 아니고 술[에 적시는 것]이다"라고 하였다.≫ [이것은] 이 구절의 뜻을 오해한 것이다. 아무리 사람이 술 먹는 것을 좋아한다고 해도, 아직 그 머리를 술에 담그는 사람은 없었다. 다만 도원량(陶元亮)[236]이 [머리에 쓰는] 갈건(葛巾)으로써 술을 거르고, 다시 그것을 머리에 썼다고 하는데, 周公이 이런 일을 미리 예견하고 [未濟卦 上九의 爻詞를] 쓴 것은 결코 아닐 것이다.

○學圃云 說卦 坤爲腹 离爲目 而离又爲腹 ≪爲大腹≫ 以此言之 乾爲首 震爲足 而震又爲首 ≪爲大首≫ 亦無疑也

○學圃가 말하였다. "「說卦傳」에 따르면, 坤이 배(腹)가 되고, 离는 눈(目)이 되지만, [坤뿐만 아니라] 离도 역시 배(腹)가 된다. ≪「說卦傳」에서 [离가] '큰 배(大腹)'가 된다고 함≫ 이런 맥락에서 본다면, 乾이 머리(首)가 되고, 震이 다리(足)가 되는 것이지만, 震도 역시 머리(首)가 됨을 ≪[震은] '大首'가 됨≫ 또한 의심할 바가 없다."

---

234) [校閱] 新朝本과 國中本에는 "惟"로 되어 있으나, 奎章本에는 "唯"로 되어 있다. 어느 경우나 뜻은 같다. 여기서는 後者를 따른다.

235) 양성재(楊誠齋, 1124~1206) : 宋나라의 文人인 양만리(楊萬里). 성재(誠齋)는 그의 號이며, 字는 정수(廷秀)이다.

236) 도원량(陶元亮)은 東晋 末期의 시인인 도연명(陶淵明, 365~427)을 가리킨다. 관리생활에서 물러나면서 유명한 「歸去來辭」를 남겼다. 이백, 두보와 함께 중국의 대표적인 시인이다.

周易四箋 戊辰本 卷之二十

춘추관점보주(春秋官占補註)

1. 진경중지서(陳敬仲之筮)
2. 필만지서(畢萬之筮)
3. 성계지서(成季之筮)
4. 진백벌진지서(秦伯伐晉之筮)
5. 백희가진지서(伯姬嫁秦之筮)
6. 진후납왕지서(晉侯納王之筮)
7. 왕자백료지서(王子伯廖之語)
8. 지장자지어(知莊子之語)
9. 진후언릉지서(晉侯鄢陵之筮)
10. 목강동궁지서(穆姜東宮之筮)
11. 최저취강지서(崔杼取姜之筮)
12. 유길여초지어(游吉如楚之語)
13. 숙손표지서(叔孫豹之筮)
14. 위령공지서(衛靈公之筮)
15. 남괴지서(南蒯之筮)
16. 채묵대룡지언(蔡墨對龍之言)
17. 양호구정지서(陽虎救鄭之筮)
18. 중이반국지서(重耳反國之筮)
19. 동인영공지서(董因迎公之筮)
20. 성공귀진지서(成公歸晉之筮)

춘추[1]관점보주[2](春秋官占補註)

[1] 진경중지서(陳敬仲之筮) ≪莊 二十二年≫

진(陳)나라 敬仲이 어릴 적에 친 占筮 ≪魯나라 莊公[3] 22年[4]의 일≫

〔原文〕[5] 陳厲公[6] …… 生敬仲 ≪公子 完≫ 其少也 周史 有以周易 見陳侯者 陳侯 使筮之 遇觀䷓之否䷋ ≪六四變≫ 曰 是謂 觀國之光 利用賓于王 ≪此 易詞≫ 此 其代陳有國乎 不在此 其在異國[7] 非此[8]其身 在其子孫[9] 光 遠而自他有耀者也

---

1) 春秋는 중국 魯나라에 전해오는 史官의 기록을 바탕으로 공자가 B.C.722년, 즉 은공(隱公) 원년에서 B.C.481(哀公 14)년에 이르는 사이 242년 동안 魯나라 왕실과 魯와 관계를 맺고 있던 여러 나라의 중요한 사건들을 간결하게 기록한 책이다. 중국 최초의 편년사이며 간략한 서술을 특징으로 하고 있다.

2) 茶山의 「春秋官占補註」는 『春秋左氏傳』과 『國語』에 나오는 占例를 해석한 것으로서, 『左傳』에서 17개, 『國語』에서 3개, 모두 20개의 占例를 풀이하고 있다. [1] 陳敬仲之筮에서 [17] 陽虎救鄭之筮까지는 『左傳』의 占例이고, [18] 重耳反國之筮에서 [20] 成公歸晉之筮까지는 『國語』의 占例이다. 茶山의 역학해석방법론 가운데 가장 혁신적이고 독창적인 意義를 지니고 있는 것은 爻變해석법이라고 할 수 있는데, 爻變說의 근거도 역시 『春秋左氏傳』으로 소급된다. 뿐만 아니라, 역시 易理四法 중의 하나인 互体도 그 근거를 『春秋左氏傳』에 두고 있다. 『春秋左氏傳』은 『周易』에 관한 문헌 가운데, 가장 오래된 문헌이기 때문에, 易學해석방법론의 근거를 『春秋左氏傳』에서 확보하는 것은 매우 중요한 일이라고 생각된다. 따라서 다산은 자신이 개발한 해석방법론의 정당성을 확보하기 위한 수단으로, 「春秋官占補註」를 저술했다고 보아야 할 것이다.

3) 莊公 : 在位 B.C.693~662, 桓公의 아들.

4) 魯 莊公 22年은 B.C.672년에 해당됨.

5) 以下에서 原文은 『春秋左氏傳』과 『國語』의 原文을 가리킨다. [1] 陳敬仲之筮~[17] 陽虎救鄭之筮의 부분은 『春秋左氏傳』에 해당되고, [18] 重耳反國之筮~[20] 成公歸晉之筮의 부분은 『國語』에 해당하는 부분이다.

6) 『左傳』의 原文에는 "陳厲公"과 "生敬仲" 사이에 "蔡出也. 故, 蔡人殺五父而立之"라는 말이 생략되어 있다. 따라서 原文은 "陳厲公, 蔡出也. 故, 蔡人殺五父而立之, 生敬仲"으로 되어 있는데, 그 뜻은 해석하면 다음과 같다. 陳나라 厲公은 蔡나라 부인이 낳았다. 그러므로 魯 桓公 5年에 蔡나라 사람이 公子 오보(五父)를 죽이고, 그를 군주로 세웠는데, 厲公은 敬仲을 낳았다(文璇奎 譯, 『春秋左氏傳』 上, 명문당, 1987, 188면). 오보(五父)는 陳나라 公子로서, 이름을 타(佗)라 했다(같은 책, 190면).

7) "其在異國"이 異國乎"로 된 판본(『春秋左氏會箋』 上(『漢文大系』 卷10, 富山房, 明

䷓　䷋

觀 → 否

陳나라[10)]의 厲公이 敬仲[11)]을 낳았다. ≪[陳敬仲은] 公子 '完'을 가리킴≫ …… 敬仲이 어렸을 때에, 周나라 태사(太史)[12)]가 『周易』으로써 [진경중(陳敬仲)의 장래에 대한] 占치는 일과 관련하여 陳侯를 알현(謁見)한 적이 있었다. 陳侯(厲公)가 太史로 하여금 [아이의 장래에 대해] 占을 치게 하였더니, 觀卦[䷓]가 否卦[䷋]로 변하는 경우가 나왔다. ≪[觀卦의] 六四爻가 변하는 경우≫ [占을 친 周나라 太史는] 말하기를, "이 卦는 [觀卦 六四의 易詞에서] 이른바 "觀國之光 利用賓于王", 즉 "나라의 빛을 볼 것이요[13)] 王의 賓客이 됨에 이롭다"라고 한 것을 가리킵니다.[14)] ≪이것

治 48年, 64면)도 있다.

8) [校閱] 新朝本에는 "非在其身"으로 되어 있으나 奎章本과 國中本과 『春秋左傳』의 원문에는 "非此其身"으로 되어 있다. 新朝本의 "非在其身"은 단순한 誤記일 수도 있으나, 茶山이 문맥에 따라 수정하였을 가능성도 있다. 왜냐하면 "非此其身" 以後 "在其子孫"의 구절로 이어지게 되므로, '此'字와 '其'字가 연결되어 문장 구조가 자연스럽지 못하게 되기 때문이다. 따라서 '此'를 '在'로 수정한 것일 수도 있다. 그러나 여기서는 문장구조가 조금 이상하기는 하지만, 『左傳』 원문에 입각하여, '此'를 '代陳有國의 일'로 보고 "이것은 그 자신에게서가 아니라"로 해석한 것이다.

9) [校閱] "在其子孫"이 奎章本에는 "其在子孫"으로 되어 있는데, "그것은 자손에게 해당한다"는 의미로 해석이 되기는 하지만, 『左傳』 原本과 『與猶堂全書』를 보면, 또 奎章本에도 이후에는 "在其子孫"으로 나오는 것을 보면, 이는 단순한 誤記가 아닌가 한다.

10) 陳나라(B.C.1027~B.C.478) : 舜나라의 후예가 주나라 武王에 의하여 책봉된 나라이다. 陳은 淮河 유역에 위치한 작은 나라였으므로 춘추시대에는 북방의 齊·晉, 남방의 楚·吳 등 열강의 사이에 끼어서 고난의 역사를 거쳐왔다. 특히 北進을 지향한 초나라의 압박을 부단히 받아서 거의 멸망에 이른 때도 두 번 있었다. 결국 오나라와 초나라의 쟁탈장이 되어 마침내 B.C.478년 초나라에 의해 멸망되었다.

11) 敬仲은 公子 完의 號이다.

12) 周史 : 周나라 조정에서 曆法, 점치는 일등을 담당한 벼슬로서, 보통 太史(大史)라고 일컬었다.

13) "觀國之光"은 다른 나라에 초빙되어 가서, 그 나라의 훌륭한 文物制度를 시찰한다는 의미이다. 오늘날 '觀光'이라는 말은 여기서 나왔다.

14) 진(陳)나라 공자 完(=陳敬仲)은 선공(宣公)과 형제 사이였는데, 선공(宣公)은 총희(寵

은 [『周易』의 觀卦 六四의] 易詞≫ 이는 그가 陳나라 대신에 [어떤 다른] 나라를 차지하게 될 징조인데, [그는] 이 곳이 아니라 다른 나라에서 살게 될 것이며, [“代陳有國”의 일을] 그 자신[敬仲]이 하는 것이 아니라 그 자손이 그렇게 할 것이옵니다.[15] 빛(光)은 멀리 다른 곳으로부터 빛나는 것입니다.

杜氏曰 易之爲書 六爻 皆有變象

杜氏[16]가 이르기를, “易書에서는 六爻가 모두 변상(變象)을 가진다”라고 했다.

○易詞之義 詳本卦

○[“觀國之光, 利用賓于王”이라고 한] 易詞의 뜻은 [觀卦 六四의] 本卦[를 해석한 부분]에서 상세히 설명하였다.

○自姤以來 君道日消 ≪乾六陽 日亡≫ 爲遯爲否 以至於觀則 坤國之內 遂無震主 ≪下今坤≫ 而通卦爲艮 ≪兼畫三≫ 天命 ≪巽爲命≫

姬)가 낳은 아들 관(款)을 태자로 삼기 위해, 원래 태자로 옹립되었던 큰아들 어구(御寇)를 죽였다. 完은 어구(御寇)를 지지하였기 때문에, 별 도리 없이 제(齊)나라 환공(桓公)에게로 도망하였다. 결과적으로 본다면, 太史의 占卦는 陳敬仲의 미래의 이 일을 豫見한 것이라고도 볼 수 있겠다.

15) 이 占卦풀이는 後에 陳敬仲의 5世孫인 ‘진무우(陳無宇)’(陳桓子)가 비로소 齊나라에서 강대해진 사실과 魯나라 哀公 17年에 陳敬仲의 8세손인 陳常이 齊나라의 실질적인 정권을 차지하게 된 사실을 마치 예견한 것처럼 해석되고 있다.

16) ‘杜氏’는 西晉시대의 인물인 두예(杜預, 222~284)를 가리킨다. 杜預는 종래 별개의 책으로 되었던 『春秋』의 經文과 『左氏傳』의 傳文을 결합시켜, 『左氏傳』의 문장과 경문이 대응되도록 분류하고, 이를 한 권의 책으로 정리하였다. 杜預의 『春秋左氏經傳集解』는 先儒의 학설 중 좋은 점을 모아서, 訓詁하고, 『左氏傳』의 문장을 분류하여 春秋義例說을 확립함으로써, 『春秋』에서 『左氏傳』의 지위를 높이는데 큰 역할을 하였다. (『春秋』에는 이외에도 『公羊傳』과 『穀梁傳』이 있다.) 여기서 茶山이 인용하는 구절들은 杜預의 『春秋左氏經傳集解』에서 따온 것이다.

遂終 ≪萬物終乎艮≫ 亡國之象也 於此之時 乾君忽興 ≪上今乾≫ 亡者復存 ≪四亡而復存≫ 此 代陳有國之象也

姤 → 遯 → 否 → 觀→爻變→否

○姤卦 以後로 君道가 날로 소멸하는데 ≪乾의 여섯 개 陽畫이 날로 상실됨≫ 遯卦가 되고, 否卦로 되어, 觀卦에 이르면 [下卦에 있는] 坤國의 내부에 마침내 震의 君主가 없어지게 된다. ≪[觀卦의] 下卦가 현재 坤≫ [觀卦를] 통틀어 보면 [觀]卦의 [전체적] 형태가 艮이 되어 ≪兼畫하여 三畫卦로 만들면 艮≫ 天命이 ≪[觀卦의 上卦인] 巽은 命이 됨≫ 마침내 종말을 고하게 되니 ≪萬物은 艮에서 終結됨≫ [이것은 다름 아닌] 나라가 망하는 형상이다. 이런 때에 [觀卦가 否卦로 되면서] 乾의 君主가 갑자기 흥기(興起)하여 ≪[否卦의] 上卦가 지금 乾≫ 없어졌던 것이 다시 존재하게 된 것이다. ≪[12辟卦의 推移를 통하여 否卦가 觀卦로 변하는 과정에서] 제4位의 剛이 없어졌는데 [觀卦가 否卦로 되면서] 다시 생겨남≫ 이것이 "代陳有國", 즉 "陳나라 대신 다른 나라를 차지함"의 象이다.

○易例 內卦爲我 外卦爲鄰 ≪爲敵國≫ 亡而復存 在於外卦 ≪上本乾≫ 此所謂 不在此 其在異國也

姤 → 遯 → 否 → 觀→爻變→否

○易例에 따르면, 內卦는 자신의 나라[我]가 되고, 外卦는 이웃나라가 되는데 ≪[이웃나라는] 敵國이 됨≫ [있던 것이] 없어졌다가 다시 존재하게 된 것이 外卦에 있으니 ≪[否卦의] 上卦는 본래 乾≫ 이것이 이른바 "不

在此, 其在異國", 즉 "그는 이곳이 아니고, 다른 나라에서 살게 된다"는 것이다.

○易例 內卦爲先 《卦先成》 外卦爲後 《卦後成》 子孫者 吾後也 乾君之興 在於外卦 《上今乾》 此所謂 非此[17]其身 在其子孫也

觀 → 否

○易例에 따르면, 內卦는 앞[先]이 되고 《卦가 먼저 이루어짐》 外卦는 뒤[後]가 된다. 《卦가 뒤에 이루어짐》 子孫은 내[我]가 있은 뒤의 존재인데, 乾君의 隆盛이 外卦에서 이루어지니 《[否卦의] 上卦는 지금 乾》 이것이 이른바 "非此其身, 在其子孫", 즉 "이는 그 자신이 아니고, 그 자손(子孫) 가운데 [王 노릇하는 자가] 있다"는 것이다.

○光遠者 陽在外也

觀 → 否

○"光遠", 즉 "빛이 멀리 있다"라고 한 것은 [否卦에서] 陽이 外卦에 [만] 있기 때문이다.

〔**原文**〕 坤 土也 巽 風也 乾 天也 風爲天於土上 《巽變乾於坤土》

---

17) [校閱] 新朝本에는 "非在其身"으로 되어 있으나 奎章本과 國中本에는 "非此其身"으로 되어 있다.

山也 ≪二四艮≫ 有山之材 而照之以天光 於是乎 居土上 故曰 觀國之光 利用賓于王

觀 → 否

坤은 땅이며, 巽은 바람이고, 乾은 하늘인데, [觀之否의 경우는] 바람이 땅 위에서 하늘로 변한 것이고[18] ≪巽이 坤의 土위에서 乾으로 변함≫ [또한 땅 위에] 山이 있는 것입니다. ≪[否卦의] 2·3·4[의 互卦]가 艮≫ 山에는 [갖가지] 재물(財物)[19]이 있어, 그것을 하늘의 광명(天光)으로써 비추는데, 이런 상황에서, 땅(土)위에 머물고 있는 것입니다.[20] 그러므로 "觀國之光, 利用賓于王", 즉 "나라의 빛을 볼 것이요, 王의 빈객(賓客)이 됨에 이롭다"라고 한 것입니다.[21]

杜氏曰 自二至四 有艮象 ≪朱子曰 左傳一處 說觀卦 分明用互體 ○卽指此≫ 山則材之所生 ≪四爲諸侯 變而之乾 有朝王之象≫

---

18) 觀卦에서 否卦로 변하는 경우, 그 上卦를 중심으로 보면 이와 같다.

19) '材'란 否卦의 3·4·5의 巽의 木을 말함이겠는데, 여기서 '材'는 반드시 나무에만 해당되는 것이 아니라, 山에 있는 여러 동식물과 그 경치나 風光까지를 지칭한다.

20) "於是乎 居土上"의 뜻은 '艮山이 坤土 위에 있다'는 뜻이다. 坤土는 낮은 땅에 있고, 그 낮은 땅으로부터 그보다 높은 산이나 하늘을 쳐다보게 되므로, 여기에서 '觀國之光'의 의미가 도출되어 나오는 것이다.

21) 엄밀히 말한다면, 『左傳』과 杜預의 언급은 "觀國之光"에만 적용되는 설명이고, "利用賓于王"에는 해당되지 않는다(楊伯峻 編著, 『春秋左傳注』(修訂本) 卷1, 中華書局, 1993, 223면). 그리고 "有山之材, 而照之以天光, 於是乎, 居土上"의 구절의 뜻은 "태양 아래서 빛나는 山川境界(山之材)와 그 風光을, 그 누가, 낮은 땅 위에 자리 잡고, 쳐다보고 있다"라는 의미로 이해될 수 있으므로, 이것도 역시 "觀國之光"에 대한 설명으로 볼 수 있다.

䷓ ䷋

觀 → 否

杜氏가 이르기를, "[否卦에는] 제2位에서 제4位에 이르기까지 艮의 形象이 있으며 ≪朱子가 말하기를, "『左傳』의 [어떤] 한 곳에서 觀卦를 설명하면서 분명히 互體를 사용하였다"라고 하였다. ○ [비록 朱子가 명시적으로 언급한 것은 아니지만, "左傳一處"라고 한 것은] 바로 이곳을 가리킨다.≫ 山이란 곧 [온갖] 財物이 나는 곳이다"라고 하였다. ≪[한편] 제4位는 諸侯의 자리인데, 변하여 乾으로 되니, 王을 알현하는 象이 있다.≫

○材者 巽木也 ≪三五互≫ 先論正體 次論兩互也

○"材"라는 것은 巽의 木을 가리킨다. ≪[否卦의] 3·4·5의 互卦≫ ["坤, 土也, 巽, 風也, 乾, 天也"라고 말함으로써] 우선 正體를 논한 것이고, 그 다음으로 ["風爲天於土上, 山也, ……" 以下는 艮山과 巽木의] 兩互體를 논한 것이다.

〔**原文**〕 庭實旅百 奉之以玉帛 天地之美 具焉 故曰 利用賓于王

뜰에 禮物(庭實)22)이 수백 가지 가득 차고, 玉과 비단(帛)으로써 받치는 형국이오니, 天地의 귀한 것(美)이 [모두] 갖추어진 것입니다. [이는 諸侯가 天子를 알현하는 형국인데] 그러므로 "利用賓于王", 즉 "王의 빈객(賓客)이 됨에 이롭다"라고 한 것입니다.

杜氏曰 艮爲門庭 乾爲金玉 坤爲布帛 諸侯朝王 陳贄幣之象

22) 정실(庭實) : 뜰 가운데 진열해 놓는 禮物을 말한다. 말·가죽·생체(牲體)·쌀·젓 등이 이에 해당한다. 『儀禮』「聘禮」에서 "정실(庭實)"이 자주 언급되고 있다(吳江原 譯註, 『儀禮』 卷3, 청계, 2000, 799면).

䷓ ䷋

觀 → 否

杜氏가 이르기를, "艮은 문과 [문안의] 뜰(門庭)이 되며, 乾은 금화(金貨)와 玉이 되고, 坤은 베(布)와 비단(帛)이 되는데, [이는] 諸侯가 天子를 알현하고, 예물(禮物, 贄幣)을 올리는 형상이다"라고 하였다.

○坤則爲旬 ≪地數十≫ 下坤互坤 ≪本四陰≫ 以十乘十 其數百也 中有艮手 ≪下互艮≫ 所以奉也

○坤은 [숫자로는] 곧 10(旬)이 되는데 ≪地數는 10≫ 下卦가 坤인데다가, 互卦도 坤이니, ≪[觀卦에서] 본래 네 개의 음획(陰畫)이 있음≫ 10에다 10을 곱하게 되면 그 數가 百이 된다. [또한] 가운데 艮의 손(手)이 있으니 ≪[否卦의] 下互卦가 艮≫ [그 손으로써] 바치는 것이다.

○案 禮器曰 大饗 其王事與 三牲 魚 腊[23] …… 九州之美味也[24] …… 內金 示和也 束帛加璧 尊德也[25] …… 丹漆 絲纊 竹箭 與衆共財也 其餘 無常貨 各以其國之所有也 ≪郊特牲 亦云≫

○[案] 『禮記』 「禮器」편에서 [다음과 같이] 말하였다. "대향(大饗)[26]은 참으로 天子(王)의 일이로다! [이때 바쳐지는] 소·양·돼지의 세 가지 희생물(三牲)과 물고기, 그리고 [고기를 말려서 만든 육포(肉脯)의 종류인] 포(腊)는 [四海와] 九州로부터 올라온 珍味로다. 제후들이 바친 황금

23) 原文에는 "九州" 앞에 "四海"라는 말이 있다.

24) 原文에는 "美味也"와 "內金" 사이에 "籩豆之薦 四時之和氣也(籩豆에 담아 올리는 祭物은 네 계절의 和氣에 의하여 만들어진 것이다)"라는 말이 있다.

25) 原文에는 "尊德也"와 "丹漆" 사이에 "龜爲前列 先知也(거북을 前列에 두는 것은 [吉凶을] 미리 알기 때문이다)"라는 말이 있다.

26) 대향(大饗) : 종묘에서 거행하는 先王의 협제(祫祭)·합사(合祀)를 가리킨다.

(內金)[27][을 진열하는 것]은 [제후들이 왕에게 복속(服屬)하여] 화평(和平)의 표시이다. [다섯 필의] 비단(束帛)에 아름다운 벽옥(璧玉)을 곁들이는 것은 [神靈의] 德을 존중하는 것이다. 칠기(漆器, 丹漆)[28]와 명주실(絲纊)[29]과 대나무 화살(竹箭)[을 진열하는 것]은 [여러] 중인(衆人)들과 함께 소유하는 재화[임을 보이는 것]이다. [九州 밖의 오랑캐의 땅에서 보낸] 나머지 물품들은 항상 일정하게 바치는 재화가 있는 것이 아니라, 각기 그 나라에 있는 것을 바친다." ≪『禮記』「교특생(郊特牲)」에서도 역시 이와 같이 말하였다.[30]≫

觀者 祭祀之卦也 天子之祭 諸侯 助祭爲賓 故 其占如是

觀卦는 祭祀에 연관된 卦이다.[31] 天子의 제사에는 諸侯가 그 제사를 도우며 빈객(賓客)이 되는 까닭에, 그 占의 풀이가 이상과 같다.[32]

〔原文〕猶有觀焉 故曰 其在後乎 風行而著于土 ≪大象云 風行地上≫ 故曰 其在異國乎 若在異國 必姜姓也

또한(猶) '觀'이라는 말이 있으니, ['본다(觀)'는 것은 요컨대 自身의 행위를 보는 것이 아니고, 他人이나 다른 사물을 보는 것이므로] 그러므로 ["代陳有國"과 같은] 그런 일(其)이 후손(後孫)에게 있는 것이 아니

---

27) 납금(內金) : 정현(鄭玄)의 註와 공안국(孔安國)의 疏에는 제후가 공납(貢納)한 황금으로 해석함. 그 경우, 內는 '들일 內(납)'字가 되므로, 內金은 '납금'으로 읽어야 한다.

28) 단칠(丹漆) : 붉은 칠을 한 칠기(漆器).

29) 사광(絲纊) : 명주실과 솜.

30) 「郊特牲」에 「禮器」편의 내용과 유사한 구절이 散見되는 것은 사실이지만, 동일한 구절이 반복되어 인용되고 있는 것은 아니다.

31) 觀卦의 彖辭에 "觀, 盥而不薦, 有孚, 顒若(觀은 손을 씻었으나, 祭物을 올리지 못한 것이다. 감복하여 호응함(孚)이 있을 것이니 [백성들이] 온화하게 [윗사람을] 우러러 보는 듯(顒) 하다)"라고 하였는데, 茶山은 이를 祭祀와 연관하여 해석하고 있다.

32) 다산은 觀卦 六四의 주석에서 "古者, 諸侯朝王助祭, 必具三恪之賓, 此, 其占也(古代에는 諸侯가 천자를 알현하고, 祭禮를 보조함에 반드시 삼각(三恪)의 빈객(賓客)의 禮를 갖추니, 이 六四爻는 그런 占이다)"라고 함(『四箋』 卷3, 19나).

겠사옵니까! [또한] 바람이 불어가 [결국은 어떤] 땅에 닿을 터 ≪[觀卦의] 「大象傳」에서 말하기를, "風行地上", 즉 "바람이 땅 위를 휩쓸고 지나간다"라고 하였다.≫ [바람이 일어 불고 지나가면, 그 종착지가 결국 다른 곳일 것이므로] 그러므로 그(其)가 다른 나라(異國)에 거주하게 되는 것이 아니겠사옵니까. [그리고] 다른 나라라면 반드시 강씨(姜氏) 성(姓)의 나라일 것이옵니다.[33]

杜氏曰 因觀文 以傳占 故言 猶有觀

杜氏가 말하였다. "'觀'이라는 글자(文)에 따라 占을 부연[하여 해석]했으므로, '猶有觀'이라고 말한 것이다."

○適彼巽境 ≪上本巽≫ 得爲乾君 ≪上今乾≫ 知爲齊君也 說卦齊乎巽

觀 → 否

○[六四이니] 저 巽의 境界에 이르러서야 ≪[觀卦의] 上卦가 본래 巽≫ 乾의 君主를 얻게 되니 ≪[否卦의] 上卦는 지금 乾≫ 齊나라의 君主가 됨을 아는 것이다. 「說卦傳」에서 이르기를, "齊乎巽", 즉 "巽에서 다스려진다"라고 했다.

〔**原文**〕 姜 大嶽之後也 山嶽則配天 物莫能兩大 陳衰 此其昌乎

[강씨(姜氏) 姓에 관해 말해 본다면] 姜氏들은 大嶽(太嶽)[34]의 後孫들이옵니다. [그런데 '觀之否'의 卦象에서 보면] 山嶽이 곧 [왕권(王權)을

---

33) 여기서, 姜氏 姓의 나라라고 한 것은 齊나라를 가리킨다.

34) 대악(大嶽) : 堯임금 때의 官名이었던 사악(四嶽 : 사방을 다스리는 장관)에 대한 존칭.

상징하는] 天에 짝하는 상황이옵니다. [본래] 萬物은 [서로 相克이 되는] 양(兩)쪽 방향으로 [동시에] 커질 수 없는 법인데, 陳나라가 쇠퇴한다는 것은 [곧] 제나라 姜氏들[의 자손들]이 창성(昌盛)함을 의미하는 것이 아니겠사옵니까?

杜氏曰 姜姓之先 爲堯四嶽

杜預가 말하였다. "강씨(姜氏) 성(姓)을 지닌 先祖는 堯임금 시대에 [사방을 다스리던 관직(官職)을 담당하였던] 사악(四嶽)[35)]이었다."

○觀爲大艮 ≪兼畫三≫ 是 大嶽也 ≪艮爲山≫ 以艮爲乾 ≪上今乾≫ 山配天也 謂敬仲 將因大岳之後 得爲乾君也

觀 → 否

○觀卦는 大艮의 형태가 되는데 ≪[觀卦를] 兼畫하여 三畫卦로 만듦[으로써 大艮의 형태가 됨]≫ 이것이 "大嶽"이다. ≪艮은 山≫ 艮이었다가 乾으로 되니 ≪[否卦의] 上卦가 지금 乾≫ 山[嶽]이 하늘[天]에 짝하게 된 상황이니, 이는 "敬仲[의 後孫]이 장차 大岳의 후손(後孫)으로 말미암아 乾君의 지위를 얻는다"는 것을 말하는 것이다.

○易例 陽大陰小 今 外卦純陽 內卦純陰 ≪天地否≫ 物莫能兩大也

---

35) 사악(四嶽) : 사방의 제후들을 나누어 관장하는 大臣.

䷓ ䷋

觀 → 否

○易例에 따르면, 陽은 크고 陰은 작다. 지금 [否卦에서] 外卦는 純陽인 반면에, 內卦는 純陰이다. [즉 否卦의 上卦는 세 개의 剛이니, 至大한 상태를 표현하며, 下卦는 세 개의 柔이니, 至小한 상태를 표현한다.] ≪天地 否卦≫ [이처럼 어느 한 쪽이 크면, 다른 한 쪽은 작을 수밖에 없으므로] "物莫能兩大", 즉 "만물은 兩面으로 동시에 클 수 없다"라고 한 것이다.

〔原文〕 及陳之初亡也 ≪昭八年≫ 陳桓子 始大於齊 ≪敬仲 五世孫≫ 其後亡也 ≪哀十七年 楚滅陳≫ 成子得政 ≪敬仲八世孫 陳常≫

陳나라가 처음 [楚나라에 의하여] 망하였을 때에 ≪魯나라 昭公 8年의 일[36]≫ 진환자(陳桓子)가 비로소 齊나라에서 강대해졌고 ≪[陳桓子는] 敬仲의 5世孫인 '진무우(陳無宇)'를 가리킴≫ 그 후 [陳나라가 이렇게 일시 부흥했다가] 다시 멸망하였을 때 ≪魯나라 哀公 17年[37]에 楚나라가 [다시] 陳을 멸망시킴≫ 성자(成子)[38]가 [齊나라의 실질적인] 정권을 차지하였다. ≪[成子는] 敬仲의 8세손인 陳常을 가리킨다.≫

---

36) B.C.478년에 해당됨.

37) B.C.480년에 해당됨.

38) 성자(成子) : 陳敬仲의 8世孫인 진상(陳常)을 가리킨다. 陳常은 진항(陳恒), 혹은 전상(田常)이라고도 했다. 成子는 죽은 뒤에 주어진 이름이다. 成子는 魯나라 哀公 14年에 그의 군주였던 齊나라 簡公을 죽이고, 簡公의 아들 平公을 군주로 내세워 齊나라의 실권을 쥐었다. 그래서 齊나라는 田齊라 불리게 되었다. 이를 계기로 姜氏가 지배하던 齊나라의 시대는 가고, 田氏의 齊나라가 시작된 것이다. B.C.386년에 강공(康公, B.C. 405~B.C.379)을 폐위시킴으로써, 姜氏의 제나라는 완전히 사라지게 되고, 田氏가 세력을 장악함으로써 田氏의 제나라가 새롭게 성립되었다.

[2] 필만지서(畢萬之筮) ≪閔[39]元年[40]≫

필만(畢萬)이 친 筮占 ≪민공(閔公) 元年≫

〔原文〕初 畢萬 筮仕於晉 遇屯䷂之比䷇ ≪初九變≫ 辛廖 占之 曰 吉 屯固比入 吉孰大焉 其必蕃昌

䷂　　䷇

屯 → 爻變 → 比

앞서(初)[41] 필만(畢萬)[42]은 晉나라에서 벼슬하는 일(出仕)에 대해 占을 쳤는데, 屯卦[43]가 比卦로 변하는 占卦를 얻었다. ≪[屯卦의] 初九가 변함≫ 신료(辛廖)는 이 占을 해석하여 다음과 같이 말했다. "吉하도다. 屯卦는

---

39) 춘추시대, 魯나라 군주 莊公에게는 4명의 형제, 즉 맏이인 경부(慶父)와 동생들인 숙아(叔牙)와 계우(季友)가 있었다. 장공과 계우는 한 어머니에게서 태어났고, 경부와 숙아는 또 다른 한 어머니에게서 태어났다. 노나라 장공 32년, 장공은 임종 전에 숙아를 불러 누가 왕위 계승에 적당한지를 물었다. "경부 형님께서 재능이 있으니 그가 계승하는 게 좋겠습니다." 장공은 다시 계우를 불러 그의 의견을 물었다. "저는 형님의 큰아들인 공자(公子) 반(般)을 군주로 세우고자 합니다만, 이 사실은 절대 외부에 알리지 않겠습니다." 장공이 죽자, 계우는 숙아가 경부를 지지할까 두려워서, 거짓 명령을 내려 숙아를 잡아다가 그에게 독주(毒酒)를 먹여 그를 죽였다. 계우는 계획대로 공자 반을 군주의 자리에 앉게 하였다. 장공이 죽은 지 두 달도 채 되지 않아, 경부는 사람을 보내 공자 반을 암살하였다. 계우는 공자 반의 피살 소식을 듣고 이 일이 경부의 소행임을 알았지만, 자신의 힘이 부족하여 그와 직접 부딪치지 않기 위하여 陳나라로 몸을 피하였다. 경부는 얼마 동안 왕위에 오르지 않고 있다가, 齊나라로 출발하기에 앞서 여덟 살 된 장공의 손자를 왕위에 앉혀 놓았다. 그는 노나라 민공(閔公)이 되었다. 노나라 민공의 외할아버지는 당시 춘추의 패자(霸者)인 제나라 환공(桓公)이었다.

40) 閔公 元年은 B.C.661년에 해당됨.

41) 이야기를 진행하다가, 시간적으로 거슬러 올라가, 그 이전의 일을 언급하므로, '初'라는 표현을 사용하였다. 이 앞부분에서는 현재 畢萬과 연관된 이야기를 기술하였는데, '이전에 이미 이와 같이 될 징후가 있었다'는 의미로 '初'라고 하고, 과거에 있었던 畢萬에 관한 辛廖의 占풀이를 언급하는 것이다.

42) 필만(畢萬) : 周나라 文王의 아들인 필공(畢公) 고(高)의 후손이다. 晉나라 헌공(獻公)의 軍師가 되어 耿나라, 霍나라, 魏나라를 멸망시켰다. 그 후 필만은 땅을 받아 대부가 되었다.

43) '屯'은 '준'으로 발음하여야 한다. "屯, 音肫; 今人, 多誤讀."(『四箋』 卷2, 1나)

堅實함을 뜻하고, 比卦는 들어감을 뜻하니, 吉함이 어찌 [이보다] 더 클 수 있을 것인가! 그(其)는 반드시 [출세하여] 크게 번창(蕃昌)할 것이로다."

杜氏曰 屯 險難 所以爲固 比 親密 所以得入

杜氏가 말하였다. "屯卦는 험난(險難)함을 상징하는 卦인 까닭에, 견고함(固)을 뜻하고, 比卦는 친밀(親密)함을 상징하는 卦인 까닭에, 들어감(入)을 뜻한다."

○辛廖 捨爻詞 而別自觀象 此 占法也 爻詞 亦云 利建侯

○辛廖는 [기존의] 爻詞를 무시하고, 스스로 그 象을 음미하여 판단하였는데, 이것이 [그] 占法이다. [屯卦의 本卦의] 爻詞에서도 마찬가지로 "利建侯", 즉 "諸侯를 세움에 이롭다"라고 하였다.

〔**原文**〕 震爲土 《下今坤》 車從馬 《震車 從坎馬》 足居之 《震爲足》 兄長之 《震長男》 母覆之 《坤爲母》 衆歸之 《坤衆以坎歸》 六體不易 合而能固 安而能殺 公侯之卦也

屯 → 爻變 → 比

['屯之否'로 변할 때, 屯卦의 下卦인] 震이 [否卦의 下卦인 坤의] 土로 되었고[44] 《[比卦의] 下卦가 지금 坤》 수레가 말(馬)을 따른다. 《[屯卦에서 보면] 震의 수레가 坎의 말(馬)을 따르고 있는 형상이다.》 다리(足)는 [땅 위에 굳건히] 머무르고[45] 《[屯卦의 下卦인] 震은 다리가 됨》 兄이 되어 길러주며 《[屯

44) 震爲土 : 屯卦가 否卦로 되는 경우, 屯卦의 下卦인 震이 坤으로 변한다는 의미이지, 震이 土를 상징한다는 뜻이 아니다.

45) 屯初九의 爻詞에 '利建侯'와 더불어 '利居貞(安居하는 일의 이로움)'이 언급되고 있다.

卦의 下卦인] 震은 長男≫ 어미가 되어 포근히 감싸줌(覆)이니 ≪[比卦의 下卦인] 坤은 어미가 됨≫ 중인(衆人)들은 그에게로 돌아갈 것이다. ≪坤의 大衆이 坎에 의해 귀속(歸屬)함≫ [그런데 屯卦가 比卦로 되어도] 卦의 전체적 의미[六體]에는 변함이 없으니,[46] [比卦에서도 合의 德으로] 합심(合心)하여 [比卦의 上卦인 坎의 '固'의 德으로] 견실(堅實)할 수가 있고, [坤의 '安'의 德으로] 안락하게 해주지만, [동시에 比卦의 上互卦인 艮의 '殺'의 德으로] 죽일 수도 있으니, [屯卦와 마찬가지로 比卦도 역시] 公侯와 연관된 卦인 것이다.[47]

杜氏曰 比合 屯固 坤安 震殺

屯 → 爻變 → 比

杜氏가 말하였다. "比卦는 合이고 屯卦는 견실함이며,[48] 坤은 안정됨이고 震은 죽임(殺)이다."

○震者 生物之卦 ≪萬物出乎震≫ 杜云 震殺 謬矣 坤以合之 ≪卽所云 德合≫ 坎以固之 坤以安之 ≪有互坤 故再用之≫ 艮以殺之 ≪萬物終乎艮≫ 君德也

○震은 萬物을 낳는 것을 상징하는 卦이다. ≪萬物은 [東方인] 震方에서

46) 혹자는 坎이 불변함을 말한다고 함. "坎水六, 遇卦之卦, 皆有坎."(楊伯峻 編著, 『春秋左傳注』(修訂本) 卷1, 中華書局, 1993, 260면). 毛奇齡은 "所之與所遇, 始終如一('변해 가는 것'과 '얻은 것'이 모두 諸侯와 연관되는 것이라 始終이 동일하다)"이라고 하였다(毛奇齡, 『推易始末·春秋占筮書·易小帖』(四庫易學叢刊), 上海古籍出版社, 1990, 7면).

47) 屯卦나 比卦가 모두 諸侯의 德이나 행실과 연관된 卦라는 의미이다.

48) 杜氏는 屯卦와 比卦를 통틀어 '合'과 '固'의 개념을 설명하고 있는 반면에, 茶山은 比卦의 下卦인 坤으로써 '合'을 설명하고, 上卦인 坎으로써 '固'를 설명한 것이다.

나온다.[49]≫ 따라서 杜氏가 震에 '죽임(殺)'의 뜻이 있다고 본 것은 잘못이다.[50] [比卦의 下卦는 坤이니] 坤으로써 和合하고 ≪곧 坤의 德은 和合함이 됨≫ [比卦의 屯卦의 上卦는 坎이니] 坎으로써 견고(堅固)하게 하고, 坤으로써 안정(安定)되게 하며 ≪[앞에서 이미 '坤以合之'라고 坤의 德을 언급하였는데, 지금 再次 언급한 것은 比卦에] 下互卦의 坤이 있기 때문에, 거듭 坤을 쓴 것이다.[51]≫ [比卦의 上互卦인] 艮으로써 죽이니 ≪萬物은 艮方에서 종말을 맞는다.[52]≫ [이런 것은 모두] 君主의 德에 속한다.

○周公之撰爻詞 特示例耳 非以是一二句 謂可以竭天下之[53]情 而盡其賾也 故卜史于爻詞之外 隨事取象 唯變是適 卽車 馬 兄 母 雖非爻詞之所歷擧 而辛廖 得推演 爲占也 ≪易詞云 利居貞 此云 足居之 盖以爻詞爲本≫

[한편] 周公이 지은 爻辭는 그 전형적인 事例를 특별히 제시한 것일 뿐, 그러한 爻辭의 한두 구절로써 "[그 卦가 포함하고 있는] 세상의 모든 情況을 다 포착하고, 그 심오한 의미(賾)를 다 표현할 수 있다"고 말하는 것은 아닌 것이다. 그러므로 점을 치는 관리(卜史)는 [기존의] 爻辭 이외에 [별도로 해당] 사건에 따라서 [隨時로] 象을 취하여 오직 변화(變化)에 따라 옳은 것을 적용할 따름이니, 수레(車)·말(馬)·형(兄)·어미(母)는 비록 그 爻辭에서 일일이 거론한 것은 아니지만 辛廖가 유추[推演]하여, 점

---

49) "萬物出乎震"은 「說卦傳」에 나오는 말이다.

50) 茶山에 따르면 '殺'의 뜻을 지닌 卦象은 震이 아니라 艮이다. 「說卦傳」에 "終萬物始萬物者, 莫盛乎艮"이라고 되어 있기 때문에, 艮은 '終'의 뜻을 지니며, 아울러 '죽음', '사망' 등의 뜻을 지닌다는 것이다(『四箋』 卷8, 31가~32나).

51) "母覆之(坤爲母)"를 두고 하는 말이 아니다. "'合'而能固, '安'而能殺"을 "坤以合之"와 "坤以安之"로 설명한 것을 두고 하는 말이다.

52) 이는 「說卦傳」이나 『周易』에 나오는 말은 아니다. 다만 「說卦傳」에 "艮 …… 萬物之所成終而成始也", "'終萬物'始萬物者, 莫盛乎艮"이라고 함.

53) [校閱] 新朝本에는 "天下情"으로 되어 있으나 奎章本과 國中本에는 "天下之情"으로 되어 있다.

친 것이다. ≪[屯卦 初九의] 易詞에서도 "利居貞", 즉 "安居하는 일에 이롭다"라고 했거니와, 여기서 말하는 "足居之"도 대개 그 ["利居貞"의] 爻詞를 근거로 삼은 것이겠다.≫

〔**原文**〕 公侯之子孫 必復其始 ≪後 至魏 斯 果爲諸侯≫

[諸侯인] 公侯의 子孫이 반드시 그 始祖[諸侯의 지위]를 다시 회복할 것이다. ≪이후에 魏나라 때에 이르러, '斯'[54]가 과연(果) 제후가 되었다.≫

杜氏曰 畢萬 公高之後 ≪又云 爲魏之子孫 衆多 張本≫

杜氏는 필만(畢萬)이 [文王의 아들 중의 하나인] '필공(畢公) 고(高)'의 후손(後孫)이라 말하였다. ≪또 [杜氏는] 말하기를 "魏氏[55]가 되는(爲) 子孫이 흥성(興盛)하여 그 근본을 회복했다"라고 하였다.[56]≫

○卦自臨觀來 ≪法見表≫ 臨之時 大震爲主 ≪兼三畫≫ 此 公侯也 ≪畢公高≫

---

54) 위사(魏斯) : 魏나라 文侯였던 '斯'를 가리킨다. 魏文侯는 戰國시대 初期에, 魏國의 건국자로서, B.C.445~B.C.396년의 기간 동안 在位하였고, 주위열왕 23년 제후로 임명받았다. 그는 卜子夏, 李悝를 스승으로 삼고 田子方, 吳起, 西門豹, 樂羊을 신뢰하여 變法을 시행하고 耕戰을 장려하여 魏國을 강대국으로 만들었다(丁範鎭 외역, 『司馬遷 史記』 卷4(『史記世家』 下), 까치, 1994, 357~379면). 司馬遷의 『史記』 卷44에 「魏世家」 편이 있다.

55) 『史記』에 "高封於畢, 於是, 爲'畢性'"(『史記』 卷6, 1835면), "畢萬之世, 彌大; 從其國名, 爲'魏氏'"(『史記』 卷6, 1836면)라고 하였다.

56) 『春秋左氏會箋』 上 「第四 閔二」(『漢文大系』 卷10, 富山房, 明治 48年, 7면). "畢萬, 公高之後'也'. '傳'爲魏之子孫, 衆多, 張本" ← 杜預의 "爲魏之子孫"이라는 말은 엄밀히 따지면 결국 '畢萬의 子孫'이라는 의미가 되는 것인가? 茶山은 끝 부분에서 "杜氏, 以子孫, 爲畢萬之子孫, 其義, 非也, 子孫者, 畢公高之子孫也(杜氏는 [여기] '子孫'을 '畢萬의 子孫'으로 보았는데, 이는 잘못이다. 여기서 '子孫'이란 '畢公 高의 자손'을 가리킨다)"고 주장하고 있다.

[屯]卦는 [二陽卦로서] 臨卦와 觀卦에서 나온 것이다. ≪그 方法은 「괄례표(括例表)」에 보인다.≫ 臨卦인 때에는, 大震이 主君이 되어 있는데 ≪[臨卦를] 겸획(兼畫)하여 삼획괘(三畫卦)[로 보면 震]≫ 이것이 "公侯"이다. ≪필공(畢公) 고(高)를 가리킴≫

爲泰爲乾 爲姤爲遯 以至於觀 則侯國既亡 ≪坤無主≫ 子孫 ≪外卦 爲子孫≫ 衰弱 ≪巽柔弱≫ 忽於此時 震主復起 ≪上之一 爲屯≫ 此震侯之子孫 必復其始也 ≪萬物始乎震≫

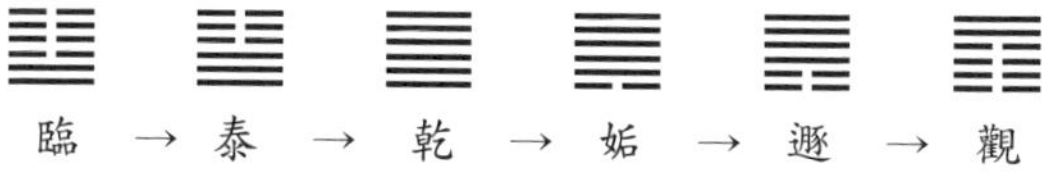

[그런데 臨卦가 推移하여] 泰卦가 되고, 그 다음으로 乾卦가 되고, 姤卦가 되고, 遯卦가 되어, [마침내] 觀卦에 이르면, 제후(諸侯)의 나라는 이미 멸망하고 ≪[觀卦에서는] 坤[國]에 君主가 없음≫ 자손(子孫)도 ≪外卦는 子孫이 됨≫ 쇠퇴해지게 된다. ≪[觀卦의 上卦인] 巽은 柔弱함의 뜻이 됨≫ 이런 상황에서 갑자기 진(震)의 군주(君主)가 다시 흥기(興起)하니 ≪[觀卦의] 上이 1로 가서 屯卦가 됨≫ 이것이 이른바 震侯(公侯)의 자손(子孫)이 "반드시 그 始祖를 회복한다(必復其始)"는 것이다. ≪萬物은 震에서 시작함≫

其變爲比 ≪初爻動≫ 比自復來 ≪一之五≫ 此 下震之主 遂正君位也

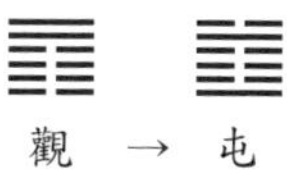

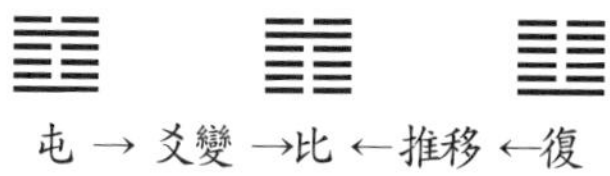

[그런데] 屯卦[의 初九爻]가 변하면, 比卦로 되는데 《[屯卦의] 初爻가 변동함》 [一陽卦인] 比卦는 復卦로부터 온 것이다. 《[復卦의] 1이 5로 감》 이것은 [復卦의] 下卦에 있는 震의 主君이 마침내 [제5位의] 君主의 地位를 바로잡은 것이다.

○杜氏 以子孫爲畢萬之子孫 其義 非也 子孫者 畢公高之子孫也

○杜氏는 [여기] '子孫'을 '畢萬의 子孫'으로 보았는데, 이는 잘못이다. 여기서 '子孫'이란 '필공(畢公) 고(高)의 자손'을 가리킨다.

[3] 성계지서(成季之筮) 《閔二年》

成季의 출생에 즈음한 占筮 《魯나라 閔公 2年[57]의 일》

〔**原文**〕 成季之將生也 《魯公子 季友》 桓公 使卜楚丘之父 筮之 遇大有䷍ 之乾 ䷀ 《六五變》 曰 同復于父 敬如君所 《此 筮者之詞》

䷍ ䷀

大有 → 乾

성계(成季)[58]가 출생하려 할 때에 《[성계(成季)는] 魯나라 公子인 계우(季友)를 가리킴》 [그 부친인] 환공(桓公)이 복초구(卜楚丘)[59]의 아비(父)에게

---

57) 閔公 二年은 B.C.660년에 해당됨.

58) 成季는 이름이 "友"로, 魯나라 莊公의 막내 동생이며, 桓公(莊公의 父)의 막내아들이었다. 莊公이 늙어 병이 들자 후계자에 대한 일을 둘째 아우인 牙에게 상의하였다. 叔牙는 莊公의 동생이고, 叔牙의 형이었던 '慶父'를 추천하였다. (慶父는 兄인 莊公의 부인, 즉 형수인 哀姜과 간통하였다.) 이번에는 莊公이 막내아우인 友(즉 成季)에게 후계자에 대한 일을 물으니, 莊公의 아들인 "子般"(즉 友에게 조카가 됨)을 받들겠다고 하였다. 이후 友는 牙를 협박하여 자살하게 하고, 莊公이 죽자 子般(孟任이 낳은 아들)

……[태어날 아이의 장래에 대해] 占을 쳐보게 하였는데, 大有가 乾으로 변하는 卦를 얻었다. ≪六五가 변효(變爻)≫ [복초구(卜楚丘)의 아비가 占卦를 해석하여 다음과 같이] 말했다. "[그] 아버지(父)와 동일한 지위를 회복하는 占卦이며 君主의 지위(君所)와 같은 공경(恭敬)을 받을 것입니다." ≪이것은 점치는 사람[筮者]의 말이다.≫

杜氏曰 乾爲君父 离變爲乾 故曰 同復于父 見敬 與君同

大有 → 乾

杜氏가 말하였다. "乾은 임금(君)이고 아비(父)인데, 离가 변하여, 乾이 된다. 그러므로 '아비(父)와 동일한 지위를 회복하고, 임금과 같은 존경을 받는다'라고 한 것이다."

○ 一陽成終 ≪上一剛≫ 季子之象也 ≪有艮象≫ 於坎之位 ≪四五

을 추대하였다.

桓公 → 莊公 → 閔公 → 僖公 → 文公…….
↳ 慶父 ↳ 子般
叔牙
成季

그러나 慶父가 다시 반란을 일으켜 閔公(哀姜의 여동생 叔姜이 낳은 아들)을 추대하였고, 成季는 도망쳤는데, 이후 成季는 閔公이 주선하여 돌아온다. 그 이후, 慶父가 閔公을 죽였는데, 成季는 僖公을 모시고 다시 달아났으며, 慶父도 내외의 반발로 결국 거莒나라로 도망치지 않을 수 없게 되었다. 이후, 成季가 다시 들어와 僖公(閔公의 아우, 또는 成風이 낳은 아들로 庶兄이라는 설이 있음)을 옹립하였다. 경보(慶父)는 결국 거(莒)나라에서도 쫓겨나 魯나라로 송환되어 오면서 자살하였다. 이후 友가 오래도록 魯나라 국정을 주도하다가 僖公 16年 3월에 죽었다.

59) 宋, 정초(鄭樵)의 『通志』 「氏族略 4」에 "卜氏, 周禮 卜人氏也, 魯有卜楚丘, 晉有卜偃, 楚有卜徒父, 皆以卜命之, 其後, 遂以爲氏, 如仲尼弟子卜商之徒, 是也"라고 함(『漢韓大辭典』 卷2, 단국대, 1999, 948면).

六≫ 得此中剛 ≪五今剛≫ 中剛者 敬也 ≪見坤之六二≫

䷍ ䷀

大有 → 乾

○[大有卦에서 上位에서] 한 개의 陽이 그 끝을 이루니 ≪[大有卦의 上位에 있는] 한 개의 剛을 가리킴≫ 막내아들(季子)의 象이다. ≪艮의 象이 있음[60]≫ 坎의 자리에서 ≪4·5·6은 본래 坎位≫ 이 '中剛', 즉 '가운데 있는 剛'을 얻었으니 ≪[乾卦의] 제5位가 지금 剛≫ '中剛'은 [곧] 공경(敬)을 가리킨다. ≪坤卦의 六二[의 「文言」에 이런 用例가 나타남]≫

[4] 진백벌진지서(秦伯伐晉之筮) ≪僖十五年≫

秦나라 군주(伯)가 晉나라 혜공(惠公)을 토벌(討伐)하면서 친 占 ≪魯나라 僖公 15年[61]≫

〔原文〕 秋 秦伯伐晉 卜徒父 筮之 吉 涉河 侯車敗 ≪此 徒父之言≫ 詰之 對曰[62] …… 三敗 必獲晉君 其卦遇蠱 ䷑ ≪卦不變≫ 曰 千乘三去 三去之餘 獲其雄狐 ≪徒父自作詞≫ 夫狐蠱 必其君也

䷑

蠱

[魯 희공(僖公) 15年] 가을에 진(秦)나라 백작(伯爵)이 晉나라를 정벌함에[63] [卜占을 관장하는 관리인] 도보(徒父)로 하여금 [이 싸움의 결과에

60) 大有卦의 제5·6位는 온전한 艮卦의 象은 아니지만, 艮卦의 축소형으로 보고, 그것을 '季子', 즉 '막내아들'로 풀이한 것이다.

61) B.C.645년에 해당된다.

62) 『左傳』의 原文에는 "對曰"과 "三敗" 사이에 "乃大吉也(이것을 크게 길합니다)"라는 말이 있는데, 다산의 인용문에서는 생략되고 있다.

대해] 占을 치게 하니 [도보(徒父)가 다음과 같이 占卦를] 풀이하였다. "吉하옵니다. 황하(黃河)를 건너감에 제후(諸侯)의 전차(戰車)가 부서질 것입니다." ≪[以上은] 도보(徒父)의 말이다.≫ [진백(秦伯)이] 그에 대해 [徒父에게 그것이 무슨 뜻인지를] 다그쳐 물으니[64] [徒父가 秦伯에게 다음과 같이] 대답하였다. "[敵인 晉의] 군대를 세 차례 무너트리고, 晉나라 군주(晉侯)를 사로잡을 것이옵니다. 그 卦가 蠱卦를 만나니 ≪[茶山] 卦가 변하지 않음≫ [蠱卦의 象은] 천 대의 戰車(千乘)를 세 번 물리치고, 세 번 물리친 이후 그 숫여우를 잡는 것이거니와[65] ≪이것은 徒父가 自作한 말≫ 여우는 속이는 데 능숙한 동물이니, [숫여우를 잡는다고 한 것은] 반드시 晉나라의 군주[66]를 가리킨 것일 것입니다."[67]

---

63) 秦伯이 晉나라를 정벌하게 된 원인을 『春秋左傳』(僖公 15年)에서는 다음과 같이 서술하고 있다. 晉나라 군주인 후작(惠公)이 자기나라로 들어가게 되자, 秦나라 穆公의 夫人인 穆姬가 賈君을 잘 봐 주라 부탁하고, 또 각 나라에 흩어져 있는 여러 公子들을 다 불러들이라고 했다. 晉나라 군주인 후작은 나라로 들어와 군주가 되어서는 賈君과 간통하고, 여러 공자들은 불러들이지 않았다. 그래서 목희는 그를 원망했다. 또 晉나라 군주인 후작은 나라 안의 大夫들에게 나라로 들어가서 군주가 되면, 재물을 주겠다고 약속했는데, 군주가 된 뒤에는 그 약속을 모두 어겼다. 그리고 秦나라 군주인 백작에게는 河南의 다섯 城과 동으로 괵(虢)의 국경까지의 땅 전부와 남으로 華山까지, 河北으로는 解梁城까지의 땅을 뇌물로 주겠다고 약속했는데, 秦나라의 도움으로 나라에 돌아와 군주가 된 뒤에는 약속을 어기고, 그 땅들을 주지 않았다. 또 晉나라에 기근이 들었을 때, 秦나라에서는 곡식을 실어 보냈으나. 秦나라에 기근이 들었을 때, 晉나라에서는 곡식이 나가는 길을 막아버렸다. 그러므로 秦나라 군주인 백작은 晉나라를 정벌했다 (남기현 역, 『春秋左傳』 上, 자유문고, 2003, 312~313면).

64) 秦伯이 "敗한다"는 말을 오해하여, 秦伯 자신이 敗한다는 뜻으로 알고, "따져 물었다(詰之)"라고 해석할 수도 있다(『春秋左氏會箋』 上(『漢文大系』 卷10, 富山房, 明治 48年, 74면 참조).

65) '去'를 '驅'로 보아, '천 대의 전차로 세 번 밀고 들어갔다'고 해석할 수도 있음(王守謙 外 譯注, 『左傳全譯』, 貴州人民出版社, 1992, 249면 참조). 다른 해석으로는 "千乘의 나라가 세 번 싸워 물러가고, 세 번 물러 간 뒤에는 그 숫여우를 잡게 된다"로도 풀이할 수도 있음(남기현 역해, 『春秋左傳』 上, 자유문고, 2003, 313면).

66) 晉 惠公을 가리킨다.

67) 狐蠱必其君 : "狐"를 앞 구절의 "獲其雄狐"의 "雄狐"와 연관하여 해석한다면, "狐蠱必其君"은 ① "여우는 속이는 데 능숙한 동물이니, 잡히는 자는 반드시 晉나라의 군주일 것입니다"의 뜻이 된다(남기현 역, 『春秋左傳』 上, 자유문고, 2003, 313면). 이 경우는 "狐"를 "여우", 즉 晉나라 군주를 가리키는 것으로 본 것이다. 그렇지 않고, "狐"를

杜氏曰 卜人而用筮 不能通三易之占 故 據其所見 雜占而言之 今此所言 蓋卜筮書雜辭 ≪又云 秦伯之軍 涉河 則晉侯車敗≫

杜氏가 말하였다. "[거북점을 치는] 卜人이 시초(蓍草)로 점(筮)을 침에 [『연산역(連山易)』과 『귀장역(歸藏易)』과 『주역(周易)』의] 세 종류의 易의 占에 능통(能通)하지 못한 까닭에,68) 자신의 소견(所見)에 근거하여 난잡(亂雜)하게 占을 쳐서 말하였다. ……[이상에서] 지금 말해진 것도 대개 [徒父가] 卜筮書의 잡된 글[을 인용한 것]이다"고 하였다. ≪또 [두예(杜預)가 말하였다.] "[涉河, 侯車敗"의 句가 뜻하는 것은] 秦伯의 軍隊가 黃河를 건너감에 晉侯의 전차(戰車)가 敗함을 가리킨다."≫

○案 卜偃 卜楚丘之父 皆卜人而爲筮 非但卜徒父 爲卜人也 且卜筮之法 占者 本自立詞 ≪皆叶韻≫ 不必舊繇是用也 ≪三去雄狐之詞 或係連山 歸藏之舊文 亦未可知≫ 杜氏 直歸之雜詞 何據矣

○[案] 복언(卜偃)69)과 복초구(卜楚丘)의 아비(父)70)도 모두 卜人이면

뒤에 나오는 狐氏, 즉 "호돌(狐突)"을 가리키는 것으로 볼 수도 있겠는데, 그 경우에는 다음의 두 가지 해석이 가능할 것이다. ② 狐氏의 꿈이 반드시 그 임금[인 晉 惠公의 마음]을 迷惑되게 할 것이다. ③ 狐氏의 의혹스러운 말도 이미 있거니와, 반드시 그 임금을 사로잡을 것이다. ②의 경우처럼 해석할 경우, 이것은 秦伯의 입장을 대변한 것으로서, 뒤에 나오는 설명과 연관해서 이해할 필요가 있다. 즉 秦 목공(穆公)이 韓原의 싸움에서 승리하여 晉 獻公의 아들인 惠公을 잡아서 말하기를, "寡人이 [晉의 惠公을 포로로 잡아] 西方으로 [데려]가는 것은, 다만 晉의 요망스러운 꿈(妖夢) 이야기를 없애자는(踐) 것이다"라고 하였다. 그런데 다산은 뒷 부분의 주석에서 "狐氏之夢, 惑其君心, 此所謂, 狐蠱, 必其君也"라고 하고 있기 때문에, ②의 뜻이 다산의 해석의 관점과 일치하는 것이 된다. 그렇지만, 原文의 문맥으로 본다면, 바로 앞에서 여우를 잡는다고 말하였기 때문에, 진나라 군주를 지칭하는 여우를 잡는 것으로 보는 것이 문맥상 더 자연스러운 것으로 보인다.

68) "卜人"은 三兆·三易·三夢의 法을 관장하는 사람이지만, 그 '卜'이라는 글자에서 드러나듯, 기본적으로 卜占(龜卜)을 전공하는 사람이며, "筮"(連山·歸藏·周易)를 위주로 하지는 않는다고 볼 수 있다. 그래서 '三易에 不能通하다'는 말을 杜氏가 하는 듯하다. 그러나 이상의 관점을 비판하는 주석가도 있다(『春秋左氏會箋』 上(『漢文大系』 卷10, 富山房, 明治 48年, 74면). 茶山도 역시 이런 杜氏의 견해에 비판적인 것 같다.

69) 복언(卜偃)은 「6. 晉侯納王之筮」에 나온다(『四箋』 卷7, 20나).

서도 蓍草占(筮)을 [능숙히] 쳤으니, 비단 복도보(卜徒父)만이 卜人이었던 것이 아니다.[71] 또한 卜占과 筮占을 치는 法은 점치는 자가 본래 스스로 占詞를 짓는 것이니 ≪[글을 짓는 경우에] 모두 叶韻을 맞춘다.≫ 기존의 占詞를 반드시 사용할 필요는 없는 것이다. ≪여기서 언급된 "三去"나 "雄狐" 등의 말이 혹 『연산역(連山易)』이나 『귀장역(歸藏易)』의 舊文과 연계된 것인지는 또한 알 수가 없다.≫ [그런데] 杜氏는 [이런 구절을] 곧바로 雜詞[72]로 간주하거니와, [거기에] 어떤 근거가 있는 것인가?[73]

○ 蠱之兩互 乃爲歸妹 ䷵ 兌者 秦也 ≪內爲我≫ 震者 晉也 ≪晉在東≫ 歸妹之卦 本自泰來 ≪三之四≫ 纔涉坎川 ≪三之四 爲坎≫ 金乃克木 ≪兌克震≫ 侯車敗也

蠱→ 兩互作卦→ 歸妹→ 推移→ 泰

○蠱卦의 兩互卦를 취하면 歸妹卦가 된다. [歸妹卦의 下卦인] 兌는 秦나라이고 ≪內卦가 주체[我]가 됨≫ [歸妹卦의 上卦인] 震은 晉나라이다. ≪晉나라는 [秦의] 동쪽에 있다.≫ 歸妹卦는 본래 泰卦에서 왔으니 ≪[泰卦의] 3이 4로 감≫ [晉侯의 戰車가] 바야흐로(纔) 坎의 냇물(川)을 건너는데 ≪[泰卦의] 3이 4로 가서 (歸妹卦의 上互卦인) 坎이 됨≫ 쇠(金)[74]가 나무(木)[75]를 이기

70) "卜楚丘之父"는 앞서 「3. 成季之筮」에서 나왔다(『四箋』 卷7, 17나).

71) 卜人이 蓍草占, 즉 連山, 歸藏, 周易의 三易에 능통하지 못하다는 말은 잘못이라는 뜻이다.

72) 杜氏의 原文에는 "雜辭"로 되어 있다.

73) 기존의 占詞를 반드시 그대로 말해야 된다는 卜筮法도 없으며, 혹은 이것이 歸藏이나 連山의 인용일 수가 있는데, "雜占"이니 "雜辭"니 말하는 것은 무슨 다른 근거가 있는 것인가 라고 물으며 杜氏를 논박하는 것. 즉 그렇게 말할 근거가 없다는 것이다.

74) 兌가 金이 된다는 것은 茶山이 今補에서 보충한 兌의 物象이다(『四箋』 卷8, 41나). 이른바 "五行"에 의거한 것이다.

75) 震이 木이 된다는 것도 역시 茶山이 '今補'에서 보충한 物象이다. 다산은 '今補'에서

는 것[이 五行의 相克의 이치]이므로 ≪兌의 金이 震의 木을 이김≫ "侯車敗", 즉 "[晉의] 諸侯의 戰車가 부서지게 된다"는 것이다.

○ 歸妹自泰來 ≪蠱亦自泰來≫ 內乾 秦也 ≪內爲我≫ 外坤 晉也 ≪外爲敵≫

泰→ 推移→ 蠱→兩互作卦→歸妹←推移 ←泰

○歸妹는 泰卦로부터 왔는데 ≪蠱卦도 역시 泰卦로부터 왔음≫ [泰卦의] 內卦인 乾은 秦나라를 지칭하고 ≪內卦가 주체[我]가 됨≫ 外卦인 坤은 晉나라를 지칭한다. ≪外卦는 敵이 됨≫

坤之爲卦 本以乾敗 ≪義見表≫ 一敗爲巽 ≪一陰生於乾≫ 再敗爲艮 ≪二陰生≫ 三敗則坤也 ≪三陽亡≫ 乾本爲君 ≪爲晉君≫ 是 千乘也 ≪坤爲百里故 乾爲千乘≫ 乾敗爲坤 ≪巽艮坤≫ 千乘三去也

乾 → 巽 → 艮 → 坤

坤의 형성은 본래 乾의 파괴(敗)에 기인한다. ≪이 의미는 「括例表」에 보인다.[76]≫ [乾卦의 陽畫이] 한 번 부수어진 것이 巽이 되고 ≪乾으로부터 한 개의 陰이 생긴 것[이 巽]≫ 또 다시 부수어진 것이 艮이 되고 ≪乾으로부터 두 개의 陰이 생긴 것[이 艮]≫ 세 번 부수어진 것이 坤이 된다. ≪세 개의 陽이 상실됨≫ [泰卦의] 乾은 본래 君主인데 ≪여기서는 晉나라 君主를 가리

"震爲草'木'"이라고 하였다(『四箋』 卷8, 36나). 역시 '五行'의 원리에 의거한 것이다.

76) 12辟卦의 推移를 가리키는 것이 아니라, 八卦의 陰陽消長를 가리킴.

킴≫ 이것이 "千乘"이다. ≪坤을 百里로 삼았으니, 따라서 乾은 千乘이 된다.≫ 乾이 敗退하여 坤으로 되었으니 ≪① 巽卦→② 艮卦→③ 坤卦로 변화≫ "千乘이 세 번 물러갔다"라고 한 것이다.

三去之餘 移之爲坎 ≪三[77]之四 歸妹≫ 獲其狐也 ≪坎爲狐≫ 遂爲震雄 ≪妹上震≫ 獲其雄狐也 震爲公侯 ≪民之主≫ 獲晉君也 蠱之爲卦 下巽上艮 一敗二敗 將至三敗之象也 ≪自巽艮而坤≫

세 번 물러선 이후에 推移하여 坎이 되니 ≪[泰卦의] 3이 4로 推移하여 歸妹卦가 됨≫ 이것이 "그 [숫]여우를 잡는다"는 것이다. ≪[歸妹卦의 3·4·5位인] 坎은 여우를 상징함[78]≫ 결국 震의 숫컷(震雄)[79]이 되는데 ≪歸妹卦의 上卦가 震≫ 이것이 "그 숫여우를 잡는다(獲其雄狐)"[80]는 것이다. 震은 公侯[81]를 상징하므로 ≪[公侯는] 백성의 主君≫ ["그 숫여우를 잡는다"는 것은 결국] 晉나라 君主를 잡는 것이 된다. [한편] 蠱卦는 下卦가 巽風이고, 上卦가 艮山으로 구성되어 있는데, 이는 결국 한번 敗退하고 ≪[蠱卦의 下卦인] 巽을 가리킴≫ 두 번 敗退한 뒤에 ≪[蠱卦의 上卦인] 艮을 가리킴≫ 장차 세 번 敗退하기에 이르는 형상이다. ≪巽에서 艮으로 된 뒤에 坤이 됨[82]≫

77) [校閱] 新朝本과 國中本에는 "三之四"로 되어 있으나 奎章本에는 "二之四"로 되어 있다. 前者가 옳다.

78) 坎이 여우(狐)가 된다는 것은 荀九家의 說이다(『四箋』 卷8, 32가).

79) 「說卦傳」에서 震이 長男이 된다고 하였으므로, 震은 당연히 '雄(수컷)'이 된다.

80) 엄밀히 따지면 "獲其雄狐" 전부가 아닌, '雄'이라는 말을 설명한 것이다.

81) 荀九家, 虞氏曰, 震爲侯 : 「說卦傳」(『四箋』 卷8, 36가).

82) 蠱卦 자체가 下卦는 巽이고, 上卦는 艮이니, 그 다음에 坤으로 되는 추세에 있다는 뜻이다.

○狐蠱者 狐惑也 韓原之戰 所以踐狐氏之夢也 ≪見下文≫ 狐氏之夢 惑其君心 此 所謂狐蠱 必其君也

○"호고(狐蠱)"라는 것은 호돌(狐突)[83]의 의혹(狐惑)을 말한다. [秦나라와 晉나라가 대결한] 韓原[84] 지역에서의 싸움은 [결국] 호돌(狐突)의 [요사스런] 꿈 이야기가 퍼지는 것을 막기 위함이었다.[85] ≪이에 대해서는 아래에서 언급된다.[86]≫ 호씨(狐氏)의 꿈[87]이 그 임금[인 晉 惠公]의 마음을 미혹(迷惑)되게 하였으니, 이로서 이른바 "狐蠱, 必其君"이라 한 것이겠다.

○案 易詞曰 利涉大川 此云 涉河 有所本也

○[案] [『周易』의 蠱卦의 彖辭를 보면] 易詞에서 "利涉大川"이라고 했으니, 여기서 "涉河"라는 말도 근거하는 바가 있는 것이다.

〔**原文**〕蠱之貞 風也 其悔 山也 歲云秋矣 我落其實 而取其材 所以克也 實落材亡 不敗 何待

[徒父가 계속 말하였다.] "蠱卦의 '貞'은 風이고, 그 '悔'는 山이온데,

---

83) 호돌(狐突) : 重耳의 外祖父이다. 重耳는 太子 申生의 아우이다(『春秋左傳』 '閔公 2年').

84) 韓原 : 지금의 섬서성(陝西省), 한성현(韓城縣)의 서남쪽에 속한 地名, 『左傳』 '僖公 15年'(B.C.645)에 진(秦)과 진(晉) 사이에 韓原에서 전쟁이 벌어짐.

85) 아래(『四箋』 卷7, 18나)에 "晉之妖夢, 是'踐'"이란 말이 나온다. 호돌의 꿈(『四箋』 卷7, 18).

86) 見下文 : '下文'이라고 한 것은 『四箋』(卷7, 18)의 내용을 두고 하는 말이다. 『左傳』에서는 호돌(狐突)의 꿈에 대한 이야기가, 여기 이상의 사건들보다 먼저 기술되고 있다.

87) 狐氏之夢 : 狐氏는 호돌(狐突)을 가리킨다. 晉侯가 無禮하여, 晉나라가 망한다는 것과 晉侯가 韓原에서 패하게 된다는 것이 그 내용으로서, 『左傳』에 상세히 기록되어 있다. 즉, 晉侯(惠公)가 恭太子(申生)를 다시 장사지냈다. 가을철에 호돌(狐突)이 恭太子(申生)의 혼령을 만났는데, 태자가 호돌에게 말하기를, 자기가 앞으로 晉나라를 秦나라에게 주겠다고 하고, 또 夷吾(惠公)가 韓땅에서 敗戰할 것이라고 말하였다는 것이다(文璇奎 역, 『春秋左氏傳』 上, 명문당, 1987, 278~279면 이후). 이후에 실재로 晉나라는 세 번 패하여 韓[原이라는] 지역까지 물러났는데, 秦 穆公이 韓原의 전투에서 晉侯(晉獻公의 아들인 惠公)를 사로잡아 돌아갔다.

계절도 이처럼(云) 가을[88]이거니와[89] 우리가 그 열매를 떨어뜨리고, 그 나무를 취하는 격이라, 우리가 승리하는 까닭이옵니다. 열매가 떨어지면, 나무는 베어 없어지는 법이니, [晉나라는] 敗하는 것 이외에 그 무엇을 기다리겠습니까!"

杜氏曰 內卦爲貞 外卦爲悔

杜氏가 말했다. "內卦가 '貞'이고, 外卦가 '悔'가 된다."[90]

○ 前所論 皆互體 至此 始論正體 故曰 蠱之貞 風也

○ 앞서 말한 것은 모두 互體였는데, 여기서부터 비로소 正體를 논의한다. 따라서 "蠱卦의 貞은 風"이라 말한 것이다.

○ 下巽之風 《秦之象》 兌則爲秋 《下互兌》 秦所得者 秋風也 《秦又在兌方》 上艮之山 《晉之象》 震則爲木 《上互震》 晉所得者 山木也 《晉又在震方》 以我之秋風 攻彼之山木 無往不克也 然且 歲之云秋 我得天時 《兌得秋》 其有不利乎 以正卦 則以我巽風 撓彼艮果 《見說卦》 風能隕物 其實必落也 《山果落》 以互體 則以我兌金 《二四互》 伐彼震木 《三五互》 金將克木 其材可取也 卦象如此 不敗何待

蠱→兩互作卦→歸妹

88) 歲云秋矣 : 春秋의 經文에 "十有一月壬戌, 晉侯及秦伯戰于韓, 獲之侯"(文璇奎 譯著, 『春秋左氏傳』 上, 명문당, 1987, 289면)라는 말이 보이고, 傳文에도 "九月, 晉侯逆秦師"(같은 책, 293면)라는 말이 보인다.

89) 云 : 이와 같이, 이렇게 하면, 만일 ……한다면, 있다. (其云益乎 : 이익이 있을 것이다.)

90) 「讀易要旨」의 第17則 認字에서 "內卦曰貞, 外卦曰悔"이라고 함(『四箋』 卷1, 18가).

○[蠱卦에서 보면] 下巽의 바람에다가 ≪秦나라를 상징≫ 兌는 가을이니[91] ≪[蠱卦의] 下互卦[인 2·3·4]가 兌≫ 秦나라가 얻은 것은 秋風이다. ≪또한 秦나라는 실제로 서쪽인 '兌方'에 있다.[92]≫ 蠱卦 上艮의 山에다 ≪晉나라 상징≫ 震은 나무이니 ≪蠱卦의 上互 3·4·5가 震≫ 晉나라가 얻은 것은 산의 나무(山木)이다. ≪또 晉나라는 실제 동쪽인 震方에 있다.≫ 나의 秋風으로 상대방의 山木을 공격하니, 가서 이기지 못함이 없는 것이다. 게다가 계절도 가을이니, 나는 天時까지 얻은 셈인데 ≪兌로서 가을이 됨≫ 어찌 불리함이 있겠는가! 蠱卦에서 正卦로 풀이하면, 나의 巽의 바람(風)으로써 상대방의 艮의 열매(果)를 흔드는 象인데 ≪「說卦傳」에 나온다≫ 바람은 사물을 능히 떨어뜨릴 수 있으니, 그 열매가 반드시 떨어질 것이다. ≪山에서 果實이 떨어진다.≫ 다른 한편 蠱卦의 互體로 설명하여 보면, 나의 兌金으로 ≪蠱卦의 2·3·4의 下互卦가 兌이다≫ 상대방의 震木을 정벌하는 형국인데 ≪蠱卦의 3·4·5位의 上互卦가 震≫ 쇠붙이(金)가 장차 나무(木)를 이기리니, 그 나무의 材木을 취할 수 있는 것이다. 卦象이 이와 같으니 "[晉나라는] 패하는 것 이외에 그 무엇을 기대하겠습니까"[93]라고 말한 것이다.

〔**原文**〕 三敗及韓 戰于韓原 秦獲晉侯 ≪晉獻公之子 惠公≫ 以歸曰 寡人之西也 亦晉之妖夢是踐 ≪狐突夢[94]見申生言≫

[이후에 실제로] 晉나라는 세 번 패하여 韓[原이라는] 지역까지 물러났는데, …… 韓原에서 싸워 秦 穆公이 晉侯를 사로잡아 ≪[晉侯는] 晉獻公의 아들인 '惠公'[즉 '이오(夷吾)'를 가리킴]≫ 돌아갔다. …… 秦 목공(穆公)[95]

---

91) 兌秋 : 「說卦傳」에 "兌, 正秋也"라고 함(『四箋』 卷8, 30나).

92) 兌西 : 이른바 "後天方位", 즉 "文王八卦方位"(說卦方位)에 의거한 것이다.

93) 不敗何待 : 文璇奎 역, 『春秋左氏傳』 上, 명문당, 1987, 292면; 楊伯峻 編, 『春秋左傳注』(修訂本) 卷1, 中華書局, 1993, 354면 참조.

94) [校閱] 新朝本에는 "狐突侯"로 되어 있으나 奎章本과 國中本에는 "狐突夢"으로 되어 있다. 文理로 볼 때, 後者가 더 자연스럽다.

95) 진목공(秦穆公)은 姓은 영(嬴)이고, 이름이 임호(任好)이며, 春秋五霸 중의 하나이다.

이 [승리하여] 돌아가면서 말하기를, "…… 寡人이 [晉의 惠公을 포로로 잡아] 西方으로 [데려] 가는 것은, 다만[96] 晉의 요망한 꿈(妖夢) 이야기를 없애자는(踐) 것이다"라고 하였다. ≪호돌(狐突)이 꿈속에서 신생(申生)[97]을 만나 했다는 말이다.≫

[5] 백희가진지서(伯姬嫁秦之筮) ≪僖十五年≫

백희(伯姬)를 秦나라로 시집보내며(嫁) 친 筮占 ≪僖公 15年[98]≫

〔原文〕 初 晉獻公 筮嫁伯姬于秦 ≪申生姊≫ 遇歸妹䷵之睽䷥ ≪上六變≫ 史蘇 占之曰 不吉 其繇曰 士[99]刲[100]羊 亦無衁也 ≪易文衁作血≫ 女承筐 亦无貺也 ≪易文 貺作實≫ 西鄰責言 不可償也 歸妹之睽 猶无相也 ≪西鄰以下 占者詞≫

賢臣인 蹇叔·百里奚 등을 중용하여 국력을 강화하였다. 아울러 12국을 멸하여 西戎의 패자로 불려졌다. 또한 晋과의 전쟁에서 승리하여 周室을 안정시켰으며, 在位 기간 동안 영토를 확장하여 관중 땅 대부분을 차지하였다.

96) 亦=祇.

97) 신생(申生) : 제환공의 딸 제강(齊姜)은 晉나라 군주에게 시집을 갔는데, 그의 아들이 뒤를 이어 晉 獻公이 되자 자기 아버지의 첩(妾)이었던 제강(齊姜)을 아내로 맞아, 진헌공의 아들을 낳으니, 그가 신생(申生)이다. 또 獻公은 적족(狄族) 자매를 얻어 그 언니에게서 중이(重耳)를 낳고, 동생에게서 이오(夷吾)를 낳게 된다. 그런데 晉 獻公은 애첩 여희(驪姬)에게 빠진 나머지, 太子 申生에게 왕위를 물려주지 않고, 여희(驪姬)의 소생인 해제(奚齊)에게 왕위를 물려주고자 하였는데, 결국에는 太子 申生을 曲沃으로 내쫓게 된다. 그런데 太子 申生은 여희(驪姬)의 간계에 빠져 자살하게 되고(B.C.655) 申生의 배다른 동생 重耳는 이 사건에 충격을 받고, 晋을 떠나 19년의 亡命길에 올랐다가, 後에 歸國해 卽位하니, 이가 바로 春秋 五覇 중 한 사람인 晋文公(在位, B.C.636~628)이다. 重耳는 秦穆公의 도움을 받아 귀국 후 晋文公이 되었는데, "尊王"을 구호로 내세워 당시 중원을 위협하던 楚國을 격파하여 春秋五霸의 두 번째 霸主가 되었다.

98) B.C.645년에 해당된다.

99) [校閱] "사규양(士刲羊)"의 "사(士)"가 新朝本에는 "토(土)"로 되어 있으나 誤記이다.

100) [校閱] "사규양(士刲羊)"의 "규(刲)"가 奎章本에는 "괘(卦)"로 되어 있는데, 誤記이다.

䷵ ䷥

歸妹 → 睽

이전에(初)에 晉나라 헌공(獻公)이 [딸] 백희(伯姬)를 秦나라에 시집보내는 일에 대해 占을 쳤는데 ≪[伯姬는] 신생(申生)의 손위 누이≫ 歸妹가 睽로 변하는 卦를 얻었다. ≪[歸妹卦의] 上六爻가 변한 것≫ 史蘇[101]가 그 점괘를 풀이하여 말하였다. "불길하옵니다. 그 占詞에 '선비가 羊을 찔러도 피가 나지 않고 ≪『周易』의 [歸妹上六의] 爻辭에는 '피 衁(황)'字가 '피 血(혈)'字로 되어 있음[102]≫ 여자가 광주리를 이고 있어도 그 안에 들어 있어야 할 폐백(幣帛)[103]이 없다'라고 했사옵니다. ≪현행 『周易』의 歸妹上六의 爻辭에는 '줄 貺(황)'字가 '열매 實(실)'字로 되어 있다.≫ [이는 결국] 서쪽의 이웃나라에서 책망하는 말에 대해[104] 변명할 수 없습니다.[105] 歸妹卦가 睽卦로 변하는 점괘에 돕는 자가 없는 것과 같사옵니다." ≪"西鄰" 以下의 글은 점을 친 사람, 즉 史蘇의 말이다.≫

杜氏曰 衁 血也 貺 賜也 相 助也

杜氏가 이르기를, "'황(衁)'은 피(血)를 뜻하고, '황(貺)'은 주는 것(賜)을 뜻하며, '상(相)'은 돕는 것을 뜻한다.

○易詞之義 見本卦

○易詞의 의미는 [歸妹卦의] 本卦에서 설명하였다.

---

101) 史蘇 : 晉나라의 점치는 일을 맡은 관리의 이름.
102) 歸妹上六 : 女承筐, 无'實'; 士刲羊, 无'血'.
103) 황(貺)은 남에게 받은 선물이나 하사품을 뜻한다.
104) 西鄰責言 : 서쪽 이웃 나라는 秦나라, 책망은 秦나라가 晉나라에 대하여 보답이 없음을 책망하는 것.
105) 不可償也 : 변명할 수 없다는 뜻이다.

○秦晉 婚姻之國也 刲羊无血 則其盟約 必渝也 《盟以血》 承筐无實 則其聘享 不通也 《聘以幣》 其有利乎

○秦나라와 晉나라는 혼인관계가 있는 나라들이다. "羊을 잡아도 피가 나오지 않는다면", 그 맹약(盟約)이 반드시 깨어질 것이요 《盟約은 피로서 함》 "바구니를 이고 있어도 그 안에 들어 있어야 할 폐백(幣帛)이 없다면", [손님을] 초빙(招聘)하더라도 祭祀드리는 일이 순조롭지 않을 것이다. 《초빙(招聘)에는 반드시 폐백(幣帛)의 禮物을 가지고 하는 것이다.》 그 어찌 이로움이 있겠는가?

○易例 內卦爲我 《外爲敵》 而歸妹之卦 則震兄主婚 《兌少女之兄》 上卦爲主也 晉在東方 《秦之東》 震者 東鄰也 秦在西方 兌者 西鄰也 出於兌口 卽成坎險 《三五坎》 險言爲責 《言其過》 此西鄰之責言也 責之柰何 震爲耀也 《震爲禾》 今震旣滅 《上今离》 言不可償也

歸妹 → 睽

○[일반적으로] 易例에 따르면, 內卦가 자기[我]가 되지만 《外卦는 敵이 됨》 歸妹卦에서는 [上卦인] 震의 兄[106]이 혼례를 주관하기 때문에 《[歸妹卦의 內卦인 兌는 少女인데, 혼례(婚禮)를 주관하는 것은] 兌의 少女의 오빠》 上卦를 주체로 삼는다. [다른 한편] 晉나라는 東쪽에 있으니 《秦나라의 동쪽》 [歸妹 上卦인] 震은 "동쪽의 이웃나라"가 되고, 秦나라는 [晉나라의] 서쪽에 있으니 [下卦인] 兌는 "서쪽의 이웃나라"가 된다. 兌의 입[107]에서 나와서 곧 坎의 險[한 말][108]을 이루는데 《[歸妹卦의] 3·4·5가 坎》

106) 虞氏易, 震爲夫, 爲兄(『四箋』 卷8, 33나).
107) 兌口 : 「說卦傳」에 나오는 말. 또 「說卦傳」에서 "口舌"이 된다고 하였다.

험한 말이란 곧 책망하는 말이니 ≪그 잘못을 지적하여 말함≫ 이것이 "서쪽 이웃나라"의 "책망[하는 말]"이다. 책망한들 어찌 하겠는가! 震은 곡식을 내다 파는 것(糶)인데 ≪震은 곡물(禾)이 됨[109]≫ 이제 [睽卦의] 上卦에서 震[으로써 곡식을 팔 길]이 이미 없어지니 ≪睽卦의 上卦는 离≫ "不可償", 즉 "보답할 길이 없다"라고 말한 것이다.

○相者 導也 儐也 人以相行 ≪導在前≫ 卦以震行 ≪道在前≫ 今震旣滅 如无相也

○"相"은 引導함의 뜻이 되고, [손님을] 接待함(儐)의 뜻이 된다. 사람은 안내자(相)를 따라 나가고 ≪앞에서 인도함≫ 卦는 震으로써 나아가는데[110] ≪[震의] 길이 앞으로 뚫려 있음≫ 지금 [歸妹卦가 睽卦로 변하면서] 震이 이미 소멸되었으니, 도움을 받을 사람(相)이 없는 것과 같다.

〔**原文**〕 震之離 亦離之震 爲雷爲火 ≪句≫ 爲嬴敗姬 車說其輹 ≪車下縛≫ 火焚其旗 不利行師 敗于宗丘 ≪此 亦占者詞≫

歸妹 → 睽

[史蘇가 계속해서 말하였다.] "震이 離로 되는 것은 또한 離가 震으로 되는 것이기도 하온데,[111] 이는 우레(雷)가 되고 불(火)이 되어, [秦나라의

108) 坎險 : 다산은 「說卦傳」의 '其他 物象'에서 坎은 "勞卦"라 함(『四箋』 卷8, 30나).

109) 茶山의 '其他 物象'에도 "震禾"의 용례가 나옴(『四箋』 卷8, 30나). 또 "震器納禾, 其象斗也"이라고 함(『四箋』 卷8, 36나).

110) 震行은 荀九家인 虞翻의 說(『四箋』 卷8, 36가), 茶山의 '今補'에는 震이 行人이라 함(『四箋』 卷8, 36나).

111) "震之離"는 '歸妹之睽'로서 爻變을 적용하여 설명이 가능하지만, "離之震"은 爻變이나 혹은 推移를 적용한다고 하더라도 해석이 가능하지 않다. 杜預는 "離之震"의 의미를 아래에서 "불(火)이 움직여, 그 기세가 성하니, 그 어미(母)를 해치는 형국(火動熾

國姓인] 영씨(嬴氏)가 [晉나라의 國姓인] 희(姬氏)를 敗退시키는 것이 되며, 또 수레로부터는 그 바퀴 통(輹)이 벗겨질 것이고 ≪['輹'이라고 한 것은] 수레의 아래쪽에 있는 복토(伏兎)를 가리킴≫ 불길이 타올라 그 깃발을 태워 버릴 것이니, 軍師를 움직임에 不利하며, 종구(宗丘)[112]에서 敗하는 것이 됩니다." ≪이것도 역시 占친 者, 즉 史蘇의 말이다.≫

杜氏曰 嬴 秦姓 姬 晉姓 火動熾 而害其母 ≪离火 害震木≫ 女嫁反害其家之象

杜氏가 말하였다. "영(嬴)은 秦나라의 姓氏이고, 희(姬)는 晉나라의 姓氏이다. 불(火)이 움직여 타올라, 그 어미(母)를 해치는 형국이니 ≪离의 불이 震의 木을 태우는 것≫ 이는 여자가 시집가서, 오히려 그 [친정]집을 해치는 형국이다."

○ 嬴 水姓也 ≪見左傳≫ 姬 火姓也 睽之爲卦 兩火之間 ≪下互离≫ 坎水滅之 ≪中互坎≫ 嬴敗姬也

○ "영(嬴)"은 水姓이며 ≪『左傳』에 보임[113]≫ "희(姬)"는 火姓이다. 睽卦는 두 개의 불(火) 사이에서 ≪下互가 离≫ 坎의 水가 그 불길을 진화(鎭火)하는 형국이니 ≪2개의 离 가운데 3·4·5의 互坎이 있음≫ [이것을 가리켜] "嬴敗姬", 즉 "[水姓인] 嬴氏(秦)가 [火姓인] 姬氏(晉)를 敗退시킨다"라고 한

而害其母)"의 뜻으로 설명하고 있다(『春秋左氏會箋』 上(『漢文大系』 卷10, 富山房, 明治 48年, 84면). 毛奇齡, 『推易始末·春秋占筮書·易小帖』(四庫易學叢刊), 上海古籍出版社, 1990, 12면을 참조할 것.

112) 종구(宗丘): 晉나라의 地名으로, 韓原의 다른 이름.

113) "嬴, 水姓也"라는 句는 『左傳』에 보이지 않는다. 다만, "史墨曰, 盈, 水名也"라고 말한 것은 있다(『左傳』 '哀公 9年'). 여기서, 盈字와 嬴字의 두 글자는 옛 音으로는 같다고 한다("嬴盈二字, 古音同." 楊伯峻 編, 『春秋左傳注』(修訂本) 卷4, 中華書局, 1993, 1653면; 『春秋左氏會箋』 下(『漢文大系』 卷11, 富山房, 明治 48年, 57면; 『史記』 第1冊, 中華書局, 237면). 秦始皇은 水德(秦)이 火德(周)을 대신하였다고 본다.

것이다.

○睽自大壯來 ≪上之三≫ ䷥ 大壯之時 乾車完實 ≪本下乾≫ 震以行之 ≪本上震≫ 移之爲睽 ≪三之上≫ 乾拔一剛 ≪三今柔≫ 兌以脫之 ≪下今兌≫ 車說其輹也 ≪小畜 大畜 大壯 皆以乾三剛 爲輹≫

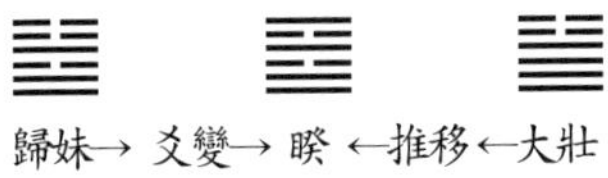

○睽卦는 大壯에서 나왔다. ≪[大壯의] 上이 3으로 갔다.≫ 大壯에서는 乾의 수레[114]가 완전하며 ≪본래 下卦가 乾≫ 震으로서 그것을 운행한다.[115] ≪본래 上卦가 震≫ 그런데 推移하여 睽卦가 되면 ≪3이 上으로 감≫ 乾이 자신의 剛 하나를 뽑아 내게 되는데 ≪제3획이 지금 '陰畫--'≫ 兌로 인해 그것이 脫落하는 것이니[116] ≪下卦가 이제 睽에서는 兌≫ 이런 형상을 보고, "거탈기복(車說其輹)"이라고 하는 것이다. ≪小畜,[117] 大畜, 大壯[118]은 모두 乾의 3개의 剛으로 "복(輹)"을 삼았다.≫

○大壯之時 震旗玄黃 ≪本上震≫ 移之爲睽 ≪三之上≫ 遂以离燒 ≪上今离≫ 火焚其旗也

114) 乾車: 荀九家, 虞翻의 說로, 乾이 "大車"라 함. 「說卦傳」에는 坤이 "大輿"라 함. 또한 茶山의 '今補'에는 震이 "舟車"라 함.

115) 震行: 荀九家, 虞翻의 說.

116) 兌脫: 茶山의 '今補'에 "脫失"이라 함(『四箋』 卷8, 41나). 小畜九三; "輿說'輻'"(『四箋』 卷2, 24나).

117) 大畜九二, "輿說'輹'": 茶山은 "輹"·"輻"은 다른 것이 아닌가 하고 異論을 제기한다(『四箋』 卷3, 38가).

118) 大壯: 壯于大輿之輹.

大壯→推移→睽

○大壯卦에서는 震의 깃발이 玄黃色이었는데 《본래 大壯 上卦가 震[119]》 推移하여 睽卦로 되면 《3이 上으로 감》 결국 离[☲]로 [그 깃발이] 불타게 되니, [이것을 가리켜] "火焚其旗", 즉 "불이 그 깃발을 태운다"라고 한 것이다.

○長子帥師 《震 長男》 師貞之吉也 今震旣滅 《上今离》 不利行師也

歸妹→ 爻變→ 睽 ←推移←大壯

○[大壯卦에서는] 長子가 軍隊를 통수하니 《震은 長男[120]》 軍隊의 일(師貞)에 길함이 있었는데, 이제 睽卦에서는 그 震이 이미 소멸되니 《[睽卦의] 上卦는 지금 离》 "不利行師"인 것이다.

○宗丘者 崇丘也 睽自中孚來 《四之五》 互艮之山 《孚互艮》 巽則爲高 《孚上巽[121]》 是 崇丘也 《說卦 巽爲高》 移之爲睽 《四之五》 震於是滅 《變於上》 敗于崇丘也 崇丘者 韓原也

---

119) 震旗는 茶山의 '今補'에 나온다(『四箋』 卷8, 36나). 또한 「說卦傳」에 震은 "玄黃"이라 나온다.

120) 震將'帥' : 茶山의 '今補'(『四箋』 卷8, 36나) 「說卦傳」에 "震, 長男"이라고 함(『四箋』 卷8, 33가).

121) [校閱] 奎章本과 新朝本과 國中本에 모두 "孚'互'巽"이라고 되어 있는데, 風澤 中孚卦에 "互巽"은 없고, '上'卦가 巽이다. 따라서 여기서는 "'上'巽"으로 고친다.

䷥ ䷼

睽 ← 中孚

○"宗丘"는 높은 언덕(崇丘)을 뜻한다. 睽卦는 中孚卦로부터 왔는데 ≪[中孚卦의] 4가 5로 감≫ 互艮의 山이 있고 ≪中孚에는 互艮[의 山]이 있음≫ 巽은 곧 높음이 되니 ≪中孚의 上卦가 巽≫ 이것이 '崇丘', 즉 '높은 언덕'인 것이다. ≪「說卦傳」에서는 "巽을 높음[高]이 된다"고 하였다.≫ [그런데 中孚卦로부터] 推移하여 睽卦로 가면 ≪[中孚卦의] 4가 5로 감≫ [中孚卦의 下互卦인] 震이 이에 소멸(消滅)되니 ≪[睽卦의] 위[上卦]에서 변화됨[122]≫ 높은 언덕에서 敗한 것이 된다. [여기서] '높은 언덕'이라고 한 것은 [『左傳』에 이른바] 韓原[123]을 가리킨다.

○案 震之爲旗 不見說卦 然 坤帛[124]之下 承以剛木[125] ≪震下剛≫ 其色玄黃 ≪見說卦≫ 爲龍爲獸 其象 旗也

○[案] 震이 깃발(旗)이 된다는 것은 「說卦傳」에는 나타나 있지 않다. 그러나 坤의 비단(帛) 아래에[126] 나무 막대(剛木)로써 받들고 있고 ≪震卦의 下畫이 剛≫ 그 色이 검은 색과 누른 색이 섞여서 ≪[震은 玄黃色이 된다는 것은] 「說卦傳」에 나옴[127]≫ 龍이나 짐승이 그려져 있으니, 그 形象이 깃발인 것이다.

---

122) 變於上 : 上卦가 변하였으니, '높은 곳에서 패배한다'는 것이다. 즉 上=崇(宗), 變=敗를 연관지은 것이다.

123) 韓原 : 지금의 섬서성(陝西省), 한성현(韓城縣)의 서남쪽에 속한 地名, 『左傳』 '僖公 15年'(B.C.645)에 진(秦)과 진(晉) 사이에 韓原에서 전쟁이 벌어짐.

124) [校閱] "坤帛之下"의 "백(帛)"이 奎章本에는 "泉"으로 되어 있는데, "帛"의 誤記이다. 茶山의 '其他物象'에 따르면, 坤이 泉이 되는 것이 아니라, 坎이 泉이 된다(『四箋』 卷5, 41나).

125) [校閱] "承以剛木"의 "木"이 奎章本에는 "本"으로 나오는데, 誤記이다.

126) "坤帛"이란 "☳"에서 2, 3획, 즉 "⚏"을 두고 말하는 것.

127) "震爲玄黃"(『四箋』 卷8, 35나). "其象爲旗"(『四箋』 卷8, 36나).

〔**原文**〕歸妹睽孤 寇張之弧 ≪此節 取睽上九詞≫ 姪從其姑[128] 六年其逋 ≪句≫ 逃歸其國 而棄其家 明年 其死於高梁之虛

歸妹→ 爻變→ 睽 ←推移←大壯

[史蘇가 계속해서 말하였다.] "歸妹[의 上六爻]가 변하여 睽의 孤兒[129]로 되고, 도둑이 활시위를 당기니 ≪이 구절은 睽卦 上九의 爻辭를 취한 것[130]≫ 조카(姪, 子圉)가 그 고모(姑, 穆姬)에게 의지하고 있다가,[131] 6年 後에 도망치는데, 달아나 자신의 나라로 돌아가, [현재의] 자기 집을 버리며, 그 다음 해에 高梁[132]의 땅(虛)에서 죽을 것이옵니다."

杜氏曰 失位孤絶 故 遇寇難 而有弓矢之警 ≪姪姑之義 見下文≫ 逃歸 謂子圉 ≪晉懷公≫ 質秦逋亡也 ≪懷公者 獻公之孫 惠公之子≫ 家謂 子圉婦 懷嬴 ≪質秦而娶之≫ 惠公 死之 明年 文公入 殺懷公于高梁 ≪地在楊氏縣≫

杜氏가 말하였다. "[마땅한] 자리를 잃고, 외롭게 떨어져 있는 까닭에[133] 도적을 만나는 곤란을 당하고, 활과 화살(弓矢)에 의해 놀라는 일이

128) [校閱] "姪從其姑":『左氏傳』 원문에는 "姪其從姑"로 되어 있음. 그런데 뜻이 통하지 않는 것도 아니고, 또 오히려 다산이 문맥이 통하도록 바꾼 것이라 볼 수 있으므로, 여기서 그대로 둔다.

129) 睽卦 九四에 "睽孤, 遇元夫"라 하였다. 김상섭 역, 『高亨의 周易』, 예문서원, 1995, 329면(睽卦 九四). ←「序卦」, 睽者, 乖也. 「雜卦」, 睽, 外也. 『說文』, 睽, 目不相視也.

130) 睽卦 上九에 "先張之弧, 後說之弧, 匪寇婚媾"라 하였다.

131) 原文은 "姪其從姑"인데, "조카가 고모(姑母)에게 의지하다"는 뜻이다. 여기서, 조카는 晉나라의 태자 어(圉), 고모는 秦나라 목공(穆公)의 부인 목희(穆姬)를 가리킨다. 晉나라 태자 어(圉)는 인질로 秦나라에 가서, 고모인 목희(穆姬)에게 의지했다.

132) 高梁: 晉나라의 地名, 惠公이 죽은 다음 해에 文公이 들어와 高梁에서 懷公을 죽였다.

133) 歸妹의 上六이 睽의 上九로 변하면서, 陽이 陰의 자리인 六位에 있다는 것이다("處睽之極, 故曰睽孤." 『春秋左氏會箋』 上(『漢文大系』 卷10, 富山房, 明治 48年, 85면).

있다. ≪조카와 고모에 관한 뜻은 아래에 나온다.≫ '도망쳐 돌아갔다(逃歸)'라고 한 것은 자어(子圉)가 ≪[자어(子圉)는] 晉나라 회공(懷公)[, 즉 惠公의 아들을 가리킴]≫ 秦나라에 人質로 잡혀 있다가 도망친 사건을 일컫는다.[134] ≪회공(懷公)은 헌공(獻公)의 손자이며 혜공(惠公)의 아들이다.≫ ["棄其家"의] "家"는 자어(子圉)의 아내인 '회영(懷嬴)'을 가리킨다. ≪[子圉는] 秦나라에 인질로 있으면서, 장가를 들었던 것이다.≫ 惠公이 죽고 그 다음 해에 文公(重耳)이 [晉나라에] 들어와, 高粱에서 懷公[135]을 죽였다"고 하였다. ≪이 지역은 현재 楊氏縣에 있다.[136]≫

○睽孤 張弧之義 見本卦

"睽의 孤兒(睽孤)"[137]와 '활을 당기다(張弧)'[138]라는 말의 의미는 本卦에 나와 있다.

○以卦釋親 則震者 獻公也 ≪親雖爲父 而主婚者 獻公也≫ 兌者 伯姬也 ≪兌少女≫ 變离者 子圉也 ≪震木 生离火 ○獻公之於子圉 雖爲祖孫 當以父子看≫ 則是上六之變爲睽 离從兌也 ≪火澤 今同居≫ 子圉之質于秦 姪從姑也 ≪從伯姬≫ 震木生离 ≪木生火≫ 兌 非离姑乎 ≪震之妹≫

歸妹→ 爻變→ 睽 ←推移←大壯

---

134) 晉惠公이 韓原의 싸움에서 패배하여, 秦나라로 잡혀갔는데, 以後 惠公의 태자인 子圉(이후 懷公)를 인질로 秦나라에 남겨두고, 惠公을 자신의 晉나라로 돌려보냈다.

135) 惠公이 죽자 태자인 자어(子圉)가 회공(懷公)으로 즉위, 일년 뒤 重耳(文公)가 회공(懷公)을 타도, 문공(文公)으로 즉위함.

136) 杜預의 注에는 "高粱, 晉地也, 在平陽楊縣西南"이라고 나오니(앞의 책, 86면), 위의 細注를 茶山의 말로 본다.

137) 睽九四에 나오는 말이다.

138) 睽卦 上九에 "先張之弧, 後說之弧, 匪寇婚媾"라고 하였다(『四箋』 卷5, 7나).

○卦象으로써 친족관계를 따져보면, [歸妹卦의] 上卦인 震은 [할아버지인] 헌공(獻公)을 가리키며 ≪"親"은 비록 '아비'가 되어야 하나, 혼사(婚事)를 주관한 사람이 [할아버지인] 獻公[이었으므로, 震은 獻公을 가리킴]≫ [歸妹卦와 睽卦의 下卦인] 兌는 "백희(伯姬)"를 가리킨다. ≪兌는 소녀이다.≫ [歸妹卦의 上卦인 震에서, 睽卦의 上卦인] 离로 변한 것은 "자어(子圉)"를 가리킨다. ≪震의 木이 离의 火를 낳았다.[139] ○獻公이 자어(子圉)에 대한 관계는 비록 祖父와 孫子 사이가 되지만, 父子로 간주되어야 한다.≫ 즉 [歸妹의] 上六이 변하여 睽卦가 되어, 离가 兌를 따르니 ≪[睽卦에서] 火와 澤이 지금 동거하고 있음≫ 자어(子圉)가 秦나라에 인질로 된 것은 조카가 고모를 따르는 것이다. ≪조카인 자어(子圉)가 고모인 백희(伯姬)를 따르는 것이다.≫ 또 한편 震의 木이 离를 낳으니 ≪나무가 불을 낳음≫ 兌는 离의 고모[140]가 아니겠는가?[141] ≪[兌는] 震의 누이≫

○六年其逋者 據文王卦位 自震至乾 ≪上本震≫ 適爲六宮 ≪震巽离[142]坤兌而乾≫ 六年之期 在於乾也

139) 震木은 茶山의 '今補'에 나오며(『四箋』 卷8, 36나), 离火는 「說卦傳」에 나오는 말이다. 그런데 "震木生离火"라는 논리는 五行의 相生關係에 따른 것이다.
140) 虞翻에 따르면 震은 "兄"이고 兌는 "누이"가 된다. "离姑"라는 物象이 있는 것은 아니다.
141) 五行相生의 측면에서 震이 离를 낳은 것이고, 「說卦傳」에 따르면 震은 長男이고, 兌는 少女이니, 兌가 离의 고모격이라는 것이다.
142) [校閱] 新朝本에는 "离"가 "巽"으로 되어 있는데, 誤記이다.

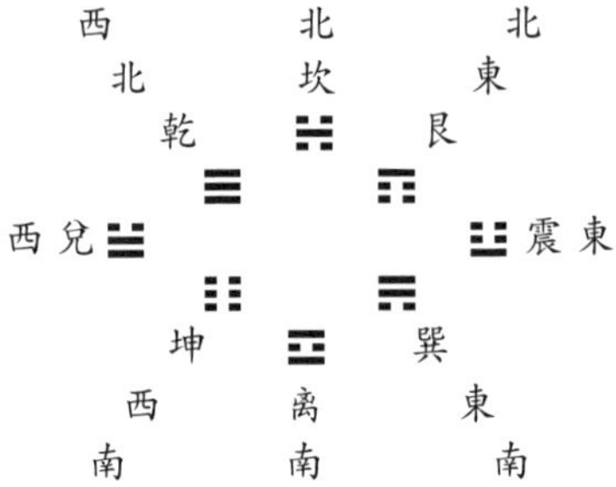

○“6년 만에 도망하였다(六年其逋)”라고 한 것은 文王의 卦位에 따라 보면, [동쪽인] 震에서 [서북쪽인] 乾에 이르기까지 ≪[歸妹卦의] 上卦가 본래 震≫ 여섯 宮을 거친 것을 가리킴이니 ≪震→巽→离→坤→兌→乾≫ 6年이라는 기간을 거쳐서 乾에 있는 것이다.

䷥ 睽自大壯來 ≪三之上≫ 剛自乾動 ≪壯下乾≫ 逃歸于震 ≪三之上上本震≫ 六年其逋 ≪至乾而始逃≫ 逃歸其國也 本寄兌方 ≪兌受一剛以爲乾≫ 今歸震邦[143] ≪大壯 本上震≫ 子圉之象也 ≪自秦而歸晉≫ 坎則爲歸 ≪睽互坎≫

歸妹→ 爻變→睽 ←推移←大壯

[그리고] 睽卦는 大壯卦로부터 온 것인데 ≪[大壯卦의] 3이 上으로 감≫ 剛이 乾에서 떠나와서 ≪大壯卦의 下卦가 乾≫ 震으로 도망쳐 돌아오니 ≪[大壯卦의] 3이 上으로 가니, [歸妹卦의] 上卦가 본래 震≫ “6年 後에 그가 도망하여” ≪乾의 시점에서 비로소 도망함≫ “그 나라로 되돌아온 것”이 된다. 본래 [서쪽인] 兌方에 [몸을] 의탁하고 있다가 ≪兌는 剛 하나를 얻어, 乾이 됨[144]≫

143) [校閱] 新朝本에는 “方”으로 되어 있으나, 奎章本과 國中本에는 “邦”으로 되어 있다.

이제 [동쪽인] 震의 나라로 돌아오니 ≪大壯卦는 본래 上卦가 震[145]≫ [되돌아온 것은] 자어(子圉)를 상징하는 것이다. ≪秦나라에서 晉나라로 되돌아감≫ 坎이 곧 '되돌아가는 것'[146]이 된다. ≪睽卦에는 3·4·5의 互坎이 있다.≫

○ 嬴 水姓也 卦有坎水 ≪三五互≫ 而坎爲家 ≪坎爲宮≫ 此 懷嬴也 自乾歸震者 ≪大壯三之上≫ 棄坎宮而不顧 ≪睽互坎≫ 此 子圉所以棄懷嬴也

○ 秦나라의 姓氏인 영(嬴)氏는 [五行으로 본다면] 水姓이다. [睽]卦에 坎水가 있으며 ≪[睽卦의] 3·4·5의 互坎≫ 坎은 [곧] "家(아내)"[147]가 되니 ≪坎은 "宮"이 됨≫ 이것은 [子圉의 아내인] "회영(懷嬴)"을 가리킨다. 乾에서 震으로 귀환한 자가 ≪大壯卦의 3이 上으로 감≫ 坎의 집(宮)[148]을 버리고 되돌아보지 않으니[149] ≪睽卦에는 [3·4·5의] 互坎이 있음≫ 이것이 자어(子圉)가 회영(懷嬴)을 버린 바가 된다.

○ 乾之明年[150] 卽坎宮也 巽木[151]爲高 ≪說卦文≫ 亦巽爲棟 ≪大過文≫ 高梁者 巽也 睽自中孚來 ≪四之五≫ 移之爲坎 ≪睽互坎≫ 巽

---

144) 大壯의 下乾이 兌가 陽을 하나 얻어 있는 상태였다가, 그 陽이 이제 떠나갔다는 뜻이다.

145) 앞서, 震이 獻公, 兌가 晉나라에 시집가 있는 伯姬라고 했다('以卦釋親' 부분).

146) 坎歸는 「說卦傳」에 나오는 것이라 하겠다. 즉 "坎者, …… 萬物之所歸也"라고 함(『四箋』 卷8, 30나).

147) 家 : 아내, 처(家里, 家里的, 家的). 남자 이름이나 항렬 뒤에 붙여 그의 아내를 나타냄. 張生家 : 장생의 아내(장산내). 老三家 : 셋째의 처.

148) 坎이 宮을 뜻한다는 것은 荀九家의 說.

149) 坎이 아래에 즉 뒤에 있으니 돌아보지 않는 것이다.

150) [校閱] 新朝本과 國中本에는 "明年"으로 되어 있으나 奎章本에는 "明秊"로 되어 있다. "年"과 "秊"은 同字이다.

151) [校閱] 新朝本과 國中本에는 "巽本爲高"로 되어 있으나 奎章本에는 "巽木爲高"로 되어 있다. '木(나무)'이라고 할 경우 의미상 적절한 측면이 있다. '本'의 경우는 뒤의 巽棟이 大過에 나온다는 측면과 대비되어(즉 巽棟은 「說卦傳」의 '본'문은 아님) '巽高가 「說卦傳」의 본문에 나온다'는 의미로 보면 뜻이 통한다. 여기서는 일단 後者를 따른다.

棟忽摧 ≪孚上巽 今斷≫ 死於坎年 ≪第七年≫ 地 高梁也

歸妹→ 爻變→ 睽 ←推移←中孚

○[說卦方位에 따르면] 乾의 다음 해(明年)는 바로 [북쪽인] 坎宮이다.[152] [그리고 中孚卦의 上卦인] 巽의 나무는 본래 높으며 ≪「說卦傳」에 나오는 말[153]≫ 또한 巽은 용마루(棟)가 된다. ≪大過卦에 나오는 글[154]≫ 따라서 "高梁(높은 들보)"이라고 한 것은 巽을 가리킨 것이다. [또] 睽卦는 中孚卦로부터 왔는데 ≪[中孚卦의] 4가 5로 감≫ [中孚卦로부터 睽卦로] 推移하게 되면, [巽이] 坎으로 변하면서 ≪睽卦의 上互卦가 坎≫ 巽의 용마루가 갑자기 무너져 내리게 되니 ≪中孚卦의 上卦인 巽이 지금 [睽卦에서] 단절됨≫ 坎의 해(年)에 죽음이요 ≪[震에서] 七년째 되는 해≫ 그 지역은 '高梁'인 것이다.

○案 杜註[155]云 火從木生 ≪五行例≫ 离爲震妹 於火爲姑 大謬也 杜旣以伯姬 爲离女 又以子圉爲离火 是 子從子 而妹從妹 安所分於姪姑哉 歸妹之以兌爲妹 杜尙不知 何以解此

歸妹→ 爻變→ 睽 ←推移←中孚

○[案] 杜預가 ["姪從其姑"에 대한] 注釋에서 말하기를, "불(火)은 나

---

152) 坎宮 : 說卦方位에서 방위로서의 "坎'宮'"과 「說卦傳」의 物象으로 "坎宮"(荀九家)이 합치됨을 말한다.

153) "巽爲'木' …… 爲'高'" : 「說卦傳」에 나오는 말이다.

154) 大過에 "棟撓"(卦辭 九三), "棟隆"(卦辭 九四)라는 말이 나오는데, 茶山이 설명하기를 "兩巽之木 …… 以據大坎之宮, 其象爲'棟'"이라 하였다(『四箋』 卷4, 57가). ←"負棟者, 曰梁"(『四箋』 卷4, 57가).

155) [校閱] 新朝本과 國中本에는 "杜注"로 되어 있으나 奎章本에는 "杜註"로 되어 있다.

무(木)를 따라 생겨나거니와 ≪[‘木生火’라는] 五行의 준례(準例)에 따라 하는 말≫ [睽卦의 上卦인] 离는 震[木]에 대해서 누이(妹)[인 伯姬]가 되며[156] [다른 한편] 불(火)의 子圉에 대해서 고모(姑)가 된다”라고 하였는데, 이는 크게 틀린 말이다. 杜氏는 이미 백희(伯姬)를 离女로 간주해 놓고, 또 다른 한편으로 [조카인] 자어(子圉)를 离의 火로 간주하였으니[157] 이는 [같은 离에 의거한 것이니] 한 자식이 [다른] 자식을 따르는 것이거나, [아니면] 누이가 누이를 따르는 것일 뿐,[158] 어찌 조카(姪)와 고모(姑) 사이가 구분된 것이겠는가? 歸妹卦에서 兌로써 누이(妹)를 삼는 것을 杜氏가 오히려 알지 못하니, 어찌 이를 解得할 수 있었을 것인가?

〔**原文**〕 及惠公 在秦曰 先君 若從史蘇之占 吾 不及此夫 韓簡 侍曰 龜 象也 筮 數也 物生而後有象 象而後有滋 滋而後有數 先君之敗德 及可數乎 史蘇是占 勿從 何益

이후에 惠公이 秦나라에 [인질로] 머무를 당시에 [탄식하면서] 말하기를, “先君[인 晉 獻公]께옵서 사소(史蘇)의 占卦를 따랐던들, 내가 이런 지경에까지 이르지 않았을 것을!”이라고 하였다. 한간(韓簡)이 [이때, 그를] 모시고 있다가 말하기를,[159] “귀복점(龜卜占)은 象이고, 시초점(蓍草占)은 數이옵니다.[160] 事物이 생기고 난 以後에 [비로소] 形象이 있는

---

156) 「說卦傳」, “震爲長男, 离爲中女.” 茶山의 해석에서는 ‘离’가 조카인 子圉이다.

157) “於火爲姑”를 이상과 같이 해석하면, 子圉를 离火로 본 것이나, “火라는 측면에서(於), 고모가 된다”라고 해석하면, 子圉를 离火로 간주한 구절이 없는 셈. 震에 대해 离火는 고모가 된다는 주석가도 있고, 이것이 오히려, 杜氏의 易해석의 타당성은 차치하고, 杜氏의 본의가 아닌가 생각된다.

158) 离爲震妹에서 震과 离가 ‘오라비’와 ‘누이’ 관계가 되므로, 震에서 离로 변하는 것이 “子從子”라 하는 것. 또 离도 伯姬가 되고(离爲震妹), 震도 백희(於火爲姑)가 되므로 妹從妹라 한 것(혹은 杜氏 논리대로 离가 震妹로서 백희라면, 睽의 下卦인 兌(妹)를 离가 따르는 것이므로 子從子도 되고 妹從妹도 됨).

159) “對曰”이 아닌, “侍하고 있다가 曰”하는 인물의 발언임을 염두에 둘 것.

160) 거북점(龜)은 象으로 보여주고, 시초점(筮)은 數로서 알려준다는 의미.

것이고, 形象이 있은 以後라야 [그를 결합하여] 더욱 번성해지며,[161] 번성해지고 나서야 [비로소 보다 추상적인] 數가 있는 것이옵니다. 先君[162]의 패덕(悖德)이 [이미] 그 數에 영향을 미치지 않았겠습니까?[163] 史蘇의 그런 占卦를 따르지 않았다고 한들, 어찌 더 거기에 보태질 것이 있었겠습니까?"[164]라고 하였다.

杜氏曰 占 所以知吉凶 不能變吉凶 故先君敗德 非筮數所生 雖不從 不能益禍

杜氏가 말하기를, "占이란 것은, 그 吉凶을 알고자 하는 것일 뿐이요, 吉凶을 바꿀 수는 없는 것이다. 그러므로 [吉凶은] 先君[인 晉나라 헌공(獻公)]의 패덕(敗德)으로 말미암은 것이지, 서수(筮數)가 [吉凶을] 낳은 것이 아니다. 비록 그 占卦를 따르지 않았다고 해서, [없던] 재앙(災殃)이 더 보태어지는 것은 아니다"고 하였다.

[6] 진후납왕지서(晉侯納王之筮) ≪僖二十五年≫

晉侯(重耳)[165]가 天子[166]를 [서울로] 모신 점 ≪僖公 25年[167]≫

〔**原文**〕 天王出 居于鄭 ≪辟王子帶之難≫ …… 秦伯 師于河上 將納王 …… 晉侯 …… 使卜偃 …… 筮之 遇大有☲☰之睽☲☱ ≪九三變≫ 曰 吉 遇公用享于天子之卦 ≪易詞云≫ 戰克而王饗 吉孰大焉

---

161) '불을 滋(자)'는 '아이를 밸 字(자)'와 통한다.

162) 先君은 獻公을 가리킨다.

163) "先君의 悖德함을 그 數로 따질 수 있겠습니까?"라는 번역도 가능하다.

164) "史蘇의 그런 占卦를 따르지 않았다고 한들, 없던 재앙이 더 보태질 리야 있겠습니까?"라는 뜻이다.

165) 여기서 晉侯란 重耳, 즉 晉文公을 가리킴, 重耳는 晋獻公의 아들이다.

166) 周 양왕(襄王, B.C.651~B.C.619)을 가리킴.

167) B.C.635년에 해당됨.

䷍ ䷥

大有 → 睽

天子가 首都에서 나와,[168] 鄭나라[169]에 거처할 때 ≪王子 대(帶)[170]의 難[171]으로부터 피난함[172]≫ 秦나라의 백작(伯爵)[인 목공(穆公)]이 황하(黃河)의 上流에 군사를 집결하여, 장차 天子(王)를 [서울로] 모시려 하였다.[173] 晉나라(B.C.760~B.C.510) 후작(侯爵)[인 중이(重耳), 즉 문공(文公, B.C.636~B.C.628)]은 [그 일을 자신이 하고자] 복언(卜偃)으로 하여금 점을 치게 하여, 大有卦가 睽卦로 변하는 점괘를 얻었다. ≪九三이 變爻≫ [卜偃이 말하기를] "길하옵니다. 諸侯가 天子로부터 대접을 받는 卦를 얻었사옵니다.[174] ≪[大有卦의] 九三의 易詞[175]≫ 전쟁에서 이기고, 天子에게 잔치를 대접받을 것이니, 吉함이 이보다 더 큰 경우가 어디 있겠습니까!"라고 하였다.

---

168) 天王出, 居于鄭 : 天子인 襄王이 친동생인 대(帶)의 난을 피해서 出國하여, 鄭나라에 거주하게 된 僖公 24年의 사건을 말하고 있다. 이에 『春秋』는 도덕과 예법의 모범이 되어야 할 天子가 가정도 다스리지 못한 책임을 묻고 있다. 본래 천자는 天下를 다스리기 때문에 안과 밖으로 나눌 수 없으며, 天子의 경우 보통 '出'字를 쓰지 않고, '순수(巡狩)'라고 하는 것이다. 따라서 여기서 '出'字를 씀으로써 天子가 그 지위를 잃고 제후와 동급이 되었다는 폄하(貶下)의 뜻을 내포하고 있다.

169) 鄭나라는 희성(姬姓)의 제후국으로 西周 말엽에 주 선왕(宣王)이 동생 환공(桓公) 友를 鄭(지금의 섬서성 화현(華縣) 동쪽)에 봉지를 내려 생겨난 중원의 소국이다.

170) 왕자 대(帶)는 襄王의 친동생으로 감(甘) 땅을 식읍으로 받은 대숙(大叔) 소공(昭公)을 가리킨다.

171) 惠王의 王后인 혜후(惠后)는 襄王의 친동생인 王子 帶를 태자로 옹립하려고 하였지만, 뜻을 이루지 못하고 세상을 떠나게 되니, 王子 帶는 齊나라로 달아나게 됨. 천자가 그를 다시 그를 불러들였는데, 그는 오랑캐 추장의 딸로서 后妃가 된 외씨(隗氏)와 情을 통했다. 이에 천자가 외씨(隗氏)를 왕후자리에서 쫓아내니, 王子 帶를 추종하는 퇴숙(頹叔)과 도자(桃子)가 王子 帶를 받들고, 狄人의 군사를 일으켜, 난을 일으킨 사건을 가리킨다. 결국에는 王子 帶는 僖公 25年(B.C.635)에 晉의 군주에 의해 피살되게 된다.

172) 文璇奎 역, 『春秋左氏傳』 上, 명문당, 1987, 353면에 나온다. 24年條의 經文.

173) 위의 책, 355면.

174) 公用享 : 王饗의 뜻.

175) 大有 九三의 易詞에는 '享'이 '亨'으로 되어 있으나 通用字이다(『四箋』 卷2, 42가).

杜氏曰 三爲三公 變爲兌悅 故爲王所宴饗

杜氏가 말하였다. "제3位는 삼공(三公)[176]에 해당하며, 爻變하여 兌의 즐거움이 되므로,[177] 天子가 잔치를 베푸는 것을 대접받는 것이다."[178]

○睽自大壯來 《上之三》 大壯之時 乾王在內 震侯在外 《雷天卦》 不相見也 移之爲睽 則乾剛出外 《三之上》 天王出居也 侯乃爲离 《震爲离[179]》 火姓爲鄭 《鄭 姬姓》 居于鄭也

大壯 → 睽

○睽卦는 大壯卦로부터 왔다. 《上이 3으로 감》 大壯卦에서는 乾의 王이 內卦에 있고, 震의 諸侯가 外卦에 있어 《[大壯卦는] 雷와 天으로 구성됨》 [天王과 諸侯가] 서로 만나지 못하였다. 그런데 [大壯卦로부터] 推移하여 睽卦가 되면, 乾의 剛이 밖으로 나가니 《[大壯卦의] 3이 上으로 감》 [이것을 가리켜] "天王出居", 즉 "天王이 밖으로 나가 거처함"이라고 한 것이다. 諸侯는 곧 离가 되는데 《[大壯卦의 上卦는 震인데, 睽卦에서] 震은 离가 됨》 火姓(离=火)은 鄭나라에 해당되니 《鄭나라의 國姓이 [火姓인] 姬氏[180]》 [火姓의 제후국(諸侯國)인] "鄭나라에 머무는 것(居于鄭)"이다.[181]

---

176) 삼공(三公) : ① 우리나라의 경우, 領議政, 左議政, 右議政의 三政丞. ② 周代에는, 太師, 太傅, 太保. ③ 前漢의 '丞相', '太尉', '御史大夫'(후에 大司徒, 大司馬, 大司空으로 개칭). 後漢의 '太尉', '司徒', '司空'.

177) 兌悅 : 茶山 其他物象에도 兌는 '和悅'이라 하는데, 바로 이 杜氏의 說에 근거한 것으로 보인다.

178) 그러나 茶山은 "三爲三公"의 說을 아래에서 부정하고 있다(『四箋』 卷7, 21가).

179) [校閱] 新朝本과 國中本에는 "震今离"로 되어 있으나, 奎章本에는 "震爲离"로 되어 있다.

180) 여기서는 "姓"과 "氏"를 구분하지 않고 사용한 것.

181) "天王出居"나 "居于鄭"은 繇詞(점친 말)가 아닌데, 茶山은 여기서 卦象을 가지고 그런 상황을 해석하고 있다. 부연하면 "公用享于天子"라는 상황을 설명하기 위해, "天王

○睽又自中孚來 《五之四》 本以艮男 《孚互艮》 入爲坎盜 《五之四 爲坎》 王子帶之爲寇也 王旣在外 《居于鄭》 內爲敵也 《王子帶在內》 外离內兌 《火澤睽》 火乃克金 《王克帶》 是 戰克也

大有 → 睽　　　中孚 → 睽 ← 大壯

○睽卦는 또 中孚卦로부터 왔는데 《[中孚卦의] 五가 四로 감》 본래 中孚에 있던 艮의 (少)男[182]이 《中孚 3·4·5가 互艮》 안으로 들어가면서 坎의 도적(盜賊)[183]이 되니 《5가 4로 가서 睽卦 3·4·5의 互坎이 됨》 [이는] 王子 대(帶)가 [王位를 노리는] 도적(盜賊)이 되는 것이다. 또한 王이 이미 바깥에 있으니 《鄭나라로 도망가 머무름》 [통상적인 경우와는 반대로] 內卦가 敵이 되는데 《王子 帶가 內部에 있다》 현재 睽卦에서 外卦가 '离'이고, 內卦가 '兌'이라 《火와 澤이 睽卦》 [五行의 相克관계에서] 外卦의 불(火)이 內卦인 兌金을[184] 물리치니 《天子가 王子 帶를 이김》 이것이 "전쟁에서 이긴다(戰克)"는 것이다.

○大壯之移 柔自外入 《上之三》 以見乾王 《大壯本下乾》 享其兌食 《下今兌》 公用享于天子也 《震一陰 入內》 上坎下离 烹飪旣具 《兩互象》 兌以饗之 《下今兌》 离以成禮 《上今离》 公用享也

○大壯卦가 推移함에 陰이 바깥에서 들어와 《上이 3으로 감》 乾王

出居"의 상황까지는 설명할 필요는 있다고 볼 수도 있으나, 그 "出居"의 지역이 火姓의 鄭나라임을 그 이후의 占卦에서 설명해 냄은 지나친 견강부회라는 비판을 면하기 어렵다.

182) 艮少男:「說卦傳」의 人倫 항목.

183) 坎盜:「說卦傳」의 坎卦 항목에 나온다.

184) 兌金:五行상 兌와 乾은 쇠(金)이다. 茶山의 '今補'에서도 "兌金"이라 함.

을 알현하고 ≪大壯卦는 본래 下卦가 乾≫ 그 兌의 음식(食)을[185] 대접받으니 ≪현재 睽卦의 下卦가 兌≫ "諸侯가 天子에게 대접을 받는다"는 것이다 ≪震의 陰 하나가(諸侯)이 [임금을 상징하는] 內卦로 들어 옴≫ [睽卦의 兩互卦에서] 3·4·5의 上互卦가 坎이고 2·3·4의 下互卦가 离이니, 이는 [물과 불로써] 삶은 음식(烹飪)[186]이 이미 갖추어져 있는 것인데 ≪兩互卦의 象을 취함[187]≫ 여기에다 兌로써 대접을 받고 ≪현재 睽의 下卦가 兌≫[188] 离로써 예의를 갖추니 ≪현재 睽卦의 上卦가 离≫ 이것이 "제후(公)가 [王에게] 대접을 받는다"는 것이다.

○案 杜所云 四爲諸侯 三爲三公之類 皆出易緯 不可信也

○[案] 杜預가 "넷째 畫은 諸侯가 되고, 셋째 畫은 三公이 된다"라고 말한 것은 모두 『易緯』에서 나온 것으로, 믿을 만한 것이 못된다.[189]

〔原文〕且 是卦也 天爲澤 以當日 天子降心以逆公 不亦可乎 大有去睽而復 亦其所也

185) 兌食: 茶山의 '今補'를 참조할 것. 兌가 食을 상징한다고 본 것은 「說卦傳」에서 兌를 口의 상징으로 본 것을 응용하여 적용한 것이다.

186) '亨'字에는 "형통할 형", "드릴 향(享)", "삶을 팽(烹)"의 뜻이 있는데, 이 경우는 '팽'이라는 의미에 주목한 셈이겠다. 茶山은 大有 九三에서 "亨雖爲享, 音爲烹. 故, 與'匪其彭'叶"이라 하였다(『四箋』 卷2, 42나). 李正浩의 『周易字句索引』(국제대학 인문사회과학연구소, 1978), 30면과 鼎卦 彖傳 참조(『四箋』 卷5, 42가).

187) 즉 물(坎水)과 불(离火)의 象을 취한 것.

188) 兌는 '입'이 되고("兌爲口". 『四箋』 卷8 「說卦傳」, 41가), "즐거움(說; 기쁠 열)"이 되는데, 이런 측면에서 말하는 것이겠다("兌以說之". 『四箋』 卷8 「說卦傳」, 30가).

189) 杜所云: 『春秋左氏會箋』 上(『漢文大系』 卷10, 富山房, 明治 48年, 60면. '四爲諸侯'라는 말은 여기서 나오지 않음.

[복언(卜偃)이 계속 말하였다.] 또한 이 [睽]卦는 하늘(天 : 大有 下卦인 乾)이 못(澤 : 睽卦의 下卦인 兌)으로 변하여, 해(日 : 睽의 上卦인 离)와 짝하고(當) 있는 형국인데, 이는 天子가 [기쁜 마음으로] 마음을 낮추어(降心)[190) 諸侯(离)를 맞이하는(逆) 것[191)이니, 이 역시 좋지 아니하오리까! 大有에서 睽卦로 변해 갔지만, 다시 돌이켜 보아도 [즉 大有卦 자체에서도] 역시 그러한 바이옵니다.[192)

杜氏曰 乾變爲兌 而上當离日 是 降心逆公之象 去睽卦 還論大有 亦有天子降心之象 ≪謂乾在离下≫

杜氏가 말하였다. "乾이 변해 兌가 되어, 위로는 离의 해(日)[193)를 맞이하고 있으니, 이는 [天子가 기쁜 마음으로] 마음을 낮추어 諸侯를 맞이하는 형상이며, [大有卦에서 睽卦로 변해 갔지만] 睽卦는 제쳐놓고, 돌이켜 大有만 가지고 말한다고 해도,[194) 역시 "天子가 그 마음을 겸손히 낮추는 象이 있는 것이다." ≪茶山 : 大有에서 乾(王)이 离의 諸侯 아래에 있음을 말한다.≫

○卦者曰 天爲澤 以當日 占者曰 王降心以逆公 卽天者 王也 爲澤者 降心也 以當日者 以逆公也 語其象 則乾王兌悅 ≪詩云 我心則降 降心者 悅也≫ 离爲諸侯 ≪王之有侯 猶天之有日≫ 文例字眼 兩相照勘 无可疑也

○卦[象으]로는 "하늘(天)이 못(澤)으로 되어, 해(日)와 마주하는 상황"

---

190) 降心 : 夬卦 「大象傳」의 "施祿及下, 居德則忌"와 연관하여, 茶山은 "降心爲兌"라고 함(『四箋』 卷7, 40나).

191) 天子降心以逆公 : 결국 '公用享于天子'과 같은 뜻이다.

192) 大有去睽而復亦其所也 : 앞서는 睽卦(之卦)와 그 母卦인 大壯과의 관계에서 "公用享于天子"를 설명했다면, 그 이전에 大有와 睽의 관계에서도 "天子降心逆公"의 象이 나타난다는 것.

193) 离日 : 「說卦傳」에 나온다.

194) "睽卦를 제외하고(去), 원래대로 大有만 말해도……"의 뜻.

을 말하고 있으며, 占[의 해석]에서는 [이를 가지고] 王이 "그 마음을 낮추어, 諸侯를 맞이함(降心以逆公)"이라 말하였는데, 즉, 여기서 하늘은 王이고, "[그 하늘이] 못이 된다"는 것은 "마음을 풀고 겸손히 낮추는 것"이며, "해(日)와 짝한다"는 것은 "諸侯를 맞이한다"는 것이다. [이런 해석은] 그 象을 따져 [말해]보면, 乾의 임금(王)이 兌로써 즐거워하고[195] ≪『詩經』에 "我心則降"라는 말이 있는데,[196] "降心"이란 '기뻐한다'는 뜻이다.≫ [离는 원래 제후가 아니지만] 离는 諸侯가 되는 형국이다. ≪王이 諸侯를 거느림은 마치 하늘에 해가 있는 것과 같다.≫ [『詩經』에서의] 문장의 用例(文例)와 핵심요지(字眼)의 兩者를 상호 대조하여 살펴보면 [离가 제후로 됨은] 의심할 바가 없는 것이다.

○案 离爲諸侯 於易無徵 唯左傳 鄢陵之筮 ≪成十六年≫ 杜註云 离爲諸侯 然 睽之上离 是 本大壯之上震也 故 雖已變离 亦爲諸侯 他卦之离 未必然也

大有 → 睽　　　中孚 → 睽 ← 大壯

○[案] 离가 제후가 된다는 것에 대해서는 『周易』에 아무런 증거가 없다. 다만 『左傳』에서 진후(晉侯)가 언릉(鄢陵)에서 친 점(鄢陵之筮)[197]에 대해 ≪成公 16年≫ 두예(杜預)가 註를 달면서 "离는 諸侯"[198]라고 말한

195) 乾(王)이 兌(기쁨)로 되었다는 것.

196) 我心則降 : 『詩經』「國風」「召南」「草蟲」, 『詩經』「小雅」「鹿鳴之什」「出車」에 나오는 말이다. 이는 『詩經』의 용례에서 본다면, (님을 만나게만 된다면) "이내 마음 놓이련만" 또는 "이내 마음 즐거우련만" 정도의 의미이다(『詩經』「國風」「草蟲」, 『詩經』「小雅」「出車」; 김학주 역주, 『詩經』, 명문당, 1984, 52면, 273면).

197) 鄢陵之筮 ≪成十六年≫ : 이후 『四箋』에 나옴(文璇奎 역, 『春秋左氏傳』 中, 명문당, 1987, 170면).

198) 杜註云, "離爲諸侯" : 『春秋左氏會箋』 上(『漢文大系』 卷10, 富山房, 明治 48年, 41면).

바가 있을 뿐이다. 그러나 睽卦의 上卦인 离는 본래 大壯卦의 上卦인 震에 근거하는 것이다. 따라서 [大壯卦로부터 睽卦로 추이하게 되면, 震이] 이미 离로 변해서 역시 제후가 된 것이기는 하지만, 다른 卦의 离[의 경우]에서는 반드시 [离가 제후가 된다고] 그렇게 말할 수는 없다.

〔原文〕晉侯 辭秦師而下 左師逆王[199] 入于王城 取大叔 ≪帶≫ 殺之 戊午 晉侯朝王 王 饗醴 命之宥 ≪宥 助也 加以幣帛≫

[이리하여] 晉나라 侯爵은 秦나라의 進軍을 만류하고, 자신이 天子가 있는 곳으로 내려갔는데, …… 그 左軍이 天子를 영접(逆)하여, …… 서울로 입성하였다. [晉侯는] 대숙(大叔)[200]([王子] 帶)을 잡아, …… 처형하였다. 무오(戊午)날에 晉侯가 天子를 알현하니, 天子가 단술(醴)을 대접하고, 비단(幣帛)을 더하여 하사(下賜)하셨다. ≪"宥"는 '돕는다'는 의미인데, [여기서는] 비단을 더하여 하사한 것을 가리킨다.≫

[7] 왕자백료지어(王子伯廖之語) ≪宣六年 ○不筮而占吉凶≫

楚나라 王子 백료(伯廖)의 말 ≪魯나라 선공(宣公) 6年[201] ○시초(蓍草)를 뽑지 않고, 吉凶을 점쳤다.[202]≫

〔原文〕鄭公子 曼滿 與王子 伯廖 語欲爲卿 伯廖 告人曰 無德而貪 其在周易 豐䷶之離䷝ ≪上六變 ○易詞曰 豐其屋 蔀其家 闚其戶

199) [校閱]『左傳』의 原文에는 "左師逆王"과 "入于王城"의 사이에 "夏四月丁巳, 王"의 구절이 포함되어 있다. 즉, 원문에는 "入于王城"이 아니라, "王入于王城"으로 되어 있다(李鍾洛 頭註,『春秋』天, 학민문화사, 1990, 505면).

200) 대숙(大叔) : 양왕(襄王)의 아우인 王子 대(帶), 곧 감(甘)나라 소공(昭公)을 가리킨다. 大叔帶라고도 한다. 甘은 王子 帶에게 封한 나라이다(남기현 역해,『春秋左傳』上, 자유문고, 2003, 375면).

201) B.C.603년에 해당됨.

202) 宣公 6年 伯廖, 宣公 16年 知莊子, 襄公 28年 子大叔의 경우 등은 筮의 과정 없이 직접『周易』의 卦爻辭를 인용하여 길흉을 예측한 예들이다.

闃其无人 三歲不覿 凶≫ 弗過之矣 間一歲 鄭人殺之

䷶ ䷝

豐 → 離

鄭나라 公子 만만(曼滿)이 [楚나라의] 王子 백료(伯廖)와 이야기하는 가운데, "卿의 벼슬을 맡아보고 싶다"고 말했다. [이 말을 듣고, 그 후에] 伯廖가 다른 사람에게 말하기를, "[曼滿의 경우는] 德도 없으면서 욕심을 부리는 것이다. 이는 『周易』에 豐卦가 離卦로 변하는 경우가 있는데, ≪豐卦의 上六爻가 변한 것 ○豐卦 上六의 易詞, 그 家屋을 크게 하고, 그 집을 가리니, 그 문을 들여다보아도, 고요하여 거기에 사람이 없으니, 三年이 가도 [사람을] 만나지 못하니, 凶하도다"≫ [易에서 "三歲不覿", 즉 "三年이 가도 [사람을] 보지 못할 것"이라고 하였으니, 三年을] 넘기지는 못할 것" 이라고 말하였는데, [과연] 一年 사이에[203] 鄭나라 사람들이 [公子 曼滿을] 죽였다.

杜氏曰 周易論變故 雖不筮 必以變言

杜氏가 이르기를, "『周易』은 변화를 논하는 책인 까닭에, 비록 점을 치지 않았다 하더라도, 반드시 변화로써 [그 吉凶을] 말하는 것이다"고 하였다.[204]

○易詞之義 見本卦

---

203) 間一歲 : 결국 3년 만에 죽였다는 것을 뜻한다(文璇奎 역, 『春秋左氏傳』 上, 명문당, 1987, 543면).

204) 原文과 대조해 보면, 인용문은 원문의 끝 부분이 생략된 것임을 알 수 있다. 原文은 다음과 같다. "周易, 論變; 故, 雖不筮, 必以變言其義也"(『春秋左氏會箋』 上(『漢文大系』 卷10, 富山房, 明治 48年, 33면). 杜氏의 말은, 직접 占을 치지 않았다고 해서, 豐卦면 豐卦로, 離卦면 離卦로 그 하나만 가지고 말하는 것이 아니라는 것이다.

○ 위에 나오는 易詞의 의미는 [豐卦의] 本卦에 나와 있다.

○ 八卦方位 自震至离[205] 只間一宮 ≪震巽离≫ 曼滿之間一歲而被殺 似合此象 然 其在易詞 若三歲不興 三歲不得之類 皆間二宮 ≪本一宮 不計≫ 此爻之三歲不覿 亦謂自离至乾 須歷三宮 ≪离坤兌≫ 始覿乾君也 ≪豐本自泰來≫

○ [「說卦傳」의] 八卦方位에서, [동쪽인] 震에서 [남쪽인] 离까지는 단지 하나의 宮을 사이에 두고 있어 ≪震→巽→离의 순서≫ 만만(曼滿)이 "한 해를 사이에 두고" ["間一歲"] 피살(被殺)됨이 마치 이런 象과 부합하는 듯 하다.[206] 그런데 한편, 易詞에 있어서, 예컨대 [同人卦九三의] "三歲不興"[207]이나 [坎卦 上六의] "三歲不得"[208]과 같은 경우에는 모두 그 사이에 두 개의 宮이 있으니 ≪본래의 한 宮은 계산하지 않음≫ 이 [豐卦上六] 爻의 "三歲不覿(3年이 가도 [사람을] 만나지 못함)"의 경우도 역시 离에서 乾까지 세 개의 宮을 거쳐야만 ≪离→坤→兌[의 3宮을 거침]≫ 비로소 乾의 君主[209]를 보게 됨을 이르는 것이다. ≪豐卦는 본래 泰卦에서 나왔

---

205) [校閱] "自震至离"의 "离"가 奎章本에는 "雖"로 되어 있는데, 誤記이다.

206) 여기서 震과 离를 언급함은 豐卦와 離卦의 上卦의 변화를 주목하여 말한 것이다.

207) 同人九三 : "三歲不興."

208) 坎卦 上六 : "三歲不得."

다.≫

○豐自泰來 ≪二之四≫ 躐升二級 ≪二之四≫ 皆不當位 ≪二四陰≫ 離自大壯來 ≪二之上≫ 躐升四級 ≪二之上≫ 皆不當位 ≪二六陰≫ 曼滿之驟欲爲卿 有是象也

泰 → 推移→ 豊 → 上爻變 → 離 ← 大壯

○豐卦는 泰卦로부터 왔는데 ≪[泰卦의] 2가 4로 감≫ [泰卦에서 豐卦로 추이하면서, 二剛이] 두 단계를 뛰어 올라갔으나 ≪[泰卦의] 2가 4로 감≫ [泰卦에서나 豐卦에서나 간에 陽이] 모두 제 자리(當位)를 얻지 못하였다. ≪제2位와 제4位는 陰의 자리≫ 離卦는 大壯에서 왔는데 ≪2가 上으로 감≫ 네 단계를 도약하였으나 ≪2가 上으로 감≫ [大壯卦에서나 離卦에서나] 陽이 모두 제 자리(當位)를 얻지 못하였다. ≪2와 6은 陰의 자리≫ 만만(曼滿)이 卿이 되고자 성급하게 욕심을 부림(驟欲)에 이런 象이 있는 것이다.

○案 世之讀左傳者 以觀之否 屯之比 歸之筮法 而易詞之主乎變 未之或知也 雖然 伯廖之云 豐之離 荀首之云 師之臨 游吉之云 復之頤 蔡墨之云 乾之姤 ≪並見下≫ 皆未嘗筮也 又何以曰離 曰臨 曰頤 曰姤也 惑之甚矣

○[案] 세상에 『左傳』을 읽는 사람들이 "觀之否"와 "屯之比" 등을 筮法에 귀속시키면서도, [易詞 자체가] 變爻를 위주로 한다는 것을 조금도 알지 못하였다. 만약 그렇다면 [그것이 筮法에만 관련될 뿐이고, 易詞와는 무관한 것이라고 한다면] 백료(伯廖)가 말한 "豐之離", 순수(荀

209) 茶山은 本卦(豐卦 上六)의 註釋에서 "始見'乾人'"이라 설명함.

首)가 말한 "師之臨", 유길(游吉)이 말한 "復之頤", 채묵(蔡墨)이 말한 "乾之姤"의 경우는 ≪모두 아래에 나옴≫ 모두 일찍이 [직접] 점을 친 적이 없는 事例들인데, 또한 어째서 [그 變卦인] 離卦를 말하고, 臨卦를 말하고, 頤卦를 말하고, 姤卦를 말한 것인가? [이렇게 볼 때, "觀之否"와 "屯之比" 등이 筮法에만 관련된 것이고, 易詞와는 무관하다는 논리는 그] 미혹됨이 심한 것이다.

[8] 지장자지어(知莊子之語) ≪宣十二年[210] ○亦不筮而占吉凶≫

知莊子의 語 ≪宣公 12年[211] ○[이 경우도] 역시 실제로 筮占을 치지 않고, 吉凶을 점친 경우에 해당된다.≫

〔原文〕夏 晉師救鄭 ≪楚伐鄭≫ 荀林父 將中軍 及河 聞鄭及楚平[212] 桓子欲還 ≪卽林父≫ 彘子 ≪卽先縠≫ 曰 不可 聞敵强而退[213] 非夫也 知莊子 ≪林父之弟荀首也≫ 曰 此師 殆哉 周易有之 在師䷆之臨䷒ ≪初六變≫ 師出以律 否臧 凶 ≪此 易詞≫ 執事順成爲臧 逆爲否

---

210) [校閱] 奎章本에는 '秊'字로 나오는데, '年'의 本字이다.

211) 魯 '宣公 12年'은 晉 景公 3年, 즉 B.C.597년에 해당됨. 魯 '宣公 12年'에 楚나라 莊王은 친히 군사를 일으켜 鄭나라 정벌에 나섰는데, 晋 景公은 荀林父를 파견하여 3군을 이끌고 鄭나라를 구하게 하였다. 그러나 晉軍이 황하 근처에 이르렀을 때, 鄭은 이미 楚에 항복하였다. 이러한 상황을 맞아 晉軍의 의견은 둘로 나누어졌으니, 荀林父는 退軍할 것을 주장한 반면에, 副將 선곡(先縠)은 荀林父의 퇴군 명령을 어기고 자신의 소속 부대를 이끌고 강을 건넜다. 晉軍은 楚軍의 공격을 받고 퇴각하게 되고, 楚軍은 여세를 몰아 필지(邲地 : 하남 滎陽 동북)에 진주하게 된다. 이 전투를 계기로 晉은 中原의 제후들 사이에서 위신이 땅에 떨어지게 된 반면에, 楚는 세력을 크게 확장하게 된다.

212) [校閱] 원문에는 "及河, 聞鄭'旣'及楚平"이라 나온다(文璇奎 역, 『春秋左氏傳』 中, 명문당, 1987, 12면).

213) [校閱] 原文에는 "强"이 "彊"으로 나온다(文璇奎 역, 『春秋左氏傳』 中, 명문당, 1987, 15면; 『春秋左氏會箋』 上(『漢文大系』 卷10, 富山房, 明治 48年, 8면. 그러나 양백준의 책(『春秋左傳注』(修訂本) 卷2, 中華書局, 1993, 726면)에는 "强"으로 나온다.

䷆ ䷒

師 → 臨

여름에, 晉나라 군사가 鄭나라를 구원하고자 출정하였는데 ≪[茶山] 楚나라가 鄭나라를 공격함≫ 순림보(荀林父)가 [晉나라의] 中軍의 장수가 되었다. …… 黃河에 이르러 鄭나라가 楚나라와 화평(和平)을 맺었다는 소식을 들었다. 이에 환자(桓子)는 돌아가고자 하였다. ≪桓子는 곧 순림보(荀林父)를 가리킨다.≫ …… 췌자(彘子, 즉 先縠)가 말하기를, "안 됩니다. …… 敵이 강하다는 것을 듣고서 후퇴한다면, 사내가[214] 아닙니다"라고 하였다. [그리고 췌자(彘子)는 혼자 진격하였다.] 知莊子가 ≪[(知莊子)는] 순림보(荀林父)의 아우인 순수(荀首)를 가리킴≫ [이를 보고 다음과 같이] 말하였다. "지금 진격하는 이 군대는 위태롭도다! 『周易』에 보면, '師卦가 臨卦로 변하는 경우'에 ≪[師卦의] 初六爻가 변함≫ "師出以律, 否臧, 凶", 즉 "군대의 출병은 軍律에 따라야 함이니, 그 법도에 순종치(臧) 아니하면 凶하다"[215]라는 말이 있거니와[216] ≪이것은 [師卦의 初六爻의] 易詞[217]≫ 일을 집행함(執事)에 있어 순종하여 이루는 것(順成)이 '장(臧)'의 뜻이 되고, [그 법도에] 거스름이 '否'의 뜻이 된다."

---

214) "'非夫', 不是大丈夫." 王守謙 外 譯注, 『左傳全譯』, 貴州人民出版社, 1992, 528면; "杜注, 非丈夫". 楊伯峻 編著, 『春秋左傳注』(修訂本) 卷2, 中華書局, 1993, 726면.

215) 『左傳』 원문에는 "'曰', 師出以律, 否臧, 凶"이라 나온다(文璇奎 역, 『春秋左氏傳』 中, 명문당, 1987, 15면 왼1).

216) 여기서는 "師出以律, 否臧, 凶"이 아니고, "師出, 以律否臧, 凶"(군사가 출정함에, 그 군율이 '지켜지지 못하여(否臧凶)'로 斷句를 한 것이며, 일단 전체적인 의미는 동일하다고 하겠다. 혹은 "師出, 以律否臧, 凶"은 "군사가 출정함에, 그 否·臧을 규율해야 하는데, (이는 그렇지 못하여) 흉하다"라고 해석도 가능하다. "律否臧"의 斷句나 해석이 諸家가 모두 다른 것으로 보임. 洪亮吉, 『春秋左傳詁』 上, 臺灣: 商務印書館, 1934, 415면에는 "故曰律. 否臧, 且律竭也"로 나옴(王守謙 外 譯注, 『左傳全譯』, 貴州人民出版社, 1992, 525면; 楊伯峻 編著, 『春秋左傳注』(修訂本) 卷2, 中華書局, 1993, 726면). 『漢文大系』本에는 杜預의 주석이라, 여기와 동일하게 斷句되어 있다(『春秋左氏會箋』 上(『漢文大系』 卷10, 富山房, 明治 44年, 8면)).

217) 師卦初六: "師出以律, 否臧, 凶."

杜氏曰 今 彘子 逆命 不順成故 應不臧之凶[218]

杜氏가 말하였다. "지금 체자(彘子)가 命을 거스르고 순종하지 않으므로, 당연히 순종치 않음(不臧)으로써 凶한 일을 맞게 되는 것이다."

○ 易詞之義 見本卦

○ 易詞의 자세한 뜻은 [師卦初六의] 本卦에 나온다.[219]

○ 臧否者 善惡也 順逆也 本是雙文 然 此云 否臧 當讀之如不臧 ≪詩所云 不臧覆用≫ 兌以一陰 ≪下今兌≫ 下乘二剛 其象不順 ≪逆爲否≫ 所謂 否臧也 ≪朱子本義 亦以爲不臧≫

師 → 臨

○ "장(臧)" · "부(否)"는 [원래] '善'과 '惡'을 뜻하니, [각각] '順'과 '逆'을 가리킨다. 따라서 본래 '서로 짝이 되는 글(雙文)'이지만, 그러나 여기서 말하는 "否臧"은 마땅히 "부장(不臧)", 즉 "순종(臧)하지 않는다"로 읽어야 한다.[220] ≪『詩經』[의 「小雅」 「小旻」편]에 이른바 "不臧覆用", 즉 "좋지 않은 짓만 도리어(覆=反) 행한다"라는 구절이 있다.≫ [師初六의 之卦는 臨卦인데, 그 下卦인] 兌는 한 개의 陰으로써 ≪[臨卦의] 下卦는 지금 兌≫ 아래로 두 개의 剛을 올라타고 있어, 그 象이 순종치 않음[의 象]이 되니 ≪[知莊子도 앞서 말했듯이] 거스름(逆)이 '否'의 뜻이 됨≫ [이것이] 이른바 "否臧(순종치 않

218) [校閱] "應'不'臧之凶"에서 "不"가 奎章本에는 "否"로 나온다. 『漢文大系』本에는 "不"로 되어 있다(『春秋左氏會箋』上(『漢文大系』卷10, 富山房, 明治 44年, 8면)). 이미 앞의 杜注에서 "否, 不也"라고 함.

219) 師卦 初六: "師出以律, 否臧, 凶."

220) "否臧"을 "否"와 "臧"의 서로 雙이 되는 글(雙文)로 읽을 것이 아니라, 否定語인 "否"가 "臧"을 부정하는 것으로 해석해야 한다는 뜻이다.

음)"인 것이다. ≪朱子의 『本義』에서도 역시 ["否臧"을 '臧'에 대한 否定의 의미로서] "不臧"이라고 풀이하였다.[221]≫

〔**原文**〕 衆散爲弱 川壅爲澤 有律 以如己也 故曰 律否臧

[그 卦象을 보면] 중인(衆人)들이 흩어져 약해지고, 내(川)가 [흐르지 못하고] 막혀서 못(澤)이 되는 象이니, 法律을 두어서, [大衆이] 自己를 따르게 하는 것이다. 그러므로 [師卦 初六의 爻詞에서] "律否臧", 즉 "[大衆의] 순종치 않음을 다스린다"라고 말한 것이다.

杜氏曰 坎爲衆 今變爲兌 兌柔弱 坎爲川 今變爲澤 是 川見壅也 如 從也

師 → 臨

杜氏가 [다음과 같이] 말하였다. "坎은 [곧] 무리(衆)[222]가 되는데, 지금 그것이 변하여 兌가 되었는데, 兌는 '柔弱함'을 뜻한다. 坎은 또한 내(川)[223]가 되는데, 지금 그것이 변하여 못(澤)이 되었으니, 이것은 내(川)가

221) 師卦 初六에 대한 주석에서. 朱子는 "否臧, 謂不善也"이라고 하였다(朱子 著, 白殷基 譯註, 『譯註 周易本義』, 여강출판사, 1999, 118면). 이는 朱子가 茶山과 마찬가지로 "否臧"을 "臧하지 않다"라는 방식으로 읽었다는 것을 의미한다. 즉 茶山과 朱子는 "否臧"을 "否와 臧"처럼 상호대립되는 개념을 병렬적으로 배치한 것으로 읽지 않고, '否'字를 臧에 대한 否定語로 보았다는 점에서 견해가 일치하고 있다. 그러나 엄밀히 말한다면, 茶山과 朱子의 해석이 그 내용적 측면에서 반드시 일치한다고는 볼 수 없다. 왜냐하면 茶山은 "부장(不臧)"을 "不順"의 뜻으로 해석한 반면에, 朱子는 "不善"의 뜻으로 해석하였기 때문이다.

222) 坎이 衆을 상징한다는 것은 茶山의 '今補'에 언급되어 있으나(『四箋』 卷8, 38나), 易詞에서 그 근거를 찾을 수는 없다. 「說卦傳」에는 坤이 衆이라고 나온다. 그리고 『國語』(晉語)의 '僖公 24年'에 "坎, 勞也. 水也, 衆也"라는 구절이 있다(「春秋官占補註」의 "重耳反國之筮"를 참조할 것).

223) 坎이 川이 된다는 것은 茶山의 其他物象을 참조할 것.

막힌 것이 된다. [“以如己也”의] “如”는 ‘따른다(從)’는 뜻이다.”

○物以坎歸 《說卦文》 今坎旣亡 《下今兌》 是 衆散也 本以坎强 《陽卦也》 今乃兌柔 《女卦也》 是 爲弱也 坎則爲通 《說卦文》 今坎旣壅 《下今兌》 川壅爲澤也

師 → 臨

○萬物은 坎으로써 돌아가는데 《「說卦傳」의 글[224]》 지금 坎이 이미 사라졌으니 《[臨卦의] 下卦가 지금 兌》 이것은 “衆散”, 즉 “중인(衆人)들이 흩어진 것”이다. 본래는 坎의 강성(强盛)함이 있었으나 《[坎은] 陽卦[225]》 지금 곧 兌의 유약(柔弱)함으로 되니 《[兌는] 여자를 상징하는 卦[226]》 이것이 [“衆散爲弱”의 文句에서] “약해진다(爲弱)”라고 말한 까닭이다. 坎은 곧 通함의 뜻이 되는데 《「說卦傳」의 글[227]》 지금 坎이 이미 막히니 《[臨卦의] 下卦가 지금 兌》 [이것을 가리켜] “川壅爲澤”, 즉 “내(川)가 막혀 못(澤)이 된다”고 한 것이다.

○如己者 坤衆從己也 本以坎律 先自律己 《內爲我》 衆之臧否 以此律之 《律 率 通》 律否臧也

○“如己(自己를 따르게 한다)”라는 말은 결국 坤의 중인(衆人)들[228]이 자신을 따르게 한다는 것이다. 본래 坎의 규율(規律)로써 먼저 스스로 自己

---

224) “坎者, …… 萬物之所‘歸’也.”(『四箋』 卷8, 30나)

225) 「繫辭傳」에서 말하기를, 陰卦에는 陽이 많고(多陽), 반대로 陽卦에는 陰이 많다(多陰)고 하였다(『四箋』 卷8, 2나).

226) 「說卦傳」에 兌는 少女로 나온다.

227) “坎 …… 爲通.”(『四箋』 卷8, 38가)

228) 앞서 坎도 ‘衆’으로 봄.

를 규율하고 ≪內卦는 我가 됨≫ 중인(衆人)들의 善함과 惡함을 이로써 規律하는 까닭에 ≪'법 律(율)'字와 '거느릴 率(솔)'字는 通함≫ [이것을 가리켜] "律否臧", 즉 "[중인(衆人)들의] 순종치 않음을 다스린다"고 말한 것이다.

○案 此 以律否臧爲句 然 孔子象傳 師出以律 爲一句

○[案] 여기서는 "律否臧"을 하나의 句로 보았으나, 孔子의 [師卦 初六의] 「[小]象傳」에서는 "師出以律"을 한 句로 간주하였다.[229]

〔原文〕且 律 竭也 盈而以竭 夭且不整 所[230]以凶也 不行之謂臨 有帥而不從 臨孰甚焉 此之謂矣

師 → 臨

또한 [이는] 軍律이 [무너져] 고갈(枯渴)됨이니[231] 충만했으나 메말라 버리고, 좌절되고, 정돈(整頓)되지 못함이니, [이것이] 凶한 까닭이다. [명령을 따라서] 실행하지 않는 것(不行)을 [師卦 初六의 之卦인] 臨[卦의 卦象]이라고 하였으니, [장수(將帥)의] 규율(帥)이 있는데도 불구하고, 따르지 않음(不從)이면[232] [규율을 따르지 않는] '臨'이 이보다 더 심한 것이 있으리요? [바로] 이것을 말하는 것이다.

杜氏曰 竭[233] 敗也 ≪又云 水夭塞 不得流 則竭涸[234]≫ 坎變爲兌 是 法

---

229) 만약 '師出以律'을 한 句로 하게 되면, '否臧'이 따로 한 句를 구성하게 된다. 師卦 初六의 爻詞를 참조할 것. "師初六; 師出以律, 否臧, 凶. ○ 象曰, "師出以律", 失律, 凶也."

230) [校閱] "所以凶也"의 "所"가 新朝本에는 "成"으로 되어 있는데, 誤記이다.

231) 文璇奎 역, 『春秋左氏傳』 中, 명문당, 1987, 16면. ←故曰, '律否臧, 且律竭也.'

232) "不行"을 "不從"이라 비유한 것.

敗也 澤 不行之物

杜氏는 다음과 같이 말했다. "'갈(竭)'은 '敗(훼손됨, 무너짐)'의 뜻이다. ≪또 [杜氏가] 말하기를, "물(水)이 막혀(夭塞) 흐르지 못하니, 곧 메마른 것(渴涸)이 된다"고 하였다.≫ 坎이 변하여 兌가 되니, 이것은 '법도가 훼손된 것(法敗=律竭)'[235]이다. 못(澤)은 [본래] '흐르지 않는(不行)' 것이다."[236]

○夭者 折也 閼也 兌之爲卦 上爲毁折 ≪說卦文≫ 下[237]爲壅閼也

○"요(夭)"는 '꺾임(折)'을 뜻하고, '막힘(閼)'을 뜻한다. 兌卦의 형태를 보면, 위로는 훼손(毁損)되어 부러져 있고 ≪[兌가 "훼절(毁折)"의 뜻이 된다는 것은] 「說卦傳」의 글[238]을 참조≫ 아래로는 가로막혀 있다.

○乾坤坎离 四正之卦也 震巽艮兌 四偏之卦也 ≪卦形斜≫ 坎變爲兌 是 不整也

師 → 臨

○乾・坤・坎・离를 "네 개의 바른 卦(四正之卦)"라고 하고, 震・巽

233) [校閱] '다할 竭(갈)'字가 新朝本에는 '비 碣(갈)'字로 나오는데 誤字이다.

234) 원문은 "水遇夭塞, 不得整流, 則渴涸也"라고 나온다(『春秋左氏會箋』 上 「第11 宣12」(『漢文大系』 卷10, 富山房, 明治 48年, 9면)).

235) 이는 "律竭"의 글자를 바꾸어 풀이 한 것이다.

236) 이는 "不行之謂臨"에 대한 杜氏의 주석인데, 물이 '흐르지 않음(不行)'을 명령을 '이행하지 않음("不行")'에 비유한 것. 앞의 책, 9면.

237) [校閱] "下爲壅閼"의 "下"가 新朝本에는 "不"로 되어 있다. 그러나 "不爲壅閼"은 그 자체로는 말이 되더라도, 문맥상 뜻이 통하지 않는다. 따라서 '不'字를 '下'字의 誤字로 보고 바로잡는다.

238) 兌…… 爲毁折(『四箋』 卷8, 41가).

・艮・兌를 "네 개의 치우친 卦(四偏之卦)"라고 한다. ≪[震・巽・艮・兌는] 卦의 형태에 균형이 잡혀 있지 않다.≫ [師卦가 臨卦로 변하는 경우] 坎이 變하여 兌가 되니, 이것이 "不整", 즉 "가지런하지 못하다"라고 한 까닭이다.

○臨者 觀之反也 觀則順命 ≪坤以巽≫ 臨乃反是 ≪不順命≫ 是不行也

臨 觀

○臨卦는 觀卦의 反易卦이다. 觀卦는 곧 명령에 따름(順命)인데 ≪坤의 順함[239]이 巽의 命[240]과 연계되어, "順命"으로 됨≫ 臨卦는 바로 이를 뒤집은 것이니 ≪명령에 따르지 않는 것≫ 이것을 가리켜 "不行", 즉 "이행하지 않음, 흐르지 않음"이라고 한 것이다.

○帥者 率也 率者 律也 ≪三字 互相通≫ 故連帥 或爲連率 法律 或爲法率 ≪算數諸書 律爲率≫

○'장수 帥(수) / 거느릴 帥(솔)'字는 '장수 率(수) / 거느릴 率(솔)'字와 같이 쓰이고, [또] '비율 率(율)'字는 '법 律(율)'字와 같은 뜻이다. ≪[帥字와 率(솔)字와 率(율)字의] 세 글자는 서로 통용됨≫ 그러므로 "연수(連帥)"[241]를 "연수(連率)"라 하기도 하고, "法律"을 "법률(法率)"이라고도 하는 것이다. ≪산수(算數)에 관한 여러 책에서는 모두 '律'字를 '율(率)'字로 표기한다.≫

---

239) 「說卦傳」에서는 "乾, 健也; 坤, 順也"라고 함으로써, 坤이 順함을 상징한다고 보았다. 그런데 다산은 坤뿐 아니라, 巽도 順함을 상징한다고 보았다(다산의 其他物象에 대한 설명을 참조할 것).

240) 巽이 命을 뜻한다는 것은 荀九家의 한 사람인 虞翻의 說이다.

241) 연수(連帥) : ① 周代의 十國의 제후의 위에 서서, 한 지방을 다스리던 長官, ② 漢代의 太守, 後代의 안찰사(按察使)를 가리킴.

[9] 진후언릉지서(晉侯鄢陵之筮) ≪成十六年≫

晉侯가 언릉(鄢陵)[242]에서 친 蓍草占 ≪成公 16年[243]≫

〔**原文**〕 夏 晉侯及楚子 戰於鄢陵 公 筮之 ≪公 晉侯≫ 史曰 吉 其卦遇復 ䷗ ≪卦不變≫ 曰 南國蹙 射其元王 中厥目 ≪史之詞≫ 國蹙王傷 不敗何待 公 從之

[成公 16年] 여름에, …… 晉나라 후작(侯爵)과 楚나라의 자작(子爵)이 [鄭나라 땅인] 언릉(鄢陵)에서 싸웠다.[244] [晉나라 제후인] 公이 그 [전투의 승패(勝敗)]에 대해 점을 치게 하였는데 ≪"公"은 晉나라 후작(侯爵)을 가리킴≫ 卜史가 [그 占을 풀이하여] 다음과 같이 말했다. "吉하옵니다. 그 占卦로 復卦를 얻었는데 ≪[茶山] 卦가 변하지 않는 경우[245]≫ 이를테면 남쪽나라[246]의 국토(國土)는 줄어들 것이고, 그 [大王인] 元王[247]을 화살로 쏘니, 그 눈(目)에 적중할 것이옵니다" ≪[이 말은 『周易』의 經文에 나오지 않는] 卜史 자신의 말이다.≫ 국토(國土)가 축소되고, 그 王이 부상(負傷)을 당하게 되니 [그 남쪽나라는] 敗하는 것 이외에 무엇을 기대(期待)하겠습니까!" 公이 그를 따랐다.

杜氏曰 陽氣起子 南行推陰 故曰 南國蹙也 ≪又云 离爲諸侯[248] 又爲目≫

---

242) 언릉(鄢陵) : 鄭나라의 지명으로, 현 하남성 언릉현(鄢陵縣)의 서북쪽 땅.

243) 成公 16年은 周簡王 11年, B.C.575年에 해당된다. 成公 16年에 晉나라 군주인 후작이 楚나라 군주인 자작 및 鄭나라 군사인 백작과 언릉(鄢陵)에서 싸워 楚나라 군주인 자작과 鄭나라 군사가 대패했다(文璇奎 역, 『春秋左氏傳』 中, 명문당, 1987, 162면).

244) 이는 經文인 셈이다. "夏, …… 晉侯及楚子'鄭伯', 戰於鄢陵."(文璇奎 역, 『春秋左氏傳』 中, 명문당, 1987, 162면)

245) 動爻가 하나도 없어, 爻變을 취하지 않고, 復卦의 彖詞로 점치는 경우를 가리킨다.

246) 물론 楚나라가 '남쪽나라(南國)'이다.

247) 당시 楚나라는 周나라 天子(王)와 같이 王이라 자칭하고 있었다.

248) [校閱] "侯"가 奎章本에는 '矦'로 되어 있는데, "侯"의 古字이다.

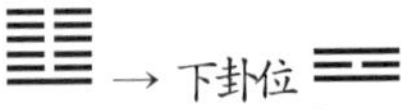

復 눈(目)

杜氏는 [다음과 같이] 말하였다. "陽氣는 子의 方位[249]에서 발생하여, 南쪽으로 進行하여 陰氣를 밀어낸다. 그러므로 '남국축(南國蹙)', 즉 '남쪽나라가 위축된다'라고 말한 것이다." ≪또 [杜氏가 다음과 같이] 말하였다. "离는 諸侯가 되고,[250] 또 눈(目)이 된다.[251]"≫

○復以豫交 ≪雷地交≫ ䷏ 剛自北往 ≪上位坎≫ 以伐南國 ≪下位南≫ 北拓其疆 ≪上今坤≫ 南蹙其邦 ≪一陰亡≫ 南國蹙也 爰取坎弓 ≪豫互坎≫ 震以發之 ≪上本震≫ 矢之旣南 ≪四之一≫ 中彼震元 ≪下今震≫ 射其元王也 ≪震 人主≫ 下卦位离 ≪一二三≫ 离則爲目 ≪說卦文≫ 中厥目也

復 豫

○復卦는 豫卦로부터 交易된 것이다. ≪[地雷 復卦는] 雷와 地를 交易시킨 것≫ [豫卦(䷏)에서 復卦로 交易되면] 剛이 北쪽[의 上卦]에서 [내려]감으로써 ≪上卦는 [본래] 坎位로서 北方을 상징함≫ 南國을 정벌(征伐)하니 ≪下卦는 [본래] 离位로서 南方을 상징함[252]≫ 北國에서는 그 영토가 확장되는 반면에 ≪[復卦의] 上卦는 지금 坤≫ 南國에서는 그 영토가 축소되는지라 ≪陰이 하나

249) 子方은 24方位의 하나로서, 正北을 중심으로 15度안의 각도안을 가리킨다. 子는 원래 12支의 첫째인데, 방위로는 北方에, 五行으로는 水에 해당된다.

250) "离爲'諸侯'": 앞서 茶山은 이것이 특례임을 지적함.

251) 离目:「說卦傳」'近取' 항목.

252) "左傳, 鄢陵之筮, 明以下卦位离, 謂之南國."(『四箋』 卷4, 25나)

[下卦에서] 亡失됨≫ "南國蹙(南쪽 나라의 國土는 줄어들 것)"이라고 한 것이다.[253] 여기에다(爰) 坎의 활(弓)[254]을 취하여 ≪豫卦의 [3·4·5의] 上互卦는 坎≫ 震으로써 발사(發射)하니[255] ≪[豫卦의] 上卦는 본래 震≫ 화살이 이미 南쪽으로 날아감에 ≪4가 1로 감≫ 저 震의 元王에[256] 적중하는지라 ≪[復卦의] 下卦가 지금 震≫ "射其元王", 즉 "그 元王을 화살로 쏜다"라고 말한 것이다. ≪震은 人主, 즉 王을 가리킨다.[257]≫ 下卦의 자리는 离位인데 ≪1·2·3位는 [본래 기수(奇數)·우수(偶數)·기수(奇數)가 되므로] 离位≫ 离는 곧 눈(目)인지라 ≪「說卦傳」의 글[258]≫ "中厥目([화살이] 그 눈에 적중함)"이 되는 것이다.

○案 杜注云 陽氣激南 飛矢之象 又 何玄子 訂詁云 楚正南國 今有震坤 而無巽离 ≪坤得南之半≫ 爲南國蹙 其說 皆疏矣

○[案] 두예(杜預)가 그 注에서 말하기를, "陽氣가 南으로 격렬하게 밀려드는 것이 [마치] 날아가는 화살(飛矢)의 모습(象)과 같다"라고 하였다. 또 何玄子(何楷[259])가 『고주역정고(古周易訂詁)』에서 말하기를, "楚나라는 正南쪽에 위치한 나라인데, 지금 [復卦에는] 震(東方)과 坤(南西方)은 있는 반면에, 巽(東南方)과 离(南方)는 없기 때문에 ≪[茶山] 坤은 [남서쪽이니] 南方의 半을 얻은 것이라 본 것≫ 남쪽 나라가 축소된 것(南國蹙)이 된

253) "案, 春秋傳, 鄢陵之筮, 其卦遇復也. …… 蓋云 自剝而爲復也. 下卦位離, 故謂之南國."(『四箋』 卷4, 45나)

254) 坎'弓' : 「說卦傳」에 "弓輪"이라 함.

255) 震'發' : 茶山 其他物象. 『四箋』에서도 "以震而發之"라 함. 荀九家, 虞翻의 說에 震은 "行"이라 하였고, 茶山 其他物象에는 "震起"가 있는데, 이런 것들과 연관된 것으로 보인다.

256) 震元 : 震이 東方, 長男(「說卦傳」) 등이 되는 것과 관련하여 응용하여 적용한 것. ← '乾卦 文言'에 "元者, 善之長也. …… 體仁, 足以長人"이라 한 것과도 연관됨.

257) 震人主 : 荀九家, 虞翻의 說에 "震主"라 함. 乾卦, "震德爲人主"(『四箋』 卷1, 35나).

258) '近取' 항목에 "离爲目"이라 함(『四箋』 卷8, 39가).

259) 何玄子 : 明末 淸初의 經學家인 하해(何楷)를 가리킨다. 字가 '元子', 號는 黃如이며(伍華 主編, 『周易大辭典』, 中山大學出版社, 1993, 860면) 저서로는 『古周易訂詁』(16권)·『詩經世本古義』 등이 있다(伍華 主編, 같은 책, 917면). 『四庫全書總目提要』(33면)에 『古周易訂詁』의 提要가 나온다.

다"고 하였는데, 그 說이 모두 소략(疏略)하다.

〔原文〕 呂錡 射共王 中目 ≪錡 夢射月[260]中之≫ 王 召養由基 射錡 中項

[그 후에 晉나라 대부(大夫)인] 여기(呂錡)가 [楚나라] 공왕(共王)을 [화살로] 쏘아, 그 눈을 맞추었는데 ≪[앞서] 여기(呂錡)는 [楚王을 상징하는] 달(月)을 쏘아 맞추는 꿈을 꾸었다.[261]≫ [이에 楚나라] 王은 양유기(養由基)[262]를 불러 여기(呂錡)를 쏘게 하여, 그 목에 적중시켰다.[263]

[10] 목강동궁지서(穆姜東宮之筮) ≪襄九年≫

목강(穆姜)[264]이 東宮으로 유폐(幽閉)되어 친 蓍草占 ≪양공(襄公) 9年[265]≫

---

260) [校閱] 奎章本에는 "錡, 夢射'目'中之"로 보이는데, 그렇다면 "月"의 誤字이다.

261) "占之, 曰姬姓日也, 異姓月也, 必楚王也."(文璇奎 역, 『春秋左氏傳』 中, 명문당, 1987, 172면)

262) 양유기(養由基) : 春秋시대 楚나라의 명궁, 버들잎을 쏘아 백발백중하고, 바위를 착각하고 화살을 쏘아, 깃털까지 박아 넣었다고 함. 백발백중(百發百中)이라는 말은 養由基의 활솜씨에서 유래된 말이다.

263) 『春秋左傳』이 전하는 전체적 내용은 다음과 같다. 晉나라 대부인 呂錡가 꿈을 꾸니, 달을 쏘아 맞히고, 물러나오다 진흙 속에 빠졌다. 그는 그 꿈의 길흉을 점쳤더니, 점쟁이가 말하기를, "姬氏의 姓은 지체가 높아 해에 해당되고, 姬姓과 다른 姓은 달에 해당되니, 달은 꼭 초나라 왕일 것이요, 그리고 쏘아 맞히고 물러나오다 진흙 속에 빠졌다는 것은 님도 또한 반드시 죽는다는 것입니다"라고 하였다. 呂錡는 싸움을 하게 되어, 楚나라 共王을 쏘아 눈에 맞히었다. 그러자, 楚王은 養由基를 불러, 화살 두 개를 주고, 여기(呂錡)를 쏘게 하니, 呂錡는 목에 화살을 맞아 활을 넣는 전대에 엎어져 죽었다. 養由基는 남은 한 개의 화살을 가지고 가 楚王에게 결과를 보고하였다(文璇奎 역, 『春秋左氏傳』 中, 명문당, 1987, 172면).

264) 목강(穆姜) : 齊나라 제후의 딸. 魯나라 선공(宣公)의 부인이며, 성공(成公)의 모친이며, 襄公의 조모가 된다. 총명하고 슬기로웠으나 행실이 음란하여 숙손교여(叔孫喬如)와 간통하였다. 교여(喬如)가 목강과 모의하여 계맹(季孟)을 제거하고, 노나라를 멋대로 천단(擅斷)하려고 하였으나, 성공하지 못하고 오히려 동궁(東宮)으로 내쫓기게 되었다.

265) 魯 '襄公 9年'은 B.C.564년에 해당됨.

〔**原文**〕穆姜 薨於東宮 ≪魯成公之母≫ 始往而筮之 遇艮之八 ䷳ 史曰 是 謂艮之隨 ䷐ ≪第二畫 不變≫ 隨 其出也 君必速出

䷳ → ䷐

艮 → 隨

목강(穆姜)이 東宮에서 서거(薨)[266]하였다. ≪魯나라 成公의 모친≫ 처음에 [東宮으로 유폐되어] 가서 시초점(蓍草占)을 쳤는데 "艮之八(艮卦의 八)"을 얻었다. 卜史(太史)가 말하기를 "이것은 艮卦가 隨卦로 변하는 것을 이르는 것인데 ≪[茶山] 두 번째 획만 변하지 않는 경우≫ 隨卦에는 '나간다(出)'는 의미가 있습니다. 마마(小君)[267]께서는 반드시 곧 여기서 나가게 될 것입니다"라고 하였다.

杜氏曰 穆姜淫僑如 ≪卽叔孫宣伯[268]≫ 欲廢成公 故徙[269]居東宮[270] ≪太子宮 ○事在成 十六年≫

두예(杜預)가 [다음과 같이] 말하였다. "목강(穆姜)은 교여(僑如)와 [더불어] 음행(淫行)을 일삼으며 ≪[僑如는] 곧 魯나라의 숙손(叔孫) 선백(宣伯)≫ 성공(成公)을 폐위하려고까지 했던 까닭에, 東宮으로 쫓겨가 유폐되었다. ≪東宮이란 太子宮이다.[271] ○이 사건은 成公 16年에 이루어졌다.[272]≫

266) 薨 : 제후죽을 '훙'.

267) 목강(穆姜)을 가리킴.

268) [校閱] "叔孫宣伯"의 "伯"이 奎章本에는 "叔"으로 되어 있으나 誤記이다(文璇奎 역, 『春秋左氏傳』 中, 명문당, 1987, 178면, 179면).

269) [校閱] "徙居"의 "사(徙)"가 奎章本에는 "도(徒)"로 되어 있는데, 誤記이다.

270) 杜預의 注는 여기까지이다. 즉, "穆姜 淫僑如, 欲廢成公故, 徙居東宮"이 杜預의 말이다(『春秋』 地, 학민문화사, 1990, 373면).

271) "東宮"이 "太子宮"이 아니라 "別宮"이라는 설도 있음. 楊伯峻 編, 『春秋左傳注』(修訂本) 卷3, 中華書局, 1993, 964면.

272) 이도 杜注를 차례를 바꾸어 그대로 옮긴 것임. 『春秋左氏會箋』 上(『漢文大系』 卷10, 富山房, 明治 48年, 57면.

周禮 太卜 掌三易 然則 雜用連山歸藏 二易 皆以七八 爲占 故 言遇艮之八 史 疑古[273]易 遇八 爲不利 故 更以周易 占變爻 得隨卦 而論之 謂隨 非閉固之卦

『周禮』에 따르면[274] 태복(太卜)은 [연산역(連山易)과 귀장역(歸藏易)과 周易의] 세 가지 易을 관장한다. 따라서 連山易과 歸藏易[과 周易]을 혼용(混用)하거니와,[275] [連山과 歸藏의] 두 易은 모두 7·8로서 占을 치는 까닭에, "遇艮之八"이라고 말한 것이다. [점치는 관리인] 史(太史)가 古易의 방식에 따라 [점을 쳐서] 8이 나오는 경우를 얻으면 不利하지 않을까 의심하여, 다시 『周易』으로써 變爻를 점쳐서,[276] [이에] 隨卦를 얻어서 논하고 있는 것이다.[277] ["隨其出也"라는 것은] 隨卦가 막히고 갇힘(閉固)을 상징하는 卦가 아님[278]을 말한 것이다.[279]

---

273) [校閱] 奎章本과 新朝本과 國中本에 모두 "占易"으로 되어 있다. 그러나 『漢文大系』본과 귀주인민본에는 "'古'易"으로 나온다(위의 책, 58면; 王守謙 外 譯注, 『左傳全譯』, 貴州人民出版社, 1992, 799면). "占易"이라는 것이 얼핏 말이 되는 듯하지만, 말이 안 되는 말이다.

274) 『周禮』 「春官 宗伯」, "太卜 …… 掌三易之法; 一曰連山, 二曰歸藏, 三曰周易. 其經卦皆八, 其別皆六十有四."(陳戌國 點校, 『周禮·儀禮·禮記』(古典名著普及文庫), 岳麓書社, 1995, 66면)

275) "周易"이란 말을 茶山이 생략함. 原文에는 "…… 雜用連山·歸藏·'周易'. 二易 ……"(『春秋左氏會箋』 上(『漢文大系』 卷10, 富山房, 明治 48年, 57면)으로 되어 있다.

276) 『易學緖言』에서도 "杜元凱 …… 鄭康成 …… 皆稱'周易, 以變者爲占'"이라 함.

277) 茶山의 설명에 따른다면, 처음에 "艮之八"을 얻은 것은 連山易과 같은 古易의 방식에 의한 것이고, 隨卦를 얻은 것은 周易의 방식에 의한 것이다. 즉, 太史가 古易의 방식에 따라 占을 친 결과, 8이 나오는 경우를 얻으면 不利하지 않을까 의심하여, 다시금 『周易』으로써 變爻를 점쳐서 隨卦를 얻었다는 것이다. 그런데 과연 "『周易』으로써 變爻를 점쳐서 隨卦를 얻었다(更以周易, 占變爻, 得隨卦)"라는 말은 무엇을 의미하는가? 周易의 筮法에서는 諸爻亂動의 경우는 인정하지 않으므로, 艮卦에서 隨卦로 변하는 "艮之隨"는 성립될 수 없다. 그렇다면 먼저 艮卦를 古易의 방식에 의해 얻고, 그 다음으로 『周易』의 방식에 의해 隨卦를 얻어서, 兩者의 결과를 결합하면, 艮之隨가 될 것이다. 그러나 그렇게 이해하더라도 疑問은 남는다. 왜냐하면 다산은 隨卦를 變爻를 점쳐서 얻었다고 말하고 있기 때문이다. 만일 變爻를 통해 隨卦를 얻었다면, 과연 隨卦는 어떤 卦로부터 변한 것이냐 하는 것이 문제가 된다. 그러나 茶山은 이에 대해서는 언급하고 있지 않다.

278) 隨卦의 下卦는 震인데, "行"(荀九家, 虞翻의 說)을 상징하고, 또한 上卦인 兌는 '기

○易 唯一爻有變 故 周公之撰爻詞 只據一爻之變 而觀象立占也 苟於一筮之間 而諸爻亂動 則其卦德物象 混淆棼雜 雖以姬孔之智 亦無以化而裁之矣 故 春秋官占 若所謂 觀之否 屯之比 大有之乾 歸妹之睽 《並見上》 皆不過一爻之變 何嘗有諸爻亂動 如今所云哉

○『周易』에서는 오직 한 개의 爻만이 變하는 [것을 원칙으로 하는] 까닭에, 周公이 爻詞를 지음에, 다만 한 爻의 변화에 의거하여, 象을 관찰하고, 占詞를 확립하였다. 만일 한번 蓍草占을 한 번 치는 데 있어서, 여러 개의 효가 혼란스럽게 움직인다면, 그 卦德과 物象이 뒤섞이고 문란하여, 비록 周公(姬)[280]이나 孔子의 智慧라고 해도 [현행의 爻詞에서처럼 卦德과 物象을] 조화롭게 엮어 낼 수가 없을 것이다. 따라서 『春秋』의 官占에서 예컨대 "觀之否",[281] "屯之比",[282] "大有之乾",[283] "歸妹之睽"[284]라고 한 것은 《[이런 사례들은] 모두 위에서 보임》 모두 한 개의 爻가 변한 것에 불과하다. 어찌 일찍이 여러 爻가 난동(亂動)하여, [여기서] 말한 것과 같은 경우가 있었겠는가?[285]

乃 焦贛 易林 狡獪放誕 一卦之變 遂至於六十四卦 而六十四卦 演之爲四千九十六卦 則奕奕三聖之書 遂淪於方技矣 其說

說(悅)'을 상징한다. 따라서 隨卦는 閉固之卦가 아니다. 또 隨卦에는 사람을 따라서 좇아가는 뜻이 있으므로 달려나가는 象이 있다고 말할 수 있다("隨卦 乃隨人而行, 有出走之象". 楊伯峻 編, 『春秋左傳注』(修訂本) 卷3, 中華書局, 1993, 965면).

279) 이상은 모두 杜預의 말이다(『春秋左氏會箋』 上(『漢文大系』 卷10, 富山房, 明治 48年, 58면).

280) 앞서 周公이 언급되므로, "姬"를 文王이라기보다는 周公(姬旦)으로 보아야 한다.

281) 觀之否 : 陳敬仲之筮에 나온다.

282) 屯之比는 畢萬之筮에 나온다.

283) 大有之乾 : 成季之筮에 나온다.

284) 歸妹之睽 : 伯姬嫁秦之筮에 나온다.

285) 穆姜의 筮는 5개의 爻가 變함.

之作 約有三故 其一 乾坤之用九用六 誠有六爻之盡變也 其二 穆姜之筮 有所謂 艮之隨也 其三 國語 晉文之筮 有所謂 屯之豫也 ≪文見下≫

屯 → 豫　　艮 → 隨

그런데 이에(乃) 초공(焦贛)[286]이 『易林』에서 교활하고도 허황한 설을 제기하여, 하나의 卦가 변하여 마침내 64卦가 되고, 64卦가 연역(演繹)되어, [다시] 4,096卦[287]가 되기에 이르니, [혁혁(奕奕)하게] 빛나는 [文王과 周公과 孔子의] 세 분 성인(聖人)이 쓰신 책이 드디어 [점술가를 위한] 방기(方技)[288]로 전락하게 되었던 것이다. [여러 개의 爻가 亂動하는] 그런 [황당무계한] 說이 발생한 데에는, 대략 세 가지 이유가 있다. 첫째, [『周易』에] 乾卦의 用九와 坤卦의 用六에 실제로 여섯 爻가 모두 변하는 사례가 있기 때문이다. 둘째, [여기] 목강(穆姜)의 筮에 이른바 "艮之隨"라는 것이 있기 때문이다. 셋째, 『國語』의 晉文公의 筮에, 이른바 "屯之豫"라는 것이 있기 때문이다. ≪[관련된 『國語』의] 글은 아래에 나온다.[289]≫

然 乾坤 則六位俱純[290] 故 用九用六 ≪詳見蓍卦解≫ 他卦 不能然矣 若云 周公 特於乾坤示例 使後人而推類焉 卽乾坤之內[291] 或

---

286) 초공(焦贛): 前漢 末期의 역학자 초연수(焦延壽)를 가리킴.

287) 64에 64를 곱하면 4096이 된다.

288) 방기(方技): ① 의술(醫術), 점술(占術) 등을 일컬음. ② 의가(醫家), 복가(卜家), 점성가(占星家) 등을 일컬음.

289) 이후 '重耳反國之筮'를 말하는 것으로 "得貞屯悔豫, 皆八也"(『四箋』 卷7, 29가), "是, 六爻之內, 三爻 ≪初四五≫, 亂動也"라고 함(『四箋』 卷8, 24나).

290) [校閱] 新朝本과 國中本에는 "六位旣純"이라고 되어 있으나. 奎章本에는 "六位'俱'純"이라고 되어 있다. "六位旣純"이라고 해서, 뜻이 통하지 않는 것은 아니지만, 문맥상으로 "六位俱純"이 더 자연스러우므로, 여기서는 後者의 例를 따르기로 한다.

二三爻同動 或四五爻同動者 周公 又何不揭例 以示後哉 ≪諸爻亂動 則雖乾坤 亦不能≫ 蓍卦之法 七八則不變也 艮若之隨 則九者爲二 ≪三與上≫ 六者爲三 ≪初 四 五≫ 而八者唯一也 ≪第二畫≫ 六位之中 得八者 唯一 而通謂之 艮之八 可乎 屯 若之豫 則九者爲二 ≪初與五≫ 六者爲一 ≪第四畫≫ 而八者爲三也 六位之中 得八者 唯三 而謂之皆八 可乎 則所謂 艮之隨 屯之豫 明是夏商之舊法 周易 無此影也

그러나 [첫째 여러 개의 爻가 난동(亂動)하는 事例로써 언급한] 乾·坤卦의 경우는 여섯 位가 모두 순일(純一)하기 때문에, 用九[292]와 用六[293]의 방법론을 적용한 것이다. ≪상세한 것은 蓍卦法의 解釋[즉 「蓍卦傳」]을 참조할 것[294]≫ 다른 卦[의 경우]는 그렇게 할 수가 없는 것이다. 만약, 周公이 특별히 乾·坤에서 [用九·用六의] 사례(事例)를 제시하여, 후세 사람들로 하여금 [그런 諸爻亂動의 方法을] 類推하게끔 하였다고 말한다면, 왜 그 乾·坤卦의 안에 2~3개의 爻가 동시에 변동하거나, 혹은 4~5개의 爻가 동시에 변동하는 경우를 周公이 또한 어째서 事例를 들어 後世에 보이지 않았겠는가? ≪[이로 볼 때] 諸爻가 亂動하는 것은 비록 乾卦나 坤卦라고 해도 역시 불가능한 것이다.[295]≫ 시괘(蓍卦)의 방법은 7과 8이 나올 경우에는 [爻가] 변하지 않는 것을 원칙으로 한다. 만약 [諸爻亂動하여] 艮卦가 隨卦로 변한다고 하면, [이 경우에, 老陽의 숫자인] 9인 경우는 둘이고, ≪제3획과 제6획≫ [老陰의 숫자인] 6인 경우는 셋이고, ≪初畫과

---

291) [校閱] 奎章本과 國中本에는 "'則'卽乾坤之內"로 되어 있고, 新朝本(『四箋』 卷7, 234)은 "卽"으로만 되어 있다. 그러나 前者도 뜻이 통하지 않는 것은 아니다. 이런 식의 誤字는 나오기 힘들기 때문에, 新朝本이 脫字된 것일 가능성도 있는 것으로 생각된다.
292) 用九는 乾의 六畫이 모두 변하여, 坤으로 변하는 경우를 가리킨다.
293) 用六는 坤의 六畫이 모두 변하여, 乾으로 변하는 경우를 가리킨다.
294) 蓍卦解 : 『四箋』의 ……. 이후를 가리킨다(『四箋』 卷8, 22나).
295) 用九·用六은 6효가 모두 동시에 변하므로, 諸爻亂動의 경우가 아니라, 오히려 "諸爻整動", 혹은 "諸爻同動"이라고나 말해야 할 것이다.

제4획과 제5획≫ [少陰의 숫자인] 8인 경우는 오직 하나이다. ≪第2畫≫ [이처럼, 艮卦가 隨卦로 변하는 경우에서, 六位 중에서 8을 얻은 것이 오직 하나일 뿐인데] 이것을 통틀어 "艮之八"이라고 하는 것이 옳겠는가? 屯卦가 만약 豫卦로 변동한다면, [老陽인] 9가 되는 것은 둘이고 ≪初畫과 제5획≫ [老陰인] 6이 되는 것은 하나이고 ≪第4畫≫ [少陰인] 8이 되는 것은 셋이 되어야 한다. [그런데] 6位 가운데[296] 8을 얻은 것이 단지 셋일 뿐인데 [『左傳』의 原文에 나오듯이] "皆八(모두 八)"이라고 하는 것[297]이 옳겠는가? 따라서 이른바 "艮之隨(艮卦가 隨卦로 변하는 경우)"와 '屯之豫(屯卦가 豫卦로 변하는 경우)' 등은 夏·商代의 舊法임이 분명하고, 『周易』에는 이런 흔적조차 없다.

〔**原文**〕 姜曰 亡 ≪讀[298]作無≫ 是於周易 曰 隨 元亨利貞 无咎 元 體之長也 亨 嘉之會也 利 義之和也 貞 事之幹也 體仁 足以長人 嘉會 足以合禮 利物 足以和義 貞固 足以幹事 然故 不可誣也 是以 雖隨无咎

[이에] 목강(穆姜)이 [다음과 같이] 말했다. "그런 일은 없을 것이다. ≪[여기 "亡"은] '無'로 읽어야 한다.[299]≫ 이를 『周易』에서는 "隨, 元亨利貞, 无咎", 즉 "隨는 元코, 亨코, 利코, 貞하여, 无咎하다"고 하였는데, '元'은 [德을] 체현함이 으뜸인 것이요,[300] '亨'은 [禮에 맞게] 즐겁게 만남이요, '利'는 의로움이 조화를 이룬 것이요, '貞'은 일(事)을 처리함의 근간(根幹)

---

296) 『四箋』에도 이런 표현이 나온다.

297) 重耳反國之筮의 『國語』「晉語」 원문에 "得貞屯悔豫, '皆八'也"라고 나옴(『四箋』 卷7, 29가). "屯之豫"라 명시적으로 나오지는 않는다.

298) [校閱] "讀作無"의 "讀"이 新朝本에는 "畫"으로 되어 있는데, 誤記이다.

299) 杜注에도 "亡, 猶無也"라고 함(『春秋左氏會箋』 上(『漢文大系』 卷10, 富山房, 明治48年, 58면).

300) 현행 乾卦 「文言」에는 "元者, '善'之長也"라고 나옴. "元, 體之長"이 乾卦 「文言」에서는 "元, '善'之長"으로 되어 있음.

이다. 仁을 체현(體現)해야만 사람들의 우두머리(長人)가 될 수 있고[301] 훌륭한 모임(嘉會)이라야 禮에 부합될 수 있으며, 만물을 이롭도록 해야, 의로움(義)이 조화를 이룰 수가 있고, [마음이] 바르고 한결같아야만, 일을 잘 처리할 수 있는 것이다. 이러한 까닭에 [그런 德은 겉으로만] 꾸며 댈 수가 없는 것이니 [이러한 德을 갖춘 사람에 대해서는] 모함을 하거나, 업신여길 수가 없는 것이다. [실제로 '元・亨・利・貞'의 德을 갖추는] 이런 때에만(是以) 비록 ["元・亨・利・貞"의 좋은 德을 가진] 隨卦라 할지라도, "허물이 없는 것(无咎)"이 되는 것이다.[302]

杜氏曰 不誣四德 乃遇隨无咎 無四德者 爲淫而相隨 非吉事[303] ≪又云 [易]筮 [皆]以變者[304] 占 義異則論彖故[305] 姜氏[306] 亦以彖 爲占≫

杜氏가 [다음과 같이] 말하였다. "元・亨・利・貞의 四德을 겉으로만 꾸민 것이 아니어야만, 隨卦의 '허물없음(无咎)'의 뜻에 부합될 것이다.

---

301) 이하는 모두 乾卦 「文言」과 동일하다(『四箋』 卷1, 35나). 한편, 이 구절은 "元"과 연관됨. 이것이 결국은 元의 본질인 셈. 이후도 동일.

302) 是以雖隨无咎 : 비록 "元亨利貞하여 无咎"한 隨卦라고 해도, 乾卦 文言에 나온 것과 같이 그 실질을 갖추어야, 비로소 无咎할 수 있다는 의미이다. 혹자는, "雖"라고 한 것은 穆姜이 隨卦를 나쁜 卦로서 본 것이기 때문이라고 보기도 한다. 그러나 이 경우, 왜 "元亨利貞, 无咎"의 德을 지닌 隨卦가 惡卦인가라는 질문에 대해 적절하게 답할 수 없을 것이다.

303) [校閱] 原文에는 "'言'不誣四德, 乃遇隨无咎; '明'無四德者, '則'爲淫; 而相隨, 非吉事"라고 나온다(『春秋左氏會箋』 上(『漢文大系』 卷10, 富山房, 明治 48年, 58면).

304) [校閱] 杜注의 原文에는 "'易'筮, '皆'以變者, 占"이라고 나온다(『春秋左氏會箋』 上(『漢文大系』 卷10, 富山房, 明治 48年, 58면). 『易學緖言』(卷1, 33가)에서도 "杜元凱 …… 鄭康成 …… 皆稱'周易, 以變者, 爲占'"이라고 하였다.

305) [校閱] 原文에는 "'遇一爻變', 義異則論彖; 故, 姜, 亦以彖, 爲占"이라고 되어 있다. "遇一爻變" 다음에 "以上"이라는 말을 첨가해야 뜻이 자연스럽다는 주장도 있다. 즉 "一爻變 이상이 되어 그런 각각의 爻마다 의미가 다르면, 彖으로 점친다"는 의미가 된다(『左氏會箋』). 물론, 그대로도 말은 된다. 즉 "일반적으로 變爻로 점을 치나, 遇一爻變이라도 의미가 다르면(즉 그 의미가 상황에 적절하지 않으면) 彖으로 점친다"는 말로 된다. 茶山은 이렇게 보았다(이 구절은 다시 아래에서 언급됨).

306) [校閱] 杜氏의 原文에는 "姜氏"에서 '氏'字가 없다.

이런 [元・亨・利・貞의] 四德이 없는 사람이 음란(淫亂)한 짓을 하면서, [점쳐서] 隨卦[의 占卦]를 얻었다고(相)[307] 해서, 吉한 일로 되지 않는다. ≪또 [杜氏가] 말하였다. "筮는 변하는 것으로 占친다. …… 그 의미가 적합지 않은 경우에는 곧 彖辭로써 그 의미를 밝힌다. 따라서 목강(穆姜)도 역시 隨卦의 彖辭로써 占친 것이다."≫

○史 以夏商之法 占之 曰 隨 其出也 穆姜 以周易之義 占之 故 特曰 是於周易 云云也 ≪是於二字 當詳味≫ 且 周易之法 卦爻雖變 其象其德 仍以本卦爲主 ≪乾之姤 曰 潛龍 龍 是 乾之物≫ 今 史與穆姜 皆論隨卦之義 而艮卦之德 遂無槪見 此 其法 與周易 占變之例 截然不同 可知也

艮 → 隨

○卜史는 夏商代의 방식으로 점쳤기 때문에, "隨, 其出也"라고 하였고, 목강(穆姜)은 『周易』에 나오는 의미로 점쳤으므로 특별히 "是於周易"이라고 말한 것이다. ≪"是於"라는 두 글자의 의미를 자세히 음미해야 할 것이다.≫ 한편, 『周易』의 方式은 卦・爻가 비록 변동해도, 그 象과 德은 여전히 그 本卦를 위주로 한다. ≪[예컨대] 乾卦가 姤卦로 변하는 경우[乾之姤]에 "潛龍"이라고 하였는데, "龍"은 乾卦의 物象이다.[308]≫ 그런데 지금 ["艮之隨"의 경우를 논하면서] 卜史나 [『周易』 云云한] 목강(穆姜)까지도 모두 隨卦의 의미만 논하고, 艮卦의 성질(德)은 끝내(遂) 살피지 않으니, 이

307) 相: 가릴(선택함) '상'(『周禮』「上春相筮」), 서로 '상'.

308) 여기 "乾"은 "☰"이 아니라 重卦인 乾이다. 한편, 물론 龍은 엄밀히 따지면 "☰"의 物象이 아니고 '☳'의 物象인데, '☰'은 '☳'이 축적된 것이라는 의미에서 이렇게 말하는 것이다.

로써 그 [夏·商代의 占筮의] 방식은 『周易』의 방식과는 점쳐서 변효(變爻)를 풀이하는 事例에 있어서 뚜렷이(截然) 다르다는 것을 알 수가 있다.[309]

○又按 元亨利貞之義 卽孔子文言之文也 不應穆姜預用夫子之文 故曰 文言者 古之字書 若爾雅詁訓之專釋詩經者也 ≪坤之文言曰三字 正是王弼所加≫

○[又按] 元·亨·利·貞의 의미는 바로 孔子의 「文言」의 글과 [그 내용이] 같은데,[310] 목강(穆姜)이 [당시에 아직 태어나지도 않은] 孔子의 글을 미리 인용한 것은 당연히 아닐 것이다.[311] 그러므로 [내가 말하기를] "「文言」이란 古代의 字書[의 한 종류]"라고 한 것이며,[312] [이는 예컨대] 『이아(爾雅)』의 「석고(釋詁)」와 「석훈(釋訓)」편에서 전적으로 『詩經』을 해석한 것과 같은 사례라고 하겠다. ≪坤卦에 나오는 "文言曰"이라는 세 글자는 바로 왕필(王弼)이 첨가한 것이다.≫

○易筮之主乎變 杜氏 旣知之矣 其不變者之占以彖 又何不察也 遇一爻變 義異則論彖者 又何其糊塗也

○『周易』의 서법(易筮)이 그 變爻를 중심으로 한다는 것을 杜氏가 이미 깨닫고 있었을진대, 그 [爻가] 변하지 않는 경우의 占에서는 彖辭로써 점친다는 사실을 어째서 또한 파악하지 못하였을까?[313] [杜預의 注

---

309) 杜氏도 穆姜은 『周易』의 방식으로 점친 것이라는 식으로 말했고, 이상에서 다산도 일단은 그것에 동의하지만, 엄밀히 따지면 그렇지 않음을 논변한 것. 즉 穆姜이 『周易』의 뜻에 입각하여 점을 풀이하기는 하였지만, 卜史나 穆姜이 풀이하는 방식이 모두 엄밀히 따지면 本卦를 고려하는 『周易』의 방식과는 무관함을 밝힌 것이다.

310) 물론 "'體'之長"(穆姜)과 "'善'之長"(文言)으로 다른 부분이 한 곳 있다.

311) 穆姜은 孔子가 나기도 전에 죽었다. 바로 이런 이유로 구양수는 「文言傳」이 孔子所作이 아니라고 주장하였다(슈츠스키, 오진탁 역, 『주역연구』, 한겨레, 1987, 81면).

312) 「文言」이 古代의 字書의 한 종류라고 본 것은 丁茶山의 견해이다(『四箋』 卷1, 36가).

313) 其不變者之占以彖 又何不察也 : "又何不察也"의 구절을 "어찌 살피지 않았으리오?"

에] "한 爻가 변하는 경우를 얻었더라도, 그 취지(義)가 [현재 자신이 점친 事案에] 맞지 않으면 彖辭로써 論한다"라고 한 말은 또한 어찌 [진실을] 호도(糊塗)함인가?

〔原文〕今我婦人 而與於亂 固在下位 而有不仁 不可謂 元 不靖國家 不可謂 亨 作而害身 不可謂 利 棄位而姣[314] 不可謂 貞 有四德者 隨而无咎 我皆無之 豈隨也哉 我則取惡 能无咎乎 必死於此 不得出矣

[목강(穆姜)이 계속해서 다음과 같이 말하였다.] "지금 나는 부인(婦人)의 몸으로 亂에 가담하였고, 오로지 미천한 신분에 있었던 데다가, 더구나 착하지도 못하니 "元"이라 할 수 없다. [혼란을 조성하여] 나라를 平安하게 못했으니 "亨"이라고도 할 수 없으며, [일을] 꾸미다가, 자신의 몸마저 망쳤으니, "利"라고 할 수도 없으며, [君主의 婦人이라는] 地位를 팽개치고 음란한 짓을 일삼았으니 "貞"이라 할 수도 없다. [이러한] 네 가지 德을 갖춘 사람이라야만, 隨卦를 얻어서 허물이 없음(无咎)이 될 터인데, 나에게는 [이 四德이 모두] 없으니 어찌 隨卦[의 德]에 해당한다고 하겠는가! 내가 추악한 짓을 일삼았으니, 어찌 허물이 없을 수가 있으리오? [내가] 반드시 여기서 죽게 되지, [東宮을] 벗어나지는 못할 것이다."

穆姜之言 深合易理 不可以其淫姣[315] 而少之也 南蒯之筮 以

로 해석하면 안 된다. 즉 "又何不"을 反語法의 句文으로 간주해서, "그렇게 하였다", 혹은 '명찰하였다'는 의미로 해석하면 안 된다는 뜻이다. 앞서(『四箋』 卷7, 234) "又何……哉"라는 표현이 나온 것을 참조할 것.

314) [校閱] "棄位而姣"의 "姣"가 奎章本에는 "狡"로 되어 있는데, 뜻은 통하나 『左傳』의 원문에는 "姣"로 되어 있다.

315) [校閱] "棄位而姣"의 "姣"가 奎章本에는 "狡"로 되어 있는데, 뜻은 통하나 新朝本과 國中本의 "姣"를 따른다.

吉爲凶 ≪文見下≫ 亦此義也

[以上의] 목강(穆姜)의 말은 [개과천선(改過遷善)을 추구하는] 易의 이치와 심오(深奧)하게 부합한다. [그녀가] 음란(淫姣)하였다고 해서 [이런 말 자체를] 사소하게 여겨서는 안 될 것이다. 남괴(南蒯)의 占筮에서 吉하다고 나온 것을 도리어 凶하다고 한 것[316]도 ≪[이와 관련된] 글은 아래에 나옴≫ 역시 이와 같은 의미[에서 나온 것]이다.

[11] 최저취강지서(崔杼取姜之筮) ≪襄二十五年≫

〔齊나라〕 최저(崔杼)가 姜씨를 〔첩으로〕 얻으면서 친 蓍草占 ≪襄公 25年[317]≫

〔**原文**〕 齊 棠公 死 ≪齊大夫≫ 崔武子 弔焉 ≪卽崔杼≫ 見棠姜美之 筮之 遇困䷮之大過 ䷛ ≪六三變≫ 史皆曰 吉 示陳文子 ≪陳須無[318]≫ 文子曰 夫從風 ≪句≫ 風隕妻 ≪句≫ 不可娶也

困 → 大過

齊나라 당읍(棠邑)을 맡아 다스리던 관리(公)가 죽자 ≪[여기의 "公"은] 齊나라의 大夫≫ 최무자(崔武子)가 조문(弔問)을 하였는데 ≪崔武子[319]는 즉 '최저(崔杼)'를 가리킴≫ [그때 죽은] 棠의 관리(棠公)의 妻인 姜氏를 보고, 그

---

316) 南蒯之筮, 以吉爲凶 : 역시 『左傳』에 나오는 故事로, 남괴(南蒯)가 모반을 획책하고자 점괘를 뽑아 보았는데, '吉하다'고 나온 것을 자복혜백(子服惠伯)이 凶하다고 풀이한 것이다.

317) 魯 '襄公 25年'은 B.C.548년에 해당된다.

318) [校閱] 奎章本과 新朝本과 國中本에 모두 "陳無須"로 되어 있으나 "陳須無"가 옳으므로 고친다.

319) 최무자(崔武子)는 齊나라의 대부인 최저(崔杼)인데, 崔子라고도 불리운다. 공자보다 약 80년 앞선 인물로 莊公을 시해하고 景公을 세운 후 공포정치를 실시했다.

녀를 아름답다고 여겼다. [그래서 마침 상처(喪妻)하고 홀아비로 있던 최저(崔杼)는 그녀를 재취로 맞이하려고 했는데, 그녀의 동생이며 崔杼의 가신(家臣)인 동곽언(東郭偃)[320]이 同姓이라고 반대하자[321]] 점을 쳐서 困卦가 大過卦로 변하는 卦를 얻었는데 ≪六三이 變爻≫ 史官들이 모두 "吉하다"고 말하였다. 또 진문자(陳文子)에게 [그 占卦를] 보이니 ≪陳文子는 齊나라 大夫로서, 진경중(陳敬仲)의 曾孫인] '진수무(陳須無)'를 가리킴[322]≫ 文子가 이르기를, "지아비(夫)가 바람(風)을 따르고[323] 바람(風)은 그 妻를 떨어뜨리는 형국이니, 그녀를 아내로 맞을 수 없습니다"라고 하였다.

杜氏曰 坎爲中男故 曰夫 變而爲巽故 曰從風 ≪又曰 風能隕物 故妻不可娶≫[324]

困 → 大過

320) 上代에 있어서, 姓과 氏는 특별한 종족의 호칭이며, 사람은 각각 姓과 氏의 두 가지의 가계 명을 갖고 있었다. 다만, 어느 개인을 지칭해서 부를 때, 남자에 대해서는 氏를 칭하고, 여자에 대해서는 姓을 칭하는 관습이 있었다. '男子稱氏, 婦人稱姓'의 관례에 따라, 東郭偃의 東郭은 氏가 된다,

321) "첩"으로 맞이하려고 한 것은 아닌 듯하다. 즉 최저도 喪妻를 하고 홀아비로 있다가, 東郭姜(즉 棠姜)을 맞이한 것이다(文璇奎 역, 『春秋左氏傳』 中, 명문당, 1987, 447면). 동곽언은 최저에게 "부부는 姓이 달라야 하는데, 어른께서는 丁公의 후예이고, 신은 桓公의 후손으로 같은 姓이니 안 됩니다"라고 함(남기현 역해, 『春秋左傳』 中, 자유문고, 2003, 481면).

322) 진문자(陳文子)는 제나라의 대부인 진수무(陳須無)이다. 진완(陳完)의 손자이며, 이름이 須無이다(남기현 역해, 『春秋左傳』 中, 자유문고, 2003, 460면). 공자보다 약 반세기 정도 앞선 인물로 강직하고 사려가 깊었다(王守謙 外 譯注, 『左傳全譯』, 貴州人民出版社, 1992, 945면).

323) '從'은 '爲'의 뜻이므로, "夫從風"을 "지아비(夫)가 바람(風)이 된다"라는 해석도 가능하다. "『左傳』, 畢萬之筮, 曰車從馬 ≪震爲車≫ 棠姜之筮 曰 夫從風 ≪坎變巽≫ 皆以變爲從 亦文例也."(『四箋』 卷4, 33가)

324) 原文은 "風, 能隕落物者 變而隕落, 故, 曰妻, 不可娶也"라고 되어 있다.

杜氏가 [다음과 같이] 말했다. “[困卦의 下卦인] 坎은 中男이 되는 까닭에, ‘夫’라고 하였는데, [그 坎이] 변동하여 巽으로 되니, ‘從風’이라고 한 것이다.” ≪또 [두예(杜預)가 계속해서 다음과 같이 말하였다.] 바람은 물건을 떨어뜨릴 수 있는 까닭에, “妻不可娶”, 즉 “妻로 얻으면 안 된다”라고 한 것이다.≫

○坎旣爲夫 ≪下本坎≫ 其妻离也 ≪下互离≫ 三之旣變 坎夫离妻一時俱隕 ≪离亦亡≫ 夫從風而風隕妻也 杜氏 以風隕 爲句 何以解矣

困 → 大過

○坎이 지아비(夫)가 되니 ≪[困卦의] 下卦는 본래 坎≫ 그 妻는 离가 된다. ≪[困卦의] 下互卦는 离≫ 세 번째 爻가 이미 변함에, 坎의 지아비(夫)와 离의 지어미(妻)가 동시(一時)에 모두 몰락하니 ≪离도 역시 亡失됨≫ [이것을 가리켜] “夫從風”이라 하고, 또 “風隕妻”이라고 한 것이다. 그런데 杜氏는 [注釋에서, “夫從風 ≪句≫ 風隕妻 ≪句≫ 不可娶也”로 斷句하지 않고] “風隕”까지를 한 句로 끊고 있으니, [이처럼 “風隕, ≪句≫ 妻不可娶也”를 한 句로 끊는다면] 어찌 해석이 되겠는가?

〔**原文**〕且 其繇曰 困于石 據于蒺蔾 入于其宮 不見其妻 凶 ≪此 易詞≫ 困于石 往不濟也 據于蒺蔾 所恃傷也 入于其宮 不見其妻 凶 無所歸也 ≪坎爲歸≫

困 → 大過

遯 → 大過 ← 大壯

[陳文子가 계속해서 말하였다.] 또한 그 [困卦 六三의] 주사(繇辭)에 이르기를, "困于石, 據于蒺藜, 入于其宮, 不見其妻, 凶", 즉 "돌에 [걸려] 곤경(困境)을 당하며, 납가새(蒺藜)[325][의 가시덤불]에 의지하는지라, 그 집에 들어가더라도 아내를 보지 못하니, 흉하다"라고 하였으니 ≪이것은 [困卦 六三의] 易詞≫ 여기서 "困于石"이란 가더라도 [물을] 건너가지 못함을 가리키며, "據于蒺藜"란 믿는 것에 상해(傷害)를 당할 것을 가리키며, "入于其宮, 不見其妻, 凶"이란 돌아갈 곳이 없음을 가리키는 것입니다." ≪坎은 돌아감[歸]의 뜻이 된다.[326]≫

杜氏曰 水之險者 爲石[327]

杜氏가 [다음과 같이] 말하였다. "[坎은 험난함[328]이 되고, 물이 되는데] 물(水)이 험난함은 [그 속의] 돌(石) 때문이다."

○易詞之義 見本卦

○易詞의 의미는 [困卦 六三의] 本卦에 나와 있다.

○卦自否來 剛自上往 ≪上之二≫ 不出坎川 ≪入坎中≫ 往不濟也 巽草坎險[329] ≪卽蒺藜≫ 离以信之 ≪二四互≫ 所恃傷也 ≪芒刺人≫ 坎

---

325) 질려(蒺藜)는 납가새과에 속하는 일년초로서, 열매는 단단하고, 억센 가시가 있다.

326) 坎이 '歸'의 뜻이 된다는 것은 茶山의 '其他物象'을 참조할 것. 「說卦傳」에 "坎者, …… 萬物之所歸也"라고 함(『四箋』 卷8, 30나).

327) 原文에는 "坎爲險, [兌]爲水; 水之險者, 石"으로 되어 있다(『春秋左氏會箋』 下(『漢文大系』 卷11, 富山房, 明治 48年, 31면).

328) 坎은 險함의 뜻이 된다는 것은 茶山이 說卦物象에 대한 보충인 '今補'에서 주장한 것이다. 坎이 험함의 뜻이 된다는 것은 坎卦의 「彖傳」에서 "習坎, 重險也"(『四箋』 卷8, 8나)라고 한 것에서 비롯된 것이다. 또 "坎은 石의 뜻이 되는데, 그것은 坎의 險함의 뜻과 연관되어 있다. 즉 坎이 돌(石)이 되는 것은 험난한 사물 가운데 돌만큼 험난한 것이 없기 때문이다(坎, 險也; 物之險者, 莫如石)."(『四箋』 卷8, 87가)

329) [校閱] "巽草坎險"이 奎章本에는 "巽妻坎險"이라 나오는데, 巽이 "長女"로 "巽妻"가 되기는 하지만, 여기서는 무관하다. 따라서 奎章本과 國中本의 "巽草坎險"을 옳은

宮今滅 ≪三爻動≫ 無所歸也

否 → 困 → 大過

○困卦는 否卦로부터 왔는데, 剛이 上位로부터 [제2位로 옮아] 가지만 ≪上이 2로 감≫ 坎의 내(川)[330]를 벗어나지 못하니 ≪[困卦에서 보면] 坎의 가운데로 들어가는 것≫ "往不濟", 즉 "가더라도 [물을] 건너가지 못하는 것"이다. 巽의 풀(草)[331]과 坎의 험난함(險)이 있는 데도 [불구하고] ≪즉 蒺藜[의 풀이 험한 것을 가리킴]≫ 离로써 [그것을] 신뢰하고 있으니[332] ≪[困卦의] 2·3·4의 互卦[가 离]≫ "所恃傷", 즉 "믿는 것에 상해(傷害)를 당할 것"이다. ≪그 가시가 사람을 찌름≫ [困卦가 大過卦로 변하면서] 坎의 집(宮)[333]이 지금 상실되었으니 ≪[困卦의] 제3爻가 변동함≫ "無所歸", 즉 "돌아갈 곳이 없는 것"이다.

〔**原文**〕 崔子曰 嫠也 何害 先夫 當之矣 遂取之 ≪後 莊公 通焉 崔子 弑之≫

[이에] 崔子가 말하기를, "[그렇다고 해도 이미] 과부(嫠)인데, 어찌 해롭겠는가? 그 죽은 남편(先夫)이 [이미 그런 凶事를] 당한 것이다"라고 하고, [마침내] 그녀를 [아내로 맞아들여] 취하였다. ≪[그] 後에, 齊나라의 莊

것으로 한다.

330) 坎이 川이 된다는 것은 坎의 의미 중에서 "泉"과 "河" 등의 의미와 연관된다. 茶山의 '其他物象'을 참조할 것.

331) 巽이 풀(草)의 뜻이 된다는 것에 대해서는 茶山의 '其他物象'을 참조할 것.

332) "'據'于蒺藜"에서 "據"를 "信"으로 풀이한 셈이다. 또 茶山에 따르면, 离는 信의 뜻이 된다. 그것은 「雜卦傳」에 "中孚, 信也"라 했는데, 中孚는 大离이기 때문이다(茶山의 '其他物象'을 참조할 것).

333) 坎이 宮의 뜻이 된다는 것은 荀九家의 說이다.

公이 그녀와 私通함에 崔子는 [자신의 임금인] 莊公을 시해하였다.≫

杜氏曰 寡婦曰 嫠 言棠公 已當此凶

杜氏가 [이 구절을 注釋하여 다음과 같이] 말하였다. "과부(寡婦)를 가리켜 '리(嫠)'라고 한다. 이 구절은 당공(棠公)이 이미 이러한 흉사(凶事)를 당하였다는 것[334]을 [최저(崔杼)가] 말한 것이다."

[12] 유길여초지어(游吉如楚之語) ≪襄二十八年 ○亦不筮 而占吉凶≫

유길(游吉)[335]이 楚나라에 갔다가 돌아와 보고(報告)한 말 ≪양공(襄公) 28年[336] ○역시 蓍卦(筮)를 하지 않고 吉凶을 점친 경우에 해당된다.≫

〔**原文**〕 鄭伯 使游吉 如楚 …… 楚人還之 ≪欲鄭君之親來朝≫ …… 吉歸曰[337] 楚子 將死矣 不修其政德 而貪昧於諸侯 以逞其願 欲久 得乎 周易有之 在復䷗之頤䷚ ≪上六變≫ 曰 迷復凶 其楚子之謂乎 欲復其願[338] 而棄其本 復歸無所 是謂 迷復 能無凶乎 君其往也 送葬而歸 以快楚心

復 → 頤

정백(鄭伯)[339]이 유길(游吉)로 하여금 楚나라로 가도록[340] 하였는데, [유

334) 崔杼는 이후 결국 이 占卦대로, 棠姜의 소생인 "明"을 후계로 세우려하다가 본처 소생들과 갈등을 빚어, '入于其宮, 不見其妻'의 돌아갈 곳도 없는 지경이 되어, 자살하였다.

335) 유길(游吉): 公子 大叔을 가리킴.

336) 魯 '襄公 28年'은 B.C.545년에 해당된다.

337) "吉歸曰"은 『左傳』에 나오는 구절이 아니라, 다산이 축약(縮約)한 것이다. 여기서 "吉"은 물론 游吉을 가리킨다.

338) [校閱] "欲復其願"의 "願"이 奎章本에는 "元"으로 되어 있는데, 誤記이다.

길(游吉)이 楚나라에 이르자] 楚나라 사람이 유길(游吉)에게 돌아가라고 하였다. ≪鄭나라 君主[鄭伯]가 친히 [楚나라 임금을] 알현(謁見)하기를 원했던 것이다.≫ [이에] 유길(游吉)이 돌아와 [公子 전(展)에게] 다음과 같이 告하여 말하였다. "楚나라 군주는 조만간 죽을 것입니다. 그 자신의 國政과 德性을 닦지 않고, 제후들[의 복종]만 어리석게 요구(貪昧)하여, 자신이 원하는 것을 이루고자 하니, [세력을] 오랫동안 유지하고자 하나, 그럴 수 있겠습니까? 『周易』에도 있사온데, 復卦[䷗]가 頤卦[䷚]로 변하는 占卦에서 ≪[復卦의] 上六爻가 변함≫ 말하기를, '迷復, 凶',[341] 즉 '혼미(昏迷)함으로 되돌아옴이니, 凶하다'라고 하였습니다. 그것은 [바로] 楚나라 군주를 두고 말한 것이 아니겠습니까! [자신이] 원하는 것을 회복(復)하고자 하나, 그 근본을 버리고 되돌아 갈 곳(復歸)이 없는 것, [바로] 그것을 "迷復"이라고 하는 것이니, [어찌] 凶하지 않을 수 있겠는가? 임금님(君)께서 친히 가셔서 [그 楚子의] 장례(葬禮)를 지내주고 돌아오셔서, 楚나라 사람들의 마음(楚心)을 즐겁게 하소서."

杜氏曰 謂楚子 欲得鄭朝 以復其願

杜氏가 [다음과 같이] 말하였다. "[이것은] 楚나라 군주(楚子)가 鄭나라 군주의 알현(謁見)을 받음으로써, 그 원(願)하는 것을 회복하려고 하였음을 말한 것이다."[342]

○迷復之義 見本卦

○"迷復"의 의미는 [復卦의] 本卦에 나와 있다.[343]

339) 정백(鄭伯)은 鄭나라의 백작을 가리킨다.

340) "如楚"의 '如'는 '가다', '일정한 곳에 이르다'의 뜻이다.

341) "迷復, 凶"은 復卦上六의 爻辭이다.

342) 원래 "楚子"라는 말은 없다(『春秋左氏會箋』 下(『漢文大系』 卷11), 富山房, 明治 48年, 53면 참조).

343) 復卦, 上六, 迷復, 凶. 有災眚, 用大師, 終有大敗 …… 茶山은 "迷復"에 대해 "窮而

○本者 復一陽之天根也 頤自臨來 《二之上》 欲臨諸侯 《震爲侯》 徑棄其本 能無迷乎

復 → 頤 ← 臨

○["棄其本(그 근본을 버린다)"이라고 하였을 때] "本(근본)"은 復卦에 있는 한 개의 陽인 '天根'을 가리킨 말이다. 頤卦는 臨卦로부터 왔는데 《[臨卦의] 2가 上으로 감》 諸侯에게 군림하고자 하지만 《震은 諸侯가 됨[344]》 마침내(徑) 그 근본을 버렸으니, [어찌] 혼미하지 않을 수 있겠는가?

○六位已窮 歸無所也 艮死已迫 《萬物 終於艮》 不可久也

○["復之頤"의 上位는] 제6位가 이미 궁극(窮極)에 달하였으니 "歸無所", 즉 "돌아갈 곳이 없는 것"이다. 艮의 죽음(死)이 이미 임박하였으니 《萬物은 艮에서 마침[345]》 오래 갈 수 없는 것이다.

○頤者 小過之交易也 《雷山交》 昔以坎歸 《小過 本大坎》 今坎旣亡 《今大离》 復歸無所也

復 → 頤 小過

○頤卦는 小過卦로부터 交易된 것이다 《雷와 山을 交易시킨 것》 옛날[의 小過卦]에는 坎에 따라 돌아갈 곳이 있었는데[346] 《小過卦는 본래 大

反本"이라 풀이하였다(『四箋』 卷3, 33나).

344) 荀九家 중 한 사람인 虞翻의 說에 震은 侯의 뜻이 된다고 함.

345) 「說卦傳」에 "艮, …… 萬物之所成終 ……"이라고 함.

346) 「說卦傳」에 "坎 …… 萬物之所歸也"라 하였다.

坎의 형태≫ 지금 [交易하여 頤卦가 되면] 坎이 이미 없어지니 ≪지금 [頤卦는] 大离의 형태≫ "復歸할 곳이 없는 것"이다.

[13] 숙손표지서(叔孫豹之筮) ≪昭五年≫

숙손표(叔孫豹)의 점 ≪소공(昭公) 5年[347]≫

〔原文〕初 穆子之生也 ≪叔孫豹≫ 莊叔 ≪豹父得臣≫ 以周易筮之 遇明夷䷣之謙䷎ ≪初九變≫ 以示卜楚丘 曰 是 將行 ≪將出奔≫ 而歸 爲子祀 ≪奉父祭≫ 以讒人入 其名曰 牛 卒以餒死 ≪此 筮者之詞≫

䷣ ䷎

明夷 → 謙

以前(初)에 목자(穆子)가 태어났는데 ≪['穆子'는] 숙손표(叔孫豹)[348]를 가리킴≫ 장숙(莊叔 : 숙손표(叔孫豹)의 父로서, 이름은 得臣)[349]이 『周易』으로 筮占을 치니, 明夷[䷣]가 謙[䷎]으로 변하는 占卦를 얻었다. ≪[明夷卦의 初九가 變爻≫ 이를 복초구(卜楚丘)에게 보였더니, [卜楚丘가] 다음과 같이 말했다. "이 [태어난] 아이는 장차 떠났다가 ≪"將行"은 "將出奔('장차 도망쳐 달아남'의 뜻)"[350]≫ 귀환하여, 당신을 위해 제사를 지낼 것입니다.[351] ≪아버지

---

347) 魯 '昭公 5年'은 B.C.537년에 해당된다.

348) 숙손표(叔孫豹)는 목숙(穆叔)이라고도 한다.

349) 成公의 生母인 목강(穆姜)과 밀통한 선백(宣伯, 叔孫僑如)이 손숙표(叔孫豹)의 형이다(文璇奎 譯, 『春秋左氏傳』 中, 명문당, 1987, 178~179면). 숙손득신(叔孫得臣)은 叔孫豹의 아버지(父)로서, 魯나라 환공(桓公)의 아들이다(楊伯峻 · 徐提 編著, 『春秋左傳詞典』, 中華書局, 1985, 642면; 文璇奎 譯, 『春秋左氏傳』 下, 명문당, 1987, 26면).

350) 茶山이 "行을 "將出奔"의 뜻으로 풀이한 것은 杜預가 "行"을 "出奔(도망쳐 달아남)"의 뜻으로 주석한 것을 따른 것이다(『春秋左氏會箋』 下(『漢文大系』 卷11), 富山房, 明治 48年, 28면).

351) 결국 가문의 후계자가 된다는 뜻이다. 『春秋左氏傳』 中(文璇奎 역, 명문당, 1987, 183

의 제사를 받듦 [그 사람은 남을 중상모략으로써] 참소(讒訴)하는 사람을 데리고 귀환할 것인데, 그 [간사한] 자의 이름을 '牛'라고 하는데, 결국 [그 자로 말미암아 이 아이는 장차] 마침내 굶어 죽게 될 것입니다" ≪이는 점치는 사람[筮者]의 말이다.≫

謙以剝交 ≪地山交≫ 剛出至外 ≪謙之交≫ 復以坎歸 ≪上之三≫ 行而歸也 ≪互坎歸≫

明夷 → 謙 剝

[茶山] 謙卦는 剝卦로부터 交易된 관계이다. ≪地와 山이 交易됨≫ 剛이 밖으로 나갔다가 ≪謙卦에서 [剝卦로] 交易됨≫ 다시 坎으로 인해 복귀(復歸)하니 ≪[剝卦로부터 謙卦로 交易되면] 上이 3으로 되돌아옴≫ [이것을 가리켜] "[將]行而歸", "[장차 떠나]갔다가, 되돌아 올 것"이라고 한 것이다. ≪[謙卦의 2·3·4는] 互坎으로서 "귀환(歸還)함"을 의미≫

又自復來 ≪一之三≫ 本以長子 ≪復下震≫ 今奉艮神 ≪艮爲鬼≫ 歸主其祀也 成言乎艮 ≪說卦文≫ 言以坎險 ≪謙互坎≫ 其象 讒也 艮自外來 ≪剝上艮≫ 以讒人入也 ≪艮 小人≫ 离以孕之 ≪下本离[352]≫ 生彼坤牛 ≪上本坤≫ 其名曰 牛也 臨之兌食 ≪本下兌≫ 移則失之 ≪明夷下不兌≫ 其象 餒也 物終乎艮 ≪說卦文≫ 卒以餒死也

면)에 귀환시켜 후계자로 삼았다는 記事가 나온다.

352) [校閱] 新朝本과 國中本에는 "本下离"로 되어 있으나 奎章本에는 "下本离"로 되어 있다. 여기서는 後者를 따른다.

䷒ ䷣ ䷎ ䷗

臨 → 明夷 → 謙 ← 復

또 [謙卦는] 復卦로부터 온 것인데 ≪[復卦의] 1이 3으로 감≫ [復卦에서] 본래 長子였던 자가 ≪復卦의 下卦는 震[의 長男]≫ 지금 [謙卦에서] 艮의 神을 받드니 ≪艮은 鬼神이 됨[353]≫ [이것은] 돌아와 그 제사(祭祀)를 주관하는 것이다. 艮에서 말이 이루어지고 ≪「說卦傳」의 글≫ 그 말(言)이 坎의 험악함[354]으로써 행해지니 ≪謙卦의 下互卦가 坎≫ 그 象이 [남을 말로써] 헐뜯는 것(讒)이 된다. [剝卦에서 謙卦로 交易되면] 艮이 외부에서 들어오니 ≪剝卦의 上卦는 艮≫ [이것을 가리켜] "以讒人入", 즉 "[남을] 참소(讒訴)하는 사람을 데리고 들어온다"고 말한 것이다. ≪艮은 小人[355]이다.≫ [明夷卦의 下卦는 离이니] 离로써 아이를 배고[356] ≪[明夷卦의] 下卦가 본래 离≫ 저 坤의 소(牛)[357]를 낳으니 ≪[明夷卦의] 上卦가 본래 坤≫ "그 이름을 牛라고 한 것(其名曰牛)"이 된다. [明夷卦는 臨卦에서 왔는데] 臨卦의 兌의 음식(食)[358]이 ≪[臨卦의] 下卦는 본래 兌≫ 明夷로 옮겨가면서 상실되니 ≪明夷卦의 下卦는 兌가 아님≫ 그 象이 굶주림(餒)이 된다. ≪謙卦의 下卦는 艮≫ 만물은 艮에서 終末을 맞으므로 ≪「說卦傳」의 글[359]≫ [이것을 가리켜] "卒以餒死", 즉 "마침내 굶어 죽게 된다"고 한 것이다.

---

353) 艮鬼, 艮神: 艮鬼는 荀九家의 說인데, 艮神은 이로부터 끌어낸 茶山의 其他物象이겠다.

354) 坎險: 茶山 其他物象인데, 坎卦 「彖傳」에 "習坎, 重險也"라고 함(『四箋』 卷4, 8나).

355) 艮小人: 茶山 今補(『四箋』 卷8, 40나).

356) 离孕: 茶山의 '其他物象'에서 나온 것인데, 虞翻의 설이기도 하다. 「說卦傳」에 나오는 "大腹"과 "中女"에서 나온 것이다(『四箋』 卷8, 39가).

357) 坤牛: 「說卦傳」의 이른바 '遠取' 항목에 "坤爲牛"라 하였고, 또한 坤은 "子母牛"라 함. 茶山의 '其他物象'에는 坤이 "黃牛"라고 함.

358) 兌가 食의 뜻이 된다는 것은 兌가 口의 뜻을 지닌다는 것으로부터 응용하여 적용된 것이다. 茶山의 說卦物象에 대한 보충인 '今補'를 참조할 것.

359) 이는 원문 인용이 아니다. 「說卦傳」에 "艮, 萬物之所成終 ……", "終萬物 …… 者, 莫盛乎艮"이라고 하였다.

○祀 死 叶韻

○[『左傳』原文 중 “歸爲子祀, …… 卒以餒死”의 句節에서] ‘祀’字와 ‘死’字는 叶韻의 관계에 있다.[360]

〔**原文**〕 明夷 日也 日之數 十 ≪甲至癸≫ 故 有十時 亦當十位 自王已下 其二爲公 其三爲卿 日上其中 ≪日中盛明 以當王≫ 食日爲二 ≪公位也≫ 旦日爲三 ≪卿位也≫ 明夷之謙 明而未融 ≪融 朗也≫ 其當旦乎 故曰 爲子祀

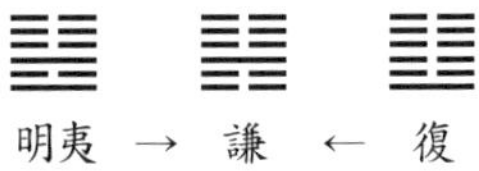

明夷卦는 날(日)을 나타내는데, 하루(日)의 數는 10이니 ≪甲에서 癸까지 [십간(十干)의 數][361]≫ 그러므로 ‘十時’[362]가 있는 것이며, [이는] 또한 [사

---

360) 즉 “是, 將行而歸, 爲子[祀]; 以讒人入, 其名曰牛, 卒以餒[死]”로 對句가 된다는 것. 毛奇齡은 “祀牛死韻牛音呢”라고 하였다(毛奇齡, 『推易始末 · 春秋占筮書 · 易小帖』(四庫易學叢刊), 上海古籍出版社, 1990, 20면).

361) 十干 : ① 갑(甲), ② 을(乙), ③ 병(丙), ④ 정(丁), ⑤ 무(戊), ⑥ 기(己), ⑦ 경(庚), ⑧ 신(辛), ⑨ 임(壬), ⑩ 계(癸).

362) 十時 : ① 일중(日中), ② 식시(食時), ③ 평단(平旦), ④ 계명(鷄鳴), ⑤ 야반(夜半), ⑥ 인정(人定), ⑦ 황혼(黃昏), ⑧ 일입(日入), ⑨ 포시(晡時), ⑩ 일질(日昳). 文璇奎 역, 『春秋左氏傳』下, 명문당, 1987, 35면 註釋. 고대에는 하루를 열두 시간으로 나누었으며, 그 시간을 지칭하는 이름은 地支(子, 丑, 寅, 卯, 辰, 巳, 午, 未, 申, 酉, 戌, 亥)였다. 그리고 地支를 중심으로 하여, 시간의 측정에 따라 명칭을 달리 사용하였는데, 그 내용은 다음과 같다.

〈**十二支時刻表**〉

十二支 : 시간의 명칭	현대시간
子時 : 야반(夜半)	오후11시~오전 1시
丑時 : 계명(鷄鳴)	오전 1시~오전 3시
寅時 : 평단(平旦)	오전 3시~오전 5시
卯時 : 일출(日出)	오전 5시~오전 7시
辰時 : 식시(食時)	오전 7시~오전 9시

회의 신분등급인] '十位'[363]에 해당합니다. [첫 번째인] 王에서부터 그 이하로, 그 두 번째가 公이 되고, 그 세 번째가 卿이 되는데, 하루(日)는 그 [日]中을 제일 위(上)로 하여 ≪日中은 제일 밝은 때(盛明)인 까닭에 王에 해당됨≫ 食日이 그 두 번째가 되고 ≪公位에 해당됨[364]≫ 단일(旦日, 平旦)이 그 세 번째가 됩니다. ≪卿位에 해당됨≫ '明夷之謙(明夷가 謙으로 가는 占卦)'에서는 [날(日)이] 밝아 오기는 하지만, [아직] 환하게 밝지는 못한 것이니[365] ≪[茶山] "融"은 환하게 밝은 것(朗)을 뜻함[366]≫ 당연히 '平旦'의 때에 해당하는 것이 아니겠습니까? 그래서 "爲子祀", 즉 "당신을 위해 제사를 받든다"라고 말한 것입니다.[367]

杜氏曰 日中當王 食時當公 平旦[368]爲卿 ≪又云 雞[369]鳴爲士 夜半爲

巳時 : 우중(隅中)　오전 9시~오전11시
午時 : 일중(日中)　오전11시~오후 1시
未時 : 일질(日昳)　오후 1시~오후 3시
申時 : 포시(晡時)　오후 3시~오후 5시
酉時 : 일입(日入)　오후 5시~오후 7시
戌時 : 황혼(黃昏)　오후 7시~오후 9시
亥時 : 인정(人定)　오후 9시~오후10시

363) 十位 : ① 왕(王), ② 공(公), ③ 경(卿), ④ 사(士), ⑤ 조(皁), ⑥ 여(輿), ⑦ 예(隷), ⑧ 료(僚), ⑨ 복(僕), ⑩ 대(臺). 文璇奎 역, 『春秋左氏傳』 下, 명문당, 1987, 35면.

364) "其言, 或雜以術數 ≪如'食日爲二'之類≫, 恐非周易之正旨, 只可參看."(『四箋』 卷4, 44나) "食日・朝日之說, 係術家所言, 非正義也."(『四箋』 卷4, 25가)

365) "明而未融"은 다름 아닌 日出의 때인데, 이후에서도 역시 卜楚丘의 말로 "明而未融"이라는 표현이 나온다. 茶山은 豐卦의 註에서 『左傳』의 "叔孫豹之筮"를 인용하면서, "易例, 初爲日出"이라고 하였다(『四箋』 卷6, 25가).

366) 杜預도 이렇게 말했다. 따라 이를 杜注로 볼 수도 있겠다(『春秋左氏會箋』 下(『漢文大系』 卷11), 富山房, 明治 48年, 29면).

367) 자신이 卿인데, 그 아들도 卿이 되어, 아비를 이어 받는 셈이니 "제사를 지낸다"고 한 것. 제사를 지낸다고 하는 것은 결국 아비의 지위를 이어받음을 의미하는 것.

368) [校閱] 『左傳』의 원문에는 "平旦"이 "平朝"로 되어 있다(李鍾洛 頭註, 『春秋』 人, 학민문화사, 1990, 75면).

369) [校閱] 新朝本과 國中本에는 "鷄鳴"으로 되어 있으나 奎章本에는 "雞鳴"으로 되어 있다. 뜻에는 차이가 없다. 『左傳』의 原文에는 "雞鳴"으로 되어 있다.

皁 人定爲輿 黃昏爲隷 日入爲僚 晡時爲僕 日昳爲臺 ○[370] 隅中 日出 闕[371]不在第≫

離在坤下 日在地中之象 莊叔 卿也 卜豹爲卿故 知爲子祀

杜氏가 [다음과] 같이 말하였다. [十時 중에서] '日中'[372]은 王에 해당하고, '食時'[373]는 公에 해당하며, '平旦'[374]은 卿이 된다. ≪또 이르기를, "[十時의 4번째인] '계명(鷄鳴)'[375]은 '士'이고, '夜半'[376]은 '조(皁)',[377] '인정(人定)'[378]은 '輿', '황혼(黃昏)'[379]은 '隷', '일입(日入)'[380]은 '僚', '포시(晡時)'[381]는 '僕', '일질(日昳)'[382]은 '臺'가 된다"고 하였다. 또한 "[당연히 순서에 들어가야 할] '우중(隅中)'[383]과 '日出'은 빠지고(闕), [이런 十時의] 차례에 들어가지 않는다"고 하였다.≫ [明夷卦에서는] 離가 坤의 아래에 있으니, 해가 아직 땅 속에 있는 象이다. ……[숙손표(叔孫豹)의 아비인] 장숙(莊叔)이 卿인데, 점쳐서 [그 아들인] 숙손표(叔孫豹)가 卿이 된다고 나왔으니,[384] "당신을 위해 제사를 받들게 될 것임"을 안 것이다.

---

370) [校閱] "日昳爲臺"와 "隅中" 사이에 "○"의 표시가 있으나, 『左傳』의 원문에는 계속 이어져 있다(李鍾洛 頭註, 『春秋』 人, 학민문화사, 1990, 75면).

371) [校閱] "闕不在第"의 "闕"이 新朝本에는 "關"으로 되어 있는데, 誤記이다.

372) 日中 : 오시(午時), 즉 오전 11시~오후 1시 사이의 시간을 가리킨다.

373) 食時 : 진시(辰時), 즉 오전 7시~오전 9시 사이의 시간을 가리킨다.

374) 平旦 : 寅時, 즉 五更, 혹은 무야(戊夜)에 해당된다.

375) 계명(鷄鳴) : 丑時, 즉 四更, 혹은 丁夜에 해당된다.

376) 夜半 : 子時, 즉 三更 혹은 丙夜에 해당된다.

377) 조(皁) : 하인(下人)을 뜻함.

378) 인정(人定) : 亥時에 해당되며, 또한 二更, 乙夜에 해당된다. 보통 人定(밤 10시)이 되면, 성문을 잠근다.

379) 황혼(黃昏) : 술시(戌時), 즉 오후 7시~오후 9시 사이를 가리킨다.

380) 일입(日入) : 酉時, 즉 오후 5시~오후 7시 사이를 가리킨다.

381) 포시(晡時) : 辛時, 즉 오후 3시에서 5시까지.

382) 日昳(跌) : 해가 서쪽으로 기우는 시간, 즉, 오후 2시 전후(未時)의 시각.

383) 우중(隅中) : 사시(巳時), 즉 오전 9시~오전 11시 사이의 시간을 가리킴. 우중(隅中)을 "우중(禺中)"이라고도 씀(李相殷 監修, 『漢韓大字典』, 민중서림, 1990, 1313면).

384) 明夷가 謙으로 변해가는 점괘를 얻었으므로 이렇게 말하는 것이다. 즉, 이는 "明而未融"의 平旦(旦日)을 상징하는 점괘인데, 이것이 卿에 해당한다는 것이다.

○明夷之時 日在地底 《夜之象》 謙自復來 《一之三》 陽起地底 《復一陽》 昇與山齊 《謙下艮》 朝日之象也 卿本世爵 《長子 襲爲卿》 朝日象卿 故 知主卿祀也

䷣ ䷎ ䷗

明夷 → 謙 ← 復

○明夷卦의 때에는 해(日)가 땅의 아래에 있다. 《밤[夜]의 象》 謙卦가 復卦로부터 왔으니 《[復卦의] 1이 3으로 감》 陽이 땅 밑(地底)에서 일어나 《復卦의 初位에 있는 한 개의 陽이 3으로 감》 山[의 높이]에 같아질 때까지 떠오르니 《謙卦의 下卦는 艮인데, 山을 상징함》 아침 해(朝日)의 象이다. 卿은 본래 세습(世襲)되는 爵位인데 《長子가 세습하여 卿이 됨》 아침 해(朝日; 平旦)[385]가 卿을 상징하므로, 卿의 제사를 주관하게 됨을 안 것이다.

〔**原文**〕 日之謙 當鳥 故曰 明夷于飛 明而未融 故曰 垂其翼 象日之動 故曰 君子于行 當三在旦 故曰 三日不食

[明夷卦의] 해(日)가 謙卦로 옮겨가는 것을 새(鳥)[의 움직임]에 비유한 까닭에, "明夷于飛", 즉 "明夷[386][라는 이름의] 새가 날아간다"라고 [明夷卦 初九[387]에서] 말한 것이며, 날이 밝았으나, 아직 환하지는 않는 까닭에 [그것을 새가 높이 날아오르기 전의 상황에 비유하여] "垂其翼", 즉 "그 날개를 드리고 있다"라고 한 것이며,[388] 태양(日)의 움직임을 상

385) "平旦" 또는 "旦日"을, 다산은 여기서 "朝日"이라 말하고 있는데, 보다 일반적인 "朝日"이라는 말로 "平旦"을 풀이한 셈이겠다.

386) 茶山은 明夷卦 初九에서 "明夷鳥名" 즉 明夷가 새이름을 지칭하는 것으로 보고 있다. 다산은 明夷卦가 小過卦로부터 변한 것에 착안하여. 새를 상징하는 小過卦(飛鳥)가 변하여 明夷卦가 되었으므로, 명이(明夷)는 새이름인 명이(鴨鶇)와 同音同義의 관계에 있는 異字로 본 것이다. 명(鴨)은 초명새 (명)字로서, 봉황(鳳凰)과 비슷하다는 남방(南方)의 신조(神鳥)를 가리키며, 이 鶇는 사다새 (제=鵜)字 혹은 날다람쥐 (이)字이다.

387) 明夷 初九 : "明夷于飛, 垂其翼. 君子于行, 三日不食. 有攸往, 主人有言."

징한 까닭에, "君子于行", 즉 "군자가 行함에 있어"라고 말한 것입니다.[389] [謙卦에서 보면 陽이] 세 번째 자리에 해당하여 [十時의 세 번째인] '平旦'에 속하므로 "[三]日不食", 즉 "삼일 동안 먹지 못한다"라고 한 것입니다.

杜氏曰 离爲鳥 旦位在三 又非食時

杜氏가 이르기를, "离는 새(鳥)가 된다.[390] …… '平旦'은 [十時에서] 세 번째에 위치해 있으니, 또한 [그 두 번째인] "食時"가 아닌 것이다"[391]라고 하였다.

○陽在离位 ≪剛在下≫ 日當鳥也 ≪离爲鳥≫ 陽未出山 ≪與艮齊≫ 明未融也 离位震動 ≪復下震 一之三≫ 日之動也 卦位至三 ≪一二三≫ 三日之象也

明夷 → 謙 ← 復

○陽이 离位에 있으니 ≪[明夷卦와 謙卦에서] 剛이 下卦에 있음≫ 그래서 해(日)가 새(鳥)와 짝하는 것이다. ≪离는 새[鳥]이다.≫ 陽이 아직은 山 위로 나오지 않았으므로 ≪[謙卦에서 보면] 艮과 나란히 있음≫ "날이 밝아오되, 아직은 환하지 않다"고 한 것이다. [復卦에서 謙卦로 推移하게 되면] 离位에서 震의 운동(運動)이 일어나니 ≪復卦의 下卦는 震인데, 復卦의 1이 3으로

388) [해가 중천에 떠오른 것]이 [새가 높이 훨훨나는 상황]과는 대응한다면, "明而未融"은 "垂其翼"에 상응한다고 하겠다.

389) 해(日)를 君子의 상징으로 보는 것이다.

390) "明夷于飛"에 대한 주석이다. 茶山은 '其他物象'에서 离는 "나르는 새(飛鳥)"라고 하였다.

391) "三日不食"에 대한 주석.

감[으로써 謙卦가 됨]≫ [이것은] "태양(日)의 운동"이다. ≪[또 復卦에서 謙卦로 추이하게 되면] 卦位가 제3位에까지 이르니 ≪[해가] 復卦의 1에서, 2를 지나, 제3位로 올라 감≫ "三日"의 象이 되는 것이다.

○案 三日不食 當以說卦方位 推之 詳見本卦 ≪兌食之後 乾 坎 艮≫

臨 → 明夷 → 謙

○[案] [明夷卦 初九의 爻辭인] "三日不食"이라는 말은 [위에서는 일단 복초구(卜楚丘)의 논리에 따라 비록 卦位에 따라 설명하였지만] 마땅히 「說卦傳」의 方位로써 추론해야 한다. 자세한 설명은 本卦의 해석에 나온다.

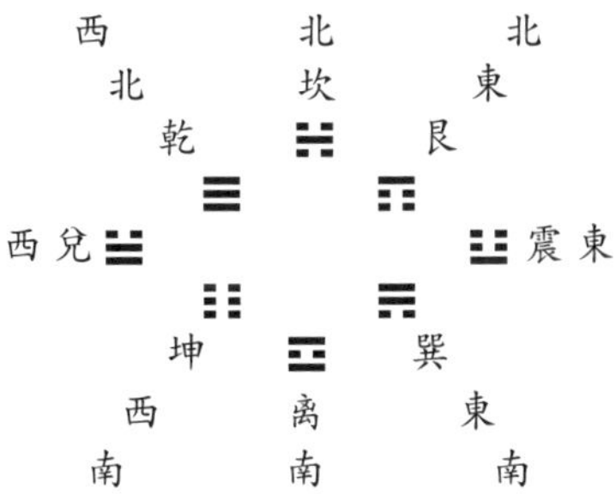

≪[臨卦의 下卦인] 兌의 "食"의 다음에 乾→坎→[謙卦의 下卦인] 艮으로 진행된다.≫

〔**原文**〕 离 火也 艮 山也 离爲火 火焚山 山敗 ≪句≫ 於人爲言 ≪艮爲言≫ 敗言爲讒 故曰 有攸往 主人有言 言必讒也

离는 불(火)에 해당하고, 艮은 山에 해당하는데, 离가 불(火)이 되어 [그]

불(火)이 山을 태우게 되면, 山은 손상을 입습니다. [离의 불이 艮을 해치는 것을] 사람에 적용시킨다면, [艮은] 言語가 되니 ≪艮은 말[言]이 됨[392]≫ "敗言(손상시키는 말)"이란 곧 [남을] 헐뜯는 것을 뜻하는 까닭에, [그 明夷卦 初九의 爻辭에] "有攸往, 主人有言"이라고 하였으니, ["主人有言"이라고 했을 때의] 그 말은 틀림없이 헐뜯는 말(讒言)일 것입니다.

杜氏曰 离變爲艮 故曰 有攸往 ≪[案] 謙自剝來 故有攸往≫

明夷 → 謙 ← 剝

杜氏가 [다음과 같이] 말하였다. "离가 변하여 艮이 되니, "有攸往", 즉 "갈 곳이 있다"고 한 것이다."[393] ≪[茶山] 謙卦가 剝卦에서 推移하여 나왔으므로 "有攸往"인 것이다.[394]≫

〔**原文**〕純离爲牛 世亂讒勝 勝將適离 故曰 其名曰牛 謙不足飛不翔 ≪句≫ 垂不峻 翼不廣 故曰 其爲子後乎[395]

"순수한 离는 소(牛)[396]가 되는데,[397] 세상이 혼란해지면, [他人을] 모

392) 艮言 : 「說卦傳」에 "成言乎艮"이라 함.

393) 『春秋左氏會箋』의 箋에서도 "离變爲艮, 艮止也, 未見有攸往之象"이라 함. 『春秋左氏會箋』 下(『漢文大系』 卷11, 富山房, 明治 48年, 30면.

394) 剝卦와 謙卦가 "交易"관계에 있음을 두고 말하는 것이 아니다. 그 "上之三"을 두고 하는 말이다(『四箋』 卷4, 44가). 茶山이 "謙自剝來 故有攸往"이라고 한 것은 "有攸往"을 推移에 의해 설명한 것이다. 따라서 杜預가 "离變爲艮"이기 때문에, "有攸往"이라고 설명한 것을 간접적으로 부정한 것이 된다.

395) [校閱] "其爲子後"가 奎章本에는 "爲[其]子後"라 나오는데, 착오이다. 『左傳』 원문에도 "其爲子後"라 나온다.

396) "「說卦傳」에서는 离가 소(牛)가 되는 것이 아니라, 坤이 소(牛)가 된다고 하였다. 그런데 『春秋左傳』에서는 '純离爲牛'라고 하고 있다(唯春秋傳, 稱'純离爲牛'; 彼以單卦爲純, 非重卦也)."(『易學緖言』 「孔疏百一評」 卷2, 7나) 茶山은 『左傳』과 『國語』의 例를

함하는 말(讒言)이 기승(氣勝)을 부리게 된다. [이런] 참언(讒言)이 성행함에, 장차 그 꾸짖음(謫)이 离에 이르게 되므로[398] '그 이름을 牛라고 한 것'입니다. [卦의 성질로 볼 때] 謙卦의 성격은 [만족한 데 있지 않고] 不足한 데 있으며, 날되 높이 날지 못하고, [날개를] 아래로 축 드리우고 높이 쳐들지 않아서, 날개(翼)가 넓지 못한 것입니다. 그래서 그가 [멀리 가지 못하고, 되돌아와] '당신의 후계자가 된다'[399]고 말한 것입니다!"

杜氏曰 竪牛[400] 非牝牛 故 不吉 謙道沖退[401] 故 飛不遠翔

杜氏는 다음과 같이 말한다. "'수우(竪牛)'는 [말 그대로 '어린 소(竪牛)'에 불과하고] '암소(牝牛)'가 아니므로, 吉하지 않은 것이다.[402] 謙卦의 道는 [마음을] 비우고, 물러남(沖退)에 있으므로, 날되 멀리 높게 날지는

따라, 坤만이 소(牛)가 되는 것이 아니라, 巽과 离가 모두 소(牛)가 된다고 주장하고 있다("坤爲母牛 《說卦文》, 則巽離, 皆牛也 《左傳云, 純离爲牛》"; 『四箋』 卷10, 114). 그런데 离를 소(牛)로 보는 것은 卜史가 卦德을 논하면서, 광범위하게 物象을 확대해서 적용(旁取)했기 때문이다("离爲牛, 左傳・國語, 卜史之論卦德者, 又可旁取". 『四箋』 卷1, 8가).

397) "配合离的是牛". 离의 순수한 상태, 즉 坤은 ……; 혹은 '純'과 '离'는 牛이니, …… ←文璇奎 역, 『春秋左氏傳』 下, 명문당, 1987, 34면; 楊伯峻 編著, 『春秋左傳注』(修訂本) 卷4, 中華書局, 1993, 1265면; 王守謙 外 譯注, 『左傳全譯』, 貴州人民出版社, 1992, 1152면.

398) 茶山의 경우는 "讒言이 성행하면, 결국 离☲를 꾸짖게 된다" 정도로 해석함.

399) '爲子後'는 앞서 나온 "爲子祀"를 풀이한 말인 셈이다.

400) [校閱] "竪牛"가 奎章本에는 "[堅]牛"라 나오는데, 誤字이다. (奎章本에는 이후에도 모두 '堅'字로 나오는데, 역시 誤字이다.) '竪'牛의 '竪'字는 杜注의 원문에는 '豎'字로 나온다. '竪'字는 '더벅머리 豎(수)'字의 俗字이다.

401) [校閱] '中退'는 중화서국본과 『漢文大系』본에서는 "[沖]退"라 나온다(각각, 楊伯峻 編, 『春秋左傳注』(修訂本) 卷4, 中華書局, 1993, 1265면; 『春秋左氏會箋』 下(『漢文大系』 卷11, 富山房, 明治 48年, 30면). 따라서 여기서 "中"을 "沖"으로 고친다.

402) '竪牛'란 讒人의 이름이고, 또한 '하인 牛'라는 의미가 되는데, 한편, "純离"를 '坤과 접하고 있는 离'로 보아, 즉 离를 牛로 본다면, 이상의 杜預의 설명을, "단지 离를 '牛'로 본 것이지, 본래의 '坤의 암소(牝牛; 子母牛)'를 주목한 것이 아니니 不吉하다"라는 뜻을 내포하고 있는 것으로 볼 수 있다.

못하는 것이다."

○ 純离者 坤也 易例 离以當坤 《易括例》 坤則純陰 純离者 坤也

○ "純离"[403]란 坤을 가리킨다. 易例에 따르면, 离를 [陰卦에 속한다는 측면에서,[404]] 坤에 배당하는데 《[이것은 『周易』에 명시적으로 나오는 것은 아니고] 易의 포괄적 용례(括例)에 속함》 坤은 純陰이니, 순수한 离는 坤인 것이다.

○ 坤國之內 小人得志 《艮在內》 是 世亂也

○ [謙卦의 卦象은] 坤의 나라 안에서, 小人이 그 뜻(志)을 얻은 象이니 《[小人[405]을 상징하는] 艮이 內卦에 있음》 이것을 [가리켜] "世亂",[406] 즉 "세상이 혼란해지는 것"이라고 한 것이다.

○ 適者 謫也 咎也 以水滅火 《下离亡》 咎在离也

明夷 → 謙 ← 剝

○ "適"은 '꾸짖음(謫)'이 되고, '책망함(咎)'이 된다. 물(水)로[407] 불(火)을 끄니 《[明夷卦의] 下卦인 离가 [謙卦에서는] 없어짐》 [그] 책망함(咎)이 离

403) 楊伯峻 編, 『春秋左傳注』(修訂本) 卷4, 中華書局, 1993, 1265면. "焦循補疏云, 明夷上坤下离, 以坤配离; 故云 純离. 純, 耦也; 謂與离相耦者, 坤也, 卽牛也. 易, 以坤爲牛."

404) 「繫辭傳」에 이른바 "陽卦多陰, 陰卦多陽"의 논리에서 그러하다(『四箋』 卷8, 12나).

405) 艮小人 : 茶山의 '今補'를 참조.

406) "世亂"에 대한 다산의 풀이는 杜氏의 해석과는 相異함. 离火가 艮山을 불태우는 것으로 "世亂"을 설명함.

407) 明夷와 謙卦에서 下互卦가 坎이다.

에 있는 것이다.408)

○謙者 常若不足 其志欿然 卦有坎欿 ≪二四互≫ 是 不足也

○"謙"이란 항상 마치 부족한 듯 처신하는 것이니, 그 뜻(志)에 차지 않는 상태를 가리킨다. [謙]卦에는 坎의 구멍(欿)이 있으니 ≪[謙卦의] 2·3·4의 互卦[가 坎]≫ 이것이 부족(不足)함을 뜻하는 까닭이 된다.

○上動下止 ≪三五震≫ 飛不翔也 ≪不高飛≫ 小過之時 翼峻而廣 ≪中二剛≫ 今翅偏側 ≪仄于下≫ 垂不峻也 左翼旣折 ≪小過 上震亡≫ 翼不廣也

小過 → 明夷 → 謙

○[謙卦에서 보면] 위에서는 움직이는데, 아래에서는 멈추어 있으니409) ≪[謙卦의] 3·4·5位는 震410)[이니 움직임(動)을 뜻하고, 下卦는 艮이니 멈춤(止)을 뜻함]≫ "飛不翔", 즉 "날되, 높이 날지 못하는 것"이다. ≪높이 날지 못함≫ [또 明夷卦는 小過卦로부터 왔는데] 小過卦의 때에는 날개가 드높고 넓었는데 ≪[小過卦의] 가운데 두 개의 剛이 있음≫ 지금 [明夷卦에서는] 날개가 [한쪽으로] 치우쳐 있으니 ≪아래로 기울어져 있음≫ "垂不峻", 즉 "[날개를] 아래로 축 드리우고 높이 쳐들지 않은 것"이다. [이렇듯] 왼쪽 날개411)가 이미 꺾이니 ≪小過卦의 上卦인 震이 없어짐≫ "翼不廣", 즉 "날

408) "豎牛"는 이후 庶子인 叔孫昭子가 가문의 후계가 되는데 일조를 하나, 결국 그 昭子가 이런 사사로운 감정을 무시하고 대의에 따라 '牛'를 죽일 것을 명함에, 도망치다 이전에 원한을 산 사람들의 자식에게 죽임을 당한다(文璇奎 역, 『春秋左氏傳』 下, 명문당, 1987, 32면).

409) 艮止, 震動:「說卦傳」에 나온다. "震, 動也; …… 艮, 止也."

410) 小過卦에도 上震 下艮으로 上動下止의 象이 있음.

개가 넓지 않은 것"이다.

〔**原文**〕 吾子 亞卿也 抑少不終

당신(吾子)은 亞卿[412]이어서, 혹시(抑) 부족하여 잘 끝맺지는 못할 것 같습니다.[413]

杜氏曰 旦日 正卿之位 莊叔父子 世爲亞卿 位不足以終盡卦體

䷣ ䷎

明夷 → 謙

杜氏가 [다음과 같이] 말하였다. "平旦(旦日)은 正卿의 자리(位)인데, 장숙(莊叔) 父子는 대대로 [正卿의 다음자리인] 亞卿의 자리를 세습하니, 그런 자리로는 사실상 이런 卦의 성격(卦體)을 끝까지 다 누릴 수가 없는 것이다."

○艮在下卦 半道而終 ≪艮爲終≫ 少不終也

○[謙卦에서는] 艮이 下卦에 있는데, [이는] 중도(半道)에서 끝나는 象인 까닭에 ≪艮은 '終'의 뜻이 됨≫ "少不終", 즉 "부족하여 [잘] 끝맺지는 못할 것 같습니다"라고 한 것이다.[414]

---

411) "古人尙左, 故, 易例, 下右而上左."(『四箋』 卷4, 25나)

412) 亞卿 : 文璇奎 역, 『春秋左氏傳』 下, 명문당, 1987, 28면, 29면의 注釋 참조. ← 叔孫氏는 "介卿"(=亞卿)이라 나온다.

413) 文璇奎 역, 『春秋左氏傳』 下, 명문당, 1987, 35면. ← "복이 적어 제 명대로 살지 못할 것입니다."

414) 艮이 上卦였다면 다 누릴 것인데, 艮이 下卦라 중간에서 막힌 것이다. 다시 말해 艮은 다함(終)인데, 謙卦에는 艮이 下卦에 있으므로, 그 "終"이 다하지 못하고 중도(半道)에 나타나는 것이다.

〔**原文**〕穆子去 ≪辟僑如之難≫ 及庚宗 ≪卽魯地≫ 遇婦人宿焉 適齊 夢天壓已[415] 顧而見人 黑而上僂 深目而豭喙 號之曰 牛助[416] 乃勝之[417]

[이전에] 목자(穆子)가 떠나감에 ≪兄인 교여(僑如)가 일으킨 難으로부터 피난함[418]≫ 경종(庚宗)이라는 땅에 이르러 ≪[경종(庚宗)은] 즉 魯나라 땅≫ 어떤 婦人을 만나…… 그녀의 집에 유숙하게 되었다. ……[이후 다시] 齊나라로 갔는데, ……[거기서 어느 날 밤] 꿈에 하늘이 자기를 짓누르는데, [이에 사방을] 돌아보다, [어떤] 사람을 보았는데, [얼굴색은] 검고, 위는 등이 굽었는데, 눈은 [움푹] 깊게 패이고, [툭 튀어나온] '돼지주둥이'를 하고 있었다. [다급한 김에 그를] 부르면서 말하기를, "牛야, [나를] 도와다오"라고 하였다. 牛의 도움으로 이에 [하늘이 짓누르는 것에서] 벗어날 수 있었다.

黑而上僂者 坤在上也 ≪坤爲黑 爲屈≫ 深目者 离在下也 豭喙者 臨之兌口 ≪二之三≫ 移爲坎豖也 ≪二四五≫ 奉雉從母者 ≪見下文≫ 离從坤也 ≪离爲雉[419]≫ 豎牛之事[420] 皆合卦象 記曰 動乎四體 見乎蓍龜 洵其然矣

---

415) "壓已"의 "기(己)"가 奎章本에는 "이(已)" 혹은 "사(巳)"로 보이는데, 誤記이다.

416) [校閱] 新朝本과 奎章本과 國中本에 모두 "助"로 되어 있으나 『左傳』의 原文에는 "助余"로 되어 있다(李鍾洛 頭註, 『春秋』 人, 학민문화사, 1990, 67면).

417) 昭公 4年, 十有二月, 乙卯에 기재된 내용이다(文璇奎 역, 『春秋左氏傳』 下, 명문당, 1987, 24면; 『春秋左氏會箋』 下(『漢文大系』 卷11, 富山房, 明治 48年, 17면).

418) 형에게 쫓겨서 도망간 것이 아니고, 형이 일으킨 문제로 인해 이에 연루되어 처벌될까 도망한 것임(文璇奎 역, 『春秋左氏傳』 中, 명문당, 1987, 179면).

419) [校閱] 新朝本에는 "离爲治"로 되어 있으나 奎章本과 國中本에는 "离爲雉"로 되어 있다. 여기서는 後者를 따른다.

420) [校閱] 豎牛之事이 奎章本에는 "竪牛之事"라 나오는데, 역시 誤字이다.

䷒ ䷣ ䷎

臨 → 明夷 → 謙

"黑而上僂", 즉 "[얼굴색은] 검고(黑) 위는 등이 굽었다"라고 한 것은 [明夷卦에서] 坤이 위에 있는 것이다 ≪坤은 "黑"이고,[421] '屈(굽음)'이다.[422]≫ "深目", 즉 "눈(目)은 [움푹] 깊게 패여 있다"라고 한 것은 [明夷卦에서] 离가 아래에 있음을 가리킨 것이다. "가훼(豭喙)", 즉 "[툭 튀어나온] 돼지 주둥이"라고 한 것은 臨卦의 兌의 입(口)이 ≪[臨卦의] 2가 3으로 감≫ [明夷卦로] 추이하여 坎의 돼지(豕)가 된 것을 가리킨다. ≪[明夷卦의] 2·3·4의 下互卦[가 坎이다.]≫ 어미를 따라와 꿩을 바치는 것(奉雉從母)은 ≪아래의 글에 나옴≫ [明夷卦에서] 离가 坤을 따르는 것을 가리킨 말이다. ≪离는 꿩[雉]이다.[423]≫ [이처럼] '수우(竪牛)'의 사건(事件)은 모두 卦象과 부합한다. 『禮記』「中庸」편[424]에 이르기를, "[나라가 망하려 할 때는 반드시 흉조가 나타나는데] 그 온 몸(四體)에 움직임으로 나타나고, 시초점(蓍草占)과 거북점에 드러난다"[425]라고 하였는데, 진실로 그러하다.

〔**原文**〕 召歸旣立 庚宗婦人 獻雉曰 余子 長矣 能奉雉 從我矣

421) 坤黑:「說卦傳」에 나옴.

422) 坤屈: 茶山의 '其他物象'에 나옴.

423) 离雉:「說卦傳」의 遠取에 나옴.

424) "記曰"의 '記'는 『禮記』를 가리킨다. "動乎四體, 見乎蓍龜"는 본래 『禮記』 第31에 나오는 구절인데, 茶山의 引用句에서는 前後가 바뀌어서 "見乎蓍龜, 動乎四體"로 되어 있다. 『禮記』 第31은 주희(朱熹)가 별도로 한 권의 책으로 분리시키고, 中庸章句라 이름지어, 『四書』의 하나로 편입시켰다.

425) 『中庸』 第24章에 나오는 구절인데, 본래의 原文은 다음과 같다. "至誠之道, 可以前知, 國家將興, 必有禎祥, 國家將亡, 必有妖孼, 見乎蓍龜, 動乎四體, 禍福將至, 善, 必先知之, 不善, 必先知之, 故, 至誠, 如神(지극히 성실한 道는 미리 알 수 있다. 국가가 장차 흥하려면 반드시 상서로운 조짐이 나타나고, 국가가 장차 망하려면 반드시 요사스러운 일과 재앙이 나타난다. 시초점과 거북점에 나타나며, 四體에 움직임이 나타난다. 禍福이 장차 이를 적에, 좋은 것을 반드시 미리 알고, 좋지 못한 것도 반드시 미리 안다. 그러므로 至誠은 神과 같다)."(金學主 譯, 『中庸』, 명문당, 1972, 271면)

召而見之 則所夢也 號曰牛 使爲豎[426] 有寵 ≪後 以譏 殺長子 孟丙 又譏 而逐仲子 壬≫ 叔孫 疾 饑[427]渴 竪[428]牛 寘饋而弗進 叔孫 不食 卒[429]

[망명중인 그를 魯나라에서 다시] 부름에 귀국하여, 이윽고 아비의 자리를 이었다. [이에] 경종(庚宗)[땅에서 인연을 맺은] 婦人이 [찾아와] 꿩(雉)을 바치면서 말하기를, "저의 아들이 장성하여, 꿩을 바칠 수 있을 정도가 되어, 저를 따라 왔습니다"라고 하였다. [그 아들을] 불러서 보니, 꿈에 본 바 [그대로 그 사람]이었다. "牛"라 이름하여 부르고, 시종(竪)으로 삼아 총애(寵愛)하였다. ≪이후, [竪牛는] 모함으로 長子인 맹병(孟丙)을 죽게 하고, 또 다시 참언(譏言)을 하여, 둘째 아들(仲子)인 임(任)을 쫓아내었다.≫ [나중에] 숙손(叔孫)은 병이 들고, 굶주려, 목이 탈 지경이 되었는데, 수우(竪牛)는 [농간을 부려] 음식을 [문 앞에] 가져다 놓게만 하고, 실제로는 올리지 않으니, 숙손(叔孫)은 [아무 것도] 먹지 못하여 굶어 죽었다.[430]

前所云 以譏人入 卽此 竪牛也

앞서 말한 바 "以譏人入", 즉 "참소(譏訴)하는 사람을 데리고 들어온다"라고 한 것은 바로 이 "竪牛"를 가리킨 것이다.

○案 竪[431]牛 叔孫豹之庶子也 以子爲竪[432] 諱庚宗之宿也 其

---

426) [校閱] "使爲豎"의 "수(豎)"가 新朝本과 國中本에는 "수(竪)"로 되어 있고, 奎章本에는 "견(堅)"으로 되어 있다. 『左傳』의 原文에는 "수(豎)"로 나온다. 新朝本과 國中本의 "수(竪)"는 "수(豎)"의 俗字이다. 그러나 奎章本의 "견(堅)"은 ""수(豎)"의 誤記이다.
427) [校閱] "饑渴"이 『左傳』의 原文에는 "飢渴"로 나오는데, 뜻에는 차이가 없다.
428) [校閱] "수(竪)"는 奎章本에 "견(堅)"으로 나오는데, 誤記이다.
429) 대폭 생략하여, 다산이 인용하고 있다(文璇奎 역, 『春秋左氏傳』 下, 명문당, 1987, 27면).
430) 12월 癸丑날부터 굶어, 그 3일째인 을묘날에 죽었다. 역시 "三日不食"이다(文璇奎 역, 『春秋左氏傳』 下, 명문당, 1987, 27면).
431) [校閱] "수(竪)"는 奎章本에 "견(堅)"으로 나오는데, 誤記이다.
432) [校閱] "수(竪)"는 奎章本에 "견(堅)"으로 나오는데, 誤記이다.

不終亂乎

○[案] '수우(豎牛)'는 숙손표(叔孫豹)의 庶子이다. [그] 자식을 시종(豎)으로 삼은 것은 경종(庚宗)[의 땅]에서 유숙하면서 있었던 [그 여인과의] 일을 숨기기 위한 것이니, 끝내 亂을 당하지 않으리오?

[14] 위령공지서(衛靈公之筮) ≪昭七年≫

衛나라 靈公[433]의 筮 ≪昭公 7年[434]≫

〔**原文**〕 衛襄公[435] …… 嬖人婤姶 生孟縶 孔成子 夢 康叔謂己 立元 ≪夢時 元 未生≫ …… 婤姶[436]生子 ≪又生子≫ 名之曰 元 ≪卽靈公≫ 孟縶之足 不良 弱[437]行 ≪跛一足≫ 孔成子 以周易 筮之曰 元尙享衛國 主其社稷[438] ≪此 令蓍之辭[439] 所以問神≫ 遇屯䷂ ≪卦不變≫ 又曰 余尙立[440]縶 尙克嘉之 ≪又令蓍≫ 遇屯之比䷇ ≪初九變≫ 以示史朝 史朝曰 元亨 ≪易曰 屯 元亨≫ 又何疑焉 ≪名元者 當亨≫ 成子曰 非長之謂乎 ≪元者 善之長≫

屯 → 比

433) 靈公: 襄公의 아들. 즉 둘째 아들인 '元'이다.

434) 魯 '昭公 7年'은 B.C.535년에 해당된다.

435) 原文에는 "衛襄公"과 "嬖人婤姶" 사이에 "夫人姜氏無子"라는 말이 있는데, 지금 생략되어 있다.

436) [校閱] "婤姶"이 奎章本에는 "'周'始"으로 나온다. 誤字이다.

437) [校閱] 판본에 따라서는 '弱'字가 '能'字로 되어 있다("弱行"; "弱, 諸本作能"; 李鍾洛 頭註, 『春秋』 人, 학민문화사, 1990, 114면).

438) 元 尙享衛國, 主其社稷 余尙立縶, 尙克嘉之.

439) [校閱] "令蓍之辭"의 "辭"가 奎章本에는 "亂"으로 되어 있는데, 誤記이다.

440) [校閱] "余尙立縶"의 "立"이 新朝本에는 "主"로 되어 있는데, 誤記이다. 『左傳』의 原文과 奎章本과 國中本을 따라 "立"으로 고친다.

위(衛)나라 양공(襄公)[의 夫人 강씨(姜氏)는 아들을 낳지 못했는데,] 애첩인 주압(婤姶)이 [아들] 맹집(孟縶)을 낳았다. [이후] 공성자(孔成子)[441]가 [하루는] 꿈을 꾸었는데, 위(衛)나라 군주의 先祖인 강숙(康叔)[442]이 [나타나, 강숙(康叔)에게 이르기를] "元을 임금으로 세우라"고 말하였다. ≪[杜注] 이 꿈을 꿀 때, 둘째 아들인 '元'은 아직 태어나지 않음.≫ …… 주압(婤姶)이 아들을 낳았는데 ≪또 아들을 낳은 것≫ 그 이름을 "元"이라고 하였다. ≪[이 次男이] 곧 후의 '영공(靈公)'이다.≫ 첫째인 맹집(孟縶)은 다리(足)가 부실하여, 제대로 걷지를 못했다. ≪한쪽 다리를 절었다.≫ 孔成子가 『周易』으로써 [누구를 군주로 세울 것인가의 事案에 대해] 점을 치면서 이르기를, "[둘째아들인] 元이 원컨대(尙) 위(衛)나라 군주의 지위를 차지하여 누리게 하고, 그 사직(社稷)을 주관하게 하소서"라고 하였다. ≪이는 시초(蓍草)를 운용할 때 하는 말로서, 神에게 묻는 것이다.≫ 이에 屯卦[䷂]를 얻었다.[443] ≪卦가 변하지 않는 경우≫ 이어서 또 [시초점(蓍草占)을 치며] 말하기를, "나는 [長子인] 맹집(孟縶)을 [군주로] 세우고자 하오니, 원컨대(尙) [그가] 잘 될 수 있게 해주십시오"라고 하며 점을 쳤다. ≪또 시초(蓍草)를 운용하여 점괘를 얻은 것≫ 이에 屯[䷂]이 比[䷇]로 가는 占卦[444]를 얻었는데, ≪初九가 變爻≫ [그것을] 史朝에게 보였다. 史朝가 [이를 보고] 이르기를, "元亨"이라고 하였으니 ≪『周易』[의 屯卦의 彖辭]에서 「말하기를, "屯, 元亨"이라고 함[445]≫ 어찌 [둘째 아들인 元을 군주로 세우는 것에 대해] 의심하겠습니까?"라고 하였다.[446]

---

441) 공성자(孔成子) : 위(衛)나라의 호족(豪族)으로 이름을 증서(烝鉏)라 했다.

442) 강숙(康叔) : 周나라 成王의 아들이며, 무왕과는 이복형제의 관계이다. 본래 이름은 封인데, 叔封이 처음에 康에 分封되었으므로, 강숙(康叔)이라고 하였다. 뒤에, 衛나라에 봉해져, 衛나라의 시조가 되었다(文璇奎 역, 『春秋左氏傳』 下, 명문당, 1987, 74면). 衛나라에 봉해진 강숙(康叔)이라는 뜻에서, 위강숙(衛康叔)이라고도 한다.

443) "遇屯"이니 『周易』에 기존에 있는 屯卦 卦辭(彖)인 "屯, 元亨, 利貞, 勿用有攸往, 利建侯"라는 점괘와 연관되는 것인데, 이 중에 "勿用有攸往"은 제외하고 "屯, 元亨, 利貞, …… 利建侯"가 직접적으로 이 일과 연관된다고 하겠다.

444) 앞서 畢萬之筮에서도 "屯之比"가 나왔다(『四箋』 卷7, 16나).

445) 史朝는 屯卦의 "元亨"이라는 말을 '둘째 아들인 元이 형통하다'라는 뜻으로 해석한 것이다.

≪[茶山] 이름이 "元"인 자가 '亨'[의 占卦]에 해당된다는 것≫ 공성자(孔成子)가 [이에 대해] 말하기를 "元이란 본래 長子를 가리키는 것이 아니요?"라고 반문하였다. ≪元은 善之長이다.[447)]≫

杜氏曰 言屯之元亨 謂年長 ≪元 長也≫ 非謂名元

杜氏는 다음과 같이 말했다. "[孔成子의 반문은] 屯卦의 [彖辭의] '元亨'[의 '元']은 [나이로] 年長者를 가리키는 것이지 ≪'元'은 長子≫ 이름(名)이 '元'임을 가리키는 것은 아니지 않느냐 하는 것이다."[448)]

〔**原文**〕 對曰 康叔名之 可謂長矣 孟 非人也 ≪足跛 非全人≫[449)] …… 不可謂長 且 其繇曰 利建侯 嗣吉 何建 建 非嗣也 二卦皆云 子其建之

[이에 사조(史朝)는 다음과 같이] 대답하였다. "先祖인 강숙(康叔)이 그 이름을 지었으니 [오히려 그 사람을] 長子라 할 수 있는 것이고,[450)] 맹집(孟縶)은 [온전한] 사람이 아니니[451)] ≪다리를 절어 온전한 사람이 아닌 것≫ '長子'라고 할 수 없습니다. 또 그 주사(繇辭)에서 '利建侯'라고 하였거니

---

446) 이는 屯卦 初九의 爻辭인 "磐桓, 利居貞, 利建侯"와 연관되는 것인데, 이 일과 연관하여 풀이한다면, "孟縶은 다리를 절어(磐桓), 집에 가만히 거처하는 것이 이로우니(利居貞), 따로 제후를 세우는 것이 이롭다" 정도로 되어, 재미있게도 여기 사안과 잘 맞아 들어간다.

447) 이는 乾卦 「文言」에 나오는 말이다. "元者, 善之長"이니, 孔成子가 "長子"를 유추한 것이라고, 다산이 설명한 것이다.

448) 屯卦의 "元亨"의 "元"은 엄밀히 따지면 본래 年長도 아니고, 이름(名)도 아니다. 따라서 "言"을 제일 나중에 해석하여 "……라는 말이다"라고 해석하는 것이 타당하다.

449) [校閱] 原文에는 "孟, 非人也"와 "不可謂長" 사이에 "將不列於宗"이 있는데, 지금 생략되어 있다. "將不列於宗"은 "장차 宗主의 반열에 오르지 못합니다", "장차 宗子가 될 수 없다"의 뜻이다.

450) 可謂長矣 : "元者, 善之長"이라는 말도 있기 때문에, 孔成子는 "元亨"의 "元"을 큰아들(長子)의 의미로 해석해야 하지 않느냐 하고 反問하였으나, 史朝는 "元"을 長子의 의미로 해석하지 않고, 능력의 탁월성의 의미로 해석한 것이다.

451) 非人也 : "온전한 사람이 아니다"라는 뜻.

와, [단지 큰아들이] 가문을 잇는 것(嗣)이 吉하다고 하면, 어찌 [새삼] '세운다(建)'라고 했겠습니까? '세운다'고 하는 것은 [일반적인] 長子 승계(嗣)가 아닌 것입니다.[452] [屯卦의 彖辭와 屯初九의 爻辭에서] 두 卦가 모두 그렇게 말을 하니[453] 당신은 그를 [즉, 둘째아들인 '元'을 君主로] 세우십시오."

杜氏曰 嗣子 有常位故 無所卜 又無所建 今位不定 卜得吉 當建之

杜氏가 [다음과 같이] 말하였다. "[만일] 상속자가 떳떳한 지위를 차지하고 있다면, 점(卜)칠 것도 없고, 또한 [새삼] '세운다'고 할 것도 없다. 그러나 지금은 그 자리가 [확고하게] 정해지지 않았으므로, 점쳐서 吉함을 얻은 자를 [군주로] 세우는 것이 마땅하다."

○屯 一卦也 屯之比 又一卦也 屯之彖曰 利建侯 屯初九 亦曰 利建侯 ≪屯之比≫ 彖與爻 不相通功 故 直云 二卦皆云也

屯 → 比

○"屯"도 한 개의 卦이고, "屯之比"[즉 屯卦의 初爻]도 또한 한 개의 卦이다. 屯卦의 彖에서 "利建侯"라고 하였고, 屯卦의 初九[의 爻辭]에서도 역시 "利建侯"라고 하였는데 ≪初九는 屯이 比로 변해 가는 것≫ [이렇게 우연히 같은 내용이 있지만, 본래] 彖(卦辭)과 爻는 성격과 기능(功能)에

---

452) "建非嗣"를 "상속자가 아닌 사람을 [君主로] 세우는 것"이라고 해석할 수도 있다(文璇奎 역, 『春秋左氏傳』 下, 명문당, 1987, 74면). 그러나 王守謙 外 譯注, 『左傳全譯』, 貴州人民出版社, 1992, 1186면에서는 "建은 非嗣"라고 해석하였다.

453) 屯卦, 卦辭에도 "屯, 元亨, 利貞, …… 利建侯"라고 하였고, 그 初九의 爻辭에도 "利居貞, 利建侯"라고 하였다.

있어서 서로 통하는 것이 아니기 때문에, ≪실재로는 두 개의 괘와 다름없으므로≫ 곧바로 [史朝가] 말하기를, "二卦皆云", 즉 "두 卦가 모두 그렇게 말했다"라고 한 것이다.[454]

〔**原文**〕 康叔命之 二卦告之[455] …… 弗從何爲 弱足者 居 ≪利居貞≫ 侯 主社稷 臨祭祀[456] …… 從會朝 又焉得居 ≪人君 不宜居≫ 各以所利 不亦可乎 孔成子 立靈公 ≪元≫

䷂ ䷇

屯 → 比

[史朝가 계속 말하였다.] 강숙(康叔)이 [그렇게 꿈에서] 命하셨고, 두 卦[457]가 [또한 그렇게] 告知하니, [그것을] 따르지 않고 어찌 하겠습니까? 다리(足)가 불편한 사람은 집에서 머물기 마련이지만 ≪[屯卦 初九의 爻辭에] "利居貞", 즉 "[가만히] 거처하는 일에 이롭다"라고 함≫ 제후는 나라의 사직(社稷)을 주관하고, 祭祀에 참례(參禮)하며, [제후들의] 회합(會)과 [天子의] 조회(朝)에 나가야 하는데, 어찌 [가만히 집에만] 머물 수 있겠습니까? ≪군주(人君)가 집에만 머무는 것은 옳지 않다는 것이다.≫ 각자 그 이로운 바

454) 이는 물론 "利建侯"가 "屯"과 "屯之比" 두 사례에 공통되는 것과는 무관하게 하는 말이다. 즉 일반적으로 卦辭(彖)와 爻辭는 각기 독립적인 다른 사례라는 것이 史朝의 이상의 발언에서도 입증됨을 다산이 밝힌 것이다.

455) [校閱] 原文에는 "二卦告之"와 "弗從何爲" 사이에 "筮襲於夢, 武王所用也"가 있는데, 여기에서는 생략되어 있다. "二卦告之, 筮襲於夢, 武王所用也, 弗從何爲"를 전체적으로 연결하면, 다음과 같은 뜻이 된다. 즉 "[강숙께서 그렇게 명하셨고] 두 占卦가 다 그렇게 말하고 있습니다. 점이 꿈과 같음에 武王께서도 그대로 하셨습니다. 꿈과 점괘를 따르지 않고 어찌 하시겠습니까? 남기현 역해, 『春秋左傳』 中, 자유문고, 2003, 654면.

456) [校閱] 原文에는 "侯主社稷, 臨祭祀"와 "從會朝"의 사이에 "奉民人, 事鬼神"이 있는데, 여기에서는 생략되어 있다.

457) 여기서 "二卦"란 屯卦彖辭와 屯初九(屯之比)의 두 경우를 가리킨다.

대로 한다면 또한 좋지 않겠습니까! 이에 孔成子가 영공(靈公)을 새로운 군주로 세웠다. ≪[靈公은 바로 둘째 아들인] '元'을 가리킴≫

杜氏曰 跛則偏弱 居其家 不能行 孟 跛 利居 元 吉 利建 ≪各以所利≫

杜氏는 다음과 같이 말하였다. "절름발이(跛)는 곧 한쪽 다리가 약한 것이니, 그 집에 [주로] 居處하고, [잘] 돌아다닐 수가 없다. ……[맏 兄인] 맹집(孟縶)은 다리를 저니, 집에 있는 것이 이롭고, 둘째 아들인 元은 吉하니, 제후로 세우는 것이 이로운 것이다. ≪[이것은] "各以所利", "각자 그 이로운 바대로 함"에 대한 주석이다.≫

○屯之初九曰 磐[458]桓 利居貞 磐[459]桓者 弱足也 ≪史記云 躄者槃[460]散行汲≫

屯 → 比

○屯卦의 初九에 "磐桓, 利居貞", 즉 "[절름발이가 걷듯] 멈칫멈칫함이니, 居處하는 일에 이롭다"라고 했는데, "반환(磐桓)"[461]이라는 것은 다리가 약함[에, 절름거리는 것]이다. ≪『史記』「平原君傳」[462]에 "절름발이

---

458) [校閱] "磐桓"이 奎章本에는 "'盤'桓"이라 나오는데, 혼용하는 글자이다.

459) [校閱] "磐桓"이 奎章本에는 "'盤'桓"이라 나오는데, 혼용하는 글자이다.

460) [校閱] 奎章本에는 "'盤'散"이라 나오는데, 『史記』의 원문에는 "'槃'散"이라 나온다.

461) 반환(盤桓) : 앞으로 나아가지 않는 모양, 혹은 머뭇거리고 결단하지 않는 모양을 가리킨다. 도연명(陶淵明)의 '귀거래사(歸去來辭)'에도 이 말이 나온다(陶潛, 『陶淵明集全譯』, 貴州人民出版社, 1996, 284면; 박일봉 역, 『古文眞寶(文篇)』, 육문사, 2000, 28면 참조). 『三國志』 卷2(「魏書」 第2, 357면)에 "盤桓利居"라는 구절이 나온다(『春秋左氏會箋』 下(『漢文大系』 卷11), 富山房, 明治 48年, 72면) 참조).

462) 『史記』 「평원군우경열전(平原君虞卿列傳)」에 나온다. 평원군(平原君) 조승(趙勝)은 趙나라 공자들 가운데 한 사람이다. 평원군은 여러 형제들 가운데 가장 현명하고, 빈객

(躄)가 기우뚱기우뚱 걸으며(槃散) 물을 길으러 갔다(汲)"라고 하였다.[463]≫

[15] 남괴지서(南蒯之筮) ≪昭十二年≫

남괴(南蒯)의 占筮 ≪소공(昭公) 12年[464]≫

〔原文〕 季平子 不禮於南蒯 南蒯 以費叛 枚筮之 遇坤䷁之比䷇ ≪六五變≫ 曰 黃裳元吉 ≪此 易詞≫ 以爲大吉也 示子服惠伯曰 卽欲有事 何如 惠伯曰 吾 嘗學此矣 忠信之事 則可 不然 必敗 外强內溫[465] 忠也 和以率貞 信也 故曰 黃裳元吉

䷁ ䷇

坤 → 比

(賓客)을 좋아하여, 그에게 모인 빈객들이 몇 천명이나 되었다. 평원군의 집에는 누각이 있었는데, 민가를 내려다보고 있었다. 민가에 절름발이가 있었는데, 그가 절룩거리며 물을 길었다. 이 광경을 평원군의 애첩이 보고 크게 웃었다. 다음날, 절름발이가 평원군을 찾아와 말하기를, "선생께서는 선비를 좋아한다고 들었습니다. …… 선생께서는 선비를 귀하게 여기고, 첩을 천하게 여길 줄 알기 때문입니다. 저는 불행히도 허리가 굽은 병이 있는데, 선생의 첩이 저를 내려다보고, 비웃었습니다. 저는 저를 비웃은 자의 머리를 얻고자 합니다"라고 하였다. 평원군은 웃으며 "약속하겠다"라고 대답하였다. 이에 평원군이 첩을 죽이지 않자, 선비들이 차츰 평원군의 집을 떠나, 1년 남짓 사이에 빈객이 반이나 줄었다. 이러한 상황을 이상하게 여긴 평원군이 빈객에게 그 까닭을 물으니, 문하의 한 사람이 "선생께서는 절름발이를 비웃은 자를 죽이지 않았기 때문에, 선비들은 선생께서 女色을 좋아하고 선비를 천하게 여긴다고 생각하여 떠나가는 것입니다"라고 하였다. 이후 평원군은 첩의 머리를 베어, 절름발이에게 주고 사과하였다. 이에 다시 선비들이 점점 모여들었다고 한다.

463) 『史記』 卷76 「平原君虞卿列傳」(司馬遷 撰, 裴駰 集解, 『史記』 第7冊, 中華書局, 1992), 2365면). 이는 『四箋』에서도 그대로 인용된다.

464) '昭公 12年'은 B.C.530년에 해당됨.

465) [校閱] "外强內溫"이 奎章本에는 "外剛內溫"이라 나오고, 『漢文大系』본과 楊伯峻본(『春秋左傳注』, 中華書局, 1993) 등에는 모두 "外'彊'內溫"으로 나온다(따라서 『左傳』 원문은 "彊"이라 하겠다). 뜻에는 차이가 없으니 여기서는 그냥 新朝本과 國中本을 따라 "强"으로 한다.

魯나라 계평자(季平子)[466]가 [가문의 후계자가 되어] 남괴(南蒯)[467]를 예우(禮遇)하지 않았는데 [이런 이유로] 남괴(南蒯)가 비(費)[468]땅에서 반란을 일으켰다. [남괴(南蒯)가 반란을 일으키기 전에, 어떤 일을 하고자 한다고 밝히지는 않고] 은밀히(枚)[469] [그 일에 대해] 점을 쳐서, 坤卦[䷁]가 比卦[䷇]로 변해 가는 占卦를 얻었는데 ≪六五가 變爻≫ 그 爻辭에 "黃裳元吉"[470]이라고 하니 ≪이는 [坤卦 六五爻의] 易詞≫ 크게 吉하다고 여겼다.[471] [이를] 자복혜백(子服惠伯[472])에게 보여주며 말하기를, "[이런 경우] 어떤 일을 도모하면 어떨까요?"라고 하였다. 혜백(惠伯)이 [남괴(南蒯)에게 다음과 같이] 말하였다. "나는 일찍이 이렇게 배웠거니와,[473] 충성스럽고, 信義

---

466) 계평자(季平子) : 魯나라 大夫였던 계손의여(季孫意如)를 가리킴, 春秋時代, 魯나라에는 계손씨(季孫氏) · 맹손씨(孟孫氏) · 숙손씨(叔孫氏) 등 3대 귀족이 있었는데, 이들은 대대로 경대부(卿大夫)가 되어 그 권세가 대단하였다. 특히 季孫氏는 수대에 걸쳐 권력을 휘둘러 왔으므로, 임금도 사실상 그들의 통제 하에 있었다. 魯나라의 소공(昭公)이 그들에게 쫓겨나 齊나라로 도망하였으며, 애공(哀公) 역시 그들에게 衛나라 · 鄒나라 · 越나라 등으로 쫓겨다녔다. 『論語』「八佾」篇에 보면, 季孫氏가 자기 집 마당에서 팔일무(八佾舞)를 상연하는 것을 보고 孔子가 매우 화가 나서 "是可忍孰不可忍"이라고 말한 구절이 나온다. 당시의 규범에 따르면, 八佾舞는 오직 천자(天子)만이 관람할 수 있었으며, 卿大夫들은 '四佾'만을 상연할 수 있었는데, 季孫氏는 '四佾'이 아닌 '八佾'을 상연하였던 것이다.

467) 남괴(南蒯)는 남유(南遺)의 아들이었는데, 계평자(季平子)의 家臣이었다.

468) 비(費)는 당시 季氏가 所有하고 있던 邑이었다.

469) 점치는 事案을 말하지 않은 까닭에 "枚筮"라고 한 것이다. '枚'는 '微(미)'로 읽어야 한다. 微(미)는 숨긴다(匿)는 뜻이다. 그 구체적인 事案을 밝히지 않고, 점을 치게 한 까닭에, 숨기고 점친 것이 된다(楊伯峻 編, 『春秋左傳注』(修訂本) 卷4, 中華書局, 1993, 1337면). "若不言……所筮之事, 則曰 …… 枚筮. …… 枚, 當讀爲微. 微, 匿也. 匿其事而使之筮, 故爲微筮."

470) 黃裳元吉 : 坤六五의 爻辭로서, "누런 치마(黃裳)이니, [王后가] 크게 吉할 것이다"라는 뜻이다.

471) "坤之黃裳元吉, …… 本爲大吉之占, 而在南蒯 …… 之筮, 則大凶. 此, 同一繇詞, 而吉凶不同也."(『四箋』 卷1, 17나)

472) 자복혜백(子服惠伯) : 孟獻子의 손자로 이름은 '초(椒)', 字는 '추(湫)'이다. "子服惠伯"을 '공자(子) 服惠伯'이라는 말로 보는 설과 "子服"을 氏로 보는 견해가 있다(文璇奎 역, 『春秋左氏傳』 下, 명문당, 1987, 117면).

473) "學此, 謂學易."(文璇奎 역, 『春秋左氏傳』 下, 명문당, 1987, 116면; 楊伯峻 編, 『春秋左傳注』(修訂本) 卷4, 中華書局, 1993, 1337면)

가 있는 일은 잘 될 것이고, 그렇지 않으면, 반드시 실패할 것입니다. 밖으로 강직(剛直)하지만, 안으로는 온유한 것[474]이 '忠'이며, 화목(和睦)하면서도, 곧음(貞)을 행하는 것(率)[475]이 '信'입니다.[476] [이처럼, 忠信之事라는 전제를 두고, 坤卦 六五에서] '黃裳元吉'이라고 한 것입니다."

杜氏曰 坎險故彊[477] 坤順故溫 ≪又云 水和而土安≫

䷁ → ䷇

坤 → 比

杜氏가 이르기를, "[比卦의 外卦인] 坎은 '험난함'이므로 '彊'(强)이라 한 것이고, [比卦의 內卦인] 坤은 '順함'이므로 '溫'이라 한 것이다"라고 하였다. ≪또 이르기를, "水는 '和'를 뜻하며, 土는 '安'을 뜻한다"[478]라고 하였다.≫

○和者 順也 坤之德也 貞者 正也 坎之德也 坎位中剛 其德忠也 离位虛中 ≪一二三≫ 其德 信也

䷁ → ䷇

坤 → 比

474) 比卦에서 外卦인 坎이 '强'(彊, 剛)이고 內卦인 坤은 '溫'이 된다(『春秋左氏會箋』下(『漢文大系』卷11, 富山房, 明治 48年, 46면).

475) 杜預는 比卦의 上卦인 坎은 水로 '和'이며, 下卦인 坤은 '貞'이라 보았다. 다산의 해석은 이와 다르다.

476) 이상 자신이 말한 "忠"과 "信"의 뜻을 자신이 풀이하고 있는 것이다.

477) [校閱] "坎險故彊"의 '굳셀 彊(강)'이 新朝本과 國中本에는 '지경 疆(강)'으로 되어 있는데, 誤記이다. 한편 「奎章本」에는 "坎險故'强'"이라 나온다.

478) 『漢文大系』본에는 "水和而土安正. 和正, 信之本也"이라고 되어 있다(『春秋左氏傳』下 第22, 46면). 여기서는. "貞"을 "正"의 뜻으로 보고, 坤으로써 이를 설명한 것이다.

○“和”는 順함을 뜻하며 [杜預의 해석과는 달리] 坤의 德에 속한다. [여기서] “貞”은 바름(正)이며, 坎의 德에 속한다.479) [比卦를 보면, 上卦에 해당하는] 坎位는 속마음이 강직(剛直)하니, 그 德이 ‘忠’이 되며480) [下卦에 해당하는] 离의 자리는 [比卦에서] 가운데가 비어(虛) ≪1·2·3位는 본래 离位≫ [마음을 비운 象이므로] 그 德이 信이 된다.481)

○乾則爲寒 ≪說卦文≫ 坤宜溫也

坤 → 比

○乾이 곧 ‘寒’이 되니 ≪「說卦傳」의 글≫ [그 반대인] 坤은 당연히 ‘溫’이 된다.482)

479) 이런 茶山의 풀이는 분명 杜預의 그것과는 다르다. 즉 다산은 ‘和’가 坤, ‘貞’이 坎에 대응한다고 하는데, 杜預는 ‘和’가 坎, ‘貞’이 坤에 대응하는 것으로 설명한다. “和以率貞”은 比卦 자체의 上下관계에서 설명할 수도 있겠고, 坤卦가 比卦로 되면서, 그 上卦가 ‘坤和’에서 ‘坎貞’으로 변한 것과 연관지을 수도 있겠다.

480) 茶山은 “德(悳)”이란 글자 자체가 “直心”을 말하며, 이는 乾과 坎의 상징이라 한다. “德者, 直心也(字從直從心); 乾坎, 皆直心; 故, 其爲直爲德, 亦同也.”(『四箋』 卷8, 34가) 惠伯은 “‘外强’內溫이 忠”이라 했는데, 다산이 “坎位中剛, 其德忠”이라 한 것은, 卦象과 연관된 그 설명 방식은 논외로 하고, 그 뜻 자체가 서로 상충된다고 볼 수 있다. 즉 前者에서는 “外强”이 “忠”인데, 後者는 “中‘剛’”(즉 ‘內强’)이 “忠”이라 하는 셈이다. 그렇지만 이런 것을 꼭 상충된다고만 볼 것은 아닌 것이니, 『周易』이 본래 그렇기도 하거니와, 이상 惠伯의 말도 여러 측면에서 설명될 수 있으므로, 茶山이 자신의 논리에 입각하여 ‘이런 측면으로도 볼 수 있다’는 식으로 자신의 견해를 제시한 것이라 보면 될 것 같다.

481) 茶山에 따르면, 离는 ‘信’(『四箋』 卷1, 10나 등에 사례가 나옴)이고, 坤은 ‘虛’이다(『四箋』 卷2, 2가). 물론 한편으로 坤과 무관하게 离 자체가 ‘虛中’이기도 하다. 『四箋』(卷2, 1나)에서도 “离位虛中 …… 坎位中剛”을 언급하며 “利貞”을 설명하고 있다. “坎位中剛 ……” 이후의 다산의 말을, 比卦와 연관짓지 않고, 다만 일반론을 피력한 것으로 해석할 수도 있겠다.

482) 坤이 따뜻함(溫)의 뜻이 된다는 것은 茶山의 ‘今補’에 나온다. 「說卦傳」에 따르면, 乾은 차가움(寒)을 뜻하므로(「說卦傳」의 글) 乾의 반대인 坤은 따뜻함(溫)을 뜻하게 된다.

〔**原文**〕 黃 中之色也 裳 下之飾也 元 善之長也[483] 中不忠 不得其色 ≪言非黃≫ 下不共 不得其[484]飾 ≪不爲裳≫ 事不善 不得其極 ≪不爲元≫ 外內倡和 爲忠 率事以信 爲共 ≪恭≫ 供養三德 爲善 非此三者 弗當 ≪不能當此卦≫

坤 → 比

[惠伯이 계속 말하기를] "황(黃)"은 [五行의] 中心이 되는 [土의] 色을 가리키며, "상(裳)"은 [하체(下體)를] 치장하는 치마를 가리키며, "元"은 [『周易』에서도 말했듯이] "善之長(善의 으뜸)"을 뜻합니다. [그런데 그] 속마음(中)이 충성(忠誠)스럽지 않으면, 그 [黃]色을 얻지 못하고 ≪[남괴(南蒯)는] '黃色'에 해당되지 못함[485]≫ 아래에 있으면서 [그 윗사람에게] 공손(恭遜)하지 않으면, [치마처럼] 감싸고 치장하는 역할(飾)을 할 수 없으며 ≪[남괴(南蒯)는 아래에서 윗사람을 감싸고 치장하는] 치마(裳)와 같은 역할을 하지 못함[486]≫ 윗사람을 섬기는 것이 정당하지 못하면 그 지극함(極)을 얻지 못하는 것입니다. ≪[즉 善한 것 가운데] 으뜸이 되지 못함[487]≫ 안팎으로 부르고 화답함(和倡)[488]이 '忠'이 되고, 일(事)을 신의(信義)로써 수행하는(率) 것이 '共'(恭遜)이 되며, [亨·利·貞의] 세 가지 德을 기르는 것이 '善'이 되니, 이 [忠·恭·善의] 세 가지[489]가 없으면 [이 '黃裳元吉'의 占卦의

483) 여기 "黃, 中之色 …… 元, 善之長也"까지는 『四箋』(卷1, 50 가)에서도 인용, 언급된다.
484) [校閱] "不得其飾"의 "其"가 新朝本에는 "共"으로 되어 있으나 誤記이다. 『左傳』의 原文과 奎章本과 國中本에는 "不得其飾"으로 되어 있다.
485) 이 말은 杜預의 注에 나온다.
486) 이 말도 杜預의 注에 나온다.
487) 杜預의 注에 보이지 않음. 杜氏의 注에는 "失中德"이라고 함.
488) 창화(唱和) : 한쪽에서 부르고 한쪽에서는 화답함.
489) 여기서는 '忠', '信', '恭'을 "三德"이라 봄(文璇奎 역, 『春秋左氏傳』 下, 명문당, 1987, 116면).

德을] 감당하지 못하는 것입니다. ≪이 卦에 해당될 수 없음≫

杜氏曰 三德 謂 正直 剛克 柔克

杜氏는 말하기를, "三德이란 [『尙書』「洪範」편에서 말하는] 正直·剛克·柔克[490]을 가리킨다"라고 하였다.

○案 三德者 亨利貞也 元始而後 三德乃成 供養三德者 非卽善長乎 洪範三德 何與於是

○[案] 三德은 [『周易』에 나오는 개념인] 亨·利·貞을 가리킨다. [善의 德에 해당하는] 元이 성립한 이후에 비로소 [禮·義·智를 상징하는 亨·利·貞의] 세 가지 德이 성립되는 것이니, 여기서 "供養三德", 즉 "세 가지 德을 기르는 것"은 바로 善 가운데 으뜸이 아니고 무엇이겠는가![491] [『書經』의] 「洪範」의 三德[492]이 어찌 이에 연관되겠는가?[493]

〔**原文**〕且 夫易 不可以占險 將何事也[494] …… 中美能黃 上美

---

490) 三德 : 正直·剛克·柔克을 三德이라고 하는데, 『尙書』「洪範」편에 나오는 홍범구주(洪範九疇) 중의 하나이다. 洪範九疇는 儒家의 정치철학을 피력한 것으로서, 정치는 천(天)의 상도(常道)인 구주(九疇)에 의해 인식되고 실현된다는 것이 그 주요 내용인데, 구주(九疇)란 ① 五行, ② 五事, ③ 八政, ④ 五紀, ⑤ 皇極, ⑥ 三德, ⑦ 계의(稽疑), ⑧ 서징(庶徵), ⑨ 五福의 아홉 가지를 가리킨다. 三德 중에서, '正直'은 정직함을 뜻하고, '剛克'은 '剛함으로 이기는 것', 혹은 '강력하게 제압하는 것'을 뜻하고, '柔克'은 부드러움으로 이기는 것, 혹은 유화하여 포용함을 뜻한다(車相轅 譯, 『書經』, 명문당, 1973, 189면). 요컨대 '剛克', '柔克'이란, 君主가 강온양면책을 적절히 구사할 줄 알아야 한다는 뜻이다.

491) 乾卦 文言에서 孔子가 "君子, 行此四德者" 운운하는데, 따라 공자도 이미 "元亨利貞"을 "四德"이라 한 것이다.

492) 명문당本에는 忠, 信, 恭을 "三德"이라 봄(文璇奎 역, 『春秋左氏傳』下, 명문당, 1987, 116면).

493) 杜氏가 「洪範」의 "三德"과 이를 연관시킨 것은, "不得其極"에서 "極"을 「洪範」과 연관하여 생각했기 때문이라고 한다. 『漢文大系』 참조.

494) 原文에는 "將何事也"와 "中美能黃" 사이에 "且可飾乎"라는 말이 있는데, 여기서는 생

爲元 下美則裳 參成 可筮 ≪參美 盡備 則吉 可如筮≫ 猶有闕也 筮雖吉 未也

䷁ ䷇

坤 → 比

또한 대저 『周易』은 [도리에 어긋나는] 위험한 일(險)을 놓고 점칠 수는 없는 것인데[495] [그대는] 장차 어떤 일을 하려고 하십니까? 속마음(中)이 아름다워야 '黃'[의 德]에 해당될 수 있고, [아랫사람에 대해] 윗사람[의 역할]이 아름다워야, [善의 으뜸인] '元'이 될 수 있고, [윗사람에 대해] 아랫사람[의 역할]이 아름다워야 곧 '裳'[의 德]에 해당될 것이니, [이처럼 黃·元·裳의] 세 가지(參)가 이루어져야, 占卦대로 이루어질 것입니다. ≪세 가지 美德이 모두 갖추어져야 吉하고, 占筮의 결과와 같이 될 수 있는 것이다.[496]≫ 만약 [이 중에서 하나라도] 빠진 것이 있으면, 점쳐서(筮) 비록 吉하다고 나와도, 그렇게 되지는 못할 것입니다.[497]

략되어 있다. 따라서 본래의 原文과 그 해석은 다음과 같이 된다. "夫易, 不可以占險, 將何事也, 且可飾乎, 中美能黃(또한 대저 『周易』은 [도리에 어긋나는] 위험한 일을 놓고 점칠 수는 없는 것인데, 그대는 장차 어떤 일을 하려고 하십니까? 또한 몸을 치장하는 것이 옳겠습니까? 속마음(中)이 아름다워야 '黃'[의 德]에 해당될 수 있고, ……)."

495) "易은 不可以占險"이라는 말에서, "易"이 "黃裳元吉"의 이 卦를 말하는 것이라고 杜氏는 해석하는데, 그 箋은 이를 부정함(『春秋左氏會箋』 下(『漢文大系』 卷11), 富山房, 明治 48年, 47면).

496) 이것은 杜氏의 注라 하겠다. 다만 '則'字가 없다(『春秋左氏會箋』 下(『漢文大系』 卷11, 富山房, 明治 48年, 47면).

497) 뒤에 魯나라 계평자(季平子)가 가문의 후계자가 되어 남괴(南蒯)를 예우(禮遇)하지 않았는데 이런 이유로 南蒯가 費땅에서 반란을 일으켰다. 그러나 반란은 실패로 돌아가고, 남괴는 齊나라로 도망하였다. 결과적으로, 자복혜백(子服惠伯)의 점괘풀이는 실제로 맞아떨어진 셈이 된다.

[16] 채묵대룡지언(蔡墨對龍之言) ≪昭二十九年≫

蔡墨[498]이 "龍"에 대해 설명한 말 ≪소공(昭公) 29年[499]≫

〔**原文**〕 秋 龍見于絳郊 ≪晉≫ 魏獻子 問於蔡墨 墨對曰 周易有之 在乾之姤 ䷫ ≪初九變≫ 曰 潛龍勿用 其同人 ䷌ ≪九二變≫ 曰 見龍在田 其大有 ䷍ ≪九五變≫ 曰 飛龍在天 其夬 ䷪ ≪上九變≫ 曰 亢龍有悔 其坤 ䷁ ≪乾六爻 皆變≫ 曰 見羣龍 无首吉 坤之剝 ䷖ ≪坤上六之變≫ 曰 龍戰于野 若不朝夕見 誰能物之

가을에 龍이 [晉나라 서울인] 강(絳)의 교외에 나타났다 ≪晉나라 땅≫ [晉나라의 벼슬아치인] 위헌자(魏獻子)[500]가 [龍이라는 짐승에] 대해 [晉나라의 태사(太史)를 맡고 있던] 채묵(蔡墨)에게 물었다. 채묵(蔡墨)은 [이에 대해 다음과 같이] 대답하였다. "『周易』에도 있사온데,[501] 그 乾[䷀]이 姤[䷫]로 변하는 占卦에 ≪初九爻가 변함≫ "潛龍勿用", 즉 "潛龍이니 勿用하라"고 하였고, 乾[䷀]이 同人[䷌]으로 변하는 占卦에서는 ≪九二爻가 변함≫ "見龍在田", 즉 "나타난 龍이 밭에 있다"라고 하였고, 乾[䷀]이 大有[䷍]로 변하는 占卦에서는 ≪九五爻가 변함≫ "飛龍在天", 즉 "나는 龍이 하늘에 있다"라고 하였고, 乾[䷀]이 夬[䷪]로 변하는 占卦에서는 ≪上九爻가 변함≫ "亢龍有悔", 즉 "치솟는 龍이니, 후회함이 있다"라고 하였고, 乾[䷀]이 坤[䷁]으로 변하는 占卦에서는 ≪乾卦의 여섯 爻가 모두 변함, 즉 "用九"≫ "見羣龍, 无首, 吉", "나타난 무리의 龍이 머리가 없으니, 吉하다"라고 하였고, 坤이 剝(䷖)으로 가는 占卦에서는

---

498) 蔡墨은 一名 '史墨'이라고도 한다(文璇奎 역, 『春秋左氏傳』 下, 명문당, 1987, 317면 윈1; 『四箋』 卷1, 12나).

499) 魯 '昭公 29年'은 B.C.513년에 해당된다.

500) '魏나라의 獻子'라는 뜻이 아님(楊伯峻 · 徐提 編, 『春秋左傳詞典』, 中華書局, 1985, 982면, 1001면).

501) 原文은 "不然이면 『周易』有之리오?"라고 反問투로 되어 있다(『春秋左氏會箋』 下(『漢文大系』 卷11, 富山房, 明治 48年, 30면; 文璇奎 역, 『春秋左氏傳』 下, 명문당, 1987, 304면 참조).

≪坤卦의 上六爻가 변함≫ “龍戰于野”, 즉 “龍이 들에서 싸운다”라고 하였습니다. 만약에 龍이라는 동물이 아침저녁으로 [빈번하게] 나타나지 않았다면, 누가 그것을 [이처럼 여러 가지 방식으로] 형용할 수(物之) 있었겠습니까?”

左傳 雖晚出 然 劉子駿 賈景伯之倫 早已[502] 箋釋相承 則蔡墨之對 先儒 皆得而見之矣 六爻之繫以卦名 ≪如云 乾之姤≫ 若是其明 而九師爭門 竟失宗旨 遂使三聖相傳之義 千載晦昧 不亦異哉

『左傳』이 [「공양전(公羊傳)」이나 「곡량전(穀梁傳)」에 비해] 비록 늦게 나왔으나,[503] 유흠(劉歆, B.C.46~AD.23)[504]과 가규(賈逵, 30~101)[505] 등과 같은 무리(倫)들이 일찍부터(早已)[506] 주석(注釋)하고 해설하여 서로 계승하여 왔으니, 채묵(蔡墨)의 對答을 先儒들도 모두 [일찍이] 보았을 것이다.

---

502) [校閱] “早已”의 “이(已)”가 新朝本에는 “己”로 되어 있는데, 誤記이다.

503) 『春秋左氏傳』은 古文經學 계열로, 「公羊傳」이나 「穀梁傳」보다 이후에 등장했다는 의미이다(皮錫瑞, 이홍진 역, 『中國經學史』, 형설출판사, 1984, 57면, 註 2번).

504) 유자준(劉子駿)은 전한(前漢) 말기의 유학자였던 유흠(劉歆, ?~AD.23)을 가리킨다. 자준(子駿)은 유흠(劉歆)의 字이다. 유흠은 부친 유향(劉向)과 더불어, 궁정의 장서(藏書)를 정리하고 육예(六藝)의 군서(群書)를 7종으로 분류하여, 목록을 작성하고, 이를 『七略』이라 하였다. 이것은 중국에서의 체계적인 서적목록(書籍目錄)의 최초의 것으로 현존하지는 않지만, 『漢書』「藝文志」가 대체로 그에 의해서 엮어졌다. 왕망(王莽)이 한왕조(漢王朝)를 찬탈한 후 국사(國師)로 초빙되어 그의 국정에 협력하였으나, 만년에는 왕망에 반대하여 모반을 기도하였으나 실패하여 자살하였다.

505) 가경백(賈景伯) : 중국 後漢 때의 유학자 가규(賈逵)를 가리킨다(한국철학사상연구회 편, 『철학대사전』, 동녘, 1989, 1487면; 皮錫瑞, 이홍진 역, 『中國經學史』, 형설출판사, 1984, 81면, 註 7번). 가규(賈逵)는 가의(賈誼)의 9세손으로 자는 경백(景伯)이다. 그는 고문경학(古文經學)을 전공하였고, 금문경학자(今文經學者)인 이육(李育)과 논쟁하여 고문경학을 옹호하였다. 그의 영향으로 말미암아, 고문경학이 홍성하게 되었으며, 마융(馬融)·정현(鄭玄) 등이 고문경서(古文經書)의 학문을 대성할 수 있는 길을 닦아 놓았다. 그의 저서인 『春秋左氏傳解詁』와 『國語解詁』 등은 현재 전하지 않으며, 淸나라 때 마국한(馬國翰)이 지은 『옥함산방집일서(玉函山房輯佚書)』와 황석(黃奭)이 지은 『한학당총서(漢學堂叢書)』에 그 집본(輯本)이 실려 있다.

506) “이(已)”인지 “기(己)”인지 애매하다. “기(己)”라면, “이미 몸소 箋釋하여 相承하였으니”가 됨. 현대 漢語에 “早已(이미, 벌써)”라는 단어가 있음.

[여기 『左傳』에 나오듯이, 『周易』에서 한 卦의] 여섯 爻에 [本卦와 之卦의] 卦名을 [나란히 붙여서] 연계(連繫)시키는 것이 ≪예컨대 "乾之姤"라고 말하는 것≫ 이처럼 명확하거늘[507] 九師[508]들이 다투어 학파를 이루는 과정에서, 마침내 [『周易』의] 宗旨를 잃어 버려서, 마침내 [복희(伏羲), 문왕(文王), 공자(孔子)의] 세 분 聖人이 대대로 전해 내려온 『周易』의 [爻變의 본래] 의미[509]가 천 년 동안이나 어둡게 묻혀 있었으니, [이 또한] 괴이한 일이 아니겠는가?

[17] 양호구정지서(陽虎救鄭之筮) ≪哀九年[510]≫

양호(陽虎)[511]가 鄭나라를 구원할지 여부를 물은 占筮 ≪哀公 9年[512]≫

〔**原文**〕 晉 趙鞅 卜救鄭 ≪時 宋人伐鄭≫ …… 陽虎 以周易筮之 遇泰䷊之需䷄ ≪六五變≫ 曰 宋 方吉 不可與也 ≪謂不可與戰≫ 微子啓 帝乙之元子也[513] 宋鄭 甥舅也 祉 祿也 若帝乙之元子 歸妹

---

507) 本卦와 之卦(變卦)의 卦名으로 묶여져 있어, 이것이 爻變을 의미하는 것이 분명하다는 뜻, 다시 말해 『周易』에서 爻變이 기본임을 분명히 알 수 있다는 뜻이다.

508) 九師란 荀九家를 가리킴.

509) 좁게는 爻變法을 말하는 것이겠으나, 넓게 본다면 『周易』의 기본인 爻變이 무시되어서, 결국 『周易』 전반의 의미를 파악할 수 없게 되었다는 말이다.

510) [校閱] 奎章本에 있는 "哀八年"의 細注가 新朝本과 國中本에는 脫失되고 없다. 그리고 奎章本의 "哀八年"은 "哀九年"이 되어야 옳다. 이밖에도 『四箋』에서 두 차례 더 이 대목이 인용되고 있는데, 奎章本과 新朝本에 모두 "八年"이라 나온다(『四箋』 卷1, 34가; 『四箋』 卷2, 33나). 『四箋』(卷8, 25가)의 인용구에서도 역시 "哀八年"이라 나오는데, 잘못된 것이다.

511) 陽虎 : 魯나라 계평자(季平子)의 家臣인데, 난(亂)을 일으켜, 政事를 專斷하였다. 孔子(B.C.552~B.C.479)가 제자들과 함께 陳나라로 가는데 광읍(匡邑)을 지날 때 광읍(匡邑) 지역의 사람들이 孔子를 양호(陽虎)로 오인하고 포위하여 해치려 한 적이 있었다고 한다(『論語』 「子罕」).

512) "8년"이 아니라 "9년"이다(『春秋左氏會箋』 下(『漢文大系』 卷11, 富山房, 明治 48年, 58면; 王守謙 外 譯注, 『左傳全譯』, 貴州人民出版社, 1992, 1527면). 魯나라 '哀公 6年'은 B.C.486年에 해당된다.

513) [校閱] "帝乙之元子也"의 "也"가 新朝本에는 없다.

而有吉祿 我安得吉 乃止

䷊ ䷄

泰 → 需

晉나라 조앙(趙鞅)이 [宋나라와 싸우는] 鄭나라를 위해, 원병(援兵)을 파견하는 문제로 거북점(卜)을 쳤다.[514] ≪이때, 宋나라 사람이 鄭나라를 정벌하였다.≫ [이때] 양호(陽虎)가 『周易』으로 점을 쳐서, 泰[䷊]가 需[䷄]로 변하는 占卦를 얻었는데 ≪[泰卦의] 六五爻가 변함≫ [풀이하여] 말하기를, "宋나라는 바야흐로 吉한 운세를 맞고 있으니, [그들과] 대적(與)할 수가 없습니다. ≪宋나라와 더불어 싸울 수 없다는 것[은 곧 鄭나라를 도와서는 안 된다는 뜻]≫ [宋나라 군주의 先祖인] 미자(微子) 계(啓)[515]는 殷나라 왕 제을(帝乙)[516]의 맏아들(元子)이며, 宋나라와 鄭나라는 사위(甥姪)[517]와 장인(外叔)[518]의 관계입니다. [泰卦 六五에 "帝乙歸妹, 以祉, 元吉", 즉 "帝乙이 누이를 시집보냄으로써, 복을 받았다"라고 나오는데] 여기의 "지(祉)"는

---

514) 거북점(卜占)의 결과는 "송나라에 대적하지 말라", 즉 "鄭나라를 구원하지 말라"는 것으로 나왔다(文璇奎 역, 『春秋左氏傳』 下, 명문당, 1987, 460면).

515) 미자계(微子啓) : 殷나라의 마지막 왕인 주왕(紂王)의 이복형, 은나라가 망한 뒤, 周나라 成王 때에, 주공(周公)이 殷族을 회유하기 위하여 은(殷)의 고지(故地)인 상구(商丘)에 도읍을 두고, 미자계(微子啓)를 宋나라의 왕에 봉했다. 주왕(紂王)의 아버지가 帝乙이므로, 주왕(紂王)의 이복형인 미자계(微子啓)의 아버지도 역시 帝乙이 된다.

516) 제을(帝乙) : 漢代의 학자인 경방(京房)과 순상(荀爽)은 帝乙을 成湯과 동일시하였다. 또 漢代의 緯書인 『乾鑿度』에서도 역시 帝乙을 成湯과 동일시하고 있다. 그러나 茶山은 泰卦 六五의 주석에서 "제을(帝乙)이 殷나라 마지막 왕인 폭군 주왕(紂王)의 아버지라고 말한다. 漢나라 학자들이 帝乙을 殷나라의 始祖인 成湯과 동일시한 것은 漢代학자들의 오류라고 주장한다. 짐작컨대, 當時에 帝乙이 여동생을 시집보낸 일이 실재로 있었는데 ≪예컨대 "高宗伐鬼方"이나 "箕子明夷"의 경우처럼 역사적 사실의 종류≫ 史傳에는 누락된 것이 아닐까 추론하고 있다(帝乙者, 紂父也, 其云, 成湯者, 漢儒之謬也, 疑帝乙當時, 原有歸妹一事 ≪如高宗伐鬼方, 箕子明夷類≫ 史傳失載也)."(『四箋』 卷2, 33나)

517) 鄭나라를 가리킴.

518) 宋나라를 가리킴.

복록(福祿)[을 뜻하는 것]입니다. 이는 [宋나라에서] 제을(帝乙)의 元子가 누이를 [鄭나라로] 시집보냄에 吉한 복록(福祿)이 있음과 같을진대, 우리(我)가 [그 반대편에 선다면] 어찌 吉함을 얻겠습니까?"라고 하였다. 이에 [원병(援兵)을 파견하는 것을] 그만 두었다.[519)]

杜氏曰 帝乙 紂父 宋鄭 爲婚姻之國 故 以宋爲吉

杜氏가 말하였다. "帝乙은 [殷나라의 폭군이었던] 주왕(紂王)의 아비(父)이다. 宋나라와 鄭나라는 혼인(婚姻)관계에 있는 나라이므로, 宋나라가 吉한 것이 된다."

○帝乙歸妹之義 見本卦

○"帝乙歸妹"의 뜻은 [泰卦六五의] 本卦에 나온다.

○帝乙之祉 由其歸妹 則宋國之吉 由其與鄭爲甥舅也 故 吉在宋 而不在鄭也 鄭旣不吉 救鄭者 亦不得吉

○제을(帝乙)이 복록(福祿)을 받는 것은 그 누이를 시집보냄에서 말미암는 것이니,[520)] 곧 宋나라의 吉함도 [역시] 鄭나라와 사위(甥)와 장인(舅)의 관계가 되는데서 말미암는다. 따라서 吉함은 [처가에 해당하는] 宋나라에 있고, [사위에 해당하는] 鄭나라에 있지 않다. 鄭나라가 이미 不吉하니, 鄭나라를 구하고자 하는 자도 역시 吉함을 얻지 못하는 것이다.

---

519) 宋은 외숙(外叔)이고, 鄭나라는 생질(甥姪)이 되는 셈인데, 宋나라가 鄭나라와 혼인관계를 가진 것이 "帝乙이 누이를 시집보내는 것"과 상응하며(또 宋은 帝乙의 후예이기도 하다), "帝乙이 누이를 시집보내는 것(帝乙歸妹)"의 결과가 좋았듯이, 宋이 鄭을 정벌하는 것도 결과가 좋을 것이라고 유추한 것이다(王守謙 外 譯注, 『左傳全譯』, 貴州人民出版社, 1992, 1528면 참조).

520) 엄밀하게 말한다면, 帝乙이 누이를 시집보낸 것이 아니라, 帝乙의 아들인 미자계(微子啓)가 누이동생을 鄭나라에 시집보낸 것이다.

[18] 중이반국지서(重耳反國之筮) ≪晉語[521] ○[522]僖二十四≫

중이(重耳)[523]가 〔왕위를 계승하러〕 귀국함에 친 시초점(蓍草占) ≪〔『國語』[524]의〕 「晉語」 ○〔魯나라〕 僖公 24年[525]≫

〔原文〕[526] 晉 懷公 自秦逃歸 秦伯 召公子於楚 ≪召重耳≫ 饗卒公子 親筮之 曰 尙有晉國 ≪此 令蓍之辭[527]≫ 得貞屯䷂悔豫䷏ 皆八也 ≪少陰數≫ 筮史占之 皆曰 不吉 閉而不通 爻無爲也

䷂ ䷏

屯 → 豫

1·4·5가 爻變

---

521) 「晉語」는 『國語』의 한 부분이다. 『國語』는 周나라 좌구명(左丘明)이 『左氏傳』을 쓰기 위하여, 春秋시대 8국의 역사를 나라별로 모아 찬술(撰述)한 책으로서, 魯나라에 대하여 기술한 『左氏傳』을 內傳이라 하는 데 대해서, 『國語』를 外傳이라 한다. 『國語』는 周語 3권, 魯語 2권, 齊語 1권, 晋語 9권, 鄭語 1권, 楚語 2권, 吳語 1권, 越語 2권으로 되어 있다. 現存하는 最古의 주석으로, 吳나라 위소(韋昭)의 註가 전해지고 있다.

522) [校閱] "○"의 표시가 奎章本과 國中本에는 있으나, 新朝本에는 없다.

523) 중이(重耳) : 姬姓으로 사후에 文公으로 시호받았다. 재위 기간은 B.C.635~B.C.628년으로 8년. 춘추 5패 중의 하나로 齊 환공(桓公)에 이어 中原의 패자에 올랐다. 부왕인 헌공(獻公)은 총희 여희(驪姬)의 태생인 혜제(奚齊)를 태자로 삼고자 태자인 申生을 곡옥에, 重耳(후에 文公)를 포(蒲), 이오(夷吾, 후에 惠公)를 굴(屈)로 내쫓았다. B.C.655년 태자 신생(申生)은 여희의 간계에 빠져 자살했고, 重耳는 어머니 나라인 狄으로, 동생 이오(夷吾)는 梁나라로 각각 망명하였다. B.C.651년 헌공(獻公)이 죽자 혜제와 동생 도자(悼子)는 왕위에 올랐으나 살해되었고, 이오(夷吾)가 秦 목공(繆公)의 도움으로 왕위에 올라 혜공(惠公)이 되었다. 중이는 狄나라에 계속 머물렀으나 B.C.644년 惠公이 중이를 암살하기 위해 자객을 보내자 重耳는 이를 피해 위(衛) → 제(齊) → 조(曹) → 송(宋) → 초(楚) 등 무려 19년 간을 망명생활을 보내야 했다. B.C.637년 혜공이 죽자 다음해 역시 秦 목공(繆公)의 도움으로 51세에 왕위에 올랐으니 이가 晉 문공(文公)이다.

524) 「春秋官占補註」에서 『國語』에서 인용한 것은 이하 3개 條이다.

525) '僖公 23年 9月'에는 혜공이 죽음(卒)(文璇奎 역, 『春秋左氏傳』 上, 명문당, 1987, 330면). '僖公 24年 봄'에는 秦나라 伯이 重耳를 晉나라로 들여보냄(같은 책, 339면). 魯나라 '僖公 24年'은 B.C.636년에 해당된다.

526) "[1] 陳敬仲之筮"부터 "[17]陽虎救鄭之筮"까지는 『春秋左氏傳』에 해당되고, "[18] 重耳反國之筮"에서 "[20] 成公歸晉之筮"까지는 『國語』에 해당하는 부분이다.

527) [校閱] "令蓍之辭"의 "辭"가 奎章本에는 "亂"으로 되어 있는데, 誤記이다. 앞에서도 "辭"가 "亂"으로 잘못 쓰여진 예가 있다(『四箋』 卷7, 27나).

晉나라 회공(懷公)[528]이 秦나라에서 도망쳐 [자신의 晉나라로] 돌아갔는데, [이에] 진백(秦伯)[529]이 公子를 楚나라에서 [초빙하여] 불러 들였다. ≪즉 重耳를 초빙함≫ …… [그에 따라 초빙된 公子 중이(重耳)를 환영하는 연회(宴會)가 秦나라에서 열렸는데] 향연(饗宴)을 마치면서, 公子 重耳가 직접 시초점(蓍草占)을 치면서 말하기를, "바라건대(尙)[530] 내가 晉나라를 다스리게 되기를!"이라고 하였다 ≪이는 시초(蓍草)를 운용(運用)하면서 [의례적(儀禮的)으로] 하는 祈願의 말이다.[531]≫ 점친 결과 '屯의 內卦(貞)와 豫의 外卦(悔)에서 [陰은] 모두 [숫자] 8이 나오는 경우를 얻었다.[532] ≪[숫자] 8은 少陰의 數이다.≫ 占筮를 담당한 관리(筮史)들이 [그것을] 占쳐서 한결같이 말하기를, "不吉합니다. 막혀서 통하지 못하니, [이는 변하는] 爻[를 따져 보아]도 소용이 없습니다"라고 하였다.

韋昭曰 內曰貞 外曰悔 ≪震在屯爲貞 在豫爲悔≫ 震兩陰 在貞在悔 皆不動 故曰皆八 ≪八則爻不動≫ 筮人 以連山歸藏 占此兩卦 皆言不吉

屯 → 豫

1·4·5가 爻變

위소(韋昭)[533]가 [다음과 같이] 말하였다. "內卦를 "貞"이라 하고, 外卦

---

528) 晉 회공(懷公) : 惠公의 아들 자어(子圉)이다. B.C.636년 秦 목공(穆公)은 公子 重耳를 도와 晉으로 돌아가게 하니, 懷公은 高梁으로 도망간다. 이에 重耳는 晉文公으로 즉위하여 懷公을 죽인다.

529) 秦 목공(穆公)을 가리킨다.

530) 『易學緖言』에 "尙"의 여러 사례가 나온다.

531) 令蓍辭 : 『易學緖言』 「卜筮通義」를 참조할 것.

532) 이에 대해 다산은 "是, 六爻之內, 三爻 ≪初四五≫, 亂動也"라고 함(『四箋』 卷8, 24나).

533) 위소(韋昭) : 三國時代 魏나라 사람으로서, 그의 『國語解』는 현존하는 最古의 주석

를 "悔"라고 한다.[534] ≪[예컨대] 震은 屯卦에 있어서는 [內卦라서] "貞"이 되고, 豫卦에 있어서는 [外卦라서] "悔"가 된다.≫ 震의 두 개의 陰이 內卦(貞)에 있어서나, 外卦(悔)에 있어서나, 모두 변동이 없는 까닭에 "皆八"이라고 말하였다.[535] ≪[숫자가] 8이 되면, [그] 爻는 변동하지 않는다.≫ 占筮를 담당하는 관리(筮人)들은 연산역(連山易)이나 귀장역(歸藏易)으로 이 두 卦를 점쳤기 때문에 모두가 "不吉하다"고 말한 것이다.

○程舜臣曰 ≪沙隨人≫ 初與五 用九變 ≪屯之初與五≫ 四 用六變 ≪屯之四≫ 其不變者 二三上 ≪凡三畫 不變≫ 在兩卦 皆爲八 故云皆八

屯 → 豫

1·4·5가 爻變

○정순신(程舜臣)[536]이 다음과 같이 말했다. ≪[정순신(程舜臣)은] 사수(沙隨) 사람이다.≫ "初爻와 제5爻는 9[의 숫자]를 쓰므로, 변하고 ≪屯卦의 初爻와 제5爻≫ 제4爻는 6의 숫자를 쓰므로 변한다. ≪屯卦의 제4효≫ 그 변하지 않는 것은 제2位·제3位·上位인데 ≪모두 세 개 획이 변하지 않음≫ 두 卦에서 모두 8이 되는 까닭에, '皆八'이라고 한 것이다."

서이다(신지영·이정재 역, 『國語』, 홍익출판사, 1998, 20면).

534) 內卦를 '貞'이라 하고, 外卦를 '悔'라고 한 것은 앞서 杜預도 그렇게 말했다(『四箋』 卷7, 18나). 『易學緖言』(卷3, 5가)에서도 이 문제가 인용·언급되고 있다.

535) 다산의 夏商의 占法에 대한 언급을 참조할 것. "夏商의 易은 그 상세한 것은 알 수 없으나, 요컨대, 變易을 위주로 한다. 그러므로 이른바 '艮之八'이라고 하는 것이 그것이니, 爻變의 多少로써 그 貞과 悔를 定한다(夏商之易 其詳, 雖不可知; 要之, 多主於變易. 故, 有所謂艮之八 …… 皆以爻變之多少, 定其貞悔也)."(『四箋』 卷4, 20가)

536) 정형(程迥) : 號가 사수(沙隨). 程迥의 易說에 관해서는 『易學緖言』 「사수고점박(沙隨古占駁)」에서 언급된다.

○案 杜氏 以艮之隨 爲連山歸藏之舊法 韋氏 於此 其說亦同此 先儒之定論也 後來諸家 欲以此法 混於周易 不亦惑歟 沙隨之說 尤所未曉 六位之中 九六者 三 ≪初四五≫ 得八者 三 ≪二三上≫ 而專以八名 可乎 且 其爲法 得八 則必變矣 屯之得八 旣已爲豫 則豫之得八 亦將爲卦 ≪又之他≫ 旣云 皆八 何不再變 如不再變 旣已得豫 其六其八 宜不再論 又何謂之皆八乎 左右思索 其爲夏商之舊法[537] 的然無疑 而人猶糅之 不亦惑歟

屯 → 豫

○[案] 두예(杜預)도 [목강(穆姜)의 占筮에 나온] "艮之隨"[538]를 連山·歸藏의 舊法으로 간주하였는데, 韋氏도 여기서 보면 그 견해가 역시 동일하다. 따라서 이렇게 [여러 爻가 어지럽게 변동하는 방식을 夏·商代의 것으로 보는 견해는] 先儒들의 定論인 것이다. 이후 여러 해석가(諸家)들이 이런 방식을 『周易』의 방식과 [뒤섞어] 혼용하고자 하니, 또한 미혹된 것이 아니겠는가? 沙隨의 說은 더욱 분명치 않은 바가 있다. 6位 가운데, 9와 6인 경우가 세 개요 ≪初位·第4位·第5位≫ 8을 얻은 경우가 세 개인데 ≪第2位·第3位·第上位≫ 오로지 "8"로만 이름함이 옳겠는가? 또 한편 그 방법이 [상세한 것은 알 수 없으나] '8'을 얻으면 [반드시] 변하게 되어 있는데, 屯이 숫자 8을 얻어서, 이미 豫卦가 되었으니, [동일한 논리로] 豫卦가 또한 '8'을 얻었으면, 역시 장차 어떤 다른 卦로 되어야 할 것이다. ≪또한 [豫卦도] 다른 괘로 변해 가는 것≫ 이미 "모두 8"이라고 하고는, 어째서 [豫卦는] 再變하지 않는 것인가? 만일 再變하지 않

537) [校閱] 新朝本과 國中本에는 "夏商之法"으로 되어 있으나 奎章本에는 "夏商之舊法"으로 되어 있다. "夏商之舊法"이 의미가 더 명확하므로, 여기서는 後者를 따른다.
538) 艮之隨: 앞서 穆姜東宮之筮에 나왔다(『四箋』 卷7, 23가).

고, 豫卦만을 얻는 것이라고 한다면, 그것이 '6'이거나 '8'이거나 [막론하고] 마땅히 再論하지 않아야 하거늘, 어째서 또 "[屯卦와 豫卦가] 모두 8"이라고 말한 것인가? [아무리] 이리저리 생각해 보아도, 그것은 夏·商代의 舊法임이 분명하여, 의심할 바가 없거니와, 그런데도 사람들이 오히려 이를 [『周易』의 방식과 혼동하여] 뒤섞으니, 또한 미혹된 것이 아니겠는가!

○易例 震則爲閉 《艮爲開》 坎則爲通 《說卦文》 屯變爲豫 則震而不坎 《豫上震》 閉而不通也 說卦者 三易之所同用也

屯 → 豫

○易例에 따르면, 震은 곧 닫힘(閉)[539]이며 《[그 반대인] 艮은 '열림(開)'[540]이 됨》 坎은 곧 通함이 된다. 《「說卦傳」에 나옴》 屯卦가 변하여 豫卦로 되면, [上卦에서는] 震만 있고 坎은 없어지니 《豫卦의 上卦가 震》 "閉而不通", 즉 "막혀서 통하지 못한 것"이다. [이런 것을 볼 때] 「說卦」라는 것은 [『連山』·『歸藏』·『周易』의] '三易'이 같이 사용하는 것이다.[541]

〔**原文**〕司空季子曰 吉是在易[542] 皆利建侯 不有晉國 安能建

---

539) 震이 닫힘(閉)의 뜻이 된다는 것은 茶山의 '今補'를 참조할 것(『四箋』 卷8, 37가).

540) 艮이 열림(開)의 뜻이 된다는 것은 茶山의 '其他物象'을 참조(『四箋』 卷8, 37가).

541) 점치는 방식에 있어서는 連山易과 歸藏易의 占筮法에 의거하였으나, 그 卦象을 抽出하고 適用하는 방식에 있어서는 『周易』과 부합하기 때문에, 이렇게 말한 것이다. 아래에 다시 동일한 설명이 반복된다.

542) [校閱] 新朝本과 奎章本과 國中本에 모두 "吉是在易"이라고 되어 있다. 그러나 모든 판본의 原文에는 "吉是在周易"으로 되어 있다. 앞에서, 이미 "是於周易曰"이라는 목강(穆姜)의 말이 인용되었기 때문에, 생략해버린 것으로 볼 수도 있다.

侯 得國之務也

[그러나] 晉나라 大夫인 사공계자(司空季子)[543]가 [이를 풀이하여] 이르기를, "吉합니다. 『周易』에서는 모두 '利建侯', 즉 '諸侯를 세움에 이롭다'라고 하였습니다. 晉나라를 얻지 못할진대, …… 어찌 '제후를 세운다'고 할 수 있겠습니까! …… 나라를 얻을 징조(務)[544]인 것입니다"라고 하였습니다.[545]

屯豫二象 皆云 利建侯

屯卦와 豫卦[546]의 象辭에서, 모두 "利建侯"라고 말하고 있다.[547]

○案 此 明是夏商之舊法 周易 無此用也 公子重耳 筮之以舊法 司空季子 解之以周易 故曰 是在易 云云也 ≪文例 正與穆姜之筮同≫ 若重耳 當時筮之以周易 卽是在易 爲賸語也

○[案] 이것은 [즉 "貞屯悔豫, 皆八"이라고 한 것은] 夏商의 舊法인데 반해서, 『周易』에서는 이런 용례(用例)가 없음을 분명히 밝힌 것이다. 公子 중이(重耳)는 [夏・商의] 舊法으로써 그것을 점쳤는데, 사공계자(司空季子)는 『周易』으로써 그것을 해석한 까닭에, "是在易", 즉 "이 경우 『周易』에서는"이라고 말한 것이다. ≪문장의 用例가 바로 목강(穆姜)의 占筮[에서]와 동일하다.[548]≫ 만약 重耳가 이때에 『周易』[의 방식]으로 점쳤다

543) 季子는 晉의 大夫로 重耳가 晉의 제후자리에 오른 후에 司空이 되었다.

544) 白話注에서는 '務'를 "趨勢", 혹은 "朕兆"로 보고 있다. "將得到封國的朕兆"(白話注, 220면; "這是得國之趨勢", 陳戌國 點校, 『周禮・儀禮・禮記』, 岳麓書社, 1995, 232면. "這就是得國之事")

545) 原文의 "以輔王室 ……" 등이 생략됨(陳戌國 點校, 위의 책, 234면).

546) 豫卦의 象, "利建侯, 行師"(『四箋』 卷3, 5가).

547) 屯卦 象詞에서, "元亨利貞 …… 利建侯"이라고 하였다. 屯初九에서도 "利建侯"라고 하였다.

548) 앞서 "是, 於『周易』, 曰 ……"이라는 목강(穆姜)의 말이 인용되었다.

면, [司空季子의] "是在易"이라는 말은 쓸데없는 말(賸語)에 불과할 것이다.

〔原文〕 震 車也 坎 水也 坤 土也 屯 厚也 豫 樂也 車班外內 ≪屯豫 皆震車≫ 順以訓之 ≪坤≫ 泉原以資之 ≪艮山爲泉源≫ 土厚而樂其實 ≪艮爲果爲實≫ 不有晉國 何以當之

䷂ ䷏

屯 → 豫

震은 수레(車)이며,[549] 坎은 물(水)[이고], 坤은 흙(土)이 됩니다.[550] 屯卦는 도타움(厚)을 상징하고,[551] 豫卦는 즐거움[552]을 상징합니다. 戰車가 안 밖으로 줄지어 서 있는데 ≪屯卦와 豫卦에 모두 震의 수레(車)가 있음≫ [백성들은] 인도하는 데로 순조롭게 따르며 ≪坤과 연관하여 하는 말[553]≫ 샘물의 원천(源泉)을 자원(資源)으로 삼고, ≪艮의 山이 "泉源"이 됨[554]≫ 땅은 [기름지고] 두터우니, 그 수확(實)에 즐거워하는 象입니다. ≪艮은 과일(果)이 되고 열매(實)가 된다.[555]≫ 만약 晉나라를 얻는 것이 아니라면, 무엇

549) 茶山은 '今補'에서 震을 "舟車"라 하며, 『左傳』의 畢萬의 占과 司空季子의 말을 근거로 제시하고 있다(『四箋』 卷8, 36나). 「說卦傳」에서는 坤이 큰 수레(大輿)라고 하였으며, 荀九家의 한 사람인 우번(虞翻)은 乾이 "大轝"라 하였다.

550) 「說卦傳」에는 "坤, 爲地"라 나오며, 五行에서 '土'에 해당한다.

551) 「序卦傳」에 "屯者, 盈也"라고 함(『四箋』 卷2, 1가).

552) 「序卦傳」에 "有大而能謙, 必'豫'; 故, 受之以豫"라 하였는데, 여기서 앞의 "豫"는 "즐거움"이라는 뜻이다. 한편, 「雜卦傳」에는 "比, 樂; …… 豫, 怠也"라고 하였다.

553) 「說卦傳」에 "坤, 順也"라 함(『四箋』 卷8, 31나).

554) 「說卦傳」에 따르면, 坎은 '水'가 된다. 또 "茶山은 坎이 '泉'이 된다고 한다(茶山 其他物象)."(『四箋』 卷5, 42나) 따라서 이 구절을 坎으로 설명해도 문제될 것이 없으나, 茶山은 이에서 더 나아가 '艮山이 그 물 또는 샘'의 근원이라는 것을 지적하고 있다.

555) 다산이 「說卦傳」의 '其他物象'에서 艮을 열매(實)로 본 것은 「說卦傳」에서 艮은 "과라(果蓏)"라고 한 것에서 비롯된 것이다. 그런데 果는 나무열매를 뜻하고, 라(蓏)는 풀열매를 뜻한다("木實曰果, 草實曰蓏". 『四箋』 卷8, 40 가). 그리고 「說卦傳」에서는 乾

이 [이런 占卦에] 해당되겠습니까!

諸爻亂動 則物象雜糅 其升降往來之跡 存亡得失之形 不可執定 此 夏商之易 所以不如周易也 今 季子所言 第取其兩卦俱有之物 《坤艮震坎等》 贊美卦德而已 八卦相盪 出入變化之妙 安得如周易哉

屯 → 豫

[만일 이처럼] 여러 爻가 어지럽게 변동한다면 [오히려] 그 物象이 쓸데없이 복잡하게 뒤엉켜, 그 오르고 내리며, 가고 옴(升降往來)의 자취와 살고 죽으며, 얻고 잃음(存亡得失)의 형세(形勢)를 확정(執定)할 수가 없다. 이것이 夏・商의 易法이 『周易』만 못한 까닭이다.[556] 지금 [司空] 季子가 말한 것은 단지 그 두 卦가 공유하고 있는 物象을 차례로 취하여 《坤, 艮, 震, 坎 등[의 物象]》 그 卦의 성질(德)을 찬미하고 있는 것일 뿐이다. 八卦가 상호간에 역동적으로 교섭하면서, 나고 드는 변화의 묘미(妙味)[557]가 어찌 『周易』만큼 될 수 있겠는가!

〔**原文**〕 震 雷也 車也 坎 勞也 水也 衆[558]也 主雷與車 《內爲主》 尙水與衆 《外爲上》 車有震 武也 衆而順 文也 文武具 厚之至也

이 "木果"가 된다고 하였다.

556) 諸爻를 亂動시키면 변화무쌍한 상황이 연출될 것 같지만, 오히려 그 무질서함이 걷잡을 수 없게 되어, 결국 기계적 고립적으로 象을 적용하게 된다는 것이다.

557) "八卦相盪"은 「繫辭上傳」에 나오는 말이다(『四箋』 卷8, 2가). "盪"에는 '밀다(推)', '움직인다(動)'는 뜻이 있다(『四箋』 卷8, 2가).

558) [校閱] "水也, 衆也"의 "衆"이 新朝本에는 "象"으로 되어 있으나 誤記이다. 奎章本과 國中本과 『國語』의 原文에는 "衆"으로 되어 있다.

故曰 屯

震은 우레(雷)요, 전차(車)며,[559] 坎은 수고로움(勞)이며, 물(水)이며, 많은 무리(衆)입니다.[560] [屯卦에서 보면] 우레(雷)와 전차(戰車)를 주축으로 하고 ≪[屯卦의] 內卦가 主가 됨≫ [預卦에서 보면] 물(水)과 무리(衆)를 위로 높이고 있는데 ≪[豫卦의] 外卦가 上이 됨[561]≫ 전차(戰車)가 진동(震動)함은 武德에 속하고, 뭇 사람이 순종하는 것은 文德에 속합니다. [이처럼] 文과 武가 겸비(兼備)됨은 후덕함의 극치인 까닭에, [卦名을 '후덕하다', 혹은 '도탑다'는 뜻으로] "屯"이라고 한 것입니다.

卦德 物象 與今說卦 無異 說卦者 三易之所同用也

屯 → 豫

[이런 事例들이 『周易』의 방식과는 무관한 것은 분명하지만, 以上의 해석에서 드러나듯이] 卦德과 物象은 [현행의] 「說卦傳」과 다른 것이 없으니, 「說卦[傳]」은 [『連山』·『歸藏』·『周易』의] 세 가지 易에 의하여 공통적으로 사용된 것이다.[562]

---

559) 震이 우레(雷)가 된다는 것은 「說卦傳」에 나온다. 또 茶山은 '今補'에서, 震을 "舟'車'"라고 하면서, 『左傳』의 필만(畢萬)의 占과 이 사공계자(司空季子)의 말을 근거로 제시하고 있다(『四箋』 卷8, 36나). 한편 「說卦傳」에는 坤이 큰 수레(大輿)가 된다고 하였으며, 荀九家의 한 사람인 우번(虞翻)은 乾이 "大擧"가 된다고 하였다.

560) "坎"이 물(水)이 된다는 것은 「說卦傳」에 나오며, "坎"이 수고로움(勞)이 된다는 것에 대해서는 「說卦傳」에서, "勞乎坎, …… 坎者, 水也; …… 勞卦也"이라고 말하고 있다. 그리고 "坎"이 무리(衆)가 된다는 것은 茶山의 '今補'에 나온다(『四箋』 卷8, 39가). 「說卦傳」에서는 坤이 무리(衆)가 된다고 하였다. 『左傳』 '宣公 12年'의 "衆散爲弱, 川壅爲澤, 有律, 以如己也, 故曰, 律否臧"에 대한 杜預의 주석에서도 "坎爲衆"이라고 말한 바 있다(『春秋官占補註』 「知莊子之語」를 참조할 것).

561) '上'은 豫卦의 上卦를 가리킨다.

562) 茶山은 "後來諸家, 欲以此法, 混於周易, 不亦惑歟?"라고 언급함으로써, 夏商의 占法이 『周易』의 占法과 전혀 다르다고 주장하고 있다. 그렇지만 그 占法의 差異에도

〔**原文**〕其繇曰 元亨 利貞 勿用有攸往 利建侯 主震雷 長也 故曰 元 衆而順 嘉也 故曰 亨 內有震雷 故利貞 車上水下 必伯[563)]

屯 → 豫

그 [屯卦의] 卦辭(繇)에 이르기를, "元亨, 利貞. 勿用有攸往. 利建侯", 즉 "임금은 형통하며, 일을 주관함에 이롭다. 갈 곳을 두지 말 것이며, 제후를 세우는 것은 이롭다"라고 했거니와, [屯卦에서] 震의 우레(雷)를 주인(主人)으로 삼아, 우두머리(長)가 되는 까닭에 "元"이라고 한 것이며,[564)] 무리를 지어 귀순함은 좋은 일(嘉)인 까닭에, "亨"이라고 말한 것이다. [또] 內卦에 震의 우레(雷)가 있으니, "利貞", 즉 "일을 주관함에 이롭다"라고 한 것입니다.[565)] [그리고 豫卦에서 보면, 震의] 수레(車)가 위에 있고, 물(水)이 아래에 있으니, 반드시 [한 나라의] 제후(伯)가 될 것입니다.

屯之時 震下坎上 變而爲豫 則震車在上 坎水在下 《三五互》 車上水下也 主雷 尙[566)]水者 屯之象也 《主在內》 車上水下者 豫之象也

불구하고, 卦德과 物象에 있어서 說卦의 物象에 의거한다는 점은 동일하다는 것이다.

563) [校閱] "必伯"의 "伯"이 奎章本에는 "敗"로 되어 있는데, 誤記이다.

564) 茶山은 "元者, 始也, 大也, 君也"라고 함(『四箋』 卷1, 21가).

565) 『周易』에서도 "利貞"의 용례가 단일한 것은 아니지만('5. 利貞例' 참조. 『四箋』 卷1, 21나), 여기 설명은 『周易』이나 다산의 설명 방식과는 분명 다르다. 참고로 다산은 屯卦에서 "坎位中剛"이라는 측면에서 설명하고 있다(『四箋』 卷2, 1나).

566) [校閱] 新朝本과 國中本에는 "尙"으로 되어 있으나, 奎章本에는 "象"으로 되어 있다. 前者가 옳다.

䷂ ䷏

屯 → 豫

屯卦인 때에는 [車를 상징하는] 震이 下卦에 있고 [물을 상징하는] 坎이 上卦에 있는데, [屯卦로부터] 변하여서 豫卦가 되면, 震의 수레(車)가 위에 있고, 坎의 물(水)이 아래에 있으니 ≪[豫卦의] 3·4·5의 互卦[가 坎]≫ [이것을 가리켜] "車上水下", 즉 "수레(車)가 위에 있고, 물(水)이 아래에 있다"라고 한 것입니다. [앞서 "主雷與車, 尙水與衆"의 句節에서] "主雷"와 "尙水"는 屯卦의 象에 해당되는 반면에 ≪內卦를 위주로 설명한 것≫ [여기서] "車上水下"라고 한 것은 豫卦의 象이다.

○案 夏商占變之法 於此 可見一斑 然 比之周易 泊然無味也

○[案] 夏·商代의 占法에서 [爻를] 변화시키는 방식을 여기서 일부분(一斑)[567]이나마 볼 수가 있다. 그러나 『周易』에 비교하면 단조롭고 무미건조할 뿐이다.

〔原文〕小事 不濟 壅也 故曰 勿用有攸往 一夫之行也

[자질구레한] 작은 일을 도모하면, [도리어] 완수(濟)할 수 없고, 막히게 됩니다. 그런 까닭에 [이런 일을 두고] "勿用有攸往", 즉 "갈 곳을 두지 말라"고 한 것이니, [이는] 한 사람의 필부(一夫)의 [작은] 행위에 해당하는 말입니다.

卜史之臣 參用三易 筮之以夏商 占之以周易者 姑借其名義 以博其旨趣而已 故 貞卦悔卦 皆不過取其象詞 約略借說也 假

567) 일반(一斑): 여러 아롱진 무늬 중에 한 점을 뜻한다. 전의(轉義)하여 '일부분', '일단'의 뜻으로 됨.

如 屯卦 眞變爲豫 而此筮此法 本出周易 則屯之初九 屯之六四 屯之九五之詞 占之者 皆當論列 何季子之不言也 其非周易之法 審矣 屯之九五曰 小貞 吉 大貞 凶 今季子所言 反以爲小事不濟 大事必利 安在其屯九五之變也

屯 → 豫

[이상은] 占卜을 담당하는 신하(卜史)[인 사공계자(司空季子)]가 [『連山』·『歸藏』·『周易』의] 세 가지 易을 함께(參)[568] 적용하여 설명한 것인데,[569] 이렇게 설시(揲蓍)는 夏商의 방식으로 하고, 그것의 해석과 판단(占)은 『周易』으로 하는 것[570]은 그 개념(名義)만을 잠시 빌려와, 점괘의 뜻을 보다 넓게 살핀 것일 뿐이다. 따라서 貞卦이든 悔卦이든지간에 모두 단순히 [『周易』으로부터] 그 [豫卦의] 彖詞[571]만을 취하여, 대략적으로 요약(要約)하고, 그 說을 차용(借用)한 것에 불과하다. [어떤 사람들이 주장하는 것처럼] 만약에, 屯卦가 참으로 [그처럼] 변하여서 豫卦로 된 것이고, 이런 筮法이 본래 『周易』에서 나온 것이라면, 屯卦의 初九·六四·九五의 爻辭를 점치는 자가 모두 논하여 열거해야 함이 마땅하거늘, 어째서 季子는 [그렇게] 말하지 않은 것인가? 따라서 그것은 [즉, 屯卦가 豫卦로 변하는 것은] 『周易』의 방법이 아님을 잘 살펴야 한다. 屯卦의 九五에서 말하기를, "小貞吉, 大貞凶", 즉 "작은 일은 길하고, 큰 일은 흉하다"라고 했거니와, 지금 季子가 말한 바는 오히려 [그와는 반대로] "小事不濟", 즉 "작은 일을 도모하면, [도리어] 완수(濟)할 수

568) "參, 與也"(『四箋』 卷8, 25나). 이 '參'字는 「繫辭傳」에 "참오이변(參伍以變)"이라 할 때의, '參'字와 같은 뜻이다(『四箋』 卷8, 25나).

569) 예컨대 앞서 "內有震雷, 故利貞" 등의 경우는 『周易』의 방식이 아니다.

570) "筮之"와 "占之"를 구별하여 언급하고 있는 것이다.

571) 豫卦의 彖詞: "豫, 利建侯, 行師."(『四箋』 卷3, 57가)

없다"는 것이니, 큰 일(大事)에 반드시 이로운 것이다. 어찌 [季子의 이런 말이] 屯卦 九五[572]의 爻變에 따른 것이겠는가?

○一夫者 匹夫也 今 重耳反國 大事也 不以是文 爲拘

○"一夫"라고 한 것은 '匹夫', 즉 '보통사람'을 말함이다. 지금 重耳가 귀국함(反國)은 大事에 해당된다. 따라서 그 "勿用有攸往"이라는 글에 구애되지 않는 것이다.

〔**原文**〕衆順而有武威 故曰 利建侯 坤 母也 震 長男也 母老子彊 故曰 豫 其繇曰 利建侯 行師 居樂出威之謂也

屯 → 豫

[豫卦에서 보면] 중인(衆人)들이 [순종하여] 따르고, 武力의 위세(威勢)가 당당하니, 그러므로 말하기를, "利建侯", 즉 "제후를 세움에 이롭다"라고 한 것입니다. [豫卦의 下卦인] 坤은 어미(母)이고, [上卦인] 震은 長男에 해당되는데, [이것은] 어미는 [편안히] 늙어 가고, 그 자식은 강성한 것을 뜻하는 象인 까닭에, [안락하다는 뜻의] "豫"라고 한 것입니다. 豫卦의 주사(繇辭)에 [즉 卦辭에] 말하기를, "利建侯, 行師", 즉 "諸侯를 세움에 이롭고, 군대를 동원함에 이롭다"라고 하였으니, [그것은 안에] 거처(居處)함에 안락(安樂)하고, [밖에] 나서서는 그 위세(威勢)가 당당함을 가리키는 것입니다.

二卦 只論彖詞 其非周易之法 可知也

---

572) 屯卦 九五, "屯其膏, 小貞吉, 大貞凶."(『四箋』 卷2, 5가)

[屯卦와 豫卦의] 두 卦에 있어 단지 彖詞만을 언급하니, 이것이 『周易』의 방식이 아님을 알 수가 있다.

[19] 동인영공지서(董因迎公之筮) ≪晉語≫

동인(董因)이 公子 중이(重耳)를 맞이하며 친 점 ≪『國語』「晉語」에 나온다.≫

〔原文〕 十二月 秦伯 納公子 ≪納重耳≫ 董因 迎公於河 公問焉 曰 吾 其濟乎 對曰 臣筮之 得泰之八☷ 曰 是 謂天地配亨 小往大來 今及之矣 何不濟之有 公子 濟河 丁未 入於絳 卽位

12月에 秦나라 백작(伯爵)[인 목공(穆公)]이 公子를 晉나라로 귀환(納)시켰다. ≪중이(重耳)를 晉나라로 들여보냄≫ 이에 [晉나라 大夫인] 동인(董因)이 황하(黃河)에서 公子를 맞이하였는데, 公이 묻기를 "내가 이 물을 [무사히] 건너 갈 수 있겠는가?"[573]라고 하였다. [이에] 동인(董因)이 대답하기를, "臣이 [이번 일을] 점쳐 보았사온데, '泰之八'[☷]을 얻었습니다"라고 하고, [이어서] 말하기를 "이는 하늘과 땅이 짝이 되어 형통하니,[574] [이것이 이른바] '小往大來', 즉 '작은 것은 떠나가고, 큰 것은 안으로 들어옴'을 말하는 것입니다.[575] [그런데 占卦가] 지금[의 상황]에 해당될 것이니, 어찌 건너지 못할 것이 있겠습니까!"라고 하였다. [이에] 公子 중이(重耳)는 黃河를 건넜고, 丁未 날에 [晉나라의 수도인] 강

573) 여기서 "건너 갈 수 있겠는가?"라는 물음은 단순히 위험한 물길을 무사히 건너갈 수 있을까 물은 것이 아니며, 군주의 자리에 오르고자 하는 정치적 의도를 둘러서 이렇게 말한 것이겠다.

574) 茶山은 아래에서 "天地配亨"이 "夏商의 舊文"이라고 주장하고 있다. 그런데 "小往大來"는 泰卦 彖詞에도 나오는 말이기 때문에, "天地配亨"이 "夏商의 舊文"이라고 한다면, 夏商의 易과 『周易』에서 卦辭를 부분적으로 共有하고 있다는 假說도 성립할 것이다. 만일 그러한 假說이 성립한다면, 泰卦의 「彖傳」과 「大象」에 나오는 "天地交"는 여기 "天地配"와 상응되는 句文이라고 볼 수도 있겠다.

575) "小往大來"는 泰卦 彖詞에도 나오는 말이다.

(絳)[576]에 들어가, 즉위(卽位)하였다.[577]

韋昭曰 陰爻不動 其數皆八 小喩子圉 大喩文公

泰 → 坤

위소(韋昭)가 말하였다. "[泰卦에서] 陰爻가 변동하지 않으니, 그 數가 모두 [少陰의 숫자인] '8'이다. "小"는 [懷公, 즉] 자어(子圉[578])를 비유한 말이고, "大"는 [重耳, 즉] 文公을 비유한 말이다."

○程逈[579]曰 初二三 以九變八 而四五上 不變爲八 故曰 泰之八也[580]

泰 → 坤

○정형(程逈[581])이 말하였다. "[泰卦의] 初位·第2位·第3位의 爻는

576) 강(絳) : 산서성 翼城 동남쪽에 있는 地名.

577) 이상을 "天地配亨"은 夏商의 舊文으로, "小往大來"는 『周易』에 근거한 것으로 보는 다산의 견해를 반영하여 번역한다면, "이는 하늘과 땅이 조화롭게 짝하여 형통함을 이르는 것인데, '주역에서 말하듯이' '작은 것(小)은 떠나가고, 큰 것(大)은 안으로 들어오는 것'입니다" 정도가 될 것이다.

578) 자어(子圉) : 重耳의 동생인 惠公의 아들로, 懷公이다. 惠公(夷吾) → 懷公(子圉) → 文公(重耳)의 순이다.

579) [校閱] 『周易四箋』을 통틀어, "程逈"의 '逈'字가 위에 삐침(丿)이 없는 형태로 나오는데, 그것이 本字인 것으로 보인다. 字典을 참조할 것(李相殷 監修, 『漢韓大字典』, 민중서림, 1990, 1217면).

580) 沙隨의 동일한 글이 『易學緒言』「沙隨古占駁」에 그대로 나온다(『易學緒言』 卷3, 6나).

581) 정형(程逈) : 宋代 사람으로 호는 沙隨이며, 沙隨 先生으로도 불리었다. 朱子가 그를 칭송하여 "博聞至行, …… 開悟後學"이라 함(伍華 主編, 『周易大辭典』, 中山大學出版

[老陽인] '九'로서 [少陰인] 八로 변하고, 4·5·6位는 그대로 不變하여 '八'이 되니 '泰之八'이라고 한다."

○案 天地配亨者 必是夏商之舊文 ≪周易 無此詞≫ 小往大來 周易因之也 小往者 懷公出奔之象也 大來者 文公入國之象也

○[案] "天地配亨"이라는 것은 틀림없이 하(夏)·상(商)의 [連山·歸藏易의] 舊文이다. ≪[지금의]『周易』에는 이런 말이 없다.≫ [반면] "小往大來"라는 말은『周易』에서 비롯된 것이다.582) "小往"이라는 것은 [자어(子圉), 즉] 회공(懷公)이 도망가는 象이고, "大來"라는 것은 [중이(重耳), 즉] 文公이 入國하는 象인 것이다.

○又按 沙隨 以四五六不變 爲八 此則可矣 以初二三老陽 爲八 其可乎 八之云八 非懸空指名也[583] 再得天 爲六 ≪參天故≫ 一得地 爲二 ≪兩地故≫ 二與六 爲八 今 沙隨 欲以威力 壓九爲八 不亦武乎 況泰之三陽 又何必九 ≪未必非七也≫ 泰之八者 夏商之舊法 周易 無此影也

泰 → 坤

○[又按] 사수(沙隨) 정형(程逈)은 [泰卦의] 第4位·제5位·第6位의 爻가 변하지 않음으로써 "八"이 된다고 보았는데, 이것은 [일단] 옳은 말이라 하겠다.584) 그러나 '初位·第2位·第3位의 老陽이 [변하여] '8'로 된

社, 1993, 888면). 저서에『周易古占法』·『古周易章句外編』등이 있다(金勝東,『易思想辭典』, 부산대 출판부, 1998, 981면).

582) 泰卦 卦辭, "小往大來, 吉, 亨."(『四箋』 卷2, 30가)

583) [校閱] 奎章本에는 "也"가 있으나, 新朝本과 國中本에는 없다.

다'고 했는데, 이것이 [과연] 맞는 말인가?[585] '8'을 '8'이라 한 것은, [아무 뜻 없이] 공허하게(懸空)[586] 이름을 붙인 것이 아니다. 두 번은 天數 3을 얻어 6이 되고, ≪[숫자] 3은 天數를 상징하기 때문임[587]≫ 한 번은 地數 2를 얻어 2가 되어 ≪2는 地數를 상징하기 때문임≫ 이 '2'와 '6'이 합하여 "8"이 되는 것이다. [그런데] 지금 사수(沙隨)는 억지로 [위력(威力)으로] '9'를 [내리눌러] '8'로 만들고자 하니, 또한 무지막지한 짓(武)이 아니겠는가! 하물며 卦의 세 개의 陽이 또한 어찌 반드시 '9'가 되야 하겠는가? ≪반드시 '7'이 아닌 것은 아니다. [즉 "7"일 수도 있는 것이다.]≫ "泰之八"이라는 것은 하(夏)와 商의 시대의 구법(舊法)에 따른 것이며, 『周易』에는 이런 흔적조차 없는 것이다.

[20] 성공귀진지서(成公歸晉之筮)

成公[588]이 晉나라로 귀국할 때 친 점

≪周語 ○趙穿 殺靈公 逆 文公庶子 黑臀 於周而立之 是爲成公≫

≪[『國語』의] 「周語」에 나옴 ○조천(趙穿)[589]이 영공(靈公)[590]을 죽이고 반역을

584) 「사수고점박(沙隨古占駁)」(『易學緖言』 卷3, 6나)을 참조할 것.

585) 1・2・3이 陽에서 陰으로 변했다는 것은 1・2・3이 老陽, 즉 9를 얻은 것이 된다. 그렇지만 9가 8로 된 것은 아니다.

586) 현공(懸空): "가공적이다", "근거가 없다"는 의미로 『易學緖言』 「사수고점박(沙隨古占駁)」에도 "懸空白撰"이라는 말이 나온다(『易學緖言』 卷3, 5가).

587) 「說卦傳」에 "參天兩地, 而倚數(3은 天數, 2는 地數를 대표하도록 그 數를 설정한다)"라고 하였다(『四箋』 卷8, 28나).

588) 晉 成公은 晉 文公의 아들인 襄公의 동생이다. B.C.606~B.C.600년까지 在位하였다.

589) 조천(趙穿): 晉나라 대부(大夫)로서 晉 양공(襄公)의 사위이다(신지영・이정재 역, 『國語』, 홍익출판사, 1998, 207면).

590) 진(晉) 영공(靈公, 在位 B.C.620~B.C.607): 양공(襄公)의 아들인데, 포악하기로 유명했다. 百姓의 고혈(膏血)을 짜내 宮中의 담벽을 호화롭게 장식하는가 하면, 누대(樓臺)에 올라 사람을 던져 죽이기를 즐겼다. 또 곰 발바닥을 좀 덜 삶았다고 주방장을 죽여 시체를 난도질한 뒤 삼태기에 담아 宮女를 시켜 머리에 이고 朝廷을 걸어다니게 했다. 그의 포악함을 참다 못한 조천(趙穿)에 의해 살해되었다.

꾀함에, 文公의 서자(庶子)인 흑둔(黑臀)을 周나라에서 맞아들여 다시 군주로 세우니, 이 사람이 成公이 된다.[591]≫

〔**原文**〕 晉成公之歸也 晉筮之 遇 ䷀ 乾之否 ䷋ 曰 配而不終君 三出焉 且 其卦曰 必三取君於周

晉나라 成公이 [晉나라 제후가 되기 위해, 周나라에서] 歸國하려고 함에, [이 일에 대해] 晉나라 [조정]에서 시초점(筮)을 쳤는데, 乾이 否로 변하는 占卦를 얻었다. [그 卦를 해석하여] 이르기를 "[좋은] 배필(配匹)이기는 하지만, [잘] 끝맺지 못함이니, 군주가 세 번 [周나라에서] 배출된다"[592]라고 하였다. 또 그 卦를 풀이하여 이르기를, "반드시 세 번 周나라에서 임금을 맞아들일 것"이라고 하였다.

韋昭曰 三爻有三變 故君三出於周

위소(韋昭)가 이르기를, "[이는] 세 개의 爻가 세 번 변하였으므로, 君主가 세 번 周나라에서 나오는 것을 뜻한다"라고 하였다.

○案 乾之否 亦夏商之舊法也 否以泰交 ≪地天交≫ 泰之時 天地交配 否 乃不交配 而不終也

---

591) '宣公 2年'(B.C.607)의 사건을 기록한 것이다.

592) [기존의] 임금이 세 번 [나라 밖으로] 나가는 것이 아니라, 들어오면서 [새로] 임금이 되는 것이다.

乾 → 否 ← 交易 → 泰

○[案] 乾卦가 否卦로 변해 가는 경우(乾之否)의 점괘도 역시 夏·商代의 舊法에 따른 것이다. 否卦는 泰卦로부터 交易된 것인데 ≪[泰卦의] 地와 天이 交易≫ 泰卦일 때는 하늘과 땅이 [天氣는 위로 상승하고, 地氣는 아래로 하강함으로써] 서로 교섭하면서 짝하고 있었는데, 否卦에서는 서로 교섭하면서 짝하고 있지 않으니, [그런 교배(交配)를] 끝까지 하지 못하는 것이다.[593)]

---

593) "配而不終"에서 "配"를 다산은 "交配"라 풀이하고, "不終"을 '그 交配가 지속되지 못함'으로 풀이한 것이다.

周易四箋 戊辰本 卷之二十一

대상전(大象傳)

大象傳者 孔子于筮家彖象之外 別自玩象 以資君子之用者也 ≪大傳云 君子 居則觀其象 動則玩其占 易有二用≫ 此爲十翼之一 而不干卦爻之辭 本宜別行 自爲一經 ≪胡庭芳云 大象 皆夫子所自取 文王周公所未嘗有 故 與卦爻之詞[1] 絶不相關≫ 昔 田何授易 以二經十翼 爲十二編 至東萊費直 始合十翼 附之經文 ≪今乾卦 是也≫

其後 鄭玄又分彖象諸傳 附之經下 ≪坤已下 六十三卦≫ 而大象傳 小象傳 牽連爲一 ≪不以大象[2] 別出之≫ 後之儒者 遂以文言 爲

1) [校閱] 新朝本과 國中本에는 '詞'로 되어 있으나 奎章本에는 '辭'로 되어 있다.
2) [校閱] 奎章本에는 "大象"이 "大傳"이라 나오는데 誤植이다.

十翼之一 而大象傳 不能別自爲經矣 ≪文言諸章 本繫辭傳中 雜出者 不宜別自有名 見乾卦≫ 今之讀易者 排比六爻 認作一卦之全旨 已屬謬戾 而又以大象傳 爲一卦之標題 與彖詞爻詞 混成一體 則其蔽滋厚矣 玆別疏理 以還其舊 庶夫子用易之旨 因亦章顯也

「대상전(大象傳)」은 孔子가 筮家의 「彖傳」과 「象傳」(小象)이외에 별도로 易象을 음미하여 君子들이 [易을] 사용함에 도움이 되도록 만든 것이다. ≪「계사전(繫辭傳)」에 이르기를, "君子는 머물러 있을 때에는 그 象을 살피고, …… 행동할 때에는 그 占을 살핀다"고 하였으니, 易에는 두 가지 쓰임이 있는 것이다.[3]≫ 이 「大象傳」은 십익(十翼)[4]의 하나로서, 卦辭와 爻辭와는 관계가 없으며,[5] 본래는 마땅히 별도의 항목으로 그 자체 하나의 經[6]이 되어야 하는 것이다. ≪호정방(胡庭芳)[7]이 말하였다 "「大象傳」은 전적으로 孔子가 스스로

---

3) "君子居則觀其象而玩其辭, 動則觀其變而玩其占."(『繫辭』 上)

4) 「十翼」의 구성에 관한 기존의 통설에는 두 종류가 있다. 일반적으로는 「說卦」, 「序卦」, 「雜卦」, 「文言」 4편과, 「繫辭傳」, 「彖傳」, 「象傳」의 上下篇, 즉 6편을 합쳐서, 10편이 된다. 그런데 象傳을 上下가 아닌, 「大象傳」과 「小象傳」으로 나누기도 한다. 따라서 기존의 通說은 다음의 (A)유형과 (B)유형으로 나누어질 수 있다고 하겠다.

通說(A) : 1. 說卦傳, 2. 序卦傳, 3. 雜卦傳, 4. 文言傳, 5. 繫辭傳(上), 6. 繫辭傳(下), 7. 彖傳(上), 8. 彖傳(下), 9. 象傳(上), 10. 象傳(下).

通說(B) : 1. 說卦傳, 2. 序卦傳, 3. 雜卦傳, 4. 文言傳, 5. 繫辭傳(上), 6. 繫辭傳(下), 7. 彖傳(上), 8. 彖傳(下), 9. 大象傳, 10. 小象傳.

그러나 茶山은 十翼의 구성에 대해서 기존의 통설과는 다른 입장을 취하고 있어 주목된다. 즉 茶山은 기존의 通說에서 공통적으로 포함시키고 있는 「文言傳」을 10翼에서 제외시키는 대신에, 별도로 「大象傳」을 독립적인 한 편으로 성립시키고 있다. 그리고 通說(B)에서 「小象傳」으로 한 부분을 上下의 두 편으로 구분시켰다. 따라서 다산의 十翼說은 다음과 같다.

茶山의 十翼說 : 1. 說卦傳, 2. 序卦傳, 3. 雜卦傳, 4. 繫辭傳(上), 5. 繫辭傳(下), 6. 彖傳(上), 7. 彖傳(下), 8. 小象傳(上), 9. 小象傳(下), 10. 大象傳 1편.

5) 간(干) : 관여하다. 참여하다.

6) 여기의 經이란 것은, 孔子가 지은 글이라는 의미에서 그렇게 말한 듯함.

7) 호정방(胡庭芳, 1247~?) : 호일계(胡一桂), 字는 정방(庭芳), 雙湖先生으로도 불리어졌다. 宋元 교체기의 경학자. 經史에 널리 통하고 특히 『周易』에 밝았다. 『周易』을 논함에 주희(朱熹)의 학문을 正脈으로 삼았다. 『周易本義附錄纂疏』(15卷), 『易學啓蒙翼傳』(4卷), 『朱子詩傳附錄纂疏』, 『十七史纂』 등이 있다.

만든 것이고, 文王・周公에게는 일찍이 없던 것이다. 따라서 [「大象傳」은] 卦・爻辭와는 완전히 상관이 없다"≫ 옛날에 전하(田何)[8]가 易을 傳授할 때, 上下 二經과 十翼으로 12편을 삼았다. [그런데] 동래(東萊)[9] 비직(費直)[10]에 이르러, 비로소 十翼 중 해당하는 부분을 經文에 합쳐서 첨부하기 시작하였다. ≪현재 通行本의 乾卦가 이러하다.[11]≫ 그 이후에 鄭玄이 다시 [십익(十翼) 중 경문에 해당되는 부분을] 나누어, 「彖傳」과 「象傳」 등의 諸傳을 해당 經文 아래에 붙였다. [坤卦 以下의 63괘] 그렇게 해서, [원래는 별도로 있던] 「大象傳」과 「小象傳」이 연결되어 하나로 되었다 ≪「大象傳」을 따로 각각 뽑아 내어 해당 경문에 붙이지는 않았다.[12]≫ 後代의 儒學者들이 드

---

8) 전하(田何): 중국 前漢 때의 경학자, 今文易學의 창시자, 자는 子莊, 호를 杜田生이라고 하였다. 孫虞에게서 易學을 배웠으며, 왕동(王同), 정관(丁寬), 복생(伏生) 등에게 전수하였다. 『史記』「儒林列傳」에 "魯의 상구(商瞿)가 易을 孔子에게서 받은 後, 孔子가 죽자, 商瞿가 易을 전하였는데, 여섯 세대를 지나 齊나라 전하(田何)에 이르렀다"라고 하였고, 『漢書』「儒林傳」에는 田何가 易을 전한 계통에 대해서 상세히 기록하고 있는데, "易에 대한 언급은 반드시 田何에 기초해야 한다"라고 하였다.

9) 費直이 東萊(현재 山東省) 사람이기 때문에 이렇게 말한 것.

10) 비직(費直): 西漢의 古文易學인 費氏學의 창시자, 자는 長翁, 東萊 사람, 古文易을 배워 익혔고, 卦筮를 잘하여. 章句가 없이 오로지 彖・象・繫辭・文言으로써 上下經을 해설하였다. 師承이 없고, 章句가 없었기 때문에, 처음에는 官學에 세워지지 못하고, 민간에 流傳되었다. 그런데 成帝 때 劉向이 校書하면서, 秘府에 소장된 古文易과 비교하였을 때, 오직 費直의 易만이 그것과 일치하였다고 한다. 東漢의 진원(陳元)・정중(鄭衆)・마융(馬融)・정현(鄭玄)・순상(荀爽) 등이 함께 그 학문을 익혔으며, 三國時代 魏의 왕숙(王肅)・왕필(王弼)이 주석을 달면서 크게 유행하였다. 費氏의 古文易은 시수(施讎)・맹희(孟喜)・양구하(梁丘賀) 3家의 今文易을 대신하여 크게 흥하였는데, 줄곧 晋의 영가(永嘉)의 亂에까지 이르다가 마침내는 전해지지 않게 되었다. 今本의 『周易』도 그와 관계가 있다. 清의 馬國翰이 편찬한 『옥함산방집일서(玉函山房輯佚書)』에 『費氏易』(1권)・『費氏易林』(1권)・『周易分野』(1권)가 집록되어 있다.

11) 乾卦: 卦辭－爻辭－彖－大象－小象－文言; 費直, 鄭玄
坤卦: 卦辭－彖－大象－'1爻辭・小象' …… '用六爻辭・小象'－文言; 王弼, 孔穎達

12) 이상의 다산의 논의를 부연・정리하면, 費直에서부터 해당 경문(괘) 다음에 해당 十翼을 붙이는 방식이 시작되었고, 鄭玄은 이상의 방식을 모든 卦에 적용했으며(大・小象이 연결), 공영달은 이를 더욱 나누어 현행의 곤괘 이하에서 보이는 방식으로 편집하였다. 즉, 彖과 大象은 卦辭 다음에 배열하고, 大・小象을 분리시켜, 小象을 각각의 효사 다음에 배열하였다. 그리고 현행본의 乾卦의 편집 방식이 비직이나 정현의 방식대로 있는 것은 공영달(혹은 왕필)이 정현의 옛 방식을 보이고자 그대로 두었기 때문이다.

디어[13] 「文言」[14]을 十翼 중의 하나로 삼았던 까닭에, 「大象傳」은 따로 經이 될 수 없었다. ≪「文言」의 여러 章句들은 본래는 「繫辭傳」 중에 있던 것이 뒤섞여 나온 것으로서, 별도로 명칭을 붙이는 것은 옳지 않다. 乾卦를 참조할 것≫ 오늘날 『易經』을 읽는 자들이 六爻를 나란히 배열하여, 한 卦의 전체적 의미를 파악하려고 하는데, 이것은 이미 오류이다. 더욱이 「大象傳」을 한 卦의 표제(標題)로 삼고, 彖詞와 爻詞를 혼합하여 한 덩어리로 만드니, 그 폐단이 더욱 심해졌다. 이에 별도로 그 이치를 드러나게 해서, 그 옛 모습으로 돌아가고자 하니, 孔子가 易을 쓴 참 뜻이, 이로 인해 밝게 드러나기를 바랄 뿐이다.

[1] 중천 건(重天 乾)

天行健, 君子以自彊[15]不息.

하늘[☰]의 운행은 굳건하니, 君子는 이 卦象을 관찰함으로써, 스스로 굳건히 하여 쉬지 않는 것이다.

乾卦 : 卦辭－爻辭－彖－大象－小象－文言; 費直, 鄭玄

坤卦 : 卦辭－彖－大象－'1爻辭・小象' …… '用六爻辭・小象'－文言; 王弼, 孔穎達

13) 기존의 通說에 따르면, 「文言」을 제외시키면, 十翼에서 한 편이 모자라게 된다. 따라서 茶山은 후대의 학자들이 10편을 채우고자 엉뚱하게 「文言」을 십익에 포함시킨 것이 아닌가 추측하고 있다.

14) 後代의 儒學者들은 "文言"을 별도로 하나의 '傳'으로 삼았으므로, 「文言傳」이라고 하였으나, 茶山은 이것을 별도의 '傳'으로 간주하는 것이 아니므로, 「文言傳」이라는 표현보다는 「文言」이라는 표현이 더 적절하다.

15) [校閱] 奎章本과 新朝本과 國中本에 모두 "强"으로 되어 있다. 그러나 『周易』의 原文에 따라 "彊"으로 고친다.

乾之本 復也 復 臨 泰 大壯 夬 每得一震 以進一步 ≪義 見乾之象≫ 震其究爲健[16] ≪說卦文≫ 則是 天行之所以健 由其有六震也 震之爲卦 外柔內剛 ≪初一畫 爲內≫ 是 自强也 ≪自者 內主之≫ 積之至六 乃成純德 是 不息也 文王之純 亦不已 用是道也 ≪震德旣極自兌爲乾故 說卦序卦 每云 乾健[17]≫

乾卦의 근본은 復卦이다. 復으로부터 臨, 泰, 大壯, 夬로 나아갈 때 매번 하나의 震을 얻어서 한 걸음씩 나아가니 ≪뜻은 乾卦의 象詞에 보인다≫ 震의 추구(追究)함이 굳건함(健)이 된다. ≪「說卦傳」의 글에 나옴≫ 天道의 운행(運行)이 굳건한 이유는 여섯 개의 震으로 말미암은 것이다. 震卦의 성질은 외유내강(外柔內剛)하니 ≪첫 번째 일획(一畫)이 內가 됨≫ 이것이 "自强", 즉 "스스로 굳건히 함"이다. ≪"自"라고 한 것은 내부를 위주로 말한 것이다.≫ [여섯 震이] 쌓여서 여섯 陽에 이르게 되면 곧 [陽만의] 순수한 성질을 이루니, 이것이 "不息", 즉 "쉬지 않는 것"이다. 文王의 순수함도 역시 멈춤이 없으셨으니, 그것은 바로 이러한 [乾卦의] 道理를 쓴 것이다. ≪震의 德이 이미 極에 도달하여, 兌로부터 乾이 되었으므로, 「說卦傳」과 「序卦傳」에서 매번 "乾健"이라고 하였다.[18]≫

---

16) [校閱] 新朝本과 國中本에는 "震其究爲健"으로 되어 있으나 奎章本에는 "震爲行爲健"으로 되어 있다.

17) [校閱] 新朝本과 國中本에는 "震德旣極, 自兌爲乾故, 說卦, 序卦, 每云, 乾健"라고 되어 있으나 奎章本에는 "六健旣合, 其健彌甚, 故說卦, 序卦, 遂云, 乾健"으로 되어 있다.

18) 奎章本에는 "六健旣合, 其健彌甚, 故說卦, 序卦, 遂云, 乾健"으로 되어 있는데, 奎章本에 따라 해석하면, 다음과 같다. "여섯 번의 굳건함이 합쳐져서, 그 굳건함이 더욱 强化된 까닭에, 「說卦傳」과 「序卦傳」에서 '乾은 강건함이다."

○天 一日一周 固亦行健之象 然 易之爲道 專主十二辟 推移之法 不可但以天地水火 雷風山澤 相與相戾之象 解此大象之旨也

○天體가 하루에 한 번 일주(一周)하는 것도 역시 그 움직임이 굳건한 형상이다. 그런데 易의 道는 오로지 12辟卦의 推移法을 중심으로 성립된다. [따라서] 단지 天, 地, 水, 火, 雷, 風, 山, 澤이 서로 결합하거나 분리하는 象만 가지고, 이 「大象傳」의 뜻을 해석하는 것은 옳지 않다.19)

[2] 중지 곤(重地 坤)

地勢坤, 君子以厚德載物.

땅[☷]의 형세가 坤이니, 君子는 이 卦象을 관찰함으로써, 두터운 德으로 萬物을 포용한다.

坤之本 姤也 姤 遯 否 觀 剝 每得一巽 以進一級 《義如乾》 乃巽之爲德 我每居下 物每居上 《巽 以一陰 爲卦主》 伏於陽 而上載之 《雜卦傳云 巽 伏也》 其德爲順 《巽 順也 讓也》 則地勢之所以順

---

19) 64卦가 일단 上卦와 下卦의 결합에 의하여 성립된 것임은 부인할 수 없지만, 上卦와 下卦로만 卦를 관찰하는 방식에만 의존한다면, 단조롭고 획일적인 해석방법론에 머물게 된다는 것이다. 다산은 자신의 辟卦論에 입각한 推移論을 그 代案으로 제시한다. 推移論을 적용하게 되면, 괘의 성립을 上卦와 下卦의 결합에 의존하는 것이 아니라, 14辟卦로부터 50衍卦가 연역(演繹)되어 나오는 방식으로 이해하게 된다. 또 互体論은 上卦와 下卦뿐만 아니라, 卦의 중간에서도 象을 추출할 수 있어, 다양한 卦象의 해석을 가능케 해준다.

由其爲六巽也 積之至六 其順彌厚 此 厚德也 自初至六 終不敢乘陽 跨陽 此 其德宜於載物也 故曰 坤爲大輿 ≪說卦文≫

姤 → 遯 → 否 → 觀 → 剝 → 坤

坤卦의 근원은 姤卦이다. 姤, 遯, 否, 觀, 剝은 매번 하나의 巽卦를 얻어, 한 단계씩 [앞으로] 진행한다. ≪뜻은 乾卦에 있어서와 같음≫ 이에 巽의 德은 자신은 매번 아래에 처하는 반면에, 다른 사물은 그 위에 처하는 것이다. ≪巽은 그 한 개의 陰이 卦主가 된다.≫ [巽은] 陽의 아래에 엎드려, 위로 [陽을] 싣고 있으니 ≪「雜卦傳」에 巽을 "복(伏)"이라 함≫ 그 德이 유순함이 되는 것이다. ≪巽은 유순함이고, 사양함이 된다.≫ 이처럼 地勢의 유순함은 여섯 巽으로 말미암아 성립되는 것이다. 巽이 쌓여서 여섯 개의 巽이 축적된 상태에 이르게 되면, 그 順함이 더욱 두터우니, 이것을 [가리켜] "후덕(厚德)", 즉 "두터운 德"이라고 한 것이다. [姤, 遯, 否, 觀, 剝, 坤의 변화 단계를 통해] 처음[의 姤卦]에서 여섯 번째[의 坤卦]에 이를 때까지, 끝내 감히 陽을 올라타거나 타고 넘으려 하지 않으니, 이는 그 德이 만물을 싣기에 적당하기 때문이다. 그러므로 坤은 큰 수레(大輿)가 된다. ≪「說卦傳」의 글≫

○易例 凡陰在上 爲乘 陽在上 爲載

○易例에 따르면, 무릇 陰이 [陽의] 위에 있는 것을 "乘"이라고 하고, 陽이 [陰의] 위에 있는 것을 "載"라고 한다.

○大地全體 固亦載物 然 其奧義 在乎巽順也

○大地는 그 [땅 덩어리] 전체(全體)가 본래 만물을 싣고 있다. 그렇지

만, [坤卦의 德에 이처럼 "후덕재물(厚德載物)"할 수 있는] 그 깊은 뜻은 巽의 順함에 있다.

[3] 수뢰 준(水雷 屯)

䷂

雲雷屯, 君子以經綸. ≪鄭玄本 綸作論 形誤也≫

구름[☵]과 우레[☳]가 [합쳐져서] 준괘(屯卦)의 象을 형성한다. 君子는 이 卦象을 관찰함으로써 경륜(經綸)을 펼친다. ≪鄭玄本에는 '실 綸(륜)'字가 '말할 論(논)'字로 되어 있는데, 그것은 '形誤', 즉 字形[의 類似性] 때문에 생긴 착오이다.≫

經者 織之縱絲也 綸者 絲有倫理也 ≪釋名云≫ 故 作爲大經大法 條理粲然 可以維持[20]萬民者 亦謂之經綸也

'經(경)'이란 직물(織物)을 짤 때 세로로 들어가는 실을 말한다. '綸(륜)'은 실(絲)에 질서(倫理)가 있는 것이다. ≪『석명(釋名)』[21]에 나온다.≫ 그러므로 大經大法을 지음에 조리(條理)가 찬연하여, 萬民을 유지(維持)할 수 있는 것을 또한 "경륜(經綸)"이라고 한다.

---

20) [校閱] 新朝本과 國中本에는 "維持"로 되어 있으나 奎章本에는 "維推"로 되어 있다. "維持"가 되어야 뜻이 자연스럽게 통한다.

21) 『석명(釋名)』: 『釋名』(8권, 27편)은 後漢시대 기원후 100년경에 저작된 유희(劉熙)의 저서로서, 聲訓을 통해 의미를 해석하고, 어원을 탐구한 일종의 辭書이다. 분류는 『爾雅』의 例를 따랐다. 주석본으로는 淸, 필원(畢沅)의 『釋名疏證』, 왕선겸(王先謙)의 『釋名疏證補』, 성용경(成蓉鏡)의 『釋名補證』, 오익인(吳翊寅)의 『釋名疏證校議』 등이 있다. 현대에 와서는 中華書局에서 출판된 『釋名』(北京, 1985)을 참고할 수 있다(皮錫瑞, 이홍진 역, 『中國經學史』, 형설출판사, 1984, 82면 註 15번과 104면 註 12번).

○卦自觀來 ≪上之一≫ 巽之絲繩 ≪上本巽≫ 可織坤布 ≪下本坤≫ 移之爲屯 ≪上之一≫ 則坎機施絲 ≪坎爲幾≫ 法律森正 ≪坎爲律≫ 以正坤民 ≪下本坤≫ 經綸之象也 君子 當草昧之時 ≪太古時≫ 刱[22]智開物 ≪坎爲智≫ 以作震主 ≪下今震≫ 以濟屯難 ≪卦名屯≫ 豈非經綸之象

觀 → 屯

○준괘(屯卦)는 觀卦로부터 왔다. ≪[觀卦의] 上이 1로 감≫ [觀卦의 때에는] 巽卦의 실로 ≪[觀卦의] 上卦가 巽≫ 坤의 베를 짤 수 있었는데 ≪[觀卦의] 下卦가 坤≫ [觀卦로부터] 屯卦로 옮겨가면, 마치 坎의 [베를 짜는] 기계로 실을 잣듯이 ≪坎은 기(幾)가 된다.[23]≫ 법률을 엄정(嚴正)하게 올바로 집행함으로써, 坤의 백성에 대한 바른 정치를 펴니 ≪[觀卦의] 下卦가 坤≫ [이것이] 바로 경륜(經綸)의 象인 것이다. 君子가 원시적 시대를[24] 맞아 ≪[초매지시(草昧之時)란] 太古의 시대를 가리킴≫ 지혜를 창안(創案)하고, 만물을 開化시키며 ≪[屯卦의] 上卦인 坎은 智를 상징함≫ 震의 임금을 세워서 ≪[屯卦의] 下卦는 지금 震≫ 屯의 곤란함을 구제(救濟)하니 ≪卦名이 준(屯)≫ [이것이] 어찌 경륜(經綸)의 象이 아니겠는가![25]

---

22) 창(刱)은 '비롯할 創(창)'字와 同字.
23) 幾와 機는 서로 통용됨.
24) 초매지시(草昧之時) : 屯卦의 「彖傳」에 "天造草昧"라는 말이 나온다.
25) 물과 번개, 태초의 카오스의 세계를 상징. 이른바 草昧之時.

[4] 산수 몽(山水 蒙)

山下出泉, 蒙, 君子以果行育德.

山[☶] 아래에 샘물[☵]이 흘러나오는 것이 蒙卦의 象이다. 君子는 이 卦象을 관찰함으로써 과감(果敢)하게 행동하고 德을 育成한다.

果行者 決然敢行也 ≪禮 內則云 將爲善 思貽父母令名 必果≫ 卦自臨來 ≪一之上≫ 兌之壅滯 ≪左傳云 川壅爲澤≫ 決[26]而行之 ≪一之上≫ 止於極處 ≪止於上≫ 而坎道流通 ≪坎爲通≫ 震行必達 ≪臨 大震≫ 此果行也 坎德內固 ≪坎 直心爲德≫ 艮以亭毓 ≪畜 止也≫ 是 育德也 ≪又 坤爲致養≫ 蒙者 向學之卦也 故其象如此

臨 → 蒙

"果行"이라는 것은 決然한 각오로 實行하는 것이다. ≪『禮記』「內則」편[27]에 이르기를, "[부모가 비록 돌아가셨다고 해도] 장차 착한 일을 하려고 할 때에는 부모에게 명예(令名)[28]가 돌아갈 것을 생각하여, 반드시 실행해야 한다"라고 하였다.[29]≫ 蒙卦는 臨卦에서 나왔는데, [臨卦의 下卦인] 兌[의 못]에 막혀서

---

26) [校閱] 奎章本에는 "決"로 되어 있으나 新朝本과 國中本에서는 좌변이 "氵"이 아니라, "冫"으로 되어 있다.

27) 『禮記』「內則」편은 가정(家庭)의 예의범절을 그 내용으로 다루고 있다.

28) 令名 : 좋은 이름, 좋은 평판.

29) 茶山의 引用文은 前後를 생략한 문장으로서, 『禮記』「內則」의 原文은 다음과 같다. "父母雖沒, 將爲善, 思貽父母令名, 必果, 將爲不善, 思貽父母羞辱, 必不果(부모가 비

흐르지 못하고 있던 물이 ≪『左傳』에 이르기를, "河川이 막히면, 못이 된다"고 함[30]≫ [제방(堤防)이] 터지면, 흘러가서 ≪[臨卦의] 1이 上으로 감≫ 그 막다른 곳에 가서야 멈추니 ≪[蒙卦의] 上位에 [가야 비로소] 멈춤≫ 坎의 道는 흘러 통하기 마련이고 ≪坎은 통함의 뜻≫ 震의 行進은 반드시 [목적지에까지] 도달(到達)하는 법이니 ≪臨卦는 大震[이니 行進함의 뜻이 됨]≫ 이것이 "果行"의 뜻이다. [蒙卦의 德을 보면] 坎의 德이 안으로 견실(堅實)하고 ≪坎은 바른 마음을 덕으로 삼는다≫ 艮으로써 기르니 ≪畜은 머무르는 것이다.[31]≫ 이것이 "育德", 즉 "德을 육성(育成)한다"는 의미이다.[32] ≪또한 [蒙卦의 內互卦인] 坤도 致養하는 뜻이 된다.≫ 蒙卦는 배움을 추구하는 卦에 해당하므로, 그 象이 이와 같다.

○ 果行者 不得不行也 艮山之下 坎泉旣出 其勢 不得不行 ≪如 泉之必達≫

○"과행(果行)"이라는 것은 [무엇을] 하지 않으려고 해도 않을 수 없는

록 돌아가셨더라도 장차 좋은 일을 하려고 할 때에는 부모에게 좋은 평판이 남겨질 것을 생각하여 반드시 실행하며, 장차 좋지 못한 일을 하려고 할 때에는 부모에게 욕되는 일이 남겨질 것을 생각하여 반드시 하지 말아야 한다)."(李相玉 譯, 『禮記』 中, 자유문고, 2000, 136면)

30) 川壅爲澤 : 『左傳』 上 '宣公 12年', "知莊子之語"에 나오는 구절인데 原文은 다음과 같다. "知莊子曰, 此師殆哉, 周易有之, 在師之臨曰, 師出以律, 否臧, 凶, 執事順成爲臧, 逆爲否. 衆散爲弱, 川壅爲澤. 有律以如己也, 故曰律(知莊子가 말하였다. [지금 진격하는] 이 군대는 위태롭도다! 『周易』에 보면, '師卦가 臨卦로 변하는 경우'에 "師出以律, 否臧, 凶", 즉 "군대의 출병은 軍律에 따라야 함이니, 그 법도에 순종치(臧) 아니하면 凶하다"라는 말이 있거니와, 일을 집행함에 있어 순종하여 이루는 것이 '장(臧)'의 뜻이 되고, [그 법도에] 거스름이 '否'의 뜻이 된다. [그 卦象을 보면] 대중(衆)이 흩어져 약해지고, 내(川)가 [흐르지 못하고] 막혀서, 못(澤)이 되는 象이니, 法律을 두어서, [大衆이] 自己를 따르게 하는 것이다. 그러므로 [師卦 初六의 爻詞에서] "律否臧", 즉 "[大衆의] 순종치 않음을 다스린다"라고 말한 것이다)."(남기현 역, 『春秋左傳』, 자유문고, 2003, 612면)

31) 『四箋』에는 "畜, 養也"라 했다(『四箋』 卷7, 33가).

32) 蠱卦의 「大象傳」의 주석에서 "王畿云, 風言振, 山言育 ≪蒙之云 育德 亦以上艮≫"이라고 한 것을 참조할 것(『四箋』 卷7, 36가).

것이다. 艮의 山 아래 坎의 샘물이 이미 흘러나오니, 그 형세(形勢)가 움직이지 않으려고 해도 않을 수 없는 것이다. ≪예컨대 샘물이 흘러나오지 않을 수 없는 것과 같다.≫

[5] 수천 수(水天 需)

雲上於天, 需, 君子以飮食宴樂.

구름[☵]이 하늘[☰] 위에 있는 것이 需卦의 象이다. 君子는 이 卦象을 관찰함으로써, 음식(飮食)을 먹으면서 연회(宴會)를 즐긴다.

坎宮之內 乾以爲賓 ≪上六[33]云 客三人來≫ 坎酒兌食 ≪二四兌≫ 离禮以嘉會 ≪三五离≫ 飮食之卦也 兌則爲悅 ≪說卦文≫ 离則爲喜 ≪反於坎≫ 是 宴樂也 坎險已過 ≪坎在外≫ 乾當內實故 其象如此

坎의 집안으로 乾이 손님으로 [초대받아] 오니 ≪[需卦의] 上六에 이르기를, "客三人來", 즉 "손님이 세 사람 온다"고 하였다.[34]≫ 坎의 술과 兌의 음식이 [차려져] 있고 ≪[需卦의] 2·3·4의 下互가 兌≫ 그리고 离의 禮로써 즐겁게 만나니 ≪3·4·5의 上互가 离≫ 飮食의 卦이다. 兌는 곧 기쁨이요 ≪「說卦傳」의 글≫ 离는 곧 즐거움이 되니 ≪坎의 反對[35]≫ 이것이 "연락(宴樂)", 즉 "잔치를 벌여 즐거워하는 것"이다. 坎卦의 험난함도 이미 지나갔고 ≪坎은 外卦에 있음≫ 乾은 내실(內實)[을 충실하게 한 것]에 해당하는

33) [校閱] 新朝本과 奎章本과 國中本에 모두 "上九"라고 되어 있으나 이는 "上六"의 誤記이다.

34) 下卦인 乾의 剛 三畫이 "客三人"에 해당된다.

35) 坎은 憂인데, 坎과 离는 반대이다. 따라서 离는 喜가 된다.

까닭에, 그 象이 이와 같다.

[6] 천수 송(天水 訟)

䷅

天與水違行, 訟, 君子以作[36]事謀始.

하늘[☰]과 물[☵]이 [서로 반대 방향으로] 어긋나게 진행하는 것이 訟卦의 象이니, 君子는 이 卦象을 관찰함으로써 일을 실행함에 그 시초(始初)를 도모(圖謀)한다.

天者 一氣也 氣升水降 不相交濟 ≪如未濟≫ 是 違行也 坎之勞幹 ≪見說卦≫ 乾以行之 是 作事也 乾行之前 先有坎智 ≪內卦 先於外≫ 是 謀始也 訟者 對敵之卦也 故 貴在謀始

"天"이라고 함은 [분화되지 않은] "일기(一氣)"를 가리킨다. 氣는 위로 올라가고, 물(水)은 아래로 내려오는 것[이 그 本性]이니, 兩者가 상호작용을 하지 않으므로 ≪未濟卦의 경우와 같음[37]≫ 이것을 [가리켜] "違行", 즉 "어긋나게 진행한다"라고 말한 것이다. 坎의 노력(勞力)으로 [일을] 주간(主幹)하고 ≪「說卦傳」에 나옴[38]≫ 乾으로써 실행(實行)하니, 이것을 [가리켜] "作事", 즉 "일을 실행함"이라고 한 것이다. 乾의 實行 以前에, 坎의 인식(智)이 先行的으로 있었으니 ≪內卦가 外卦보다 먼저 있음≫ [이것이] "謀

36) [校閱] 新朝本에는 "作事謀始"의 '作'字가 착오로 빠져 있다.

37) 火水 未濟卦도 火는 상승하는 데 반해, 水는 하강하므로, 上下간에 아무런 교섭이 없는 경우이다.

38) 『四箋』 卷8, 30가~나 참조.

始(시초를 圖謀한다)"의 뜻이다.[39] 訟卦는 敵을 대적(對敵)하는 卦이다. 그러므로 일을 도모(圖謀)함에 있어서는 시초(始初)를 다스리는 것을 귀중(貴重)하게 여긴다.[40]

○學稼云 需則先行而後謀 ≪坎在外≫ 已無及矣

○학가(學稼)가 말하였다. "需卦의 경우는 [訟卦와는 반대로] 먼저 實行하고, 나중에 도모(圖謀)하는 것이니, ≪坎이 外卦에 있음≫ 이미 미칠 수가 없는 것이다.[41]"

○陳氏捷解云 天上浮 水下流 是 違行也 ≪九家易 以天左旋 水東流 爲違行 其義 非也≫

○진제태(陳際泰)[42]의 『주역익간첩해(周易翼簡捷解)』[43]에서 말하였다. "하늘은 위에 떠 있고, 물은 아래로 흘러가니, 이것을 가리켜 '위행(違行)'이라고 한다."[44] ≪荀九家의 易에서는, "天體는 왼쪽으로 회전하고, 물은 동쪽으로 흐르므로, 서로 어긋나게 진행하는 것이 된다"라고 하였는데, 그 뜻이 옳지 않다.[45]≫

---

39) 謨始 : 기선을 제압하는 것.

40) (다른 가능한 해석) 귀중하게 여기는 것은 "謀始", 즉 "시초를 圖謀함"에 있다.

41) 도모(圖謀)하더라도 일의 實行에는 아무런 영향도 미칠 수가 없다는 뜻이다.

42) 진제태(陳際泰, 1567~1641) : 明代의 經學家, 『詩經』을 주경야독한 것으로 유명하다. 이른바 '江右[江西]四大家' 중 한 사람이다. '江右[江西]四大家'란 장세순(章世純) · 나만조(羅萬藻) · 진제태(陳際泰) · 애남영(艾南英)의 4인을 가리키는데, 이들은 팔고문(八股文) 형식이 지배하는 文壇을 주도하였다. 저술로 『易經說易』 · 『周易翼簡捷解』 · 『四書讀』 · 『五經讀』 등이 있다(최석기, 『中國經學家事典』, 경인문화사, 2002, 229면).

43) 『주역익간첩해(周易翼簡捷解)』 : 중국 明나라 때 진제태(陳際泰)의 저술로서 16권으로 되어 있다. 권말에 「圖說」 24조, 「拾遺」 9조가 있고, 「群經輔易說」 1권이 붙어 있다. 『經義考』에 기록이 나타나며, 『四庫全書總目提要』에 목록이 있다(金勝東, 『易思想辭典』, 부산대 출판부, 1998, 1052면).

44) 茶山이 위행(違行)의 뜻을 설명하면서 陳氏捷解의 說을 인용한 것은 毛奇齡의 『仲氏易』으로부터 채록(採錄)한 것으로 보인다. 毛奇齡은 陳際泰의 『周易翼簡捷解』의 說을 인용하여, "天上浮 水下流 (見陳氏捷解) 此違行又一義"라고 말하고 있다. 모기령은 위행(違行)의 뜻을 陳氏捷解의 說과 荀九家의 說로부터 취하고 있으나, 다산은 陳氏捷解의 說은 취하는 반면에, 荀爽의 설은 부정하고 있다.

[7] 지수 사(地水 師)

䷆

地中有水, 師, 君子以容民畜衆.

땅[☷] 속에 물[☵]이 있는 것이 師卦의 象이다. 君子는 이 卦象을 관찰함으로써, 백성을 포용하고, 大衆을 기른다.

坎之宮室 坤民歸焉 ≪坎爲萬物之所歸≫ 是 容民也 又 坎爲衆 ≪白虎通 國語≫ 坤以養之 ≪說卦文≫ 是 畜衆也 ≪畜 養也≫ 古者 寓兵於農 坤田之內 ≪外卦坤≫ 坎爲室屋 ≪卽 比閭之制≫ 此 師卦 所以容民畜衆也

坎의 궁실(宮室)로 坤의 백성이 귀속되니 ≪坎은 萬物이 돌아가는 곳이 됨≫ 이것이 "容民", 즉 "백성을 포용하는 것"이다. 또 坎은 중인(衆人)을 상징하는데 ≪『白虎通』[46]과 『國語』[47]에 나옴≫ 坤이 그것을 기르니, 이것이 "휵

---

45) 여기서, 九家易이라고 한 것은 荀九家를 가리키는데, 荀九家 중에서도 순상(荀爽)의 견해이다. 引用文은 다산이 축약 및 변형시킨 문장으로서, 荀爽의 原文은 다음과 같다. "荀爽曰, 天自西轉, 水自東流 上下違行, 成訟之象也"(李道平, 『周易集解纂疏』 卷1, 文史哲出版社, 中華民國 60年, 181면) 순상의 原文에는 "天自西轉"으로 되어 있는 것이 다산의 인용문에서는 "以天左旋"으로 되어 있다. 다산이 原文과 다르게 인용한 것은 아마도 毛奇齡이 『仲氏易』에서 "天左旋, 水東注 ≪見九家諸易≫ 此 違行一義"라고 한 것을 거의 그대로 전재(轉載)한 데서 비롯된 것으로 판단된다(毛奇齡, 『仲氏易』(『中國古代易學叢書』 第36卷), 中國書店出版社, 1992, 227면).

46) 『白虎通』: 중국 後漢(東漢) 때 학자인 반고(班固)가 撰集한 책으로서, 『白虎通義』라고도 한다. 총4권으로 되어 있는데. 隨書 『經籍志』나, 唐書 『藝文志』에는 모두 6권이라고 되어 있다. 後漢의 章帝가 79년에 北宮의 白虎觀이라는 데서 여러 학자들을 모아 놓고, 五經의 今文과 古文의 異同에 관하여 강론케 하여 『白虎通德論』을 만들게 하고, 班固로 하여금 그것을 찬집케 한 것이다. 이 白虎觀會議에서는 대부분 今文 경학자들이 참가하여, 금문경학의 문제를 토론하였다. 이때, 토론한 주제는 국가제도의 문제로부터 神學的 目的論에 이르기까지 정치・사회・철학 등 광범위한 영역에 걸쳤

중(畜衆)",[48] 즉 중인(衆人)을 기르는 것이다. ≪'휵(畜)'은 '기른다'의 뜻이 된다.[49]≫ 옛날에는 農民에게 병역(兵役)의 의무를 지웠거니와, [여기서] 坤의 밭 안에 ≪[師卦의] 外卦가 坤≫ 坎의 [주거하는] 집이 있는 모습이니 ≪즉, 비려제(比閭制)[50]에 해당됨≫ 이것이 師卦가 "容民畜衆", 즉 "백성을 포용하고, 중인(衆人)을 기르는 것"을 상징하게 되는 까닭이다.

○ 洞穴之內 源泉洋溢 地中有水 亦實理也 ≪地與水 相容相養≫

○[일반적으로] 동굴의 內部를 보면, 샘물이 넘쳐흐르니, [師卦의 「大象傳」에서] "地中有水"라고 한 것도 역시 실제로 있는 이치이다. ≪땅과 물은 서로 포용하고, 서로 길러준다.≫

[8] 수지 비(水地 比)

地上有水, 比, 先王以建萬國, 親諸侯.

땅[☷] 위에 물[☵]이 있는 것이 比卦의 象이다. 先王은 이 卦象을 관찰함으로써, 여러 나라를 세워, 제후들을 친한 관계를 유지하였다.

으며, 후대 유학의 발전에 상당한 영향을 미쳤다.

47) 『國語』「重耳反國之筮」(晉語, 僖公 24年)에 "坎, 勞也, 水也, 衆也"라고 함. 「春秋官占補註」의 「重耳反國之筮」를 참조할 것.

48) '畜'字는 '기른다'의 뜻일 때는 '휵'으로 읽는다.

49) "畜, 止也"라고도 하였다(『四箋』 卷2, 23가).

50) 비려(比閭)는 『周禮』에 나오는 용어인데, 『周禮』「地官」'司徒'에 따르면, "다섯 집(五家)으로 비(比)를 만들어 서로 보호하게 하고, 다섯 比(五比)로 閭(五閭)를 만들어 서로 의탁하게 한다고 함(令五家爲比, 使之相保, 五比爲閭, 使之相受)."(池載熙, 李俊寧 解譯, 『周禮』, 자유문고, 2002, 130면) 요컨대, '비려(比閭)'는 '마을', '동네'의 단위이다.

卦自復剝來 ≪法見表≫ 震 長子 天王也 ≪長子在內 承天位≫ 艮 小男 諸侯也 ≪小子 分封在外 爲諸侯≫ 艮剛之降 ≪上之五≫ 遂正君位 ≪五爲君≫ 以主坤國 ≪下有坤≫ 建萬國也 震剛之升 ≪一之五≫ 巡于方岳 ≪出外至艮山≫ 兩君相會 ≪復剝兩剛 合于五≫ 親諸侯也 密比無間者 莫如地水 故其象如此

剝 → 比 ← 復

比卦는 復卦와 剝卦에서 왔다. ≪그 방법은 [『周易四箋』의] 「括例表」를 참조할 것≫ [復卦의 內卦인] 震은 장자(長子)이며, 천왕(天王)이 된다. ≪長子가 내부에 있으면서, 天位[51]를 계승한 것≫ [한편 剝卦의 外卦인] 艮은 작은 아들(小男)이며, 제후가 된다. ≪작은 아들이 외부에 分封되어 諸侯가 됨≫ [剝卦의 外卦인] 艮의 陽剛이 내려와 ≪[剝卦의] 上이 5로 감≫ 군주(君主)의 지위를 바로 잡고, 坤國을 주재(主宰)하니 ≪[剝卦의] 下卦에 坤이 있음≫ [이것을 가리켜] "建萬國", 즉 "여러 나라를 세우는 것"이라고 한다. [復卦의 內卦인] 震의 剛이 올라가 ≪[復卦의] 1이 5로 감≫ 변방(邊方)의 산들(方岳)[52]을 둘러보고 ≪밖으로 나아가 艮山[53]에 이름≫ 두 임금이 서로 회합(會合)을 가지니 ≪復卦와 剝卦의 두 剛이 [王位인] 제5位에서 만남≫ [이것을 가리켜] "親諸侯", "제후들과 친한 관계를 유지한다"라고 한 것이다. 친밀(親密)하여 [그 사이에 빈] 틈이 없는 것으로는 물과 흙[의 관계] 같은 것이 없다. 그러므로 그 象이 이와 같다.

○中孚九二[54] 亦艮男有分封之象

51) 天位란 곧 王位를 뜻한다.
52) 方岳이란 國境을 가리킨다.
53) 艮山은 比의 外互卦를 가리킨다.

○中孚卦의 九二爻[의 卦詞][55]에도 역시 艮男이 分封을 받는 상징이 있다.

○周禮 形方氏 使小國事大國 大國比小國 鄭注云 比 猶親也 易比象曰 先王以 建萬國 親諸侯

○『周禮』「夏官」의「形方氏」[56]에 "小國은 大國을 섬기게 하고, 大國은 小國을 친애(比)하도록 한다"라는 말이 있다.[57] 鄭玄은 [이 구절의] 註釋에서 [다음과 같이] 말하였다.[58] "比는 親함의 뜻과 같으니, 『易經』의 比卦의「象傳」에 이르기를, '先王以, 建萬國, 親諸侯'라고 하였다."

---

54) [校閱] 新朝本과 國中本에는 "中孚九二"로 되어 있으나 奎章本에는 "中孚九五"로 되어 있다. 前者가 옳다.

55) 中孚 九二의 爻詞에 艮男이 分封을 받는 상징이 있다고 한 것은 "我有好爵"을 가리킨 것이다. 艮男의 分封之象에 관한 다산의 中孚 九二에서의 설명은 다음과 같다. "天王之家 其長子主器, 不以封侯 唯小子 列爵 分土 此 所以艮少男之受爵也(天王의 집안에서는 그 長子가 祭器를 主管함이니, 封侯로써 하지 않고, 오직 小子라야만 爵位의 等級을 나누고, 土地를 분배(分配)할 수 있으니, 이것이 艮의 少男이 爵位를 받는 까닭이 되는 것이다)."(『四箋』 卷7, 3나)

56) 『周禮』에 따르면, 形方氏는 큰 나라와 작은 나라의 지역을 통제하는 일을 관장하여, 국가의 국경을 바르게 해서, 중화지역에 부정한 일이나 사특한 일들이 없게 하는 직책이라고 함(池載熙, 李俊寧 譯, 『周禮』, 자유문고, 2002, 395면). 오늘날 외무부장관에 해당된다고 할 수 있다.

57) "使小國, 事大國, 大國, 比小國", 『周禮』「夏官」'形方氏'에 나오는 말이다(池載熙, 李俊寧 譯, 『周禮』, 자유문고, 2002, 395면).

58) 여기서 鄭注라고 한 것은 李鼎祚의 『周易集解』(北京市中國書店, 1990)에 나오는 鄭玄의 注를 가리키는 것이 아니라, 『周禮』「夏官」의「形方氏」에 나오는 鄭玄의 注를 가리키는 것이다. 『周禮』「大司馬」에 "比小事大, 以和邦國也"라는 句가 나오는데, 거기에서도 같은 注가 반복되고 있다.

[9] 풍천 소축(風天 小畜)

風行天上, 小畜, 君子以懿文德.

바람[☴]이 하늘[☰] 위에서 부는 것이 小畜卦의 象이다. 君子는 이 卦象을 관찰함으로써, [찬란하게 빛나는] 文德을 순수(純粹)하고 아름답게 한다.

懿者 專壹[59]而純美也 ≪字從壹≫ 卦自姤夬來 ≪法見表≫ 本有乾德 ≪皆有乾≫ 移之小畜 离文煥然 ≪通卦爲大离≫ 是 文德也 卦凡三變 終不失乾 ≪下今乾≫ 其德純壹 ≪乾爲純≫ 美之至也 ≪易例 陽爲美≫ 故曰 懿文德

夬 → 小畜 ← 姤

'의(懿)'는 한결같음(專一)이며, 순수한 아름다움(純美)이다. ≪'懿(의)'字는 '壹(일)'字에서 나온 것임≫ 小畜卦는 姤卦와 夬卦에서 왔다. ≪推移法에 관해서는 「괄례표(括例表)」를 참조할 것[60]≫ 본래 乾의 德이 있었는데 ≪[姤卦와 夬卦의] 모두에 乾이 있음≫ [夬卦와 姤卦로부터] 小畜卦로 推移하게 되면, 离의 文이 찬연(燦然)하게 빛나니 ≪[小畜]괘의 형태를 통틀어 보면 大离의 형태가 됨≫ [이것을 일러] "文德"이라고 한다. 卦가 모두 세 번 변하는 과정을 거치면서[61] 끝까지 乾을 상실하지 않으며 ≪[小畜卦의] 下卦가 지금

---

59) [校閱] 國中本에는 "專一"로 되어 있으나, 奎章本과 新朝本에는 "專壹"로 되어 있다. "壹恣"의 字形으로부터 그 의미를 설명하는 것이므로 後者가 더 적합하다.

60) 『四箋』 卷1, 2가~나 참조.

乾≫ 그 德이 순수하고 한결같으니 ≪乾은 순수함이 됨≫ 아름다움(美)이 지극한 것이다. ≪易例에 陽은 아름다움[美]이 된다.≫ 그러므로 [이것을 가리켜] "의문덕(懿文德)", 즉 "文德을 순수(純粹)하고 아름답게 한다"라고 한 것이다.

[10] 천택 리(天澤 履)

上天下澤, 履, 君子以辯上下, 定民志.

위로는 하늘[☰]이 있고, 아래로는 못[☱]이 있는 것이 履卦의 象이다. 君子는 이 卦象을 관찰함으로써, 上下를 분별하고, 민심(民心)을 안정(安定)시킨다.

卦自夬來 ≪上之三≫ 兌之一陰 據乎乾天之上 ≪澤天夬≫ 以乘五陽 上下之無辨 極矣 於是 直屈其全卦 ≪兌之全≫ 降之乾天之下 ≪澤天爲天澤≫ 則离禮燦然 ≪二四离≫ 巽讓乃興 ≪三五互[62]≫ 而上下之間 ≪三爲上下界≫ 离以別之 ≪离 別也≫ 辨上下也 夬之時 五陽相連 乾[63]君太多 ≪正體與互體≫ 民亦不服 ≪兌一陰 爲民≫ 移之爲履 則

---

61) 卦凡三變은 ① 夬卦→小畜卦, ② 姤卦→小畜卦, ③ 小畜→乾卦의 세 번의 변화 과정을 가리킨다고 볼 수는 없다. 왜냐하면 여기서 ①과 ②의 경우는 언급되어 있으나 ③의 경우는 직접적으로 언급되고 있지 않기 때문이다. 따라서 卦凡三變은 ① 姤卦, ② 夬卦, ③ 小畜卦의 세 卦의 경우 모두를 가리키는 것으로 보는 것이 타당한 것으로 보인다.

62) [校閱] 新朝本과 國中本에는 "巽"으로 되어 있으나, 奎章本에는 "互"로 되어 있다.

63) [校閱] 新朝本에는 "乾君"이 "能君"으로 되어 있으나 誤字이므로 바로잡는다.

乾君巍然 《只一乾在上》 陰乃下伏 《上之三》 离志大明 《今大离》 仰順王命 《互巽命》 定民志也

䷪ ䷉

夬 → 履

[履]卦는 夬卦로부터 온 것이다. 《[夬卦의] 上이 3으로 감》 [夬卦의 上卦에 있는] 兌의 陰 하나가 乾의 하늘 위를 점거(占據)하여 《澤天 夬卦》 다섯 陽을 타고 있으니, 上下[관계]를 分別하지 못함이 극도(極度)에 달해 있다. 이에 바로 그 전체 卦를 억눌러 《兌卦의 전부[를 억누름]》 乾天의 아래로 내려보내니, 离의 禮가 찬란하게 빛난다. 《2·3·4의 內互卦가 离》 巽의 양보하는 마음을 이에 일으켜서 《3·4·5의 上互卦가 巽》 上下 사이를 《제3位는 上下의 경계가 됨》 离로써 구별하니 《离는 구별함이 됨》 上下가 분별되는 것이다. 夬卦의 때에는 五陽이 서로 이어져 있어, 乾君이 너무 많으므로 《[夬卦를] 正體와 互體[로써 관찰하면, 下卦와 下互卦, 그리고 上互卦가 모두 乾]》 백성들이 복종치 않는다. 《[夬卦의 上卦인] 兌의 一陰이 民》 [그런데 夬卦로부터 推移하여] 履卦로 되면, 乾의 임금(君)은 높이 [위엄 있는 모습으로] 있고 《단지 하나의 乾만이 위에 있음》 陰이 이에 아래로 엎드리니 《上이 3으로 감》 离의 뜻이 크게 밝혀져 《지금 履卦는 大离의 형태》 王命에 복종함이니 《[履卦의 3·4·5位의] 互巽이 命을 상징함》 [이것을 가리켜] "定民志", 즉 "백성의 마음을 안정시킨다"라고 한 것이다.

[11] 지천 태(地天 泰)

䷊

天地交, 泰, 后以財成天地之道, 輔相天地之宜, 以左右民. ≪九家易 財作裁 義同≫

하늘[☰]과 땅[☷]이 교섭하는 것이 泰卦의 象이다. 임금은 이 卦象을 관찰함으로써, 天地의 道를 잘 조절하여 이루고, 천지의 마땅함을 보필(輔弼)함으로써, 백성을 돕는다. ≪荀九家의 易에서는 '財(재)'字를 '裁(재)'로 썼는데, [그] 의미는 같다.[64]≫

道者 途[65]也 互震 爲天地之道也 ≪震 大途≫ 宜者 義也 互兌爲天地之宜也 ≪兌爲義≫ 下乾則伏离 ≪奇偶奇≫ 以离刃而割乾衣 謂之裁成也 ≪財 裁通≫ 上坤 則伏坎 ≪偶奇偶≫ 以坎輪而佐坤輿 則謂之輔相也 ≪輔 車旁夾助木也≫ 震爲左 ≪東≫ 兌爲右 ≪西≫ 而乾君降於坤民 ≪乾在下≫ 斯之謂 左右民也 虞書云 予欲左右有民 周書云 相我受民 此 又 先王之大義 後世君道太亢 不降己以輔民 則治道日卑矣

䷊

泰

"道"는 길을 뜻한다. [3·4·5의] 互卦로 취한 震이 天地의 道를 상징

64) '財'字와 '裁'字에는 모두 '마름질하다'는 뜻이 있다.
65) [校閱] 奎章本에는 '途'字가 '塗'字로 되어 있다. 뜻은 같다.

한다. ≪震은 큰 길이 된다.≫ "宜"는 옳음(義)이다. [2・3・4의] 互卦인 兌가 天地의 마땅함을 상징한다. ≪兌는 義가 됨≫ 下卦인 乾卦에는 离가 잠복(潛伏)되어 있는데 ≪[1・2・3位는] 홀수, 짝수, 홀수[이므로 离位에 해당됨]≫ 그 离의 칼로 乾의 옷을 자르니, "재성(裁成)", 즉 "재단(裁斷)하여 이룬다"이라고 말한 것이다. ≪'財(재)'字는 '裁(재)'字와 [더불어 그] 뜻이 통한다.≫ [다른 한편 泰卦의 上卦인] 坤卦에는 坎卦가 잠복(潛伏)되어 있는데 ≪[4・5・6位는] 짝수・홀수・짝수에 해당되므로 坎位가 됨≫ 坎의 수레바퀴로 坤의 수레를 도우니, [이것을 가리켜] "보상(輔相)"[66]이라고 말한 것이다. ≪'輔(보)'는 수레[바퀴]의 옆에 덧대어 바퀴를 보조・보강하는 나무이다.≫ 震은 좌측에 해당되고 ≪[震은] 동쪽이 됨≫ 兌는 우측에 해당되는데 ≪[兌는] 서쪽이 됨≫ 乾의 임금이 下降하여 坤의 백성에게로 내려오니 ≪乾卦가 [泰卦의] 下卦에 있음≫ 이것을 가리켜 "左右民", 즉 "백성을 돕는다"라고 한 것이다. 『書經』「우서(虞書)」에 [舜임금이 이르기를] "予欲左右有民", 즉 "내가 백성을 돕고자(左右) 하는데, [그대가 나를 도우시오]"라고 하고, 『書經』「周書」에 [周公이 이르기를] "相我受民", 즉 "우리가 맡아 있는 백성을 잘 돌보시고"라고 하였으니,[67] 이것이 또한 先王의 大義이다. 後世에 君主의 법도가 지나치게 위압적이어서, [君主가] 자기를 낮추어 백성들을 돕지 않으므로, 政治의 法道가 날로 비천해진 것이다.

---

66) 咸卦 上六에 "咸其輔頰舌"이라는 말이 나온다. 여기서 '輔'를 위 턱(上頷)이라 보기도 한다(『康熙字典』, 中華書局, 1992, 1244면). 艮卦 六五에도 "艮其輔"라는 말이 있다.

67) 江灝・錢宗武 共譯, 『尙書全譯』, 貴州人民出版社, 1991, 59면, 379면에 나옴. 前者의 '有'는 명사 앞에 붙는 접두사(名詞 詞頭)라고 함(같은 책, 60면). 그리고 後者는 "我를 相하여 民을 受하다"는 식의 의미가 아님. 여기의 話者는 周公인데, 지금 成王에게 말하고 있는 것. 따라서 話者가 그런 위치의 사람이 아니다.

[12] 천지 비(天地 否)

天地不交, 否, 君子以儉德辟難, 不可榮以祿.

하늘[☰]과 땅[☷]이 교섭치 않음이 否卦의 象이다. 君子는 이 卦象을 관찰함으로써, 검소(儉素)한 德을 갖추어, 험난(險難)한 세상에서 피하며, 녹봉(祿俸)으로써 [자기 자신을] 영화롭게 하지 않는다.

乾則爲德 ≪虞氏易≫ 艮以節之 ≪二四互≫ 此 儉德也 坤則爲亂 ≪九家易 ○ 羣小得志 爲內難≫ 巽以遯之 ≪三五互≫ 此 辟難也 ≪巽爲隱爲遯≫ 又 否者 泰之反也 泰之時 震爲蕃之榮 ≪三五互≫ 兌爲食祿之象 ≪二四互≫ 今 時運大否 其可以戀榮懷祿哉 ≪否則无震兌≫ 宜益遠遯也 ≪否者 遯之益外者≫

泰　　否

乾은 德을 상징하며 ≪우번(虞翻)의 易≫ 艮으로써 節制하니 ≪[否卦의] 2·3·4位가 艮≫ 이것이 [바로] "儉德", 즉 "검소(儉素)한 德"이다. 坤은 곧 난리(亂離)를 상징한다. ≪九家易의 說 ○ [坤은] 여러 소인배들의 뜻대로 되는 象이니, 내란(內亂)의 象이다.≫ [坤의 난리를] 巽으로써 달아나니, 이것이 "辟難", 즉 "피난가는 것"이다. ≪巽은 은둔함이 되고, 물러나는 것이 된다.≫ 또 否卦는 泰卦의 反對卦이다. 泰卦의 시절에는 震이 번성하는 영광(榮光)이 되고 ≪[泰卦의] 3·4·5位가 震≫ 兌가 녹봉(祿俸)을 받는 象이 된다. ≪2·

3·4의 互卦[가 兌]≫ [그러나] 지금에 이르러서는 때의 운세(運勢)가 크게 막혀 있으니, 어찌 영화(榮華)와 봉록(俸祿)을 생각할 수 있겠는가? ≪否卦에는 震과 兌가 없음≫ 더욱 멀리 숨어야 함이 마땅하다. ≪[遯卦 자체도 은둔을 상징하는 괘이지만] 否卦는 遯卦로부터 [한 단계] 더욱 바깥으로 나간 것이다.≫

[13] 천화 동인(天火 同人)

䷌

天與火, 同人, 君子以類族辨物.

하늘[☰]이 불[☲]과 더불어 있는 것이 同人卦의 象이다. 君子는 이 卦象을 관찰함으로써, 同類끼리 무리를 이루고, 事物을 변별(辨別)하는 것이다.

族者 乾父之黨也 卦自夬來 ≪上之二≫ 剛自內往 ≪二之上≫ 離其乾族 ≪下本乾≫ 旣到于彼 又與族聚 ≪上今乾≫ 此 類族也 ≪以類聚≫ 夬之時 五陽相連 漫然無別 ≪物不分≫ 移之同人 則离以別之 ≪下今离≫ 萬物相見 ≪离之德≫ 是 辨物也 ≪卽所云 方以類聚 物以羣分≫

䷪ ䷌

夬 → 同人

"族"이란 乾父의 무리를 가리킨다. 同人卦는 夬卦로부터 왔는데 ≪[夬卦의] 上이 2로 감≫ [이때] 九二의 陽剛이 내부에서 떠나가니 ≪[夬卦의] 2가 上으로 감≫ 그 乾의 무리와 헤어져서 ≪[夬卦의] 下卦는 본래 乾≫ 이윽고 저쪽에 도달(到達)하였는데, 이 또한 같은 무리와 함께 모인 형국이니 ≪[同人卦의] 上卦가 지금 乾≫ 이것을 가리켜 "類族"이라고 한 것이다. ≪같은 部類끼리 모임[68]≫ 夬卦의 때에는 다섯 개의 양획(陽畫)이 서로 연결되어 있어, 흩어져 있기만 하고, [그 陽畫 사이에] 아무런 分別이 없었는데 ≪사물이 구별(區別)되지 않음≫ 이제 [夬卦로부터] 同人卦로 변하게 되면, 离로써 구별되어 ≪[同人卦의] 下卦가 지금 离≫ 만물이 서로 대면(對面)하게 되니 ≪["상현호리(相見乎离)"[69]는] 离의 德≫ 이것을 가리켜 "辨物"이라고 한 것이다. ≪즉 이른바 "方以類聚, 物以羣分"[이 이것]이다.[70]≫

○孔子曰 本乎天者 親上 本乎地者 親下 ≪蘇軾云 水之於地爲比 火之於天爲同≫ 表記曰 水土親而不尊 火天尊而不親 ≪朱子曰 天在上而火炎上 其性同≫ 八卦之象 天火爲一類 ≪雷風 生於是≫ 地水爲一類 ≪山澤 成於是≫ 君子 觀天與火相與之象 則知族不可不聚 而物不可不分也

○孔子께서 [다음과 같이] 말씀하셨다. "[乾卦 九五의 「文言」에 이르기를] "하늘에 근본하는 것은 위와 친하고, 땅에 근본하는 것은 아래와 친하다."[71] ≪소식(蘇軾)[72]이 말하기를, "물이 [흘러]가서 땅에 있으면, 比卦가

---

68) 「大象傳」의 "類族"의 '類'는 '비슷한 것끼리 나눈다', 혹은 '비슷한 것끼리 모은다'는 뜻의 동사로 해석한 반면에, "以類聚"의 '類'는 명사로 해석하였다.

69) "相見乎离, ……离也者, 明也; 萬物皆相見……"의 구절은 「說卦傳」에 나온다.

70) "方以類聚, 物以羣分"은 「繫辭傳」에 나오는 구절이다.

71) 인용구("本乎天者, 親上. 本乎地者. 親下")는 乾卦九五의 "飛龍在天, 利見大人, 何謂也"에 연결된 「文言」의 부분으로서, 그 原文은 다음과 같다. "孔子曰, 同聲相應, 同氣相求, 水流濕, 火就燥, 雲從龍, 風從虎, 聖人作而萬物覩, 本乎天者, 親上, 本乎地者, 親下, 則各從其類也(孔子께서 다음과 같이 말씀하셨다. "같은 소리는 서로 호응하며, 같은 기운은 서로 찾거니와, 물은 젖은 곳으로 흐르고, 불은 건조한 데로 나아가며, 구름이 龍을 따르며, 바람은 범(虎)을 따른다. 聖人이 나오심에, 萬物이 [그를 우러러] 본다. 하늘에 근본을 둔 것은 위와 친근하고, 땅에 근본을 둔 것은 아래와 친근하니, 각각 그 [같은] 부류(類)를 따르는 것이다)."

72) 소식(蘇軾, 1036~1101) : 北宋의 文人이며. 唐宋 八大家의 한 사람으로서, 宋代 제1

되고, 불이 하늘과 더불어 있으면, 同人卦가 된다"고 했다.[73])≫ 『禮記』「表記」에 이르기를, "물과 흙은 [서로] 친밀(親密)하지만, 존귀(尊貴)하지는 않고, 불과 하늘은 존귀하지만, [서로] 친밀하지는 않다"[74])라고 하였다. ≪朱子가 이르기를, "하늘은 위에 있고, 불은 위로 타오르는 것이니, 그 성질이 동일한 것이다"[75])라고 하였다.≫ 八卦의 象으로 본다면, 天과 火가 같은 부류이며 ≪雷와 風은 이로부터 생성됨≫ 地와 水가 같은 부류이다. ≪山과 澤은 이로부터 형성됨≫ 君子는 하늘[☰]과 불[☲]이 서로 함께 결합된 象을 보고서, 같은 무리는 같은 무리끼리 모이지 않을 수 없고, 만물은 나누어지지 않을 수 없음을 안다.

의 詩人이다. 字는 자첨(子瞻)이며. 號는 동파(東坡)이다. 아버지 순(洵), 아우 철(轍)과 더불어 삼소(三蘇)라고 불린다. 22세 때 진사에 급제한 뒤, 벼슬과 귀양을 되풀이하는 곡절 많은 생애를 보냈다. 폭넓은 재능을 발휘하여 시문서화(詩文書畵)에 훌륭한 작품을 남겼다. 왕안석(王安石)과 대립하여 좌천되었고, 필화 사건으로 투옥, 이어서 황주로 좌천, 그곳에서 세운 서재 이름을 따서 東坡居士라는 호를 썼다. 특히, 이 무렵 쓴 '적벽부(赤壁賦)'는 유명한 작품이다. 후에 哲宗에게 중용되어 구법파(舊法派)의 대표자의 하나가 되었다. 서화(書畵)에도 능하였고, 저서에 『東坡全集』이 있다.

73) 水之於地爲比, 火之於天爲同 : 蘇軾의 『東坡易傳』의 原文에서는 "水之於地爲比, 火之與天爲同人"으로 되어 있다. 前句는 원문과 같으나, 後句에서는 "火之於天爲同"의 '於'字가 '與'字로 되어 있고, '同'이 '同人'으로 되어 있다. 따라서 '同'은 原文에 따라 '同人'으로 고치는 것이 합당할 것으로 보인다(蘇軾, 『東坡易傳』(『中國古代易學叢書』 第3卷), 中國書店出版社, 1992, 224면).

74) 이는 茶山이 축약 변형하여 인용한 것이다. 원문은 『禮記』 下(이상옥 역, 명문당, 2003, 99면; 陳澔, 『禮記集說』(新刊四書五經), 中國書店, 1994, 453면)을 참조할 것.

75) 『周易本義』에서 同人卦의 朱子의 註를 참조할 것. 原文은 다음과 같다. "天在上而火炎上, 其性, 同也, 類族辨物, 所以審異而致同也."(『正本 周易集註』, 명문당, 1976, 90면)

[14] 화천 대유(火天 大有)

䷍

火在天上, 大有, 君子以遏惡揚善, 順天休命.

불[☲]이 하늘[☰] 위에 있는 것이 大有卦의 象이다. 君子는 이 卦象을 관찰함으로써, 惡을 억누르고, 善을 선양(宣揚)하여, 밝게 빛나는 하늘의 命에 순응한다.

卦自夬來 《上之五》 陰之在上 《兌一陰》 抑之使降 《上之五》 此遏惡也 陽之在下 揚之使升 《五之上》 此 揚善也 《揚 擧也》 又自姤來 《一之五》 乾天巽命 《天風姤》 本可順也 《巽爲順》 移之大有則天命在上 《一之五》 乾君在下 《下今乾[76]》 順天命也 离明赫然 《上今离》 是 休命也

䷪ ䷍ ䷫

夬 → 大有 ← 姤

大有卦는 夬卦로부터 왔다. 《[夬卦의] 上이 5로 감》 [夬卦에서는] 음획(陰畫)이 위에 있었는데 《[夬卦의 上卦인] 兌의 한 개의 陰을 가리킴》 [大有卦가 되면] 이를 억눌러 내려가게 만드니 《[夬卦의] 上이 5로 감》 이것이 "알악(遏惡)", 즉 "惡을 억누르는 것"이다. [또 夬卦에서] 陽이 아래에 있다가, 大有卦로 되면 들어올려 위로 상승하게 하니 《[夬卦의] 5가 上으로 감》 이것이 "揚善", 즉 "善을 선양(宣揚)함"이다. 《揚은 들어올림의 뜻이

76) [校閱] 新朝本과 國中本에는 "下今乾"으로 되어 있으나 奎章本에는 "今下乾"으로 되어 있다.

다.≫ 또 한편, [大有卦는] 姤卦로부터 왔는데 ≪[姤卦의] 1이 5로 감≫ [姤卦에는] 乾의 하늘(天)과 巽의 명(命)이 있으니 ≪天風 姤卦≫ 본래 [天命에] 順應한다는 뜻이 내포되어 있다고 할 수 있다. ≪巽은 순응함의 뜻이 된다.≫ [그런데 姤卦로부터] 推移하여 大有卦가 되면, 天命은 위에 있고 ≪[姤卦의] 1이 5로 감≫ 乾의 임금(君)이 그 아래에 위치하게 되니 ≪[大有卦의] 下卦가 지금 乾≫ [이것이 바로] "천명에 順應하는 것"이다. 离의 밝음이 찬연하게 빛나니 ≪大有卦의 上卦가 지금 离≫ 이것이 [바로] "休命", 즉 "빛나는 命"인 것이다.

○大傳 釋大有上九之義曰 履信 思乎順 ≪此 順命≫ 又以尙賢 ≪此 揚善≫ 正與此傳 同義也

○「계사전(繫辭傳)」에서 大有卦 上九의 뜻을 풀이하여 말하기를, "믿음을 이행(履行)하여 순종할 것을 생각하고 ≪이것은 "順命"의 뜻이 됨≫ 또 그렇게 함으로써, 어진 이를 숭상한다"라고 하였는데 ≪이것은 "揚善"의 뜻이 됨≫ 참으로 이 「大象傳」과 같은 뜻이라고 하겠다.

[15] 지산 겸(地山 謙)

地中有山, 謙, 君子以裒多益寡, 稱物平施. ≪鄭 荀 董 蜀 諸本 裒作捊≫

땅[☷] 속에 山[☶]이 있는 것이 謙卦의 象이다. 君子는 이 卦象을 관찰함으로써, 많은 것을 덜어내어 적은 것에 보태며, 萬物을 균형있게 평가하고, 공평하게 베푼다. ≪정현(鄭玄), 순상(荀爽), 동우(董遇), 촉재(蜀才) 등의

판본에는 '모을 裒(부)'字가 '거둘 捊(부)'字로 되어 있다.≫

裒者 減也 削也 卦自剝來 ≪上之三≫ 剝之時 五陰在下 所多者 陰 所寡者 陽也 移之爲謙 則減其一陰 ≪三之上≫ 予此一陽 ≪上之三≫ 裒多而益寡也 稱者 衡秤也 剝之時 五陰偏聚 其象不均 移之爲謙 則五陰之中 橫此一桁 ≪三今剛≫ 衡之以坎律 ≪二四坎≫ 稱物之象也 於是 平分其陰 ≪衡稱之≫ 上得其二 ≪上一陰不計≫ 下[77]得其二 稱物而平施也 ≪施 予也≫

剝 → 謙

'裒(부)'字는 '덜어냄(減)'을 뜻하며, [또] '깎아냄(削)'을 뜻한다. 謙卦는 剝卦로부터 왔는데 ≪[剝卦의] 上이 3으로 감≫ 剝卦의 때에는 다섯 개의 음획(陰畫)이 [한 개의 양획(陽畫)의] 아래에 있으므로, 많은 것은 陰이고, 적은 것이 陽이다. [剝卦로부터] 謙卦로 推移하게 되면, 한 개의 陰爻를 줄여서 ≪[剝卦의] 3이 上으로 감≫ 한 개의 陽爻를 [보태어] 주는 것이 되니 ≪[剝卦의] 上이 3으로 감≫ [이것을 內卦의 입장에서 보아] "부다익과(裒多益寡)", 즉 "많은 것을 덜어내어 적은 것에 보탠다"라고 말한 것이다. "稱"이란 저울질(衡秤)을 뜻한다. 剝卦의 때에는 五陰이 한 쪽으로 모여 있어, 그 象이 균등(均等)하지 않았다. [그런데 剝卦로부터] 推移하여 謙卦로 가면, 5陰의 가운데에 한 개의 나무막대가 가로질러 있어 ≪[謙卦의] 제3획이 현재 剛≫ 坎의 비율(律)로써 저울질하니, [이것은] 물건을 저울질하는 象이다. 이에, 그 음획(陰畫)들을 균등하게 나누니 ≪저울질하는 것에

77) [校閱] 新朝本과 國中本에는 "不得其二"로 되어 있으나 "下得其二"의 誤記이다. 奎章本에는 "下得其二"로 되어 있다.

해당됨≫ 위로 그 두 개의 음(陰)을 얻고 ≪[謙卦의] 上位의 음획(陰畫)은 계산하지 않음≫ 아래로도 그 두 개의 陰을 얻는지라 [이것을 가리켜] "稱物而平施", 즉 "만물을 균형 있게 평가하고, 공평하게 베푼다"라고 한 것이다. ≪施는 준다는 뜻이 된다.≫

○裒 或作掊 掊者 剋也 削也

○'덜어낼 裒(부)'字는 혹은 '쪼갤 掊(부)'字로 쓰기도 하는데, '掊(부)'字는 '깎다', 혹은 '삭제하다'의 뜻이다.

○學圃云 剝移于[78]謙 則山頽于平地也 ≪山地剝≫ 山巍地陷 而頽以益之 兩得其平 此 裒多益寡 稱物平施之象也 故 不取自復來之象

○학포(學圃)가 말하였다. "剝卦로부터 謙卦로 추이하게 되면, 山이 평지로 무너져 내리게 된다. ≪山地 剝卦≫ 山은 [높이] 솟아 있고 땅은 [움푹] 꺼져 있었는데, 그 산이 무너져 내려 [낮은 땅을] 돋우니, [山과 地의] 兩者가 모두 평평해진 것이다. 이것이 바로 '裒多益寡, 稱物平施'의 형상이다. 그러므로 [다른 하나의 母卦인] 復卦로부터 나온 象은 취하지 않은 것이다."

[16] 뇌지 예(雷地 豫)

䷏

雷出地, 奮豫,[79] 先王以作樂崇德, 殷薦之上帝, 以配祖考.

---

78) [校閱] 新朝本과 國中本에는 "爲"로 되어 있으나, 奎章本에는 "于"(우)로 되어 있다.

우레[☳]가 땅[☷] 속에서 [떨치고] 나오는 것이 분예(奮豫)[80]이다. 先王이 이 卦象을 관찰함으로써, 음악(音樂)을 작곡(作曲)하고, 德을 숭상(崇尙)하며, 성대히[81] 上帝에게 바치고, 이로써 조상(祖考)[82]을 배향(配享)한다.[83]

奮 有力也 ≪雉有力 羊有力 皆曰 奮≫ 又 振動也

"분(奮)"은 힘이 센 것을 뜻하며 ≪꿩은 힘이 센 동물이고, 양(羊)도 힘이 센 동물이라, [『爾雅』에서] 모두 [그 동물들의 특징을 묘사하여] "奮"이라고 한 것이다.[84]≫ 또한 떨쳐 [일어나] 움직임(振動)을 뜻한다.

卦自復來 ≪一之四≫ 善鳴之震 潛於地底 聲不高揚 移之爲豫 則雷出地上 ≪下今坤≫ 奮迅揮霍 是 奮豫也 艮以節之 ≪二四互≫ 節族成矣 坎以律之 ≪三五互≫ 律呂調矣 是 作樂也 陽剛旣升 ≪一之四≫ 坎德乃尊 ≪上互坎≫ 是 崇德也 坎[85]酒坤牲 陳于震帝 ≪帝出震≫ 殷薦之上帝也 ≪震在上≫ 卦又自剝來 ≪上之四≫ 艮之宗

79) 茶山은 아래의 注에서 "雷出地"를 한 句로 보고, "奮豫"를 또 한 句로 보는 최경(崔憬)의 說을 소개하고 있다. 또 茶山은 注에서 "雷出地上, 奮迅揮霍, 是, 奮豫也"라고 하였으므로, 이것은 "奮豫"를 한 句로 본 것이다. 따라서 "雷出地, 奮豫"로 斷句하였다.

80) 다산은 注에서 최경(崔憬)의 설을 소개하면서 "분예(奮豫)"라고 하는 것은 "양예(陽豫)"라고 하는 것과 같다고 말하고 있다. 이것은 "雷出地"를 한 句로 끊고, 다시 "奮豫"를 또 다른 한 句로 끊은 것에 따른 것이다.

81) 은(殷) : ① 盛하다. ② 번성하다. 번창하다. ③ 크다. ④ 넉넉하다. 풍성하다.

82) 조고(祖考) : ① 돌아가신 할아버지. ② 돌아가신 祖父와 돌아가신 아버지. ③ 먼 조상.

83) 상제에게 제사함으로써, 조상을 같이 제사한다는 것이다.

84) 異名이나 別名이 아니고, 形容의 말에 해당된다(『康熙字典』, 中華書局, 1992, 254면). '분(奮)'字를 『說文』에서는 '휘(翬)'의 뜻으로 풀이하였다(許愼 撰, 段玉裁 注, 『說文解字注』, 上海古籍出版社, 1993, 144면). 『爾雅』에서는 "雉絶有力奮, 羊絶有力奮, 螽醜奮"이라 하였다.

85) [校閱] "坎酒坤牲"이 新朝本에는 "夬酒坤牲"으로 되어 있으나 誤記이다. 奎章本과 國中本에 따라, "坎酒坤牲"으로 바로잡는다.

廟 ≪剝上艮≫ 祖考之攸在也 ≪虞翻云 艮爲宗廟≫ 移之爲豫 則宗廟之神 合于上帝 ≪上之四≫ 配祖考也 ≪復剝兩剛 合于一≫

䷗ ䷏ ䷖

復 → 豫 ← 剝

豫卦는 復卦로부터 왔는데 ≪[復卦의] 1이 4로 감≫ [復卦의 때에는] 우렁찬 소리의 震이 땅 밑에 잠겨 있어, [그] 소리가 높이 올라가지 않더니, [復卦로부터] 推移하여 豫卦로 되면, 우레[소리]가 땅 위로 올라와서 ≪豫卦의 下卦가 坤≫ 떨쳐 일어나(奮) 빠르게(迅) 휘몰아치며(揮) 울리니(霍), 이것을 [가리켜] "奮豫"라고 말한 것이다.[86] [復卦에서 豫卦로 추이하게 되면] 艮으로써 절도(節度) 있게 ≪[豫卦의] 2·3·4位가 互艮≫ 절주(節族, 節奏)[87]를 이루고, 坎으로써 조율(調律)하여 ≪[豫卦의] 3·4·5位가 互坎≫ 율려(律呂)[88]를 조화롭게 하니, 이것을 [가리켜] "作樂", 즉 "音樂을 작곡(作曲)한다"라고 말한 것이다. 陽剛이 이미 [위로] 올라가 ≪[復卦의] 1이 4로 감≫ 坎의 德이 이에 존귀하게 되니 ≪[豫卦의] 上互卦가 坎≫ 이것을 가리켜 "崇德", 즉 "德을 숭상(崇尙)함"이라고 한 것이다. 坎의 술과 坤의 희생(犧牲)을 震[89]의 上帝에게 [공물(供物)로 바쳐] 늘어놓으니 ≪帝는 震方에서 나온다고 함≫ [이것을 가리켜] "은천지상제

86) "奮豫"를 한 개념으로 본다는 것은 茶山이 "雷出地, 奮豫"로 斷句하고 있음을 말해준다. 그런데 다산은 아래에서 "崔憬, 以雷出地爲句, 奮豫又句"이라고 하였으므로, 이러한 斷句法은 崔憬의 斷句法과 같은 것이 된다.

87) 절주(節族, 節奏): 樂音의 강약·장단이 주기적으로 반복되는 것, 혹은 박자, 리듬을 뜻한다. '族'字는 '풍류가락 奏(주)'字와 같은 의미로 쓰인다. 절주(節族)는 음악의 節奏를 뜻한다.

88) 율려(律呂): ① 성음(聲音)을 바로잡는 기구로서, 黃帝 때 영륜(伶倫)이 만들었다고 함. ② 음악, 또는 그 가락.

89) 여기서 震은 豫卦의 上卦인 震을 가리킨 것이지만, 豫卦의 震은 본래 復卦의 下卦인 震으로부터 온 것이다.

(殷薦之上帝)”, 즉 “[그것을] 성대히 上帝에게 바친다”라고 말한 것이다. ≪震이 [豫卦의] 上卦에 있음≫ 豫卦는 또한 剝卦로부터 온 것인데 ≪[剝卦의] 上이 4로 감≫ 艮이 상징하는 종묘(宗廟)는 ≪剝卦의 上卦가 艮≫ 祖上들이 머물러 계신 곳이다. ≪우번(虞翻)은 艮이 宗廟를 상징한다고 하였다.[90]≫ [그런데 剝卦로부터] 豫卦로 推移하게 되면, 宗廟의 神이 上帝와 합하는 형국이니 ≪[剝卦의] 上이 4로 감≫ [이것을 가리켜] “配祖考”, 즉 “先祖들을 배향(配享)한다”라고 한 것이다. ≪復卦와 剝卦의 두 개의 剛이 한 곳[91]에서 합쳐진다.[92]≫

○ 崔憬 以 雷出地爲句 奮豫又句 ≪如所云 陽豫≫

○ [唐代의 易學者인] 최경(崔憬)[93]은 “雷出地”를 한 句로 [보았으며, 그리고] ‘奮豫(약동하여 즐김)’을 또 한 句로 보았다.[94] ≪여기서 “奮豫”란 ‘陽豫’라고 말하는 것과 같다.[95]≫

---

90) 『四箋』 卷8, 40나.

91) “合于一”의 ‘一’은 序數의 ‘一’이 아니라, ‘한 畫’ 또는 ‘하나의 爻’, ‘한 곳’ 등의 뜻이다.

92) 단순히 조상을 배향하는 것이 아니고, 조상을 上帝와 동격으로 삼아 제사지낸다는 의미임. 즉 조상의 공덕을 上帝의 그것에 비기는 것. 李道平 撰, 潘雨廷 點校, 『周易集解纂疏』(十三經淸人注疏), 中華書局, 1994, 204면 참조.

93) 최경(崔憬) : 唐代의 인물, 저서로 『周易探玄』이 있다. 李鼎祚의 『周易集解』(北京市中國書店, 1990)에 최경(崔憬)의 說이 인용되어 있다.

94) 孫星衍(1753~1818)의 『周易集解』 上(上海書店, 1993, 161면)과 李道平의 『周易集解纂疏』(中華書局, 1994, 203면)에도 최경의 말이 인용되어 있다. (여기에는 崔憬이 아니고 崔覲으로 되어 있음. 誤記로 생각된다.) 또 『주역철학사』(심경호 역주, 예문서원, 1994, 340면) 참조할 것.

95) 陽豫 : 茶山은 豫卦의 주석에서 “古易, 謂之陽豫”라고 함(『四箋』 卷3, 4나). 여기서, 古易이란 殷代의 易인 歸藏易을 가리킨다.

[17] 택뢰 수(澤雷 隨)

澤中有雷, 隨, 君子以嚮晦入宴息.

못[☱] 속에 우레[☳]가 있는 것이 隨卦의 象이다. 君子가 이 卦象을 관찰함으로써, 어두운 곳을 향하여 [對面하고] 들어가 편안히 쉬는 것이다.

嚮 對也 面也 嚮晦者 謂向闇昧之方也 宴 居息也 ≪爾雅云≫ 卦自否來 ≪上之一≫ 剛自外入 至于其內 ≪入于坎宮內≫ 艮止巽入 ≪兩互卦≫ 其居最深 ≪自最外 而至最內≫ 入宴息也 ≪安於室中 謂之宴≫ 而此 君子 自居于震 ≪下今震≫ 以兌爲對 ≪兌在上≫ 兌則爲昧 ≪堯典以西爲昧谷≫ 嚮晦入而宴息也 ≪向昧方而居≫ 玉藻曰 寢 恒東首 ≪首在東≫ 東首而臥 豈非西向 ≪面向西≫ 嚮晦宴息者 指是禮也

否 → 隨

"향(嚮)"은 마주하는 것이고, 대면하는 것이다. "향회(嚮晦)"라는 것은, 어두운 곳으로 [얼굴을] 향하는 것을 말한다.[96] "연(宴)"은 머물러 쉬는 것이다. ≪이 말은 『爾雅』에 나온다.[97]≫ 隨卦는 否卦로부터 왔는데 ≪[否卦

96) 일단, 向은 '어두운 곳으로 들어간다'는 의미가 아님. 바라보는 것, 대면하는 것을 의미. 결국은 어둠 속으로 들어가는 셈이 되기는 한다. 어두운 곳에 들어가서 연식하는 것이 아님. 단지 어두운 곳을 바라보면서, 들어가 연식한다는 것. 결국 어둠이 내리면 (어둠을 맞아), 들어가서 쉰다는 의미이다.

의] 上이 1로 감≫ 剛이 외부로부터 들어와, 그 내부에 이른 것이다. ≪坎宮의 내부로 들어온 것≫ [그런데 隨卦에는] 艮의 머무름과 巽의 들어옴의 象이 있어서 ≪[隨卦의] 兩互卦[가 艮과 巽]≫ 그 가장 깊은 곳에 거처하니 ≪가장 바깥에서 들어와, 가장 내부에 도달함≫ [이것을 가리켜] "入宴息", 즉 "들어가서, 편안히 쉰다"라고 말한 것이다. ≪집에서 편안하게 있는 것을 "宴"이라고 한다.≫ 이처럼, 君子가 스스로 [아래의] 震에 거처하면서 ≪[隨卦의] 下卦가 震≫ [위의] 兌를 對面하고 있는데 ≪[隨卦의] 兌卦가 上卦≫ 兌는 곧 어두움(昧)이 되니 ≪『尙書』「堯典」에서는 西쪽을 어두운 골짜기의 방위로 간주하였다.[98]≫ [이것은 곧] "어두운 곳을 향하여 對面하고, 들어가서 편안히 쉬는 것"이 된다. ≪즉 어두운 곳을 바라보면서 머무는 것이다.≫ 『禮記』「옥조(玉藻)」에 말하기를, "잠잘 때는, 항상 동쪽으로 머리를 둔다"[99]라고 하였으니 ≪머리를 동쪽으로 둠≫ 동쪽으로 머리를 두고 눕게 되면, 어찌 서쪽을 向하는 것이 되지 않겠는가! ≪얼굴은 서쪽을 향하게 됨≫ "嚮晦宴息"이라고 한 것은 이런 禮를 가리키는 것이다.[100]

○翟玄曰 王者 嚮明視事 ≪說卦云 聖人南面 而治天下≫ 嚮晦 宴息時也

---

97) 『爾雅』「釋訓」(第3)에 "宴宴粲粲, 尼居息也"라고 함.

98) 成百曉 譯註, 『書經集傳』 上, 전통문화연구회, 1998, 23면.

99) 이상옥 역, 『禮記』 中, 명문당, 2003, 98면.

100) 『易學緖言』「茶山問答」에 위 구절과 관련하여 다음과 같은 문답이 있다. "[問] 隨之大象曰 嚮晦入宴息 四箋釋之 以玉藻東首之禮 東首之禮 果合於易象否? ≪李琴招≫ [答] 隨自否來 ≪上之一≫ 否之乾首 入而爲震 ≪上之一≫ 首向東也 ≪震爲東≫ 遂以震足對彼兌方 ≪上卦兌≫ 足向西也 與寢東首之禮 豈不相合([問] 隨卦의 「大象傳」에 "嚮晦, 入宴息(어두운 곳(晦)을 향하여, [對面하고] 들어가 편안히 쉬는 것이다)"라는 구절이 있는데, 『四箋』에서 이를 [『禮記』의] 「玉藻」의 東首의 禮로 해석하였는데,* 東首의 禮가 과연 易象에 부합하는 것입니까? ≪李琴招≫ [答] 隨卦는 否卦로부터 왔는데 ≪上이 一로 감≫ 否卦에 있는 乾의 머리(首)가 들어가서 震이 되니 ≪上이 一로 감≫ 머리를 동쪽으로 向한 것이다. ≪震은 동쪽이 됨≫ 마침내 震의 발(足)로써 저 兌方을 對面하니 ≪上卦는 兌≫ 발(足)로 서쪽을 향한 것이다. 잠잘 때 동쪽으로 머리를 두는 禮와 어찌 부합하지 않겠는가?"(『易學緖言』 卷4, 37나)

○적현(翟玄)이 말하였다. “임금은 [밝은] 남쪽을 향하여 일(事)을 봄으로 ≪「說卦傳」에, “성인은 [밝은] 남쪽으로 對面하고, 天下를 다스린다”[101]라고 함≫ 어두운 쪽으로 향할 때는 편안히 쉬는 시간이 된다.”

○學稼云 隨者 隨時之卦也 ≪見彖傳≫ 大离之日 ≪初四夾≫ 入於 ≪三五巽≫ 西山之下 ≪二四互艮山≫ 此 宴息之時也

○學稼가 말하였다. “隨卦는 時勢에 따르는 卦인데 ≪「彖傳」에 나옴[102]≫ 大离의 해가 ≪[隨卦의] 1·2·3·4의 夾卦≫ 들어가서 ≪3·4·5가 巽[인데, 들어감의 뜻이 됨]≫ 西山 아래로 내려가니 ≪[隨卦의] 2·3·4가 互艮의 山≫ 이는 편안히 쉬는 시간이다.”

[18] 산풍 고(山風 蠱)

山下有風, 蠱, 君子以振民育德.

山[☶] 아래 바람[☴]이 있는 것이 蠱卦의 象이다. 君子는 이 卦象을 관찰함으로써, 백성들을 떨쳐 일어나게 하고, 德을 기르는 것이다.

卦自泰來 ≪一之上≫ 坤民乾德 ≪虞氏易≫ 泰之所有也 移之爲蠱 則風動于下 ≪今下巽≫ 而民用振作矣 ≪作新民≫ 山厚於上 而德以亭育矣 ≪育毓通 ○即止蓄之義≫ 此 先王所以治天下也 ≪彖傳云 天下治≫

---

101) 「說卦傳」의 原文에는 “南面而聽天下”로 되어 있다. (聽이 治로 바뀜.)
102) 隨卦의 「彖傳」에서 “天下隨時, 隨時之義, 大矣哉”라고 함.

䷊ ䷑

泰 → 蠱

蠱卦는 泰卦로부터 왔다. ≪[泰卦의] 1이 上으로 감≫ 坤의 백성과 乾의 德은 ≪虞翻의 易[說을 따름]≫ 泰卦에 [본래부터] 있던 것이었는데, [泰卦로부터 推移하여] 蠱卦로 옮겨가게 되면, 곧 바람이 아래에서 불어 ≪[蠱卦의] 下卦가 지금 巽≫ 백성들의 생활이 진작(振作)되고 ≪새로운 백성으로 만듦≫ [또] 山이 위에서 두텁게 [쌓여] 있으니, 德이 길러지는 것이다.[103] ≪'기를 育(육)'字는 '기를 毓(육)'字와 통한다.[104] ○즉 '기른다(止蓄)'는 의미이다.[105]≫ 이것은 先王들이 천하를 다스리던 방법인 것이다. ≪「彖傳」에 말하기를, "[蠱는 元亨하여] 天下가 다스려 진다"라고 하였다.≫

○王畿云 風言振 山言育 ≪蒙之云 育德 亦以上艮≫

○왕기(王畿)[106]가 다음과 같이 말하였다. "바람은 진작시킴(振)을 말한 것이고, 山은 기름(育)을 말한 것이다." ≪蒙卦의 「大象傳」에서 "育德"이라고 말한 것도 역시 [蒙卦의] 上卦인 艮을 가리킨 말이다.≫

---

103) 山이 '기른다'는 것을 의미. 山=德이 아님.

104) '育'字가 '毓'字와 같음을 새삼 밝히는 것은, 앞서 茶山은 蒙卦의 「大象傳」의 주석(『四箋』 卷7, 32나)에서 "艮以亭毓"이라고 했으므로, 여기의 "亭育"이 앞서의 "亭毓"과 같은 말임을 밝히고자 언급한 것이다.

105) 茶山은 蒙卦의 「大象傳」의 주석에서 "艮以亭毓, ≪畜 止也≫ 是, 育德也"라고 함(『四箋』 卷7, 32나).

106) 明代 中期의 유학자였던 왕용계(王龍溪, 1498~1583)를 가리킨다. 龍溪는 그의 號이며, 畿는 그의 본명에 해당된다. 저서로 『王龍溪全集』(20권)이 있다. 왕양명(王陽明)에게 師事하였는데, 반드시 師說에 충실하지만은 않아서 정통파인 전서산(錢緒山)의 학통에 비해 좌파(左派)로 불렸다. 전서산(錢緒山)이 인간의 마음은 지선무악(至善無惡)이라고 주장하였던 반면에, 왕용계(王龍溪)는 사람의 마음은 본래 무선무악(無善無惡)이라고 단정함으로써 종래의 성선설(性善說)의 전통에 대결하였으며, 자증자오(自證自悟)를 중시하였다.

○或曰 振 救也 泰之時 乾君富實 坤民貧乏故 損此益彼 以振民也

○혹자(或者)가 말하였다. "振은 구제함을 뜻한다. 泰卦의 때에, 乾의 군주(君主)는 부유(富裕)한 반면에, 坤의 백성은 궁핍한 상황에 처해 있는 까닭에 [泰卦에서 蠱卦로 변하게 되면] 이 쪽[의 乾의 임금의 재산]을 덜어내어, 저 쪽[의 백성]에게 보태주니, 이것을 가리켜 '振民', 즉 '백성을 구제함'이라고 한 것이다."

[19] 지택 임(地澤 臨)

䷒

澤上有地, 臨, 君子以敎思無窮, 容保民無疆.

못[☱] 위에 땅[☷]이 있는 것이 臨卦의 象이다. 君子는 이 卦象을 관찰함으로써, 가르침을 펴고자 하는 생각이 無窮하고, 백성을 保育하여 포용함에 한계[107]가 없다.

大震之主 ≪兼畫震≫ 前臨坤民 君師之卦也 說言乎兌 ≪說卦文≫ 以敷坤文 ≪上互坤≫ 所以敎也 授之坤田 以作震稼 ≪下互震≫ 所以保也 ≪保 養也≫ 兌則降心 ≪見左傳≫ 可以思也 震則函受 ≪震爲器≫ 可以容也 前無限阻 ≪上四陰≫ 坤曰無疆 ≪坤之象≫ 无窮而无疆也

107) 窮과 疆의 차이를 포착할 것. 前者는 無形의 것과 연관, 後者는 有形의 "땅덩어리"를 의미.

[臨卦의 卦象을 보면] 大震의 君主가 ≪[臨卦를] 兼畫하면 震의 형태가 됨≫ 坤의 백성들 앞에 군림(君臨)하고 있는 象이니, [이는] 君師의 卦에 해당된다. 兌에서 즐겁게 말함으로써 ≪「說卦傳」의 글[108]≫ 坤의 문장(文章)을 펼치니[109] ≪[臨卦의] 上互卦가 坤≫ [그것은 백성들을] 가르치기 위함이다. [백성들에게] 坤의 밭을 내려줌으로써, 震의 농사를 짓게 하는 것은 ≪[臨卦의] 下互卦가 震≫ [그렇게 함으로써 백성들을] 保育하기 위한 것이다. ≪保는 養育의 뜻≫ 兌는 마음을 [비워, 겸손하게] 낮추는 것이니 ≪『左傳』에 나옴[110]≫ [그처럼 마음을 낮춤으로써] 생각할 수 있는 것이다. 震은 곧 수용(受容)함이 되니 ≪震은 그릇이 됨≫ [震의 용기(容器)로써] 포용할 수 있는 것이다. 앞으로는 [아무런] 가로막는 것도 없고 ≪위의 네 개의 陰≫ 또 坤[의 卦象]을 가리켜 끝이 없다(無疆)라고 하니 ≪坤의 「彖傳」[111]≫ 이에 그 [坤의 영토가] 다함이 없으니, 끝이 없다(无疆)라고 말한 것이다.

108) 일반적으로 國譯에서 "說言乎兌"와 "成言乎艮"의 "言"을 해석하지 않는 경우가 많다(金碩鎭 譯, 『周易傳義大全譯解』 下, 대유학당, 1996, 1462면; 서정기 譯註, 『새시대를 위한 주역』 下, 글, 1999, 503면. 그러나 茶山은 '言'字의 의미를 포함시켜 해석하고 있다).

109) "以敷坤文"은 "[兌의 즐거운 말로써] 坤의 文章을 펼치니, ……", 즉 "坤의 文章을 부연(敷衍)·설명한다"는 뜻이다.

110) "兌則降心"이라는 句가 『左傳』에 나오는 것이 아니라, "降心"이라는 말이 나온다(文璇奎 역, 『春秋左氏傳』 上, 명문당, 1987, 356면, 387면). "降心"은 『左傳』의 "晉侯納王之筮"(僖二 25年)에 나오는 말인데, 茶山은 『詩經』의 "我心則降"의 例(『詩經』 「國風」 「草蟲」, 『詩經』 「小雅」 「出車」; 김학주 역주, 『詩經』, 명문당, 1984, 52면, 273면)를 들어, "降心者, 悅也"라고 註釋하고 있다(『四箋』 「春秋官占補註」, "晉侯納王之筮" 참조). 또 茶山은 夬卦 「大象傳」의 "施祿及下, 居德則忌"와 연관하여, "降心爲兌"라고 하고 있다(『四箋』 卷7, 40나).

111) 坤卦의 「彖傳」에 "…… 德合無疆, …… 行地無疆, …… 應地無疆"이라고 함.

[20] 풍지 관(風地 觀)

風行地上, 觀, 先王以省方觀民, 設教.

바람[☴]이 땅[☷] 위를 [훑고] 지나가는 것이 觀卦의 象이다. 先王은 이 卦象을 관찰함으로써, 사방을 순시하고 백성을 살펴서, 가르침을 베푼다.

卦由否進 ≪八月卦≫ 上本乾王也 大艮之山 ≪兼畫艮≫ 巽眼俯臨以察坤民 ≪坤在下≫ 省方而觀民也 ≪古 巡守 必至方岳≫ 巽爲命令 ≪兌口之向下≫ 是 設教也 ≪彖傳曰 神道設教≫

姤 → 遯 → 否 → 觀

觀卦는 [7月에 해당하는] 否卦로부터 [한 단계 더 앞으로] 나아간 것이다. ≪[觀卦는] 8월에 해당하는 卦[112]≫ [否卦의] 上卦는 본래 乾王이었는데, [그 乾王이] 大艮의 山에 올라가서 ≪[觀卦를] 겸획하면 艮≫ [觀卦의 上卦인] 巽의 눈으로 아래로 굽어보며, 坤의 백성들을 살피니 ≪坤卦가 [觀卦의] 아래에 있음≫ 四方을 순시하고, 백성을 살피는 것이 된다. ≪古代에 순수(巡守)를 하게 되면, 반드시 四方의 큰 山岳을 살펴보았음≫ 巽은 명령함이

112) 12辟卦와 12月의 배당관계는 다음과 같다.

復	臨	泰	大壯	夬	乾	姤	遯	否	觀	剝	坤
子月卦	丑月卦	寅月卦	卯月卦	辰月卦	巳月卦	5月卦	6月卦	7月卦	8月卦	9月卦	10月卦

되니 ≪[巽[☴]은] 兌[☱]의 입이 아래로 향해 있는 형태[이니, 명령함이 됨][113]≫ 이것이 "設敎"이다. ≪「彖傳」에서 말하기를, "神妙한 道로써 가르침을 베푼다"라고 하였다.≫

○風之行地 不止一處 此 巡行省視之象也 舜 陟方乃死 陟方者 登于方岳也 周書云 諸侯 朝于方岳

○바람이 땅 위를 스치고 지나감에,[114] [어느] 한 곳에 머물지 않으니, 이는 [각 지방을 돌아다니면서, 행정을 살피는] "巡行省視"의 象인 것이다.[115] "舜, 陟方乃死",[116] 즉 "舜 임금은 [巡視 중에] 方岳에 오르시다 돌아가셨다"라고 하였거니와, [여기서] "척방(陟方)"이란 方岳[117]에 오르는 것을 가리킨다. 『書經』「周書」에 이르기를, "諸侯, 朝于方岳", 즉 "諸侯들이 사방의 큰 산에 모여서 [天子에게] 朝會하면……"[118]이라고 하였다.

113) 茶山은 「說卦傳」의 巽卦의 物象에 대한 해석에서 다음과 같이 말하고 있다. "巽者, 兌口之向下者也, ≪有俯諭之象≫ 故, 其象爲命令(巽卦는 兌口가 아래로 향하고 있는 것이다. ≪굽혀서 깨우쳐주는 형상≫ 그러므로 그 형상이 命令이 된다)."(『四箋』 卷8, 37나)

114) 『論語』「顏淵」. "孔子曰, 君子之德, 風; 小人之德, 草. 草尙之風, 必偃 ≪尙=加. 上≫"으로 된 판본이 있다함(장기근 역주, 『論語』, 명문당, 1973, 306면).

115) 『尙書』의 四方을 순수한 記事를 참조할 것.

116) 舜은 [巡視 중에 九疑라는] 方岳에 오르시다 돌아가셨다고 함.

117) 方岳 : 태산(東), 형산(南), 화산(西), 항산(北). 여기에서 方岳은 위의 四岳뿐만 아니라, 사방에 요충지가 되는 일반적인 山 모두를 의미하는 것으로 보아야 한다. 舜이 四嶽 중의 하나에 오르다 죽은 것이 아니므로 그러하다.

118) 『尙書』에 "諸侯, 各朝于方岳"이라 되어 있음.

[21] 화뢰 서합(火雷 噬嗑)

䷔

雷電, 噬嗑, 先王以明罰勅法. ≪勅 一作勅≫

우레[☳]와 번개[☲]가 치는 것이 서합괘(噬嗑卦)의 象이다. 先王은 이 卦象을 관찰함으로써, 형벌(刑罰)을 명시(明示)하여, 법률(法律)로써 경계(警戒)한다.

卦自否來 ≪五之一≫ 剛自上降 以成震擊 ≪今下震[119]≫ 其象 罰也 离以明之 ≪上今离≫ 是 明罰也 勅者 約束也 坎之法律 ≪三五互≫ 艮以誡之 ≪二四互≫ 是 勅法也 ≪艮言以束之≫

䷋ → ䷔

否 → 噬嗑

噬嗑卦는 否卦로부터 왔으니 ≪[否卦의] 5가 1로 감≫ [否卦의 제5位에 있는] 剛이 위에서 내려와, 震의 내려침이 이루어지니 ≪지금 [噬嗑卦의] 下卦가 震≫ 그 象이 [마치] 벌을 내리는 모습과 같다. 离로써 그것을 밝히니 ≪지금 [噬嗑卦의] 上卦가 离≫ 이것이 "明罰", 즉 "형벌을 분명히 하는 것"이다. 칙(勅)[120]은 '약속(約束)',[121] 즉 '[법률(法律)의 구속력(拘束力)으로써] 묶는 것'을 의미한다. 坎의 법률(法律)을 ≪[噬嗑卦의] 3·4·5가 互坎≫ 艮으로써 훈계(訓戒)하니[122] ≪[噬嗑卦의] 2·3·4位가 互艮≫ 이것이 '칙법(勅法)',

---

119) [校閱] 奎章本에는 "今下震"으로 되어 있으나, 新朝本과 國中本에는 "下今震"으로 되어 있다. 여기서는 前者를 따른다.

120) 勅=勅: 조서 칙, 타이를 칙, 삼가할 칙, 정리하여 발표할 칙.

121) 약속(約束): 구속하다, 제한하다, 단속하다.

즉 '법률로써 경계하는 것'이다. ≪艮의 말로써 구속력 있게 묶음≫

○蔡邕 石經本 作[123]電雷 ≪李鼎祚本同≫ 然 泰云天地 則雷[124]電未必是誤文

○[後漢代 사람인] 채옹(蔡邕)[125]의 石經本[126]에는 "雷電"이 "電雷"로 되어 있다.[127] ≪李鼎祚의 책도 동일하다.≫ 그런데 泰卦에서도 天地라 거꾸로 말한 例가 있으므로,[128] 여기의 "雷電"이 반드시 틀린 문장은 아닐 것이다.

[22] 산화 비(山火 賁)

䷕

山下有火, 賁, 君子以明庶政, 無敢折獄.

산[☶] 아래에 불[☲]이 있는 것이 賁卦의 象이다. 君子는 이 卦象을

---

122) 艮은 誡이고 言이다.

123) [校閱] 新朝本에는 "石經本來"로 되어 있으나 奎章本과 國中本에는 "石經本作"으로 되어 있다. 後者가 옳다.

124) [校閱] 新朝本에는 "雷電"이 "當電"으로 되어 있으나 "雷電"의 誤記이므로 바로잡는다.

125) 채옹(蔡邕, 133~192) : 後漢 영제(靈帝) 때의 文臣.

126) 채옹(蔡邕)은 石經 작업을 주관한 사람이며, 蔡邕의 石經은 漢石經 또는 희평석경(喜平石經)이라고도 불린다. 이 이외에 唐代에 이루어진 開成石經이 있는데, 長安石經이라고도 한다. 開成石經은 長安에 現存하는 반면에, 喜平石經은 散亡되었다(皮錫瑞, 이홍진 역, 『中國經學史』, 형설출판사, 1984, 62면과 167면).

127) 卦名을 말할 때나 「大象傳」에서, 일반적으로 外卦 內卦의 순으로 언급이 된다. 즉 火雷噬嗑, 地天泰, 山火賁, 山下有火 등으로 불리는데, 泰卦와 여기의 噬嗑卦는 그 大象에서 언급의 순서가 바뀌어 있음을 지적한 것이다.

128) 泰卦의 「大象傳」에서 "天地交, 泰, 后, 以財成天地之道, 輔相天地之宜, 以左右民"이라고 한 것을 가리킨다.

관찰함으로써, 서민(庶民)을 위한 政治를 밝히고, 옥사(獄事)를 감히 함부로 다루지 않는다.

卦自泰來 ≪二之上≫ 乾君在內 以正坤民 ≪地天 泰≫ 其象 政也 坤爲衆[129]庶 ≪坤衆陰≫ 是 庶政也 移之爲賁 离文煥然 ≪上下离≫ 明庶政也 离獄坎律 ≪二四坎≫ 刑法旣具 而艮死震生 ≪三五震≫ 生死未判 ≪兩存之≫ 无敢折獄也 若是者 何也 泰則有兌 ≪二四五≫ 今兌旣滅 無以決折也 ≪兌爲決 爲折≫

䷊ ䷕

泰 → 賁

賁卦는 泰卦로부터 왔다. ≪[泰卦의] 2가 上으로 감≫ [泰卦에는] 乾君이 안에 있으면서, 坤의 백성을 다스리는 象이 있으니 ≪地天 泰卦≫ 그 象이 政治를 상징한다. [그런데] 坤은 많은 무리를 뜻하므로 ≪坤에는 많은 陰이 있음≫ 이는 "庶政", 즉 서민(庶民)을 위한 政治가 된다. [泰卦로부터] 推移하여 賁卦가 되면, 离의 문채(文彩)가 찬란하게 빛나니 ≪[上部의 3·4·5·6位에 大离가 있고, 下卦에 离가 있으므로] 上下로 离가 있음[130]≫ 이것을 가리켜, "明庶政", 즉 "서민(庶民)을 위한 政治를 밝힌다"라고 한 것이다. 离는 감옥이고, 坎은 법률이라 ≪[賁卦의] 2·3·4位가 互坎≫ 刑法이 이미 갖추어졌지만, 艮의 죽음과 震의 삶에 있어 ≪[賁卦의] 3·4·5[位, 즉 上互卦]가 震≫ 그 생사(生死)가 아직 판정(判定)되지 않은 상황이니 ≪生과 死의 兩者가 공존함≫ [이것을 가리켜] "无敢折獄", 즉 "옥사를 함부로 판결치 않는다"라고 한 것이다. 이것은 왜 그러한가? 泰卦에는 兌가 있는

---

129) [校閱] 奎章本과 國中本에는 "衆"으로 되어 있으나, 新朝本에는 "象"으로 되어 있다.
130) 下卦가 离이고, 위로 3에서 6까지가 离이다.

데 반해서 ≪[泰卦의] 2·3·4位[의 內互卦는 兌]≫ 지금 [賁卦에서는] 兌가 이미 소멸하였으므로, 判決함이 없는 것이다.[131] ≪兌는 결단하는 것이고, 꺾는 것이다.≫

○文王 罔敢知于庶獄 卽此義

○[『書經』「周書」「立政」에서 이른바] "文王은 재판(庶獄=獄事)을 함부로 처결함이(知)[132] 없으셨다"[133]라고 한 것도 바로 이 뜻을 가리킨다.

○离爲墉 ≪易詞云≫ 爲防閑 ≪易例也≫ 四圍而中空 其象爲獄 九家 以坎爲獄 奈易詞不合 何哉

○离는 담장(墉)이 되고 ≪易詞에 그 用例가 있음≫ 막는 것이 된다. ≪易例에 나옴≫ [离(☲)의 卦象을 보면] 四方이 둘러싸여 있고, 안이 비어 있으니, 그 象이 감옥이다. 荀九家는 坎을 감옥(監獄)으로 보았으나, [荀九家의 그러한 견해가] 易詞와 부합치 않음을 어떻게 하겠는가?

[23] 산지 박(山地 剝)

䷖

山附於地, 剝, 上以厚下安宅.

---

131) '折'은 '결단한다'는 뜻이다. 『論語』「顔淵」편에 "子曰, 片言可以折獄者, 其由也與!"라고 함(장기근 역주, 『論語』, 명문당, 1973, 301면).

132) 知: 담당하다, 처리하다(例; 道知事).

133) 『書經』「周書」「立政」(車相轅 譯, 『書經』, 명문당, 1973, 274면)에 이와 유사한 구절이 있음. 따라서 이 구절은 다산이 그대로 인용한 것이 아니고, 축약 변형하여 인용한 말로 생각된다.

山[☶]이 땅[☷]에 붙어 있는 것이 剝卦의 象이다. 윗사람은 이 卦象을 관찰함으로써, 아랫사람을 후덕하게 대하고, 집안을 편안하게 한다.

剝之本 姤也 ≪自姤進≫ 姤之時 上厚而下薄 ≪下一陰≫ 自遯以往 每剝[134]上 以厚下 ≪坤爲厚≫ 爲否 爲觀 以至於剝 則上止一陽 而下積極厚矣 艮爲城邑 ≪外有防≫ 又爲廬蔽 ≪艮上剛≫ 坤以安之 ≪左傳 畢萬之占詞≫ 可以居止 ≪艮爲止≫ 此 厚下而安宅也 ≪古者 分田地以爲宅里 此 坤田所以安宅≫

姤 → 遯 → 否 → 觀 → 剝

剝卦의 근본은 姤卦이다. ≪[剝卦는] 姤卦로부터 나아온 것≫ 姤卦의 때에는 위는 두텁고, 아래는 엷은 상태이었는데 ≪[姤卦에는] 아래에 한 개의 陰만이 있음≫ 遯卦 以來로 [앞으로 前進하게 되면] 매번 위를 깎아서, 아래를 두텁게 함으로써 ≪坤은 두터움을 상징함≫ 否卦로 되고, 觀卦로 되는 것이다. [마침내] 剝卦에 이르러서는, 위에 [다만] 한 개의 陽이 남는 반면에, 그 아래로는 [陰의] 쌓임이 매우 두텁게 된다. 艮은 城邑이 되며 ≪[艮의 卦象은] 외부에 방비를 하고 있는 象[이므로 城邑의 형상]≫ 또한 지붕을 덮어, 움막(廬)을 만든 형상인데 ≪艮의 上剛[은 움막의 지붕을 덮은 것을 상징함][135]≫ 坤으로 [그 움막을] 편안하게 하니 ≪坤이 安의 뜻이 되는 것은 『左傳』의 필만(畢萬)의 占詞에서 나옴[136]≫ 머물러 거처할 수 있는 것이다. ≪艮은

---

134) [校閱] 奎章本에는 "剝"으로 되어 있으나, 新朝本과 國中本에는 "刻"으로 되어 있다.

135) 茶山은 「說卦傳」의 艮卦의 物象에 대한 '今補'에서 "艮, …… 爲廬次"라고 하고, 또 계속해서 "廬者, 倚於墻而爲蔽也 ≪艮爲墻≫(오두막(廬)은 담장에 의지하여 지붕을 덮은 것이다. ≪艮은 담장이 된다≫"라고 함(『四箋』 卷8, 40나).

136) "坤以安之"라는 똑같은 구절이 나오는 것은 아니다. 그러나 『左傳』의 "安而能殺"의 句에 대한 두예(杜預)의 註에 "比合, 屯固, 坤安, 震殺"이라고 함.

止가 됨≫ 이것이 "厚下하여 安宅하는 것", 즉 "아랫사람을 후덕하게 대하고, 집안(宅)을 편안하게 하는 것"이 된다. ≪古代에는 田地를 나누어, 마을로 삼았으니, 이것이 坤田에 安宅을 마련하게 된 까닭이다.≫

○爾雅 丘再成曰 敦 ≪如器之有敦≫ 坤土本厚 而山又附之 厚之至也

○『爾雅』에서는, 구릉(丘陵)이 거듭 [잇달아] 있는 것을 "돈(敦)"이라고 하였다.[137] ≪예컨대 예기(禮器)의 종류로서, 대(敦)[138]라는 그릇이 있는 것과 같다.[139]≫ 坤의 땅(土)이 본래 두터운데, 山이 여기에 또 붙어 있으니, 그 후

137) 이는『爾雅』第十「釋丘」篇에 나오는 말로, 原文에는 "丘一成爲敦丘, 再成爲陶丘, 再成銳上爲融丘, 三成爲崐崘丘"라고 되어 있음. 따라서『爾雅』의 원문대로만 보면, 茶山이 착각한 것으로 볼 수가 있음. 그러나 그 注釋에 "成猶重"[이를 곽박(郭璞?)의 注라고 하는데]이라고 하였는바, "一成"을 "언덕이 한 번 거듭된 것", 즉 "언덕이 2개 연이어져 있는 것"으로 볼 수가 있으며, 원문의 "在成"은 "거듭 거듭된 것", 즉 "언덕이 3개 연이어 있는 것"으로 볼 수가 있다. 이렇게 볼 경우 茶山이 원문의 구절을 그대로 인용한 것이 아니고, 일반적으로 이해하기 쉽게 하고자 "一成"이라는 말을 "再成"이라고 바꾼 것으로 볼 수가 있다. 黎庶昌 輯,『古逸叢書』上, 楊州 : 江蘇廣陵古籍刻印社, 1994, 23면;『康熙字典』, 中華書局, 1992, 473면; 洪業 等 編纂,『爾雅』(周易等十種引得本), 上海古籍出版社, 1988, 21면. 한편,『爾雅』「釋詁」에는 "敦, 勉也"라고 되어 있다(洪業 等 編纂,『爾雅』(周易等十種引得本), 上海古籍出版社, 1988, 2면; 黎庶昌 輯, 같은 책, 3면;『康熙字典』, 中華書局, 1992, 473면).

138) 敦 dūn : 도타울 돈, 힘쓸 돈. duì : 쟁반 대, 제기 대(黍稷을 담는 그릇). 敦(대) : 서직을 담는 祭器로 뚜껑이 있음(李相殷 監修,『漢韓大字典』, 민중서림, 1990, 550면). 뚜껑과 몸통이 각각 半球形, 뚜껑을 닫으면 球形이 됨. 다리가 뚜껑에도 달려 있어, 땅에 위로 놓을 수 있게(仰置) 하였다(楊天宇,『儀禮譯註』, 上海古籍出版社, 1994, 48면; 胡培翬 撰, 段熙仲 點校,『儀禮正義』, 江蘇古籍出版社, 1993, 168면; 이상옥 역,『禮記』中, 명문당, 2003, 138면, 367면 참조). 禮記注에 "敦, 土簋也(흙으로 만든 簋)"라고 함.

139) 이는 인용문은 아닌 것으로 보인다.『爾雅』의 原文에 "如覆敦者, 敦丘 ≪敦, 盂也≫" [덮개를 덮어씌워 둔 敦과 같은 형상을 한 것을 敦丘라고 한다(黎庶昌 輯,『古逸叢書』上, 楊州 : 江蘇廣陵古籍刻印社, 1994, 23면). 결국 "敦丘"라 불리는 丘의 종류는 2가지인 셈이다. 그런데 "예컨대 覆敦한 것을 敦丘라고 하는 것과 같다"로 해석이 가능하기도 한데, 전후문맥상 적절하지 않다. 형병(邢昺)의 疏에서는, "釋曰, 孫炎云, 形如覆敦. 敦器似盂(형상이 뚜껑을 덮은 頓과 같은데, 敦이라는 그릇은 간(盂), 즉 소반과 닮았다)"이라고 했다.

덕함이 지극한 것이다.

[24] 지뢰 복(地雷 復)

雷在地中, 復, 先王以至日閉關, 商旅不行, 后不省方.

천둥[☳]이 땅[☷] 속에 있는 것이 復卦의 象이다. 先王은 이 卦象을 관찰함으로써, 동지(冬至)와 하지(夏至)날에는 관문(關門)을 닫으니, 商人과 여행자가 다니지 않으며, 임금(后)은 지방을 순시하지 않는다.

一陽初生 其日冬至也 卦與剝反 ≪剝之倒≫ 剝之時 上橫一桁 ≪上一剛≫ 艮門高闢 ≪下虛通≫ 反之爲復 則下橫一棖 遂無門形 ≪上無橫 而下不通≫ 是 閉關也 ≪月令 冬至夏至 皆 閉關≫ 震爲行人 ≪無妄 六三文≫ 是 商旅也 坤邑之內 行人深居 ≪震在內≫ 商旅不行也 又 震 人主也 巡游在外 是謂省方 ≪觀卦 剛在外≫ 今震在內 不出坤邑 ≪剛在內≫ 后不省方也

正卦　　反卦

剝← 反易 →復

하나의 陽이 처음으로 생기는 그 날이 冬至이다. 復卦는 剝卦와 反對되는 卦이다 ≪[復卦는] 剝卦를 뒤집은 형태≫ 剝卦의 때에는, 위로 한 개의 빗장(桁)이 가로질러 놓여 있으니 ≪[剝卦의] 上位의 한 개의 剛≫ 艮

의 문(門)이 높이 열려 있는 모습이다. ≪[門의] 아래는 비어 있으며, 통행할 수 있음≫ [그런데 剝卦가] 뒤집어져서 復卦가 되면, 아래에 한 개의 문설주(棖)가 가로로 놓여져, 마침내 門의 형상(形象)이 없어지니 ≪위에 가로 놓여 있던 것이 없어지고, 아래로는 통행할 수 없음≫ 이것을 [가리켜] "閉關"이라고 한 것이다. ≪『禮記』「月令」에 冬至와 夏至에는 모두 關門을 닫는다고 함[140]≫ 震은 行人이니 ≪无妄卦 六三의 글[141]≫ 이는 [다름 아닌] 商人과 旅行者의 무리인 것이다. [復卦의 卦象을 보면] 坤의 고을 안에, 행인(行人)들이 깊이 들어앉아 있으므로 ≪震이 [復卦의] 內部에 있음≫ [이것을 가리켜] "商旅不行", 즉 "상인과 여행자가 다니지 않는다"라고 한 것이다. 또 震은 임금(人主)인데, [임금이] 밖을 순시(巡視)하는 것을 [가리켜] "省方"이라고 한다. ≪예컨대 觀卦에서 剛이 바깥에 있는 것[이 임금이 밖을 순시하는 것에 해당됨][142]≫ 지금 [復卦에서는] 震이 안에 있어, 坤의 고을 밖으로 나가지 않으니 ≪[觀卦에서와 달리 復卦에서는 震의] 剛이 내부에 있음≫ [이것을 가리켜] "后不省方", 즉 "諸侯가 지방을 순시하지 않는다"라고 한 것이다.

140) 『禮記』「月令」편에 명시적으로 나오는 말은 아닌 것으로 생각된다. 毋發大衆(이상옥 역, 『禮記』, 명문당, 2003, 357면), 塞蹊徑(386면), 日短至(=冬至, 392면) 등의 말에서 유추해볼 수는 있다.

141) "无妄卦 六三에 "震爲行人"이라는 句가 나오는 것이 아니고, 단지 "行人"에 대한 언급이 있다(无妄六三; 无妄之灾, 或繫之牛, 行人之得, 邑人之災, ○象曰: 行人得牛, 邑人災也)."

142) 觀은 大艮인데, 그 陽剛(人主)이 밖에 있는 것은, 임금이 外方을 순시하는 것과 상응한다.

[25] 천뢰 무망(天雷 无妄)

天下雷行, ≪句≫ 物與无妄, ≪句≫ 先王以茂對時, 育萬物.

하늘[☰] 아래 천둥[☳]이 [치며] 지나가니, ≪句≫ 사물이 [나와] 더불어 망령됨이 없다. ≪句≫ 先王이 이 卦象을 관찰함으로써, 시기(時機)에 화답하여, [만물을] 번성하게 하며, 만물을 育成하는 것이다.

內卦爲我 外卦爲物 ≪內爲主≫ 卦自遯來 ≪一之三≫ 陰之浸長 剛乃外遯 妄之至也 忽反爲震 ≪三之一≫ 我旣得生 ≪爲反生≫ 物亦免消 ≪外卦 亦免消≫ 物與无妄也

遯 → 无妄

內卦는 我가 되고, 外卦는 事物이 된다. ≪內卦가 주체≫ 无妄卦는 遯卦로부터 왔는데 ≪[遯卦의] 1이 3으로 감≫ [遯卦의 卦象을 보면] 陰이 점차로 자라나고, 이에 陽은 밖으로 도망을 가니, 망령됨이 지극한 象이다. [그런데 遯卦로부터 추이하여, 无妄卦로 되면, 밖으로 도망가던 陽이] 갑자기 뒤돌아와서 震이 되니 ≪[遯卦의] 3이 1로 감≫ 나도 벌써 살아나게 되었거니와 ≪도리어 살게 됨≫ 萬物도 역시 소진(消盡)되는 것을 면하게 되었으니 ≪外卦도 역시 소멸됨을 면함≫ [이것을 가리켜] "物與无妄", 즉 "사물이 [나와 더불어] 망령됨이 없다"라고 한 것이다.

四時之氣 終於東北 ≪萬物[143]終於艮≫ 始於東方 ≪出乎[144]震≫ 自

艮而震 物之終始也 遯之時 艮以終物 ≪本下艮≫ 移之无妄 震以反生 ≪下今震≫ 陽春之時也 王者 於是 發政施仁 使萬物蕃茂 以答春氣 ≪對 答也≫ 茂對時 育萬物 此之謂也 震爲蕃鮮 ≪說卦文≫ 所以茂也 艮爲亭毓 ≪見蒙卦≫ 所以育也 遯與无妄 盖於乾天之下 萬物終始 ≪艮而震≫ 故王者有取焉

사계절(四季節)의 기운은 東北方에서 끝나고 ≪萬物은 艮方에서 끝남≫ 東方에서 시작되는 것이니 ≪震方에서 시작됨≫ 艮에서 震으로 됨은 만물이 끝나고, [다시] 시작함에 해당된다. 遯卦의 때에는, 萬物이 끝나는 艮의 卦象이 있었는데 ≪본래 [遯卦의] 下卦는 艮≫ [推移하여] 无妄卦로 옮겨가게 되면, 震으로써 [다시] 소생(蘇生)하게 되니 ≪[无妄卦의] 下卦가 지금 震≫ [때는 바야흐로] 陽春의 때이다. 임금은 이런 때를 맞이하여, 정치를 하되, 인자함을 베풀어, 萬物을 번성하게 하여서, 그러한 봄기운에 화답한다. ≪["茂對詩"의] "對"는 和答하는 것을 뜻함≫ "茂對時, 育萬物"이라고 한 것은 바로 이런 것을 말하는 것이다. 震은 번성하여 아름다운 것을 뜻하는 까닭에 ≪「說卦傳」의 글≫ "茂(왕성함)"라고 하였다. [无妄卦의 下互卦인] 艮은 기르는 것을 뜻하는 까닭에 ≪[艮에 "亭毓"의 뜻이 있다는 것은] 蒙卦에 나옴≫ "育"이라고 하였다. 遯卦와 无妄卦는 모두 [임금의 상징인] 乾天의 아래에서 萬物이 끝나고 시작하는 것(終始)에 해당되니 ≪艮과 震≫ 따라서 임금이 [이 卦象에서] 취할 바가 있는 것이다.

○九家易 皆以物與 屬下句 ≪今從之≫ 後儒 多以雷行物與 爲句 ≪張清子 胡旦 王畿 焦竑 錢一本 皆然≫

○荀九家의 易에서는 모두 "物與"를 아래 句에 귀속(歸屬)시켰다. ≪여

143) [校閱] 國中本에는 "萬物"이 "萬里"로 되어 있는데, 誤記이다.
144) [校閱] 新朝本에는 "乎"가 "于"로 되어 있다.

기서도 ["物與无妄"이라고 句를 끊었으니, 荀九家의] 그 說을 따른 것≫ 그러나 後代의 학자들은 대부분 "雷行物與"를 한 句로 삼았다. ≪장청자(張淸子),[145] 호단(胡旦),[146] 왕기(王畿),[147] 초횡(焦竑),[148] 전일본(錢一本)[149] 등이 모두 이렇게 斷句하였음≫

[26] 산천 대축(山天 大畜)

天在山中, 大畜, 君子以多識 ≪劉瓛本 作志≫ 前言往行, 以畜其德.

하늘[☰]이 山[☶] 속에 있는 것이 大畜卦의 象이다. 君子는 이 卦象을 관찰하여, 옛 말씀과 과거의 행실을 많이 기록함으로써 ≪유환본(劉瓛本)에는 '識'字가 "志"자로 되어 있음≫ 그 德을 기른다.

卦自大壯來 ≪四之上≫ 大壯之時 兌言震行也 ≪三五兌≫ 又自中孚來 ≪三之五≫ 中孚之時 亦兌言震行也 ≪二四震≫ 移之大畜 震

145) 장청자(張淸子) : 元代의 易學者, 字 希獻, 號 中溪.

146) 호단(胡旦) : 宋代人. 名 旦, 字 周父. 渤海.

147) 왕기(王畿, 1498~1583) : 明代 철학자, 字 汝中, 號 龍溪. 왕수인의 수제자(方克立 主編, 『中國哲學大辭典』, 北京 : 中國社會科學出版社, 1994, 98면).

148) 초횡(焦竑, 1540~1620) : 明代人, 字는 弱侯. 李贄와 교류. 『老子翼』·『莊子翼』이 유명하다(한국철학사상연구회 편, 『철학대사전』, 동녘, 1989, 1636면). 『易筌』이라는 저서도 있다(마명춘 편저, 심경호 역, 『주역철학사』, 예문출판사, 1994, 581면).

149) 전일본(錢一本, 1539~1610) : 明代의 經學者. 역학에 정통하였으며, 저작으로는 『像象管見』·『象鈔續鈔』·『四聖一心錄』 등이 있다(金勝東, 『易思想辭典』, 부산대 출판부, 1998, 944면).

兌猶存 ≪今兩互≫ 是 皆前言而往行也 ≪舊卦之言行≫ 大离之文 ≪三六夾≫ 書于震竹 ≪三五震≫ 是 多識也 ≪記爲文曰 識≫ 乾德在中 艮以畜之 ≪止 畜也≫ 畜其德也 ≪大壯之時 英華太發 故今畜止之≫

䷡ ䷙ ䷼

大壯 → 大畜 ← 中孚

大畜卦는 大壯卦에서 왔다. ≪[大壯卦의] 4가 1로 감≫ 大壯卦의 때에는 兌의 말씀과 震의 행실(行實)이 있다. ≪[大壯卦의] 3·4·5가 兌≫ 또 한편, 大畜卦는 中孚卦로부터 온 것이기도 한데 ≪[中孚卦의] 3이 5로 감≫ 中孚卦의 때에도 역시 兌의 말씀과 震의 행실이 있었는데 ≪[中孚卦의] 2·3·4가 震≫ [大壯卦와 中孚卦의 兩卦로부터] 推移하여 大畜卦로 推移하더라도, 震과 兌는 그대로 있으니 ≪[大畜卦의] 上互卦가 震이며, 下互卦가 兌≫ 이것이 모두 "前言"이고, "往行"에 해당된다. ≪[大畜卦의 母卦인] 舊卦의 言과 行≫ [大畜卦에서 보면] 大离의 文章이 ≪[大畜卦의] 3·4·5·6의 夾卦[는 大离]≫ 震의 죽간(竹簡)에 쓰여 있으니 ≪[大畜卦의] 3·4·5位가 震≫ 이것이 "다지(多識)", 즉 "많이 기록함"이다. ≪글로 적은 것을 '識(지)'라고 한다.≫ 乾의 德이 가운데 있고, 艮으로써 그것을 기르니 ≪止는 畜의 뜻≫ [이것을 가리켜] "畜其德", 즉 "그 德을 기른다"라고 한 것이다. ≪大壯卦의 때에는 英華가 크게 일어났는데, 여기 [大畜卦]에서는 그것을 온축(蘊蓄)함≫

[27] 산뢰 이(山雷 頤)

山下有雷, 頤, 君子以愼言語, 節飮食.

山[☶] 아래 천둥[☳]이 치는 것이 頤卦의 象이다. 君子는 이 卦象을 관찰함으로써, 언어(言語)를 신중하게 하고, 음식(飮食)을 절제한다.

卦自臨來 ≪二之上≫ 臨之時 兌口向外 言語不愼 ≪無艮止≫ 飮食無節 ≪無艮限≫ 移之爲頤 則兩剛扃合 艮止有限 斯之謂 愼言而節食也 ≪朱子曰 銘曰 禍從口出 病從口入≫

臨 → 頤

頤卦는 臨卦로부터 왔다. ≪[臨卦의] 2가 上으로 감≫ 臨卦의 때에는, 兌의 입이 밖으로 향해 있어, 언어(言語)를 사용함에 신중함이 없고 ≪艮으로써 그침이 없음≫ 음식을 먹음에도 절제함이 없다. ≪艮의 制限이 없음≫ 頤卦로 옮겨가면, 두 개의 陽爻가 [위아래로] 빗장이 되어, [닫히듯] 합치니, 艮으로 그치고, 한계(限界)를 짓는 것이다. 이것이 이른바 "愼言[語]而節[飮]食", 즉 "말을 신중히 하고, 음식을 절제한다"는 것이다. ≪朱子가 말하였다. "명(銘)에 '화(禍)는 입에서 나오고, 病은 입으로 들어간다'라고 하였다."[150]≫

---

150) 부현(傅玄)의 「口銘」에 나오는 말이라 한다(胡汝章 主編, 『成語辭海』 下, 中國卓越出版公社, 1990, 1512면에 나옴). 傅玄은 西晋의 思想家(217~278)로 『晉書』에 그의 전기가 나온다(『晉書』 第5冊, 1317면. 谷方 著, 『中國哲學人物事典』, 太原 : 書海出版社, 1990, 178면).

[28] 택풍 대과(澤風 大過)

澤滅木, 大過, 君子以獨立不懼, 遯世无悶.

못[☱]에 나무[☴]가 가라앉는 것이 大過卦의 象이다. 君子는 이 卦象을 관찰함으로써, 홀로 서 있어도, 두려워하지 않으며, 세속(世俗)으로부터 은둔하는 삶을 살더라도 근심이 없다.

滅 沒也 中孚之交 巽木墊沒 ≪木在下≫ 澤滅木也

中孚　　大過

"滅"은 가라앉는 것이다. [風澤] 中孚卦가 交易되어,151) [澤風 大過卦가 되면] 巽의 나무가 가라앉으니 ≪[大過卦에서 巽의] 나무가 아래에 있음≫ [이것을 가리켜] "澤滅木"이라고 한 것이다.

卦自大壯來 ≪五之一≫ 大壯之時 坤朋已消 ≪自坤而復 而臨 泰 大壯≫ 只餘兩個 ≪只二陰≫ 震足對立 ≪恒 亦震爲立≫ 移之大過 又喪

151) 茶山에 따르면, 中孚와 小過는 12辟卦의 消長을 따르지 않는 再閏之卦이므로, 推移의 일반적 규칙을 따르지 않고, 特異한 變化方式을 취한다. 즉, 中孚와 小過의 變化方式은 다음과 같다. 즉, 中孚는 大過로부터 交易되거나, 重离卦로부터 推移된다. 그리고 小過는 頤卦로부터 交易되거나, 重坎卦로부터 推移된다. 그런데 中孚와 小過가 重坎과 重离로부터 변한다고 할 경우에, 推移法의 일반적 원칙인 一往一來의 原則에는 어긋나게 된다. 그러나 다산은 中孚와 小過의 두 경우가 그야말로 特特非常之例이며, 그 精義妙旨는 말로써 전할 수 없다고 주장한다(至於中孚之以離變 小過之以坎變 此特特非常之例 其精義妙旨不可以言傳也:『易學緒言』卷2, 19나)

其一 ≪五之一≫ 獨立而無朋也 兌則爲悅 此 不懼也 ≪上今兌≫ 又自遯來 ≪二之上≫ 遯之時 固已巽避 ≪遯 大巽≫ 移之大過 仍不改巽 ≪下今巽≫ 爲入爲隱 ≪又爲潛 爲伏≫ 遯世者也 風以散之 ≪說卦文≫ 無所壅鬱 此 无悶也 ≪乾初九 亦同≫

[또] 大過卦는 大壯卦로부터 왔는데 ≪[大壯卦의] 5가 1로 감≫ 大壯卦의 때에는 坤의 친구들이 이미 줄어들어 ≪坤→復→臨→泰→大壯으로 되는 과정[은 坤이 점차로 소멸되는 과정]≫ 단지 두 사람만이 남아서 ≪[大壯卦의 上部에] 오직 두 개의 陰만 [남아] 있음≫ 震의 발을 딛고 서로 마주보며 서 있었는데 ≪恒卦[의 「大象傳」]에서도 역시 震을 "立"의 뜻으로 본 용례가 있음[152]≫ 大過卦로 추이(推移)하게 되면, 다시 또 한 사람을 잃게 되니 ≪[大過卦의] 5가 1로 감≫ [이것은] 홀로 서서, 친구가 없는 것이다. 兌는 곧 즐거움을 상징하니, 이것이 "不懼", 즉 "두려워하지 않음"의 뜻이 된다. ≪[大過卦의] 上卦는 지금 兌≫ [또] 大過卦는 또한 遯卦로부터 왔다. ≪[遯卦의] 2가 上으로 감≫ 遯卦의 때에도 이미 巽의 도피(逃避)하는 象이 있었는데 ≪遯卦는 大巽의 형태≫ 大過卦로 옮겨가더라도, 여전히 그 巽[의 卦象]에는 변함이 없어 ≪[大過卦의] 下卦가 지금 巽≫ 들어가서 숨는 것이 되니 ≪또 [巽은] 잠기고, 엎드림이 됨≫ [이것은] 세상으로부터 숨는 것이다. [이처럼 세상으로부터 숨었으나, 大過卦의 下卦인] 巽의 바람으로써 흩어 놓아 ≪「說卦傳」의 글≫ [마음속에] 막힌 것이 없으니, 이것을 [가리켜] "무민(无悶)", 즉 "근심이 없다"라고 한 것이다. ≪乾初九의 [「文言」에 나오는 "둔세무민(遯世無悶)"의] 경우도 역시 이와 같다.[153]≫

152) 恒卦의 「大象傳」: "雷風, 恒, 君子, 以, 立不易方."
153) 遯世無悶: 乾初九의 「文言」에 "遯世無悶"이라는 말이 나온다. 이것도 바람이 흩어

○案 悶者 心鬱也 ≪與懣同≫ 大過之卦 上下無壅 所以无悶 ≪與憫字 不同≫

○ [案] "悶"은 마음의 근심을 뜻한다. ≪['번민할 悶(민)'字는] '번민할 懣(만)'字와 [뜻이] 같음≫ 大過卦의 卦象을 보면, 上下로 막힌 것이 없으니, "无悶(번민할 것이 없음)"이라고 한 것이다. ≪['번민할 悶(민)'字는] '불쌍히 여길 憫(민)'字와는 [그 뜻이] 다르다.≫

[29] 중수 감(重水 坎)

䷜

水洊至, 習坎, 君子以常德行, 習教事.

물[☵]이 거듭 흘러와 닿는 것이 習坎卦의 象이다. 君子는 이 卦象을 관찰함으로써, 항상 덕행(德行)을 닦고, [자신을] 가르치는 일을 되풀이하여 행한다.

坎之直心 ≪孔子曰 敬以直內≫ 震以行之 ≪二四互≫ 是 德行也 ≪悳字 從直心≫ 兩卦 皆直常而不變也 坎之勞事 ≪見說卦≫ 艮以誠之 ≪成言乎艮 又誠也≫ 是 教事也 ≪勞以事≫ 兩卦 皆勞習而求嫺也 ≪習重也 閑也≫

坎은 直心인데 ≪孔子께서 [坤卦 六二의 「文言」에] 이르시되, "敬以直內", 즉 "敬으로써 안을 바르게 하라"라고 함≫ 震으로써 행하니 ≪[坎卦의] 2·3·4가 互

놓아 근심걱정이 없는 것으로 설명되고 있다. 한편 乾初九에서 '潛龍'을 설명하며, 巽이 伏이 되고 入이 됨을 말하고 있는데, 여기의 細注가 이를 가리키는 것은 아니다.

震≫ 이것이 "德行"이다. ≪['德'字의 古體인] '悳(덕)'字 자체가 '直(직)'字와 '心(심)'字로부터 왔다.≫ [坎과 震의] 兩卦는 모두 곧고 한결같아, 변하지 않음을 상징한다. 坎에서 勞力하여 일하고, ≪「說卦傳」에 보임≫ 艮으로써 훈계(訓戒)하니 ≪["成言乎艮", 즉] "艮에서 말씀을 이룬다"고 하였느니, 艮은 또한 훈계하는 것이 됨≫ 이것은 "教事", 즉, "교육하는 일"이다. ≪[교육하는] 일을 열심히 하는 것이다.≫ [坎과 艮의] 兩卦는 모두 힘써 익히고, 능숙함을 추구하는 것이다. ≪習은 重이며, 익숙함이다.≫

○京房本 洊作臻 ≪干寶本 作薦≫ 聲轉也

○京房本에서는 '이를 洊(천)'字가 '이를 臻(진)'字로 되어 있는데 ≪간보(干寶)의 책에는 '천거할 薦(천)'字로 되어 있음≫ 이것은 "聲轉", 즉 "소리가 轉移된 것"이다.[154]

○子在川上 曰 不舍晝夜 亦常德行 習教事之義

○孔子가 시냇가에서 [그 흐르는 물을 보고] 말씀하시기를, "불사주야(不舍晝夜)", 즉 "밤낮으로 쉼이 없구나!"[155]라고 했는데, 이 역시 "常德行, 習教事", 즉 "항상 德行을 닦고, 가르치는 일을 익힌다"는 뜻이다.

154) 六書法 중 '轉注'에 대한 說은 구구한데, 그 중 轉注를 '轉音'으로 해석하는 說이 있다. 茶山이 여기서 말한 '聲轉'은 그를 염두에 둔 것이 아니가 한다.

155) 『論語』「子罕」편에 "子在川上曰, 逝者如斯夫, 不舍晝夜"라고 함. 茶山의 인용문에는 "逝者如斯夫"가 생략되어 있다.

[30] 중화 리(重火 離)

明兩作, ≪句≫ 離, 大人以繼明, 照于四方.

밝음[☲]이 거듭 발생하는 것이 ≪句≫ 離卦의 象이다. 대인(大人)은 이 卦象을 관찰함으로써, [태양의] 광명(光明)을 계승하여, 四方을 비춘다.

兩离之間 接之以巽繩 ≪二四互≫ 此 繼明也 兩离之間 隔之以坎夜 ≪虞氏易≫ 兩日相繼也 卦自大壯來 ≪二之上≫ 震兌本有也 ≪大壯 三五兌≫ 移之爲離 坎离又備 ≪二五夾 大坎≫ 照四方也 ≪或曰卦自遯來 今乾變爲离 太陽中天 照四方也≫

大壯 → 離 ← 遯

兩离의 사이를 巽의 밧줄로써, [그것을] 접속(接續)하니 ≪[離卦의] 2·3·4가 互巽≫ 이것이 "繼明", 즉 "밝음을 잇는 것"이다. 두 개의 离의 사이에 坎의 밤이 있어서 떨어져 있으니 ≪우번(虞翻)의 易≫ [이것은] 두 개의 태양이 서로 잇는 것이다. 離卦는 大壯卦로부터 온 것인데 ≪[大壯卦의] 2가 上으로 감≫ 震과 兌는 [大壯卦에] 본래부터 있었는데 ≪大壯卦의 3·4·5는 互兌≫ [大壯卦로부터] 推移하여 離卦로 되면, 坎과 离가 다시 갖추어지니 ≪2·3·4·5의 夾卦가 大坎≫ [이것은] 四方[156]을 비추는 것이다. ≪혹자는 말하였다. "離卦는 遯卦로부터 온 것이니 ≪[遯卦의] 1이 5로 감≫

156) 四方이란 震의 東方, 兌의 西方, 坎의 北方, 离의 南方을 가리키는 명칭이다.

[이 경우 遯卦의 上卦인] 乾이 변하여 离로 되니, 태양이 中天에 떠서 四方을 비추는 象이다."》

[31] 택산 함(澤山 咸)

山上有澤, 咸, 君子以虛受人.

山[☶] 위에 못[☱]이 있는 것이 咸卦의 象이다. 君子는 이 卦象을 관찰함으로써, 겸허하게 사람을 수용한다.

卦自否來 《三之上》 虞仲翔云 坤爲虛 謂否之坤虛 其三以受上剛之來 曰 虛受人 《乾爲人》 其義甚正

否 → 咸

咸卦는 否卦에서 왔다 《[否卦의] 3이 上으로 감》 우중상(虞仲翔)이 말하기를, "坤이 虛의 뜻이 되는데, [여기서 '虛'는] 否卦의 坤虛를 이르는 것이다. 그 第3位에서 [否卦의 上位에 있던] 剛이 [내려] 온 것을 수용하였으므로, [이것을 가리켜] '虛受人'이라고 한 것이다"라고 했는데 《乾은 사람이 됨[157]》 그 뜻이 매우 적절하다.

157) 孫星衍의 『周易集解』 上(上海書店, 1993, 270면)과 李道平의 『周易集解纂疏』(中華書局, 1994, 316면)에 해당 구절이 나오는데, 원문 그대로가 아닌, 상당히 변형·축약하여 인용한 것으로 생각된다.

○天地定位 山高澤卑 而今艮在下 此 亦謙卑之象 ≪謙下艮≫ 故 其德爲虛受 ≪我邦之白頭山 漢拏[158]山 其頂 皆有大澤 盖有嵌空之虛受也 聖人之觀象立文 皆合實理≫

○하늘과 땅이 그 위치를 定하고 보니, 山은 높고 못(澤)은 낮다.[159] 그런데 지금은 艮[의 山]이 오히려 [연못보다] 아래 있으니, 이 역시 겸손히 낮추는 象이다. ≪謙卦의 下卦는 艮≫ 그러므로 그 德이 "겸허하게 받아들이는 것"이 된다. ≪우리나라의 백두산과 한라산에는, 모두 그 頂上에 큰 연못이 있거니와, 대개 움푹 파인 空洞의 빈 공간으로 [물을] 수용하고 있다. 聖人이 象을 관찰하고, 文理를 세움은 [이처럼] 모두 실재의 이치에 부합되는 것이다.≫

[32] 뇌풍 항(雷風 恒)

䷟

雷風, 恒, 君子以立不易方.

우레[☳]와 바람[☴]이 있는 것이 恒卦의 象이다. 君子는 이 卦象을 관찰함으로써, [굳건하게] 서서 [함부로] 그 자리를 바꾸지 않는다.

卦自泰來 ≪一之四≫ 泰之時 震足之立 ≪三五互≫ 本在乾方 ≪泰下乾≫ 乾者 賓位也 ≪賓 坐於西北≫ 移之爲恒 下乃成巽 ≪四之一≫ 巽者 主位也 ≪主人 坐東南≫ 然而震足之立 ≪上今震≫ 一直履乾 ≪二四乾≫ 立不易方也

158) [校閱] 新朝本과 奎章本과 國中本에 모두 "挐"로 되어 있으나 일반적으로는 "拏"로 표기한다(漢拏山). "挐"와 "拏"는 서로 통용되는 글자이다.
159) 「說卦傳」(제3장)에, "天地定位, 山澤通氣"라는 말이 있음.

䷊ ䷟

泰 → 恒

恒卦는 泰卦로부터 왔다. ≪[泰卦의] 1이 4로 감≫ 泰卦에서 震의 발을 딛고 서 있는 곳이 ≪3·4·5의 互卦가 震≫ 본래 乾의 방향이었는데 ≪泰卦의 下卦는 乾≫ 乾은 손님의 자리이다. ≪손님은 [乾의 방향인] 서북쪽에 앉음≫ [그런데 泰卦로부터] 추이(推移)하여 恒卦가 되면, 下卦는 巽이 되는데 ≪[泰卦의] 4가 1로 감≫ 巽은 主人의 자리이다. ≪主人은 [巽의 方位인] 東南쪽에 앉음≫ 그런데 震의 다리로 서 있는 것이 ≪[恒卦에서도] 上卦가 震≫ 한결같이 乾을 딛고 서 있으므로 ≪[恒卦의] 2·3·4가 乾≫ [이것을 가리켜] "立不易方", 즉 "[굳건하게] 서서 [함부로] 그 자리를 바꾸지 않는다"라고 한 것이다.

[33] 천산 둔(天山 遯)

䷠

天下有山, 遯, 君子以遠小人, 不惡而嚴.

하늘[☰] 아래 山[☶]이 있는 것이 遯卦의 象이다. 君子는 이 卦象을 관찰함으로써, 小人을 멀리하되, 그를 미워하지 않고, [다만] 엄격히 대할 뿐이다.

上乾 君子也 ≪震之積爲乾≫ 下艮 小人也 ≪內柔而外剛≫ 二陽旣消 巽德隱遯 ≪二四互≫ 遠小人也 而此 君子 雖在坎位 ≪四五六≫ 刑

律未著 ≪無坎形≫ 是 不惡也 西北之氣 尊而嚴凝 ≪乾之氣≫ 不惡而嚴也

[遯卦의] 上卦인 乾은 君子를 상징한다. ≪震이 축적되어, 乾이 됨[160]≫ [반면에 遯卦의] 下卦인 艮은 小人을 상징한다. ≪[君子는 외유내강(外柔內剛)하지만, 小人은] 내유외강(內柔外剛)하다.≫ [遯卦에서는] 두 개의 陽이 이미 소멸되고, 巽이 은둔하는 의미를 지니므로 ≪[遯卦의] 2·3·4의 互卦[가 巽]≫ [이것을 가리켜] "遠小人", 즉 "小人을 멀리하라"고 한 것이다. 이같이 君子가 [법률을 집행하는] 坎位에 있기는 있으나 ≪4·5·6位[는 본래 坎位]≫ 그 형법(刑法)의 규율(規律)이 아직 뚜렷이 드러나지 않고 있으니 ≪[遯卦에는] 坎의 형태가 없음≫ 이것이 "不惡", 즉 "미워하지 말아야 하는 이유"가 된다. 서북쪽의 氣는 존엄(尊嚴)하면서도 준엄(峻嚴)한 것이니 ≪乾의 氣를 가리킴≫ [이것이] "不惡而嚴", 즉 "미워하지 않고, [다만] 엄격히 대할 뿐"이라고 한 것이다.

○禮記云 天地嚴凝之氣 盛於西北 天地溫厚之氣 盛於東南 ≪鄕飮義≫

○『禮記』에 이르기를, "天地의 준엄한 氣는…… 서북쪽에 왕성(旺盛)하고, 天地의 온후(溫厚)한 氣는…… 동남쪽에 왕성하다"라고 하였다. ≪「禮記」「鄕飮酒義」에 나오는 말이다.[161]≫

160) 震이 君子인데, 乾은 震이 축적된 것이므로, 역시 君子가 된다.
161) 이상옥 역, 『禮記』 下, 명문당, 2003, 247면.

[34] 뇌천 대장(雷天 大壯)

雷在天上, 大壯, 君子以非禮弗履.

우레[☳]가 하늘[☰] 위에 있는 것이 大壯卦의 象이다. 君子는 이 卦象을 관찰함으로써, 禮가 아니면 행하지 않는다.

卦由復進 ≪二月卦≫ 自復以來 震足之行 遵此大途 ≪復 臨 泰≫ 以竟离位 ≪一二三≫ 离者 禮也 ≪嘉會以合禮≫ 進而爲大壯 遂以震足 ≪上今震≫ 履玆离位 ≪一二三≫ 非禮不履也

復 → 臨 → 泰 → 大壯

大壯卦는 復卦로부터 前進해서 성립된 괘이다. ≪[大壯卦는] 2月卦에 해당됨≫ 復卦 이래로, 震의 다리로 행진(行進)을 계속하여, 이 큰 길을 따라왔는데 ≪復卦에서 臨卦를 거쳐 泰卦에 이름≫ [泰卦에서] 마침내 离位의 끝에 이르렀다. ≪1·2·3은 [본래] 离位≫ 离는 禮이다. ≪禮에 합당하게, 좋은 모임을 가진다.≫ [泰卦로부터] 한 걸음 더 나아가 大壯이 되니, 결국 震의 다리로 ≪[大壯卦의] 上卦가 지금 震≫ 이 离位를 밟고 있는 형국이라 ≪1·2·3[位는 본래 离位]≫ "非禮不履", 즉 "禮가 아니면 行하지 않는다"라고 한 것이다.

○孔子曰 非禮勿視 ≪离爲目≫ 非禮勿聽 ≪坎爲耳≫ 非禮勿言 ≪兌爲口≫ 非禮勿動 ≪震爲足≫ 亦以四正之卦 而立訓者也 ≪禮記 左史記動

右史記言 亦以東震 而西兌也≫

○孔子께서 말씀하시기를, "禮가 아니면 보지도 말고 ≪离는 눈이 됨≫ 禮가 아니면 듣지도 말며 ≪坎은 귀가 됨≫ 禮가 아니면 말하지도 말고 ≪兌는 입이 됨≫ 禮가 아니면 行하지 말라"[162]고 하였는데 ≪震은 발이 됨≫ [이 孔子의 말씀도] 역시 4正卦로써 교훈을 삼은 것이다. ≪『禮記』「玉藻」에 [이르기를] "左史는 행실을 기록하고, 右史는 말을 기록한다"고 했는데,[163] 역시 [좌측인] 동쪽을 震(足, 행동)으로 보고, [우측인] 서쪽을 兌(口, 言語)로 보아, 이렇게 한 것이다.[164]≫

[35] 화지 진(火地 晉)

明出地上, 晉, 君子以自昭明德.

밝음[☲]이 땅[☷] 위로 나오는 것이 晉卦의 象이다. 君子는 이 卦象을 관찰함으로써 스스로 명덕(明德)을 밝게 드러낸다.

卦自觀來 ≪五之四≫ 巽之命令 ≪彼上巽≫ 告諭坤民 ≪下本坤≫ 將以風天下 而敎之也 旣而曰 不如自修之易化也 ≪身敎 勝言敎≫ 移

162) 『論語』「顔淵」편에 나오는 구절이다. "顔淵曰, 請問其目. 子曰, 非禮勿視, 非禮勿聽, 非禮勿言, 非禮勿動. 顔淵曰, 回雖不敏, 請事斯語矣."

163) 左史記動 右史記言 : 원문 그대로의 인용이 아니고, 원문을 약간 변형시킨 문장이다. 『禮記』「玉藻」(第13)에 "動則左史書之, 言則右史書之"라고 하였다(이상옥 역, 『禮記』 中, 명문당, 2003, 93면).

164) 東西南北과 卦를 결부시킴에, 설괘방위에 나온 것이 옳은 것임을 말하고자 한 것이다. 즉 左는 東, 震은 足(行)인데, 左史가 행실을 기록했다는 것이, 震이 東方이라는 증거가 된다는 것이다.

之爲晉 則坎德 ≪三五互≫ 离明 ≪上今离≫ 其身自修 ≪离爲治≫ 自昭明德也 他卦 以內爲我 觀卦 以上爲主 ≪見本卦≫ 上之變离 卽爲自昭也 君子之道 修己以治人

䷓ ䷢

觀 → 晉

晉卦는 觀卦에서 왔다. ≪[觀卦의] 5가 4로 감≫ [觀卦에서] 巽의 命令을 내려서 ≪觀卦의 上卦는 巽≫ 坤의 백성에게 깨우쳐주기를 ≪[觀卦의] 下卦가 본래 坤≫ "장차 天下를 풍미하며, 교화할 것이다"고 하였다.[165] 그러나 오래지 않아 [다음과 같이] 말하였다. "[이는] 스스로 修身함으로써 바꾸어나가는 敎化[166]만 같지 못하다." ≪[몸소 행동으로 보여주는] 身敎가 [말로 가르치는] 言敎보다 낫다.≫ [어째서 그러한가? 觀卦로부터] 추이하여 晉卦가 되면, 坎의 德과 ≪[晉卦의] 3·4·5가 互坎≫ 离의 밝음으로 ≪[晉卦의] 上卦가 지금 离≫ 그 자신을 스스로 수양하니 ≪离는 다스림의 뜻이 됨≫ [이것을 가리켜] "自昭明德", 즉 "스스로 明德을 밝게 드러낸다"라고 한 것이다.[167] [일반적인 원칙으로 보면] 다른 卦에서는 內卦가 "我"가 되는데, 觀卦에서는 上卦가 "主"가 된다. ≪[觀卦의] 本卦를 참조할 것≫ [觀卦로부터 晉卦로 추이하게 되면] 上卦[인 巽卦]가 변하여 离로 되니, [이것은] 곧 "스스로 밝히는 것"이 된다. 君子의 道는 자신을 닦아서, 남을 다스리는 데 있다.

165) 以上은 觀卦의 상황이고, 이 다음은 晉卦의 상황을 미리 말하는 것이고, 다음 단락에서 왜 그렇게 되는지가 설명되고 있다.

166) 易化: (**다른 가능한 해석**) 쉬운 敎化.

167) 이 구절은 坎德과 离明으로 "明德"의 유래를 해명한 것이다.

[36] 지화 명이(地火 明夷)

䷣

明入地中, 明夷, 君子以莅衆, 用晦而明.

밝은 빛[☲]이 땅[☷] 속으로 들어가는 것이 明夷卦의 象이다. 君子는 이 卦象을 관찰함으로써, 大衆에게 임(臨)할 적에, 어둡게 처신함으로써, 오히려 현명(賢明)해지는 것이다.

卦自臨來 ≪二之三≫ 大震之主 ≪兼畫三≫ 前臨坤民 是 蒞衆也 ≪蒞 臨也≫ 晦者 昧也 ≪隨大象≫ 本以兌昧 ≪臨下兌≫ 今爲离明 ≪二之三≫ 用晦而明也 臨民之法 矜其小明 則反爲昏暗也 ≪唐 宣宗≫

䷒ → ䷣

臨 → 明夷

明夷卦는 臨卦로부터 왔다. ≪[臨卦의] 2가 3으로 감≫ 大震의 君主가 ≪[臨卦를] 兼畫하여 三畫卦로 보면 大震[의 형태]≫ 坤의 백성 앞에 나서니, 이것이 "이중(蒞衆)", 즉 "大衆에게 임(臨)함"이다. ≪'이(蒞)'[168]는 臨하는 것이다.≫ "晦"는 어두움이다. ≪隨卦의 「大象傳」을 참조할 것≫ 본래 兌로써 어두웠으나 ≪臨卦의 下卦가 兌≫ 이제는 离의 밝음이 되니 ≪[臨卦의] 2가 3으로 감≫ 이것이 "用晦而明",[169] 즉 "어둡게 처신함으로써, 오히려 현명(賢明)해지는 것"이다. 백성들에게 군림(君臨)하는 방법에 있어서, [자신의] 작은 총명(聰明)함을 자랑하면, 오히려 어두워지는 법이다. ≪唐나라 선종(宣宗)[170]의 예가 그러함≫

---

168) '리(蒞)'는 '리(莅)'의 俗字이다.

169) 用=以.

○ 呂氏曰 不有虞淵之入 焉有暘谷之明 此 養明之道也

○ 呂氏[171]가 말하였다. "해가 지는 우연(虞淵)[172]으로 들어가지 않고, 어찌 [동녘의] 해가 솟아오르는 양곡(暘谷)[173]의 밝음이 있을 수 있겠는가? 이것은 현명함을 기르는 방법을 말한 것이다."[174]

[37] 풍화 가인(風火 家人)

風自火出, 家人, 君子以言有物而行有恒.

바람[☴]이 불[☲]로부터 나오는 것이 家人卦의 象이다. 君子는 이 卦象을 관찰함으로써, 말에는 分別이 있고, 행동에 항상(恒常)됨이 있도록 한다.

---

170) 唐宣宗 : 846~859년 사이에 在位하였던 唐나라 제16대 王.

171) 여기서, 呂氏는 呂本中(1084~1145)를 가리킨다. 呂本中의 字는 居仁, 號는 東萊이다. 呂本中은 중국 南宋 때 학자로서, 쇄소응대(灑掃應對)의 일이 訓詁보다 후선된다며, 下學上達의 학문을 강조하였다. 또한 유학과 불교의 사상적 요지가 크게는 같다고 보아 二家의 조화를 주장하였다. 저술로『春秋集解』·『童蒙訓』등이 있다(최석기,『中國經學家事典』, 경인문화사, 2002, 106면).

172) 우연(虞淵) : 해가 지는 곳,『淮南子』에 "日出暘谷, 入于虞淵"이라고 함.

173) 중국 고대신화에 따르면, 제준(帝俊)의 아내 희화(羲和)는 열 개의 태양을 아들로 낳았다. 열 개의 태양은 동쪽 끝의 양곡(暘谷)에 있는 부상(扶桑)이라는 뽕나무에서 교대로 출발하여, 황혼 무렵에는 서쪽 끝에 있는 우연(虞淵)의 연못으로 갔다가 다시 양곡(暘谷)으로 되돌아왔다. 그런데, 어느날 열 개의 태양이 차례대로 떠올라야 한다는 규칙을 어기고, 모두 동시에 떠오르게 되자 초목과 곡식이 타죽고 강물이 말라붙게 되는 재앙이 발생하게 되었다. 이에 후예(后羿)가 나서서 아홉 개의 태양을 화살로 쏘아 떨어뜨리고 나서야 이 소동은 진정되었다고 한다(오만종 옮김, 사라 알란 지음,『거북의 비밀－중국인의 우주와 신화』, 예문서원, 2002, 56~75면).

174) 原文은 "東萊 呂氏曰, 用晦而明者, 君子養明之道, 不有虞淵之入 焉有暘谷之明"으로 되어 있다(朝鮮圖書株式會社 編輯部 編纂,『備旨具解原本周易』, 611면).

卦自中孚來 ≪三之二≫ 下兌言也 ≪兌爲口≫ 上巽行也 ≪股以行故觀亦云 風行≫ 移之家人 則兌變爲离 ≪下今离≫ 离以辨物 ≪見同人≫ 言有物也 ≪義詳下≫ 巽仍爲巽 無所變動 ≪上不移≫ 行有恒也 ≪恒常也≫

中孚 → 家人

家人卦는 中孚卦로부터 왔다. ≪[中孚卦의] 3이 2로 감≫ [中孚卦의] 下卦인 兌는 말(言)을 상징하며 ≪兌는 입이 됨≫ [中孚卦의] 上卦인 巽은 행동(行)이 된다. ≪[巽의] 다리로] 가는 것이다. 따라서 觀卦에서도 역시 말하기를, [觀卦의 上卦인 巽으로 인해] "風行"이라고 하였음[175]≫ [그런데 中孚卦로부터] 推移하여 家人卦로 되면, [中孚卦의 下卦인] 兌가 변하여 离가 되는데 ≪[家人卦의] 下卦가 지금 离≫ 그 离로써 사물을 分別하니 ≪同人卦에 나옴[176]≫ [이것을 가리켜] "言有物", 즉 "말에는 분별이 있다"라고 한 것이다. ≪이 의미는 아래에 자세히 설명함≫ 巽은 여전히 巽으로, 변동된 것이 없다. ≪上卦에는 變移가 없다≫ 그래서 "行有恒"이라고 한 것이다. ≪恒은 常이다.≫

○周禮 物土者 辨土性也 物馬者 辨馬色也

○『周禮』에서 물토(物土)[177]는 흙의 성질을 辨別함을 뜻하며, "물마

---

175) 風地 觀卦의 「大象傳」에서 "風行地上, 觀, 先王, 以, 省方觀民, 設敎"라고 함.

176) 同人卦의 「大象傳」에 대한 茶山의 주석에서 "夬之時, 五陽相連, 漫然無別, ≪物不分≫ 移之同人則, 离以別之 ≪下今离≫"라고 함.

177) 물토(物土): 『周禮』에 "物土"라는 말이 나오는 것은 아니다. 다만 『周禮』 「夏官司馬」 「土方氏」에 "土方氏掌土圭之法, 以致日景, 以土地相宅而建邦國都鄙, 以辨土宜土化之法而授任地者(土方氏는 土圭의 법을 관장하여, 해의 그림자를 이르게 한다. 토지에 집을 지어 살게 하고, 큰 나라와 작은 나라와 都와 鄙의 주거 지역을 건설한다. 토지가

(物馬)"[178]는 말의 색깔(馬色)을 구별함을 뜻한다.

○ 禮記云 ≪緇衣篇≫ 身[179]不正 言不信 則義不壹 行無類也 子曰 言有物 而行有格也 ≪格 亦正≫ 故 君子 多聞 質而守之 多志 質而親之 精知 略而行之

○『禮記』에서 다음과 같이 말했다. ≪「緇衣」篇에 나온다.[180]≫ "처신(處身)이 올바르지 않고, 언사(言辭)에 믿음이 없으면, 義가 한결같지 않게 되고, 행동에 절도가 없게 된다." [『禮記』「緇衣」의 계속] 孔子께서 말씀하시기를, "말에는 분별이 있어야 하고, 행동에는 올바름이 있어야 한다. ≪'격(格)'은 또한 올바름을 뜻함≫ 그러므로 君子는 많이 듣되, 질박(質朴)하게 [그 들은 바를] 지키며, 많이 기록하되, 순박(淳朴)하게 [그 기록한 바를] 친애(親愛)하며, 자세히 알되, [그 아는 바를] 간략히 해서, 행동한다"라고 하였다."

9가지 곡식을 심기에 적당한가를 살피고, 토지가 기름진지 척박한지 법을 제정하여 판단하고, 토지를 주어서, 載師에게 맡긴다)"라고 함(池載熙, 李俊寧 譯,『周禮』, 자유문고, 2002, 392~393면). "物土"라는 말은『左傳』(成公 2年)에 나온다. 즉, "先王疆理天下, 物土之宜, 而布其利(先王은 天下의 토지에 경계를 정할 때, 그 토지의 지형과 토질을 살펴서, 그 토지에 마땅한 작물을 정하여, 그 토지에서 이익이 나게 하는 德을 폈습니다)."(남기현 역,『春秋左傳』中, 자유문고, 2003, 31면)

178) 물마(物馬) :『周禮』「夏官」「司馬」「校人」에 나오는 말이다. "凡軍事, 物馬而頒之(軍事에는 말들의 힘이 균일하도록 한다)"라고 함(池載熙, 李俊寧 譯,『周禮』, 자유문고, 2002, 382~383면).

179) [校閱] 新朝本에는 "身不正"의 "身"이 "車"로 되어 있다. 誤字이므로 바로잡는다.

180) 이상옥 역,『禮記』下, 명문당, 2003, 135면.

[38] 화택 규(火澤 睽)

䷥

上火下澤, 睽, 君子以同而異.

위에는 불[☲]이 있고 아래로는 못[☱]이 있는 것이 睽卦의 象이다. 君子는 이 卦象을 관찰함으로써, [世俗과 더불어] 같으면서도, 다르게 [처신(處身)]한다.

离火兌澤 二陰同體 ≪卽二女同居≫ 炎上潤下 所性異趨 ≪丘氏云≫ 同而異也 睽者 乖異也

离의 불[☲]과 兌의 못[☱]은 두 陰卦인데, [睽卦 내에서] 한 몸을 이루고 있다. ≪즉 离의 中女와 兌의 少女가 同居하고 있음≫ [그런데] 불의 타오름은 위로 향하고, 물의 습기는 아래를 향하니, 그 성질이 [서로] 다른 방향으로 달리고 있다. ≪丘氏[181]가 [그렇게] 말함[182]≫ [따라서 이것을 가리켜] "同而異", 즉 "같으면서, 다른 것"이라고 한 것이다. 睽는 어그러져 달라짐을 뜻한다.

○或曰 大壯者 大兌也 中孚者 大离也 ≪皆兼畫≫ 移之爲睽 兌离又成 此同也 卦形大變 同而異也

181) 여기서 "丘氏"라고 한 것은 구부국(丘富國)을 가리킨다. 구부국(丘富國)은 宋나라 末의 경학가로, 建安사람이다. 『周易傳義大全』에 "建安 丘氏"라고 불리고 있다. 朱熹의 文人에게 수학하였는데, 특히 易學에 뛰어났다. 저술로 『周易輯解』·『易學說約』·『經世補遺』 등이 있다(최석기, 『中國經學家事典』, 경인문화사, 2002, 20면).

182) 原文에는 "二陰同體"와 "炎上潤下" 사이에 '而'字가 포함되어 있다. 즉, "离火兌澤, 二陰同體[而]炎上潤下, 所性異趨"로 되어 있다.

大壯 → 睽 ← 中孚

○ 혹자(或者)가 말하였다. "大壯卦는 大兌의 형상이고, 中孚卦는 大离의 형상이다. ≪모두 兼畫한 것≫ [그런데 大壯卦와 中孚卦로부터] 추이하여, 睽卦가 되면, 兌와 离가 또 다시 성립하니, 이것이 '同'이라고 한 까닭이며, 卦形이 크게 변하였으니, [이것이] '同而異'라고 한 까닭이다."

[39] 수산 건(水山 蹇)

山上有水, 蹇, 君子以反身脩德.

山[☶] 위에 물[☵]이 있는 것이 蹇卦의 象이다. 君子는 이 卦象을 관찰함으로써, 자신을 반성하고, 德을 닦는다.

卦自觀來 ≪上之三≫ 巽之命令 出自坤國 ≪風地觀≫ 以宣風教 既而曰 內德空虛 ≪下無陽≫ 不可爲也 反求諸己 ≪上之三 艮爲求≫ 坎德离修 ≪上下互≫ 反身修德也 ≪晉蹇 皆自觀來 彼以上爲主 此以內爲我 唯變所適也≫

觀 → 蹇

蹇卦는 觀卦로부터 왔다. ≪[觀卦의] 上이 3으로 감≫ 巽의 명령(命令)이 坤의 나라에서 나오니 ≪風地 觀卦≫ [그렇게 함으로써] 교화를 베푸는 것이다. [그러나] 오래지 않아 말하기를, "안으로 德이 空虛하여 ≪[觀卦의] 下卦에 陽이 없음≫ [교화를] 할 수가 없다"라고 하면서, 돌이켜 자신에게서 구(求)하게 되니 ≪[觀卦의] 上이 3으로 감,[183] 艮은 求함의 뜻이 됨≫ 坎의 德과 離의 修身함이 있으므로 ≪上互卦가 離이고, 下互卦가 坎[184]≫ [이것을 가리켜] "反身修德"이라고 한 것이다. ≪晉卦와 蹇卦는 모두 觀卦에서 나온 것인데, 저 晉卦에서는 上位가 主가 되고, 이 蹇卦에서는 內卦가 我가 되니, [『周易』의 해석은 해석의 정해진 규칙이 있는 것이 아니라] 오직 변화를 따를 뿐인 것이다.≫

[40] 뇌수 해(雷水 解)

䷧

雷雨作, ≪句≫ 解, 君子以赦過宥罪.

천둥[☳]과 비[☵]가 [함께] 발생하는 것이 ≪句≫ 解卦의 象이다. 君子는 이 卦象을 관찰함으로써, 허물을 용서하고, 罪를 사면해준다.

卦有兩坎 ≪正與互≫ 初犯爲過 ≪坎爲眚≫ 再犯爲罪也 ≪爲故犯≫ 以正體則 坎之有過 ≪初犯者≫ 震以生之 ≪震爲仁≫ 是 赦過也 ≪全釋之≫ 以互體則 坎之有罪 ≪再犯者≫ 离以寬之 ≪乾卦 离爲寬≫ 是

183) 觀卦의 上이 三으로 가는 것이 "反", 즉 "[안으로] 되돌이킴"이 된다. [觀卦의] 上이 三으로 가면, 蹇卦의 下卦는 艮이 되는데, 艮은 "求"의 뜻이 된다.

184) 蹇卦의 上卦도 坎이지만, 여기서는 고려에 넣지 않고 있다. 아마도 「小象傳」의 해석이 "反求諸己"에 맞추어져 있으므로, 上卦의 坎은 무시한 것이 아닌가 생각된다.

宥罪也 《寬宥之》 曷然哉 卦自小過來 《三之二》 小過之時 罪過牢結 《互巽以結之》 移之爲解 其結始解也 《詳卦義》

小過 → 解

解卦에는 두 개의 坎이 있는데 《正卦와 互卦[의 兩坎, 즉 下卦와 上互卦]》 [잘못을] 처음 犯하면, "過"라고 하고 《坎은 허물[眚]이 됨》 [잘못을] 재차(再次) 범하면, "罪"라고 한다. 《고의(故意)로 범(犯)하는 것이 罪》 [解卦의 卦象을] 正體로써 보면, 坎의 허물이 있음을 《초범자(初犯者)에 해당됨》 震으로써 살려주니 《震은 仁이 됨》 이것이 "사과(赦過)", 즉 "허물을 용서함"이 된다. 《[초범자를] 완전히 석방시킴》 [그런데 解卦의 卦象을] 互體로써 보면, 坎의 罪 있음을 《재범자(再犯者)에 해당됨》 离로써 관용(寬容)하니 《乾卦의 例에서 보듯이, 离는 너그러움의 뜻[185]》 이것이 "유죄(宥罪)", 즉 "罪를 사면해 주는 것"이다. 《너그럽게 용서해줌》 어떻게 해서 그러한가? 解卦는 小過卦로부터 왔으니 《[小過卦의] 3이 2로 감》 小過卦의 때에, 죄과(罪過)로 말미암아 감옥에 결박(結縛)되어 있었는데 《[2·3·4의] 互巽으로써 결박함》 [小過卦로부터] 추이하여 解卦가 되면, 그 결박(結縛)이 비로소 풀리게 된다. 《상세한 것은 解卦의 卦義를 참조할 것[186]》

185) 『四箋』 卷1, 39가 참조.
186) 『四箋』 卷5, 11가~11나 참조.

[41] 산택 손(山澤 損)

䷨

山下有澤, 損, 君子以懲忿窒欲.

山[☶] 아래 못[☱]이 있는 것이 損卦의 象이다. 君子는 이 卦象을 관찰함으로써, 분노(忿怒)를 가라앉히고, 욕심을 막는다.

卦自泰來 ≪三之上≫ 乾性太剛 剛則易忿 ≪剛愎也≫ 移之爲兌悅者 ≪乾變兌≫ 澤水之澄定也 ≪懲 澂定之意≫ 坤性太柔 柔則多慾 ≪坤爲吝嗇 ○孔子曰 棖也 慾 焉得剛 ○禮記云 用人之仁 去其貪≫ 移之爲艮節者 ≪坤變艮≫ 山土之窒遏也 ≪塞其竇≫ 此之謂 懲忿窒慾

䷊ ䷨

泰 → 損

損卦는 泰卦로부터 왔다. ≪[泰卦의] 3이 上으로 감≫ 乾의 성격이 지나치게 剛하니, 剛하면, 쉽게 화를 내게 되는 법이다. ≪[乾의 성격은] 굳세고 너그럽지 못함[187]≫ [그런데 泰卦로부터] 推移하여 [損卦가 되면] 兌로써 기뻐함은 ≪[泰卦의] 乾이 [損卦의] 兌로 변함≫ 못의 물이 맑게 정화되었기 때문이다. ≪'懲(징)'字는 맑아져서 안정됨의 뜻≫ 坤의 성질은 지나치게 유(柔)하니, 유(柔)하면, 욕심이 많다. ≪坤은 인색(吝嗇)함이 된다. ○孔子께서 말씀하시기를, "신정(申棖)[188]은 욕심이 많으니, 어찌 강직(剛直)한 사람이라 하랴?"[189]라고

187) (다른 가능한 해석) ①[乾의 성질은] 강퍅(剛愎)하다. ② 굳세면(剛) [성질이] 너그럽지 못하게 된다.

188) 신정(申棖) : 孔子의 제자로, 魯나라 사람이다. 字는 주(周)이다.

하였다. ○『禮記』「禮運」에 이르되, "사람의 어진 마음을 이용하되 편애(偏愛)에 빠지지 말아야 한다"라고 하였다.[190]≫ [泰卦로부터] 推移하여 [損卦로 됨에] 艮으로 절제(節制)함은 ≪[上卦의] 坤이 변하여 艮이 됨≫ 산의 흙으로 막기 때문이다. ≪그 구멍을 틀어막음≫ 이것을 [가리켜] "징분질욕(懲忿窒慾)", 즉 "성내는 마음을 가라앉히고, 욕심을 막는 것"이라고 한 것이다.

○古文 懲作徵 ≪陸德明云 徵止也≫ 鄭玄云 淸也 ≪劉瓛同≫ 此是正義 ≪蜀才本 又作澄 此澄之譌也≫

○古文에서는 '懲'字를 '徵'字로 썼다. ≪陸德明이 말하기를, "'徵'字는 그침(止)을 뜻한다"고 하였다.≫ 鄭玄은 ['懲'字가] 맑음(淸)을 뜻한다고 하였는데 ≪유환(劉瓛)도 동일한 주장을 함≫ 이것이 바른 의미이다. ≪蜀才本에는 또 ['懲'字가] '건질 澄(증)'字로 되어 있다. [그런데] 이 '건질 澄(증)'字는 '澄'字의 譌字이다.≫

○又鄭玄本 窒作懫 ≪劉瓛本 亦然≫ 孟喜本 作恎 皆止也 ≪陸績本 作瘠≫

○또 정현(鄭玄)의 本에는 '막을 窒'字가 '성낼 懫(치)'字로 되어 있다. ≪유환(劉瓛)의 本도 역시 그러하다.≫ 맹희(孟喜)의 本에는 '恎(질)'字로 되어 있는데, 모두 '止'字와 [발음이] 같다.[191] ≪육적(陸績)의 本에는 '막을 窒'字가 '파리할 瘠(척)'字로 되어 있다.≫

---

189) 『論語』「公冶長」에 나오는 구절이다. "子曰, "吾未見剛者." 或對曰, "申棖." 子曰, "棖也慾, 焉得剛?"(공자께서 '나는 아직 강직한 사람을 보지 못하였다' 하시자, 누군가가 '신정(申棖)이 있지 않습니까?' 하고 대답하였다. 孔子께서 말씀하셨다. '申棖은 욕심이 많으니, 어찌 剛直하다고 할 수 있겠는가?'."

190) 用人之仁, 去其貪 : 『禮記』「禮運」(第9)편에 나오는 말이다. 즉 "用人之知, 去其詐, 用人之勇, 去其怒, 用人之仁, 去其貪(임금은 사람의 지혜를 이용하되 거짓됨을 버리고, 사람의 용기를 이용하되 성내는 일이 없고, 사람의 어진 마음을 이용하되 편애(偏愛)에 빠지지 않아야 한다)"라고 함(李相玉 譯, 『禮記』 中, 자유문고, 2000, 34~35면).

191) "懫(zhi)"와 "恎(zhi)"는 모두 발음이 "止(zhi)"와 같다.

○又 孟喜本 欲作浴 ≪此 聲誤≫

○또 맹희(孟喜)의 本에는 '欲'字를 '목욕할 浴(욕)'字로 썼다. ≪이는 聲誤이다.≫

[42] 풍뢰 익(風雷 益)

風雷, 益, 君子以見善則遷, 有過則改.

바람[☴]과 우레[☳]가 있는 것이 益卦의 象이다. 君子는 이 卦象을 관찰함으로써, 善을 보면 따르고, 잘못이 있으면 고친다.

卦自否來 ≪一之四≫ 視此震仁 ≪見可以成仁≫ 剛自外來 ≪四之一≫ 見善則遷也 ≪巽眼以見之≫ 乾德[192]太剛 ≪四五六 純剛≫ 變而柔之 ≪上今巽≫ 有過則改也 ≪如懲忿≫ 風能遷物 所以遷也 雷能恐懼 ≪見震卦≫ 所以改也

否 → 益

益卦는 否卦로부터 왔다. ≪[否卦의 1이 4로 감≫ [益卦에는] 이 震의 仁을 보고 ≪仁을 이룰 수 있다는 가능성을 보는 것≫ 剛이 밖으로부터 들어오니 ≪[否卦의] 4가 1로 감≫ [이는] 善을 보고, [이를] 실천에 옮기는 것이다.

192) [校閱] 奎章本에는 "乾德"으로 되어 있으나, 新朝本과 國中本에는 "乾位"로 되어 있다.

≪巽의 눈으로 봄≫ [否卦에서] 乾의 德이 지나치게 굳세더니 ≪[否卦의] 4·5·6이 순수한 剛≫ [益卦로 추이하게 되면] 변하여 부드럽게 되니 ≪[益卦의] 上卦가 지금 巽≫ [이것을 가리켜] "有過則改", 즉 "잘못이 있으면 고친다"라고 한 것이다. ≪예컨대 성내는 마음을 가라앉히는 것과 같다.≫ [益卦의 上卦는 風인데] 바람은 사물을 옮길 수 있으므로, "遷"이라고 한 것이다. 우레는 [사람을] 두렵게 할 수 있으니 ≪震卦에 나옴193)≫ [이것을 가리켜] "改"라고 한 것이다.

○ 巽爲不果 ≪說卦文≫ 改過之象也

○ 巽은 '고집스럽게 하지 않는 것(不果)'이니 ≪「說卦傳」의 글194)≫ 허물을 고치는 象에 해당된다.

[43] 택천 쾌(澤天 夬)

䷪

澤上于天, 夬, 君子以施祿及下, 居德則忌.

못[☱]이 하늘[☰] 위에 있음이 夬卦의 象이다. 君子는 이 卦象을 관찰함으로써, 녹(祿)을 베풀어, 아래에까지 미치게 하며,195) 그 [존귀(尊貴)한]

193) 震卦의 「大象傳」에서는 "洊雷, 震, 君子, 以, 恐懼修省(거듭 천둥이 치는 것이 震[卦의 象]이니, 君子는 이 卦象을 보고, 두려워하며 수양하고, 반성한다)"라고 함. 또 다산은 震卦 上六의 주석에서 "天降威罰, 遂以電擊, 震可畏也"라고 함.

194) 不果 : 하던 일이 잘못된 경우에는 멈추고 다시 고치는 것을 말한다. 다산은 「說卦傳」의 주석에서 陽이 前進하여 乾이 되었다가 다시 후퇴하여 巽이 되는 것이 不果의 뜻이라고 하였다. 즉, "陽進復退, ≪自乾而爲巽≫, 是, 不果也"이라고 함(『四箋』 卷8, 37가).

195) 文字의 창제는 "施祿及下"의 한 例가 된다. 「繫辭傳」에 夬卦를 文字의 창제와 연관시켜 설명하고 있는 부분이 있다. 참고로 革卦의 大象傳에도 '書契'라는 말이 나온다.

德에 머물더라도 마음을 조심스럽게 가진다.

夬者 姤之反也 姤之一陰 最居卑賤 ≪位在下≫ 升而尊之 ≪一陰今在上≫ 俾享兌食 ≪上今兌≫ 施祿及下也 ≪巽爲施≫ 陽進至五 以其剛德 遂居尊位 ≪五君位≫ 是 居德也 忌而不盈 ≪不盈之爲乾≫ 降心爲兌 ≪見左傳≫ 居德則忌也 ≪謚法所云 小心畏忌也≫

夬 ← 反易→ 姤

夬卦는 姤卦의 反易卦이다. 姤卦에 있는 한 개의 陰은 가장 비천한 곳에 머물고 있었는데 ≪자리가 아래에 있음≫ [위로] 올려보내, 존중(尊重)하고 ≪한 개의 陰이 지금 [夬卦에서는] 上位에 있음≫ 兌의 음식을 대접하니 ≪[夬卦의] 上卦가 지금 兌≫ [이것이] "시록급하(施祿及下)", 즉 "녹(祿)을 베풀어, 아래에까지 미치게 함"이 된다. ≪巽은 베푸는 것이다.≫ [復卦에서 夬卦까지 보면] 陽이 前進하여 제5位까지 도달함으로써, 그 陽의 德으로 말미암아, 마침내 존귀한 자리를 차지하였으니, 이것이 "居德"이다. [존귀한 德을 자랑하는 것을] 꺼려서, 가득 채우지 않고 ≪가득 채워, 乾이 되지 않음≫ 마음을 [겸손하게] 낮추어, 兌가 되니 ≪['항심(降心)'의 用例에 대해서는] 『左傳』을 참조할 것[196]≫ 이것을 [가리켜] "居德則忌"라고 한 것이다. ≪시법(謚法)[197]에 이른바, "소심외기(小心畏忌)", 즉 "마음을 조심스럽게 가지

---

196) 『左傳』의 "晉侯納王之筮"(僖公 25年)에 "天子降心以逆公, 不亦可乎(天子가 [기쁜 마음으로] 마음을 낮추어, 諸侯를 맞이하는 것이니, 이 역시 좋지 아니하오리까!)"(文璇奎 역, 『春秋左氏傳』, 명문당, 1987, 356면, 387면)이라고 한 구절이 있다.

197) 시법(謚法): 한 인물의 생존시의 치적에 따라, 死後에 국가로부터 그 공덕(功德)에 대한 칭송과 아울러 존경의 뜻이 담겨 있는 영예로운 號를 받는 제도를 말한다. 시호(謚號)의 제작동기는 死後에도 名을 부르는 것을 휘(諱)했기 때문이다. 시호(謚號)를 짓는데는 일정한 법칙이 있으니, 이 법칙을 시법(謚法)이라고 한다. 중국에서는 주공(周公) 단(旦)과 태공(太公) 망(望)에서 시법(謚法)이 비롯되었는데, 이를 『周公謚法』·『春秋謚法』

고, 두려워하고 꺼려한다"198)라고 한 것이 그것이다.199)≫

[44] 천풍 구(天風 姤)

䷫

天下有風, 姤, 后以施命, 誥四方. ≪鄭玄本 誥作詰 形誤也≫

하늘[☰] 아래 바람[☴]이 부는 것이 姤卦의 象이다. 임금은 이 卦象을 관찰함으로써, 命令을 내려, 四方에 알린다. ≪鄭玄本에는 '고할 誥(고)'字를 '물을 詰(힐)'字로 하였는데, 形誤이다.≫

乾王巽命 又巽爲施 ≪諸家易≫ 此 施命也 乾之西北 巽之東南 皆以巽告 ≪巽者 兌口之向下≫ 誥四方也 姤者 五月之卦也 ≪一陰生≫ 故 月令云 夏至之日 施命令 誥四方

[姤卦에는] 乾의 임금과 巽의 명령[의 象]이 있고, 또 巽에는 [명령을] 시행(施行)하게 하는 뜻이 있으니 ≪諸家의 易에서 그러함≫ 이것이 "施命"이다. 乾의 서북쪽과 巽의 동남쪽에 모두 巽으로써 告하니 ≪巽[☴]은 兌[☱]의 입을 아래로 향하고 있는 형태[이므로, 명령을 내리는 것(告)을 상징함]≫

등으로 부르고 있다.

198) 소심외기(小心畏忌): 『儀禮』 「士虞禮」(第14)에 나오는 말이다. 즉, "孝子某, 孝顯相, 夙興夜處, 小心畏忌不惰, 其身不寧. 用尹祭, 嘉薦普淖, 普薦溲酒. 適爾皇祖某甫, 以隮祔爾孫某甫, 尙饗"이라고 함.

199) 小心畏忌 曰喜: 마음을 세심하게 써서 삼가하는 태도를 가졌던 사람에게는 "喜(僖)"라는 시호를 내린다. 『史記』 卷10(傳4) 「史記正義」 「謚法解」, 26면에 나온다. 그밖에 "小心恭愼", "小心外愼", "小心謹愼", "無過爲僖", "質淵受諫" 등의 경우에도 "喜(僖)"라는 시호를 내린다고 한다.

[이것은] "誥四方", 즉 "四方에 알리는 것"이 된다. 姤卦는 5月卦이다.[200] ≪한 개의 陰이 生成됨≫ 그러므로 『禮記』「月令」에 이르기를, "夏至날에 命令을 내려, 四方에 알린다"[201]라고 하였다.

○ 風行天下 有施命四方之象

○ 바람이 天下를 훑고 지나가니, [姤卦에는] 四方에 명령을 내리는 象이 있다.

[45] 택지 췌(澤地 萃)

澤上于地, 萃, 君子以除戎器, 戒不虞. ≪荀爽本 除作慮≫

---

200) 『後漢書』(卷25) 「卓魯魏劉列傳」(第15)에 "易五月姤用事"라고 말하였다. 즉 "上逆時氣, 下傷農業. 案易五月姤用事, 經曰, 后以施令誥四方, 言君以夏至之日, 施命令止四方行者, 所以助微陰也"라고 하였는데, 그 注에 "易姤卦象曰, 天下有風, 姤, 后以施令誥四方"이라 하고, 또 "干爲天, 君之象也, 巽爲風, 號令之象也, 后, 君也, 故以喩人君施命也"라고 함.

201) 다산은 "月令云, 夏至之日, 施命令, 誥四方"이라고 하였으나, 『禮記』「月令」에 그러한 句는 나오지 않는다. 다만, 그러한 취지가 담겨 있는 문장은 발견할 수 있다. 즉 "孟夏之月. …… 立夏之日, 天子親帥三公九卿大夫以迎夏於南郊. 還反, 行賞, 封諸侯. 慶賜遂行, 無不欣說. 乃命樂師習合禮樂, 命太尉贊桀俊, 遂賢良, 擧長大. 行爵出祿, 必當其位(孟夏의 달에 …… 立夏의 날에는 天子가 몸소 三公, 九卿, 大夫를 이끌고 南郊에 나가 여름을 맞는다. 곧 돌아와서는 상(賞)을 내리고, 제후를 봉한다. 賞과 하사품은 널리 백성에게 이르기까지 고루 시상하여 백성들이 모두 즐거워하게 한다. 이어서 樂師에게 명하여, 예악을 합주시키는 것을 연습시키고, 태위(太尉)에게 명하여, 재능이 뛰어난 자, 덕행이 두드러진 자, 몸집이 크고 강대한 자를 천거토록 하고서, 작록(爵祿)을 내리되, 작(爵)은 반드시 有德한 자에게 주도록 하고, 녹(祿)은 반드시 有功한 자에게 주어, 불공평이 없도록 한다)"라고 함(이상옥 역, 『禮記』 上, 명문당, 2003, 474~476면).

못[☱][의 물]이 땅[☷] 위에까지 올라오는 것이 萃卦의 象이다. 君子는 이 卦象을 관찰함으로써, [만일의 사태에 대비(對備)하여] 무기(武器)를 손질하며, [백성들에게] 경계(警戒)함으로써 [백성들로 하여금] 걱정할 것이 없도록 한다. 《순상본(荀爽本)에는 '除(제)'字가 '慮(려)'字로 되어 있다.》

卦自小過來 《三之五》 大坎之盜 《兼畫坎》 驅之出境 《出坤國之外》 猶悍然相聚 《二陽[202] 終不散》 守坤國者 可無備乎 《互艮守》 巽木之柄 《三五巽 又坤爲柄》 兌金上銳 《陰爲小》 是 戎器也 礪之以艮石 《二四艮》 淬之以坎水 《本大坎》 除戎器也 《除 治也》 除者何也 小過之時 已有此戎器 《亦兌金巽木》 因其舊有 《不新造》 修而新之 是 除治也 《除舊而新之》 坤安兌悅 民不爲慮 《左傳云 坤安》 巽告艮誡 《艮成言》 以警坤衆 戒不虞也 《虞 度也》

小過 → 萃

萃卦는 小過卦로부터 왔다. 《[小過卦의] 3이 5로 감》 大坎의 도둑을 《[小過卦를] 兼畫하면 坎이 됨》 국경 밖으로 내몰았는데도 《坤의 나라 밖으로 축출함》 여전히 사납게 서로 모여 있으니 《[坎의 도둑을 이루는] 두 개의 陽이 끝까지 흩어지지 않음》 坤의 나라를 지키는 자가 [어찌] 방비가 없을 수 있겠는가! 《[萃卦의 2·3·4의] 互卦는 艮인데, 지키는 것을 뜻함》 巽의 나무로 된 자루(柄)가 있고 《[萃卦의] 3·4·5가 巽이고, 또 [그 下卦인] 坤이

202) [校閱] 奎章本과 新朝本과 國中本에 모두 "二陰"으로 되어 있으나, "二陰"은 "二陽"의 誤記로 보여 정정(訂正)한다. 다산의 萃卦의 本文 해석에서도 여기 「大象傳」의 구절과 유사한 구절이 있는데, 거기에서도 "二陰"이 아니라, "二陽"으로 되어 있다. 즉 "移之爲萃 《三之五》 驅之出境 《出坤外》 而猶復悍然相聚 《二陽不相離》"로 되어 있다(『四箋』 卷5, 30 가).

자루[柄]가 됨≫ 兌의 쇠의 윗부분이 [뾰쪽하여] 날카로우니 ≪陰은 '小', 즉 '뾰쪽한 부분'이 됨≫ 이것은 "戎器", 즉 '武器'인 것이다. [그 武器를] 艮의 [거친] 숫돌에 갈고 ≪[萃卦의] 2·3·4가 艮≫ 담금질하여 坎의 물로 식히니 ≪[萃卦는] 본래 大坎의 형태≫ [이것을 가리켜] "除戎器", 즉 "武器를 손질한다"라고 한 것이다. ≪'除(제)'에는 治의 뜻이 있다.[203]≫ [그러면] "손질한다(除)"라는 것은 어떻게 나온 말인가? 小過卦의 때에 이미 이 武器가 있었는데 ≪小過卦에도 역시 兌의 金과 巽의 木이 있음≫ 그 以前부터 있던 것을 ≪새로 만든 것이 아님≫ 수선하여 새롭게 만드니, 이것은 손질하여 수리한 것(除治)이다. ≪以前부터 있던 것을 수리하여 새롭게 만듦≫ [萃卦에는] 坤의 편안함(安)과 兌의 기쁨(悅)이 있으니, 백성에게는 우려(憂慮)할 바가 없다. ≪『左傳』에서 坤은 편안함을 뜻한다고 함[204]≫ 巽으로 알리고, 艮으로 훈계(訓戒)하여 ≪艮은 말을 이루는 것을 상징함≫ 坤의 大衆에게 경계(警戒)하니, [이것이] "戒不虞", 즉 "[백성들에게] 경계(警戒)함으로써 [백성들로 하여금] 걱정할 것이 없도록 하는 것"이다. ≪'虞(우)'字는 '헤아릴 度(탁)'의 뜻이다.≫

○ 費誓曰 鍛乃戈矛 礪乃鋒刃 卽此義

○[『書經』의] 「周書」 「비서(費誓)」에 이르기를, "단내과모(鍛乃戈矛), 려내봉인(礪乃鋒刃)", 즉 "그대들의 창을 단련하고, 칼날을 갈아서"[205]라고 했는데, 바로 이런 뜻이다.

---

203) '治'字에는 '다스리다', '관리하다', '수리하다', '바로잡다' 등의 뜻이 있다.

204) 坤安: 엄밀히 말한다면, 『左傳』에 나오는 것이 아니라, 杜預의 注에 나오는 것이다. 즉, 『左傳』 「畢萬之筮」(閔公 元年)에서 "六體不易, 合而能固, 安而能殺, 公侯之卦也"라고 말한 것에 대하여, 杜預가 注에서 "比合, 屯固, 坤安, 震殺"이라고 하였다.

205) 『書經』(車相轅 譯, 명문당, 1973, 320면)을 참조할 것.

[46] 지풍 승(地風 升)

地中生[206]木, 升, 君子以順德, 積小以高大. ≪王肅本 順爲愼 姚信本德爲得≫

땅[☷] 속에서 나무[☴]가 생겨나는 것이 升卦의 象이다. 君子는 이 卦象을 관찰함으로써, 德을 따르고, 작은 것을 쌓음으로써, 큰 것을 높인다. ≪왕숙본(王肅本)에는 '순할 順(순)'字가 '삼갈 愼(신)'字로 되어 있고, 요신본(姚信本)에는 '덕 德(덕)'字가 '얻을 得(득)'字로 되어 있다.≫

卦自臨來 ≪一之三≫ 兌之乘剛 其德不順 ≪陰在上≫ 移之爲巽 ≪兌變巽≫ 遂成坎德 ≪初四夾≫ 是 順德也 ≪巽爲順≫ 小者 陰也 大者 陽也 ≪見泰卦≫ 積者 堆疊也 臨之時 二陽雖大 所處至卑 ≪最在下≫ 移之爲升 ≪一之三≫ 則一陰下堆 二陽忽高 ≪下有楮≫ 積小以高大也 巽則爲高 ≪說卦文≫

臨 → 升

升卦는 臨卦로부터 왔다. ≪[臨卦의] 1이 3으로 감≫ [臨卦의 下卦인] 兌[207]는 剛을 올라타고 있는 象이니, 그 성질이 순종치 않음이다. ≪陰이 위에 있다.≫ [그런데 臨卦로부터] 推移하여 [升卦로 되면, 下卦가] 巽이

206) [校閱] 新朝本과 奎章本과 國中本에 모두 "地中有木"이라고 되어 있는데, '地中生木'이라고 되어야 옳다.

207) 臨卦는 大兌이고, 그 下卦가 또한 兌이다.

되고 ≪兌가 변하여 巽이 됨≫ 마침내 坎의 德을 이루게 되니 ≪[升卦의] 1·2·3·4의 협괘(夾卦)는 坎≫ 이것을 가리켜 "順德", 즉 "德을 따른다"라고 한 것이다. ≪巽은 따르는 것[順]이다.≫ 작은 것은 陰이고, 큰 것은 陽이다. ≪泰卦에 나온다.208)≫ '積'은 첩첩이 쌓이는 것(堆疊)이다. 臨卦의 때에, 두 개의 陽이 비록 크기는 하지만, 거처하는 곳이 매우 비천하다. ≪가장 아래에 있다.≫ [그런데 臨卦로부터] 추이하여, 升卦가 되면 ≪[臨卦의] 1이 3으로 감≫ 한 개의 陰이 아래에 쌓여서, 두 개의 陽이 갑자기 높아지니 ≪아래에 주춧돌[楮]209)이 있음≫ [이것을 가리켜] "積小以高大", 즉 "작은 것을 쌓음으로써, 큰 것을 높인다"라고 한 것이다. 巽은 높음(高)이 된다. ≪「說卦傳」의 글에 나온다.210)≫

○繫辭傳曰 小人 以小善爲無益 而不爲也 賈誼 新書曰 善不可謂小而無益 昭烈曰 勿以善小而不爲 皆此義也

○「繫辭傳」에 이르기를, "小人은 작은 善은 無益하다고 [여겨서] 행하지 않는다"211)라고 하였다. 가의(賈誼)212)의 『新書』에 이르기를, "善은 작다고 해서, 無益하다고 할 수 없다"라고 하였다.213) [漢의] 소열(昭烈)

---

208) 泰卦의 卦辭에 "泰, 小往, 大來, 吉, 亨"이라고 하였는데, 茶山은 주석에서 "小者, 陰也, 大者, 陽也"라고 함(『四箋』 卷2, 30 가).

209) "지(楮)", 즉 '주추'는 기둥 밑에 괴는 '돌'이나 '나무'를 말하는데, 요즈음은 흔히 石材를 사용하만, 古代에는 오히려 나무를 주로 사용했다고 한다. (글자가 '木'部에 속함) 일반적으로, 기둥 하나에 주추가 하나인데, 두 개를 사용하지만, 巽(☴)은 주추를 두 개 쓰고 있는 형상을 취하고 있으므로, 그 기둥이나 건물이 "길고 높은 것(長高)"이 된다(『四箋』 「說卦傳」의 巽의 物象을 참조할 것).

210) 「說卦傳」에 "巽, …… 爲長, 爲高"라고 함.

211) 噬嗑의 上九와 연관된 것. 다산은 그 주석에서 "孔子曰, 善不積, 不足以成名 ≪謂泰卦≫ 惡不積 不足以滅身 ≪否三陰之積≫ 小人 以小善爲無益而弗爲也 ≪否小人≫ 以小惡爲无傷而弗去也 ≪陰進至於五≫ 故 惡積而不可掩 ≪上九之變 上無覆≫ 罪大而不可解 ≪自二至上爲大坎≫ 易曰 何校滅耳凶"이라고 함.

212) 가의(賈誼, B.C.201~B.C.168) : 중국 전한(前漢) 문제(文帝) 때의 문인·학자로서 洛陽(河南省) 출생이다. 저서에 『新書』 10권이 있으며, 진(秦)의 멸망 원인을 추구한 「過秦論」은 널리 알려져 있다. 『漢書』 卷48에 「賈誼傳」이 있다.

황제[214]가 이르기를, "착한 일이 작은 것이라고 해서, 행하지 않아서는 안 된다"[215]라고 하였으니,[216] 모두 이 [升卦의 「大象傳」의] 뜻과 같은 것이다.

[47] 택수 곤(澤水 困)

䷮

澤无水, 困, 君子以致命遂志.

못[☱]에 물[☵]이 없는 것이 困卦의 象이다. 君子는 이 卦象을 관찰함으로써, 생명(生命)을 바쳐 뜻을 이룬다.

卦自否來 《二之上》 時運否矣 剛乃被圍 《見卦義》 君子困矣 互巽之命 《三五互》 上受兌折 委棄其命也 互离之志 《二四互》 下得坎[217]通 《說卦 坎爲通》 自達其志也 《遂 通也 達也》 曷然哉 處困之道 舍生取義

---

213) 가의(賈誼)의 『新書』 卷2 「審微」편에 "善不可謂小而无益, 不善不可謂小而无傷, 非以小善爲一足以利天下, 小不善爲一足以亂國家也"라고 함.

214) 소열황제(昭烈皇帝)는 유비(劉備, 161~223)가 사망한 뒤 내려진 謚號이다.

215) 蜀의 소열(昭烈)황제가 죽을 때 유선(劉禪)에게 조칙을 내려서 한 말이라고 하며, 『三國志』 「先主劉備傳」에 나온다. "勿以惡小而爲之, 勿以善小而不爲(惡이 작다고 해서 하지 말며, 善이 작다고 해서 아니치 말라)"는 對句로 되어 있다. 또 『小學』 「嘉言」에는 "勿以善小而爲之, 勿以惡小而不爲"라는 말이 있다. 그밖에 『明心寶鑑』 「繼善編」에도 "漢昭烈, 將終, 勅後主曰, 勿以善小而不爲, 勿以惡小而爲之"라고 한 구절이 있다.

216) 噬嗑卦 上九의 茶山의 주석에서도 "案, 漢昭烈云, 勿以善小而不爲, 勿以惡小而爲之, 蓋本於此"라고 함.

217) [校閱] 奎章本과 國中本에는 "坎"으로 되어 있으나, 新朝本에는 "坤"으로 되어 있다. 前者가 옳다.

䷋ → ䷮

否 → 困

困卦는 否卦로부터 왔으니 ≪[否卦의] 2가 上으로 감≫ 時運이 막혀 있는 것이다. [否卦에서 困卦로 推移하게 되면] 剛이 이에 포위를 당하니 ≪이 의미는 卦義에 나옴≫ 君子가 곤란(困難)을 당하는 것이다. 互巽의 목숨이 ≪[困卦의] 3·4·5의 互巽≫ 위로 兌의 꺾임을 당하니, 그 목숨을 버리게 된다. 互离의 志가 ≪[困卦의] 2·3·4는 互离≫ 아래로 坎의 通함을 얻었으니 ≪「說卦傳」에 따르면, 坎은 通의 뜻이 됨≫ 스스로 그 의지를 관철시킨 것이다. ≪遂는 通함이고, 도달(到達)함이다.≫ 어째서 그러한가? 곤란함에 대처하는 道는 생명을 버리고, 正義를 취하는 데 있다.

○乾首[218]兌折 困之凶也

○乾의 머리가 兌로써 잘리게 되니, 困의 凶한 경우이다.

[48] 수풍 정(水風 井)

䷯

木上有水, 井, 君子以勞民勸相.

나무[☴] 위에 물[☵]이 있는 것이 井卦의 象이다. 君子는 이 卦象을 관찰함으로써, 백성의 노고(勞苦)를 위로(慰勞)하고, [임금을] 돕도록 권면(勸勉)한다.

218) [校閱] 奎章本과 國中本에는 "首"로 되어 있으나, 新朝本에는 "者"로 되어 있다. 前者가 옳다.

相 助也 致民力以助君 謂之相也 卦自泰來 ≪一之五≫ 乾君而坤民也 君適其民 ≪一之五≫ 以成坎勞 ≪說卦 坎爲勞≫ 是 勞民也 ≪勞慰之≫ 民趨其君 ≪五之一≫ 以成巽順 ≪下今巽≫ 是 勸相也 ≪使助王≫ 上知其勞 ≪知勞而慰之曰 勞≫ 則民志以孚 ≪三五离≫ 上使以勸 則民志乃悅 ≪二四兌≫ 兌之彖曰 民忘其勞 民勸矣哉 亦此義

泰 → 井

"相"은 돕는 것이다. 백성의 힘을 다하여, 君主를 돕는 것을 "相"이라고 한다. 井卦는 泰卦로부터 왔는데 ≪[泰卦의] 1이 5로 감≫ [泰卦의] 乾은 君主이고, 坤은 백성이다. 임금이 그 백성에게로 가면서 ≪[泰卦의] 1이 5로 감≫ 坎의 노고(勞苦)가 생기니 ≪「說卦傳」에 坎을 勞라고 함≫ 이것이 백성을 위로하는 까닭이 된다. ≪위로(慰勞)에 힘씀≫ 백성[의 마음]이 그 임금에게로 향하여 ≪[泰卦의] 5가 1로 감≫ 巽의 순종함이 이루어지니 ≪[井卦의] 下卦가 지금 巽≫ 이것이 "권상(勸相)", 즉 "[임금을] 돕도록 권하는 것"이다. ≪王을 돕게 함≫ 임금(上)이 그 노고(勞苦)를 아니 ≪勞苦를 알고, 위로하는 것이 勞≫ 백성의 뜻도 [임금에게] 믿음을 지닌다. ≪[井卦의] 3·4·5가 离≫ 임금이 [백성들로 하여금] 권면(勸勉)케 함이니, 백성의 마음도 이에 즐겁다. ≪[井卦의] 2·3·4가 兌≫ 兌卦의 「彖傳」에서, "백성들이 그 노고(勞苦)를 잊을 것이고, …… 백성들에게 [부지런히 일하도록] 권한다"[219]라고 한 것도 역시 이런 의미이다.

219) 兌卦의 「彖傳」에 "…… 民忘其勞, 說以犯難, 民忘其死, 說之大, 民勸矣哉"라고 함.

[49] 택화 혁(澤火 革)

澤中有火, 革, 君子以治歷明時. ≪虞翻 李鼎祚本 歷作曆≫

못[☱] 가운데 불[☲]이 있는 것이 革卦의 象이다. 君子는 이 卦象을 관찰함으로써, 역법(曆法)을 다스리고, 때(時)를 밝힌다. ≪虞翻과 李鼎祚의 책에는 '歷'字가 '曆'字로 되어 있다.≫

卦自大壯來 ≪五之二≫ 本以乾天 今爲离文 ≪下本乾≫ 天文爲曆也 本以震春 今爲兌秋 ≪上本[220]震≫ 春秋爲時也 說言乎兌 ≪又兌爲書契≫ 离以修之 ≪下今离≫ 治曆而明時也 曷然哉 治曆之法 主於變革也

大壯 → 革

革卦는 大壯卦로부터 왔다. ≪[大壯卦의] 5가 2로 감≫ 본래 [大壯卦의 下卦는] 乾의 하늘이었는데, 지금 [革卦의 下卦에서는] 离의 文으로 되니 ≪[大壯卦의] 下卦가 본래 乾≫ 天文이 [바로] 역법(曆法)이 된다. 본래 [大壯卦의 上卦에서는] 震의 봄이었는데, 지금 兌의 가을이 되었으니 ≪[大壯卦의] 上卦는 본래 震≫ 봄과 가을이 [그] "時"에 해당된다. 兌에서 말씀을 기뻐하고 ≪또 兌는 서계(書契)가 됨≫ 离로써 修身하니 ≪[革卦의] 下卦가 离≫ [이것이] "治曆(曆法을 다스리는 것)"이며, "明時(때를 밝히는 것)"에 해

220) [校閱] 奎章本에는 "上今震"으로 되어 있으나, 新朝本과 國中本에는 "上本震"으로 되어 있다. 前者의 "今"은 誤記이다.

당된다. 어째서 그러한가? 역법(曆法)을 정리하는 방법은 변혁을 위주로 하기 때문이다.

[50] 화풍 정(火風 鼎)

木上有火, 鼎, 君子以正位凝命.

나무[☴] 위에 불[☲]이 있는 것이 鼎卦의 象이다. 君子는 이 卦象을 관찰함으로써, 그 地位를 바르게 하고, 天命을 [견고(堅固)하게] 응결(凝結)시킨다.

卦自大壯來 《一之上》 陽之在下 《最在卑》 升而尊之 《一之上》 陰之在上 《最在高》 降而卑之 《上之一》 是 正位也 《尊卑正》 又自遯來 《二之五》 大巽之命 《兼畫巽》 乾以凝之 《乾爲冰[221]》 移之爲鼎 乾巽如舊 《二四乾》 是 凝命也 《天命 固結而不解》 曷然哉 主器以賢 亨飪享帝 卽所以正天位 而固天命也

遯 → 鼎 ← 大壯

鼎卦는 大壯卦로부터 왔다. 《[大壯卦의] 1이 上으로 감》 陽은 [大壯卦의 제일] 밑에 있었는데 《가장 비천한 곳에 있었음》 위로 올라가 존귀(尊貴)하게 되고 《[大壯卦의] 1이 上으로 감》 陰은 [大壯卦의 제일] 위에 있

221) [校閱] 新朝本과 奎章本에는 "冰"으로 되어 있으나, 國中本에는 "氷"으로 되어 있다.

었는데 ≪가장 上位에 있었음≫ 아래로 내려가 비천(卑賤)하게 되니, 이것이 "正位", 즉 "그 地位를 바르게 한다"는 것이다. ≪존귀함과 비천함이 바로 잡힌 것이다.≫ 鼎卦는 또한 遯卦로부터 온 것이기도 한데 ≪[遯卦의] 2가 5로 감≫ [遯卦에서는] 大巽의 命令이 ≪遯卦를 겸획(兼畫)하면 巽≫ 乾으로써 응결(凝結)되어 있다. ≪乾은 얼음이 됨≫ [그런데 遯卦로부터] 推移하여 鼎卦로 옮겨가도, 그 乾과 巽은 以前과 다름이 없으니 ≪2·3·4가 乾≫ 이것이 "응명(凝命)"인 것이다. ≪天命이란 굳게 맺혀 있어, 풀어질 수 없는 것이다.≫ 어째서 그러한가? [鼎의] 器物을 주관함에 현명하게 하고, 정성껏 차려, 上帝에게 제사를 지내니,[222] 이런 까닭에 天의 지위가 바로 서게 되고, 天命이 확고하게 되는 것이다.

[51] 중뢰 진(重雷 震)

䷲

洊雷, 震, 君子以恐懼修[223]省.

천둥[☳]이 거듭 치는 것이 震卦의 象이다. 君子는 이 卦象을 관찰함으로써, 두려워하며 수양하고, 반성한다.

卦自小過來 ≪三之一≫ 大坎之眚 ≪兼畫坎≫ 有罪過也 移之爲震 疊雷示警 威可畏也 坎爲心痛 ≪三五互≫ 是 恐懼也 离爲[224]察治

222) 亨飪·享帝: 鼎卦「彖傳」.

223) [校閱] 비지본(朝鮮圖書株式會社 編輯部 編纂, 『備旨具解原本周易』, 819면)에는 '修'字가 '脩'字로 되어 있다.

224) [校閱] 新朝本과 國中本에는 "以"로 되어 있으나, 奎章本에는 "爲"로 되어 있다. 여기서는 後者를 따른다.

≪初四夾≫ 是 修省也

䷽ ䷲

小過 → 震

震卦는 小過卦로부터 왔다. ≪[小過卦의] 3이 1로 감≫ [小過卦에는] 大坎의 허물이 있으니 ≪大過卦를 兼畫하면 坎이 됨≫ [즉] 죄과(罪過)가 있는 것이다. [그런데 小過卦로부터] 推移하여 震卦가 되면, 우레가 거듭 쳐서, 경고(警告)를 보이니, 그 위엄이 가히 두려워할 만하다. 또한 坎은 마음의 고통이 되는데 ≪[震卦의] 3·4·5의 互卦[가 坎]≫ 이것이 "恐懼", 즉 "두려워함"이다. 离는 살펴서 다스리는 것이니 ≪[震卦의] 1·2·3·4의 협괘(夾卦)[가 离]≫ 이것이 "修省", 즉 "수양하고, 반성하는 것"이다.

[52] 중산 간(重山 艮)

䷳

兼山艮, 君子以思不出其位.

山[☶]이 겹쳐져 있는 것이 艮卦의 象이다. 君子는 이 卦象을 관찰함으로써, 생각이 그 자리를 벗어나지 않는다.[225]

卦自小過來 ≪四之上≫ 大坎之心 ≪兼畫三≫ 或以艮止 或以震出 ≪雷山卦≫ 移之爲艮 則坎心之剛 ≪二[226]四互≫ 堅守艮節 ≪下不變≫ 而昔之震出者 亦以艮止 ≪上今艮≫ 思不出位也

225) (다른 가능한 해석) 그 자리(位)를 벗어나지 않으려고 생각한다.
226) [校閱] 奎章本에는 "三四互"로 되어 있는데, "二四互"가 맞으므로 바로잡는다.

小過 → 艮

艮卦는 小過卦로부터 왔다. ≪[小過卦의] 4가 上으로 감≫ 大坎의 마음이 ≪[小過卦를] 겸획(兼畫)하여 삼획괘(三畫卦)로 보면 大坎이 됨≫ 혹은 艮으로써 멈추고, 혹은 震으로써 나아간다. ≪雷山 小過卦≫ [그런데 小過卦로부터] 추이하여 [重山] 艮卦가 되면, 坎의 마음의 剛直함[227]으로 ≪[重山 艮卦의] 2·3·4의 互卦가 坎≫ 艮의 절개를 굳게 지키고 ≪[小過卦로부터 艮卦로 추이하더라도] 下卦는 변하지 않음≫ 또한 以前에 [小過卦에서는] 震의 나아감(出)의 象이었던 것이 [艮卦에서는] 역시 艮의 멈춤(止)의 象으로 되니 ≪[重山 艮卦의] 上卦가 현재 艮≫ [이것을 가리켜] "思不出[其]位", 즉 "생각이 [그] 자리를 벗어나지 않음"이라고 한 것이다.

○曾子 嘗誦此經 ≪見論語≫

○曾子가 일찍이 이 經文을 [항상] 외웠다. ≪『論語』「헌문(憲問)」에 나온다.[228]≫

[53] 풍산 점(風山 漸)

山上有木, 漸, 君子以居賢德善俗.

山[☶] 위에 나무[☴]가 있는 것이 漸卦의 象이다. 君子는 이 卦象을 관

227) 구체적으로 제3位의 陽畫을 의미. 이는 변화가 없다.
228) 『論語』「憲問」편에서 "曾子曰, 君子 思不出其位"라고 함.

찰함으로써, 현명한 德에 머무르며, [백성의] 풍속(風俗)을 착하게 한다.

卦自否來 ≪四之三≫ 三陽外遯 ≪自遯而爲否≫ 賢者 去矣 移之爲漸 則剛自外來 反乎國內 ≪四入于坤國≫ 遂以艮止 ≪下今艮≫ 居賢德也 ≪居 止也 留也≫ 於是 道之以坎德 ≪二四互≫ 齊之以离禮 ≪三五互≫ 以宣王敎 ≪上本乾≫ 以牖坤民 此之謂 善俗也 ≪文言 善世而不伐 亦以离治≫ 曷然哉 善俗之法 由漸染也 ≪漸 浸也 漬也≫

否 → 漸

漸卦는 否卦로부터 왔다. ≪[否卦의] 4가 3으로 감≫ [否卦에서] 세 개의 陽이 밖으로 달아나 은둔하니 ≪遯卦에서 否卦로 됨≫ 賢者가 [멀리] 떠나간 것이다. [그런데 否卦로부터] 추이하여 漸卦로 되면, 剛이 밖에서부터 들어와, 國內로 돌아와서 ≪[否卦의] 4가 坤의 나라로 들어옴≫ 마침내 艮으로서 멈추니 ≪[漸卦의] 下卦가 지금 艮≫ [이것을 가리켜] "居賢德", 즉 "현명한 德에 머무름"이라고 한 것이다. ≪居는 멈춤이고, 머무름이다.≫ 이에, 坎의 德으로써 [백성들의 풍속을] 인도하고 ≪[漸卦의] 2·3·4의 互卦[가 坎]≫ 离의 禮로써 다스려 ≪[漸卦의] 3·4·5의 互卦[가 离]≫ 王의 교화를 베풀고 ≪[否卦의] 上卦가 본래 乾≫ 坤의 백성을 깨우치니, 이것을 일러 "善俗", 즉 "[백성의] 풍속(風俗)을 착하게 한다"라고 한 것이다. ≪[乾卦 九二의] 「文言」에 나오는 "선세이불벌(善世而不伐)", 즉 "세상을 착하게 하되, 그 功을 내세워 자랑하지 않는다"라고 한 구절의 의미도 역시 离에 다스림의 象에서 말미암는다.[229]≫ 어째서 그러한가? 풍속을 착하게 하는 방법은 점진적인 감화에서 말미암기 때문이다. ≪漸은 [물이 점차로] 스며들어서, 적심을 뜻한다.≫

229) 다산은 乾卦 「文言」의 "善世而不伐"에 대한 細註에서 "离爲治"라고 함.

[54] 뇌택 귀매(雷澤 歸妹)

䷵

澤上有雷, 歸妹, 君子以永終, 知敝.

못[☱] 위에 우레[☳]가 있는 것이 歸妹卦의 象이다. 君子는 이 卦象을 관찰함으로써, [그 말한 바를 실천하여] 끝까지 완수[230]하고, [자신의 행동으로 말미암아 초래될 수 있는] 곤란함을 [미리] 깨닫는다.

孔子曰 君子 言必慮其所終 而行必稽其所敝 則民謹於言 而愼於行 ≪禮記 緇衣篇≫ 言而必信 則可以永終矣 ≪言而終踐 謂之信≫ 行而有眚 則可以知敝矣 ≪敝 敗也 困也≫ 兌口所言 接以离信 ≪二四离≫ 是 永終也 ≪言有終≫ 震足所行 承以坎眚 ≪三五坎≫ 是 知敝也 ≪行有眚≫

[『禮記』「치의(緇衣)」篇에서] 孔子께서 이르시기를, "君子는…… 말을 할 때는 반드시 그 [말로써 초래될] 결과를 고려하고, 행동을 할 때에는 반드시 그 [행동으로써 야기될] 폐단을 곰곰이 생각해야[231] 하느니, 이렇게 하면 백성들은 그 말을 조심할 것이고, 그 행동에 신중할 것이다"라고 하였다. ≪『禮記』「치의(緇衣)」篇≫ [이처럼] 말을 할 때, 반드시 믿음으로써 하면, [그 말한 바를 실천하여] 끝까지 완수할 수가 있고 ≪말하고, 마침내 [그 말한 바를] 실천하는 것을 '信'이라고 함≫ 행동함에 그에 따른 재앙(眚)이 있으면, 그 폐단을 알 수가 있는 것이다. ≪'敝(폐)'字는 패

---

230) 영종(永終): ① 終局에 이를 때까지 길이 계속함, 끝까지 완수함. ② 영구히 끊어짐.

231) 계(稽): ① 상고(詳考)하다. ② 헤아리다. 셈하다. ③ 묻다, 점치다. ④ 서로 견주어 헤아리다.

(敗)함이며, 곤고(困苦)해짐이다.≫ 兌의 입으로 말한 바를, 离의 믿음으로 이어 받으니 ≪[歸妹卦의] 2·3·4가 离≫ 이것이 "永終"이다. ≪말한 바를 [실천함으로써, 좋은] 결과를 거둠≫ 震의 발(足)로써 行한 바에, 坎의 재앙(眚)이 이어지니 ≪[歸妹卦의] 3·4·5가 坎≫ 이것이 "知敝232)", 즉 "[자신의 행동으로 말미암아 초래될 수 있는] 곤란함을 [미리] 깨닫는 것"이다. ≪행위에 재앙이 따름≫

○易傳 凡遇兌震 必以言行爲戒

○「易傳」[의 用例]에 따르면, 대개 兌와 震를 얻으면, 반드시 言과 行으로써, 그 경계(警戒)함의 뜻으로 삼는다.

[55] 뇌화 풍(雷火 豊)

䷶

雷電皆至, 豊, 君子以折獄致刑.

천둥[☳]과 번개[☲]가 함께 들이치는 것이 豊卦의 象이다. 君子는 이 卦象을 관찰함으로써, 옥사(獄事)를 처결하고, 형벌을 내린다.

离則爲獄 ≪爲防閑 爲墉≫ 兌以折之 ≪三五互≫ 是 折獄也 离則爲刑 ≪爲戈兵 爲斷≫ 巽以命之 ≪二四互≫ 是 致刑也 曷然哉 雷威在上 坎律在中也 ≪二五夾≫

232) 폐(敝) : ① 해지다. ② 깨지다, 부서지다. ③ 지다, 패배하다. ④ 피폐하다, 지쳐 쇠약하다. ⑤ 망하다, 다하다. ⑥ 깨트리다, 부수다. ⑦ 버리다, 내버리다. ⑧ 피폐하게 하다, 쇠하게 하다.

离는 감옥이 되는데 ≪[离는] 막음이 되고, 담장이 됨≫ 兌로써 그것을 결단(折)[233]하니 ≪3・4・5의 互卦≫ 이것이 "折獄", 즉 "옥사(獄事)를 처결하는 것"이다. 离는 형벌(刑)인데 ≪창과 병사[戈兵]가 되고, 절단함이 됨≫ 巽으로써 그를 命하니 ≪2・3・4의 互卦[가 巽]≫ 이것이 "致刑", 즉 "형벌을 내리는 것"이 된다. 어째서 그러한가? 천둥[☳]의 위세가 위[의 上卦]에 있고, 坎[☵]의 법률(法律)이 가운데 있기 때문이다. ≪2・3・4・5의 夾卦[는 大坎卦]≫

○卦自泰來 ≪二之四≫ 乾體离斷 用刑之象也 雷電擊物 亦是象也

䷊ ䷶
泰 → 豐

○豐卦는 泰卦로부터 왔는데 ≪[泰卦의] 2가 4로 감≫ [泰卦의 下卦의] 乾의 형체(形體)가 [豐卦로 오면] 离로써 잘려지니, [이것은] 형벌을 쓰는 象이다. 천둥[☳]과 번개[☲]가 사물을 내려치는 것에도 역시 이러한 [형벌의] 象이 있다.

[56] 화산 여(火山 旅)

䷷

山上有火, 旅, 君子以明愼用刑, 而不留獄.

---

233) 절(折) : ① 꺾다. 꺾이다. ② 자르다. ③ 결단하다. 판단하다.

山[☶] 위에 불[☲]이 있는 것이 旅卦의 象이다. 君子는 이 卦象을 관찰함으로써, 형벌을 내릴 때에는 현명하고도 신중하게 하고, 옥사(獄事)를 지체시키지 않는다.

离照在上 明之至也 艮止有節 愼之至也 卦自否來 ≪三之五≫ 乾體离斷 ≪本上乾≫ 遂以艮死 ≪乾來而爲艮≫ 是 用刑也 ≪兌決坎律與豐同≫ 視被离獄 ≪上今离≫ 本有囚人 ≪否五剛≫ 今獄其空 ≪五之三≫ 而不留獄也

否 → 旅

离의 조명(照明)이 위에 있으니, 밝음이 지극한 것이다. 艮으로써 멈추어, 절도가 있으니, 신중함이 지극한 것이다. 旅卦는 否卦로부터 왔으니 ≪[否卦의] 3이 5로 감≫ [否卦의] 乾의 형체가 离로써 절단되고 ≪본래 [否卦의] 上卦가 乾≫ 결국은 艮으로써 죽게 되니 ≪乾이 와서 艮으로 됨≫ 이것이 "用刑"[의 결과]이다. ≪兌로써 옥사를 처결함과 坎으로써 법률을 적용함은 豐卦의 경우와 같다.[234]≫ 저 离의 감옥을 볼 것 같으면 ≪[旅卦의] 上卦가 离≫ 본래는 죄인이 있었는데 ≪否卦의 제5위에 있는 剛[이 수인(囚人)]≫ 현재 그 감옥이 [텅] 비어 있으니 ≪[否卦의] 5가 3으로 감≫ [이것이] "불류옥(不留獄)", 즉 "죄수가 獄에 머물지 않는다"라고 한 까닭이다.

○治獄之法 生者生之 刑者刑之 久囚不決 非先王之至理也 故至治之世 囹圄必空

234) 豐卦의 「大象傳」에서 "君子以折獄致刑"이라고 하였는데, 다산은 그 注에서 "离則爲獄, 兌以折之, 是, 折獄也, 坎律在中也"라고 하였다.

○ 옥사(獄事)를 처결하는 法은 살려줄 사람은 살려주어야 하고, 형벌을 내릴 사람은 형벌을 주어야 하는 데 있는 것이지, 오래 가두어 두기만 하고, [옥사(獄事)를] 처결하지 않는다면 先王의 지극한 다스림이 아니다. 그러므로 잘 다스려지는 세상에서는 감옥은 반드시 [텅] 비게 마련이다.

[57] 중풍 손(重風 巽)

隨風, 巽, 君子以申命行事.

바람[☴]을 따름이 巽卦의 象이다. 君子는 이 卦象을 관찰함으로써, 명령을 거듭 내리고, 업무를 수행한다.

巽爲命令 ≪九家易≫ 重巽則申命也 ≪申 重也≫ 大坎之功 ≪初四夾≫ 巽以行之 ≪股以行≫ 是 行事也

巽은 命令을 상징하는데 ≪荀九家의 易에 나옴≫ 巽이 거듭되니, "申命" 즉 "명령을 거듭 내리는 것"이 된다. ≪申은 거듭함이다.≫ 大坎의 직무를 ≪[重風 巽卦의] 1·2·3·4位를 합치면 협괘(夾卦)인 大坎≫ 巽[의 명령]으로써 수행케 하니 ≪巽은 [다리(股)로써] 行함이 됨≫ 이것이 "行事", 즉 "업무를 수행하는 것"이 된다.

[58] 중택 태(重澤 兌)

䷹

麗澤, 兌, 君子以朋友講習. ≪鄭玄本 麗爲離≫

두 개의 연못[☱]이 [잇달아 있는 것이] 兌卦의 象이다. 君子는 이 卦象을 관찰함으로써, 친구들과 더불어 강론(講論)하고, 학습(學習)한다. ≪鄭玄本에는 '麗'字가 '離'字로 되어 있다.≫

麗 兩也 ≪禮 麗皮納聘 注 兩皮也≫ 一耦爲朋 ≪兌一陰≫ 兩人爲友 ≪兌二陽≫ 說言乎兌 ≪說卦文≫ 以辨离文 ≪二四五≫ 此 講論也 重之以兌 此 嫻習也 ≪猶習坎≫ 曷然哉 兩澤相附 胥有浸潤之益

"麗"[235]는 둘(兩)을 뜻한다. ≪『禮記』에 "여피납빙(麗皮納聘)"[236]의 句에 대한 注釋에서 "麗皮"[237]는 "두 장의 가죽"이라고 하였다.[238]≫ 한 짝이 朋이 되고 ≪兌

---

235) 『儀禮』에 '麗'字가 모두 '짝 儷(려)'字로 되어 있는데, 이는 '麗'字와 '짝 儷(려)'字를 같은 字로 본 것이다. 『儀禮正義』 卷1(胡培翬 撰, 殷熙仲 點校, 江蘇古籍出版社, 1993, 93면)에 이 문제가 설명된다.

236) 여피납빙(麗皮納聘): "사슴가죽 두 장을 예물로 올림"을 뜻한다. 이는 원문 그대로 인용한 것은 아닌 것으로 판단된다. 『儀禮正義』 卷1(胡培翬 撰, 殷熙仲 點校, 江蘇古籍出版社, 1993, 92면)에 따르면, 惠棟의 말이라고 하며, 이 문장이 그대로 나온다. 혹자는 이것이 『周禮』의 말이라고 한다.

237) 儷皮의 용례에 관해서는 『儀禮』(引得本, 53면)를 참조할 것(胡培翬 撰, 殷熙仲 點校, 『儀禮正義』 卷2, 江蘇古籍出版社, 1993, 1043면; 楊天宇, 『儀禮譯註』, 上海古籍出版社, 1994, 365면; 陳戍國 點校, 『周禮 · 儀禮 · 禮記』, 岳麓書社, 1995, 201면; 『儀禮正義』 卷1 「聘禮」 '上介奉幣' '儷皮', 92면, 93면; 楊天宇, 같은 책, 24면; 陳戍國 點校, 같은 책, 137면. 『儀禮正義』 卷1 「士冠禮」 '束帛' '儷皮', 163면; 楊天宇, 같은 책, 43면; 陳戍國 點校, 같은 책, 141면).

238) 婚禮의 五禮 중에 納徵(=納聘財)이라는 것이 있으며, 이때 신랑측에서 신부집에 儷皮를 보낸다고 함(이상옥 역, 『禮記』 下, 명문당, 2003, 232면). 納聘(납빙)이 여자를 맞아들이는 것을 뜻하는 것이 아니다.

의 한 개의 陰을 가리킴≫ 두 사람이 친구가 된다.239) ≪兌의 두 陽[을 가리킴]≫ 兌에서 즐겁게 말을 나누고 ≪「說卦傳」의 글≫ 离의 글로써 변론(辯論)하니 ≪2·3·4의 互卦[가 离]≫ 이것이 "講論"이다. [그 講論을] 또 兌로써 거듭하니, 이것은 익숙하게 되도록 되풀이하여 배우는 것(嫺習)이다. ≪["麗澤"은] "習坎"과 동일한 용례≫ 어째서 그러한가? 두 개의 못이 서로 붙어 있어, 함께 스며들어 젖는 이익이 있기 때문이다.

[59] 풍수 환(風水 渙)

風行水上, 渙, 先王以享于帝, 立廟.

바람[☴]이 물[☵] 위로 스쳐 지나가는 것이 渙卦의 象이다. 先王은 이 卦象을 관찰함으로써, 上帝에게 제사를 올리고, 종묘(宗廟)를 세운다.

卦自否來 ≪二之四≫ 乾天在上 是 上帝也 ≪彼上乾≫ 移240)之爲渙 則震主在下 ≪二四互≫ 遂以巽潔 ≪上今巽≫ 親射坤牲 ≪否之坤牛 受王矢≫ 享于帝也 坎宮之東 ≪互震東≫ 爰有艮廟 ≪三五互≫ 以享先君 ≪否之乾君 今已死≫ 立之廟也

否 → 渙

239) 兌卦의 上畫이 [--]으로서, 한 짝이 되므로, 朋이라는 말이 나온 것이고, 中畫과 下畫이 [==]으로서, 두 사람이 되므로, 友라는 말을 한 것이다.

240) [校閱] 奎章本과 國中本에는 "移"로 되어 있으나, 新朝本에는 "离"로 되어 있다. 前者가 옳다.

渙卦는 否卦로부터 왔다. ≪[否卦의] 2가 4로 감≫ [否卦에서 보면] 乾天이 위에 있으니, 이것이 上帝이다. ≪저 [否卦의] 上卦인 乾[을 가리킴]≫ [그런데 否卦로부터] 推移하여 渙卦가 되면, 震의 君主가 아래에 있으면서 ≪[渙卦의] 2·3·4의 互卦≫ 마침내 巽으로써 정결(淨潔)하게 하고 ≪[渙卦의] 上卦가 지금 巽≫ 친히 坤의 희생(犧牲)을 [화살로] 쏘니[241] ≪否卦에 있는 坤의 소가 王의 화살을 맞음≫ "향우제(享于帝)", 즉 "上帝에게 제사를 올리는 것"이다. [渙卦의 下卦인] 坎의 궁궐(宮闕)의 동쪽에 ≪[渙卦에 있는 2·3·4의] 互震은 동쪽이 됨≫ 바로(爰) 艮의 사당이 있는데 ≪[渙卦의] 3·4·5의 互卦[가 艮]≫ [이 사당은 돌아가신] 先君을 제사지내고자 ≪否卦의 乾君은 지금 이미 죽었음≫ 세운 종묘(宗廟)인 것이다.

[60] 수택 절(水澤 節)

䷻

澤上有水, 節, 君子以制數度, 議德行.

못[☱] 위에 물[☵]이 있는 것이 節卦의 象이다. 君子는 이 卦象을 관찰함으로써, 수(數)와 척도(尺度)를 제정(制定)하고, 덕행(德行)을 논의한다.

卦自泰來 ≪三之五≫ 坤爲十百 ≪坤爲均 故 地數十≫ 數之統也 乾有三剛 德之積也 ≪虞氏易云 乾爲德≫ 移之爲節 則坤以艮節 ≪三五艮≫ 數有度也 ≪如 尺寸≫ 乾以震行 ≪二四震≫ 德又行也 於是 制之以坎律 ≪上今坎≫ 議之以兌言 ≪下[242]今兌≫ 節之時義也 制之奈何 律度

---

241) 坎은 弓, 乾은 矢(「說卦傳」의 茶山의 '今補'를 참조할 것).

量衡 皆有節文也 議之奈何 謚號冊命 皆以節惠也 ≪謚節以壹惠≫

䷊ ䷻

泰 → 節

節卦는 泰卦로부터 왔다. ≪[泰卦의] 3이 5로 감≫ 坤은 십·백이 되는데 ≪坤은 균(均)이 되므로, 地數가 10≫ 數의 근본(統)이다. 乾에는 세 개의 剛이 있으니, 德이 축적된 것이다. ≪우번(虞翻)의 易에서, 乾은 德이 된다고 함[243]≫ [그런데 泰卦로부터] 推移하여 節卦가 되면, [본래 泰卦에서는] 坤이었던 것이 [지금 節卦에서는] 艮으로써 절도(節度) 있게 되니 ≪[節卦의] 3·4·5가 互艮≫ [이것은] 數에 단위(度)가 있는 것이다. ≪예컨대 尺·寸 등의 단위≫ [본래 泰卦에서는] 乾이었는데, [지금 節卦에서는] 震으로써 行하니 ≪[節卦의] 2·3·4가 震≫ [乾의] 德이 또한 行해지는 것이다. 이에 坎의 법률로써 규제하고 ≪[節卦의] 上卦가 지금 坎≫ 兌의 言語로써 논의하니 ≪[節卦의] 下卦가 지금 兌≫ [이것이] 節卦의 시기(時期)가 갖는 의의(意義)인 것이다. [그러면 數와 度를] 制定하여 어찌 되는가? [度(길이)·量(부피)·衡(무게)의] 도량형(度量衡)의 비율을 맞추니, 모두 적절한 조리가 있게 된다. [또 德行을] 논의(論議)하여 어찌 되는가? 시호(謚號)와 책명(冊命)[244]을 모두 절도 있게 내림으로써, 은혜를 베푸는 것이다. ≪[『禮記』「表記」에서 "謚 …… 節以壹惠", 즉 "先王이 시호(謚號)로써 이름을 높이고] 惡을 버리고 善을 취함으로써 善을 오로지 하나로 한다"[245]라고 말한 것

242) [校閱] 奎章本과 國中本에는 "下"로 되어 있으나, 新朝本에는 "上"으로 되어 있다. 前者가 옳다.

243) 孫星衍, 『周易集解』 下, 上海書店, 1993, 496면.

244) 책명(冊命) : 책봉(冊封)의 명령.

245) 謚 …… 節以壹惠 : 『禮記』 「表記」(第32)편에 "子曰, 先王謚以尊名, 節以壹惠, 恥名之浮於行也(공자가 말하였다. 先王이 시호(謚號)로써 이름을 높이고, 惡을 버리고 善을 취함으로써 善을 오로지 하나로 하는 것은 이름이 행동보다 떠오르는 것을 부끄럽게 여겨서였다)"라고 한데서 나온 말이다(李相玉 譯, 『禮記』 下, 자유문고, 2000, 203~204면).

과 같다.≫

○何毅菴云 數度 如名族品目 禮樂制度 ≪皆合一箇節字 以成文≫ 德行 如忠靖廉淸 貞亮高介 ≪亦皆合一節字 以成文≫ 皆 節之時義也

○ 하의암(何毅菴)[246]이 이르기를, "數度라는 것은 名(명칭)·族(무리)·品(종류)·目(명목)이나, 禮·樂·制度와 같은 것이다. ≪모두 한 개의 '節'字와 결합하여, 단어를 이룬다.[247]≫ 德行이란 忠·靖·廉·淸·貞·亮·高·介와 같은 것이다"라고 하였다. ≪역시 모두 한 개의 '節'字와 결합하여, 단어를 이룬다.[248]≫ [이것이] 모두 節卦의 時義이다.

[61] 풍택 중부(風澤 中孚)

䷼

澤上有風, 中孚, 君子以議獄緩死.

---

246) 하의암(何毅菴)이 누군인지 알 수 없다. 다만, 毛奇齡의 『仲氏易』에 이 구절이 인용되어 있다. 즉, "何氏毅菴說易謂, 數度, 如名族品目, 禮樂制度, 德行, 如忠靖廉淸, 貞亮高介, 其下, 皆著得一節字"라고 함(毛奇齡, 『仲氏易』(『中國古代易學叢書』 第36卷), 中國書店出版社, 1992, 409면).

247) 皆合一箇節字 以成文 : 다산의 細註로 처리되어 있으나 모기령(毛奇齡)이 인용한 하의암(何毅菴)의 인용문에 "其下, 皆著得一節字"라는 말이 있으므로, 이 부분도 하의암(何毅菴)의 說로 보아도 무방하다. 하의암(何毅菴)에 따르면, "族·目·制·度"는 '節'字가 위에 붙어 단어를 형성하는 경우이다. 즉 節族, 節目, 節制, 節度의 例가 그것이다. 그리고 "名·品·禮·樂"는 '節'字가 아래에 붙어 단어를 형성하는 경우이다. 즉, 名節, 品節, 禮節, 樂節 등이 그 例이다(毛奇齡, 『仲氏易』(『中國古代易學叢書』 第36卷), 中國書店出版社, 1992, 409면).

248) '節'字와 결합하여, 단어를 이루는 例를 들어보면 다음과 같다. 忠節, 靖節(깨끗한 절개), 廉節, 淸節(변치 않는 절개), 貞節, 亮節(깨끗한 절개), 高節(뛰어난 절개), 節介(=節槪).

못[☱] 위에 바람[☴]이 부는 것이 中孚卦의 象이다. 君子는 이 卦象을 관찰함으로써, 옥사(獄事)를 논의하고, 사형(死刑)을 늦춘다.

卦爲大离 《兼畫三》 此 大獄也 《离爲獄》 巽命兌言 上下相議 《口相向》 是 議獄也 艮則宜死 《三五互》 震則宜生 《二四互》 是 議獄也 《生死 未可定》 罪疑唯輕 大离以寬之 《易例 离爲寬》 是 緩死也 《緩 寬也》 曷然哉 誠信相孚也 《卦中孚》

中孚卦는 大离의 형태이니 《畫을 두 획씩 겹쳐서, 三畫卦로 봄》 이는 큰 감옥(監獄)에 해당된다. 《离는 獄이 됨》 巽의 명령과 兌의 말로써, 上下가 서로 논의하니 《입이 서로 마주 향하고 있음》 이것이 "議獄", 즉 "獄事를 논의함"이다. 艮이면 죽여야 되고 《3·4·5가 互艮》 震이면 살려야 되니 《2·3·4가 互震》 이것이 [또한] "議獄"의 까닭이 된다. 《[艮과 震이 모두 있으므로] 生死를 확정할 수가 없다.》 罪가 의심스러우면, 가볍게 처벌해야만 하거니와, 大离로써 관대히 대하니 《易例에 따르면, 离는 관대(寬大)함이 됨》 이것이 "완사(緩死)", 즉 "死刑을 늦추는 까닭"이다. 《완(緩)은 '너그러움'의 뜻이다.》 어째서 그러한가? 진실로 믿고, 또 서로간에 믿음을 갖기 때문이다.[249] 《卦가 [믿음을 상징하는] 中孚卦이다.》

[62] 뇌산 소과(雷山 小過)

山上有雷, 小過, 君子以行過乎恭, 喪過乎哀, 用過乎儉.

249) 离는 誠이고 孚가 된다(「說卦傳」의 '今補'를 참조할 것).

山[☶] 위에 천둥[☳]이 치는 것이 小過卦의 象이다. 君子는 이 卦象을 관찰함으로써, 행실은 지나칠 정도로 공손하게 하고, 상사(喪事)에는 지나칠 정도로 슬프게 하며, 쓰는 것은 지나칠 정도로 검소하게 한다.

上震之行 巽爲卑讓 《二四巽》 行過乎恭也 下艮之喪 《萬物 死於艮》 坎爲心痛 《二五夾》 喪過乎哀也 《坎又爲血卦》 互兌之食 《食震禾》 艮止有節 《艮節用》 用過乎儉也 曷然哉 卦德本過也

[小過卦의] 上卦인 震은 행실을 뜻하고, 巽은 낮추어 사양함이 되니 《[小過卦의] 2 · 3 · 4가 巽》 [이것이] "行過乎恭", 즉 "행실은 지나칠 정도로 공손하게 하는 것"이다. [小過卦의] 下卦인 艮은 상사(喪事)를 상징하고 《萬物은 艮에서 죽음》 坎은 마음의 고통이 되니 《2 · 3 · 4 · 5의 협괘(夾卦)[는 大坎의 형태]》 [이것이] "喪過乎哀", 즉 "상사(喪事)에는 지나칠 정도로 슬프게 함"이다. 《坎은 또한 血卦가 된다.》 [3 · 4 · 5位의] 互卦는 兌이니, 식사(食事)를 상징하고 《[4 · 5 · 6位의] 震의 쌀로 만든 밥을 먹음》 艮의 멈춤에 절도가 있으니 《艮은 절제하여 씀이 됨》 [이것은] "用過乎儉", 즉 "쓰는 것은 지나칠 정도로 검소하게 하는 것"이다. 어째서 그러한가? 卦의 성질에 본래 지나침의 뜻이 있기 때문에 그러한 것이다.

○小過者 微過也 子産之乘輿濟人 《過乎恭》 曾子之七日不食 《過乎哀》 晏平仲之澣衣濯冠 《過乎儉》 皆君子之微過也

○"小過"는 '조금 지나치다'는 뜻이다. 정자산(鄭子産)250)이 수레에 많

250) 鄭子産은 管仲과 더불어 春秋時代를 대표하는 정치가로서, 성은 公孫이고, 이름은 僑이며, 子産은 그의 字이다. 그는 저술은 없으나, 『論語』와 『左傳』 등에 그에 관한 기록들이 많이 전해지고 있다. 생존 년대는 대략 B.C.584~B.C.522년으로 추정된다. 子産은 先秦의 제자학이 형성되는데 누구보다도 실질적인 영향을 끼쳤다. 특히, 儒家 · 道家 · 法家 · 名家사상을 형성해 가는데 직접적인 영향을 주었다. 鄭나라는 제후국 중 늦게 건국되었으나 전략적 요충지로 晉과 楚의 침략을 받았었다. 또한 내부적으로도 귀족으로 인해 혼란스러웠다. 그는 귀족들만이 참여하는 소수의 專制정치를 지양하고,

은 사람을 태워 건네준 것[251]과 ≪지나칠 정도로 공손한 경우≫ 증자(曾子)[252]가 7일 동안이나 먹지 않은 것 ≪지나칠 정도로 슬퍼한 경우≫ 안평중(晏平仲)[253]이 의관(衣冠)을 세탁한 것[254]은 ≪지나칠 정도로 검소한 경우≫ 모두 [君子의 행실에 있어] 조금 지나친 경우들인 것이다.

대중이 참여하는 정치를 주장하였다. 그는 『周禮』에 근거한 정치를 펼치며, 정권의 기반이 선 뒤에는 禮治에서 法治로 전환해 나갔다.

251) 鄭나라 재상 자산(子産)이 사람들이 진수(溱水)와 유수(洧水)를 도보로 건너는 것을 보고, 자기가 타는 수레에다 사람들을 태워 건네 준 逸話를 가리킨다. 『孟子』「離婁下」篇에 鄭子産이 "乘輿濟人"한 이야기가 다음과 같이 소개되어 있다. "자산이 정나라 재상으로 있을 때 수레를 타고 지나가다 발을 걷고, 물을 건너가는 사람을 보고 수레에 태워 건네준 일 이 있었다. 맹자는 이 기록을 보고 이렇게 평했다. 자산은 인정은 많았지만 정치는 할 줄 몰랐다. 늦가을인 11월에는 사람이 건너다닐 수 있는 다리를 놓고, 첫겨울인 12월에는 수레가 지나다닐 수 있는 다리를 놓는다. 그러면 백성들은 물을 건너는데 고통을 느끼지 않는다. 군자가 정치를 바르게 하면 밖에 나갈 때 사람을 피하게 하는 것도 당연한 일이다. 그런데 어떻게 모든 사람들을 일일이 건네 줄 수 있겠는가. 그러기 때문에 정치하는 사람이 사람마다 기쁘게 해주려면 날이 또한 부족한 법이다." 여기에서 맹자는 子産을 "惠而不知爲政"라는 말로써 비판하고 있다. 즉 鄭子産은 자기가 보지 않는 곳에 얼마나 많은 사람들이 차가운 물에 발을 넣고 건너는가를 알았어야만 했다. 백성들이 추운 겨울에 발을 벗고 내를 건너는 일이 없도록, 장마철이 지나는 즉시 다리를 놓도록 만들어 주었어야만 했던 것이다.

252) 이름은 삼(參)이며, 字는 자여(子輿)이고, 증점(曾點)의 아들이다. 공자(孔子)의 고제(高弟)로 효심이 두터웠으며, 노(魯)나라 지방에서 제자들의 교육에 주력하였다. 『孝經』의 작자라고 전해지나, 확실한 근거는 없으며, 현재 전하는 『孝經』은 秦漢時代에 改修한 것이라는 설도 있다. 증자의 사상은 『曾子』 18篇 가운데 10편이 『大戴禮記』에 남아 전하는데, 孝와 信을 도덕 행위의 근본으로 한다.

253) 안평중(晏平仲)은 孔子와 同시대의 인물로서, 당시의 大國이었던 제(齊)나라의 재상 안영을 가리킨다. 『論語』「公冶長」에서는 "晏平仲善與人交, 久而敬之(안평중은 사람과 잘 사귀는구나! 오래될수록 오히려 공경하니)"라는 말로써, 晏平仲을 평가하고 있다.

254) 『禮記』에 유약(有若)의 말에 따르면, 齊나라 재상 안평중(晏平仲)은 여우 가죽으로 만든 옷 하나로 삼십 년 간이나 입을 정도로 검약했다고 한다.

[63] 수화 기제(水火 既濟)

䷾

水在火上, 旣濟, 君子以思患而豫防之.

물[☵]이 불[☲] 위에 있는 것이 旣濟卦의 象이다. 君子는 이 卦象을 관찰함으로써, 환란(患難)을 생각하고, 그것을 미리 방지한다.

坎爲寇盜 又爲疾病 ≪見說卦≫ 坎者 憂患也 离爲甲兵 又爲垣墉 ≪見說卦≫ 离者 防閑也 ≪易例 离爲閑≫ 坎之未形 ≪坎在外≫ 离已先成 ≪畫卦之時 必內卦先成≫ 思患而豫防也 离則虛心 所以思也

[旣濟卦의 上卦인] 坎은 도적이 되고, 질병이 되니 ≪「說卦傳」에 나옴≫ 坎은 우환(憂患)을 상징한다. 离는 갑병(甲兵)이 되고, 담(垣墉)이 되니 ≪「說卦傳」에 나옴≫ 离는 막음(防閑)을 상징한다. ≪易例에 따르면, 离는 막음이 된다.≫ 坎이 [아직] 형성되지 않았을 때에 ≪坎은 外卦에 있음≫ 离가 이미 먼저 형성되니 ≪卦를 그릴 때, 반드시 內卦가 먼저 성립됨≫ [이것이] "사환이예방(思患而豫防)", 즉 "환란(患難)을 생각하고, 그것을 미리 방지하는 것"이다. 离는 텅 빈 마음이니, 생각하는 바가 된다.

[64] 화수 미제(火水 未濟)

䷿

火在水上, 未濟, 君子以愼辨物, 居方.

불[☲]이 물[☵] 위에 있는 것이 未濟卦의 象이다. 君子는 이 卦象을 관찰함으로써, 신중하게 사물(事物)을 변별(辨別)하고,[255] 거처(居處)를 정한다.

卦自否來 ≪二之五≫ 三陽上聚 ≪否上乾≫ 物之無辨也 三陰下虛 ≪坤爲虛≫ 方而不居也 ≪坤爲方≫ 移之未濟 則乾以离斷 ≪上今离≫ 是 辨物也 ≪三陽 今有分≫ 坤爲坎宮 ≪下今坎≫ 是 居方也 ≪坎爲處≫ 二與四六 連成三艮 ≪上陽下陰 卽爲艮≫ 艮則爲止 愼之至也 物有臧否 方有邪正 其辨其居 可不愼乎

否 → 未濟

未濟卦는 否卦로부터 왔다. ≪[否卦의] 2가 5로 감≫ [否卦에서] 세 개의 陽이 위에 모여 있으니 ≪否卦의 上卦는 乾≫ 事物이 나누어지지 않은 것이며, 세 개의 陰이 아래에서 있어 [그 자리가] 비어 있으니 ≪坤은 虛가 됨≫ 자리는 있되, 거처하지 않는 것이다. ≪坤은 '方', 즉 '장소'이다.≫ [그런데 否卦로부터 推移하여] 未濟로 옮겨가게 되면, 乾이 离에 의해 절단되니 ≪[未濟卦의] 上卦가 지금 离≫ 이것이 "辨物", 즉 "事物을 분별함"이다. ≪세 개의 양획(陽畫)에 이제 구분이 생긴 것이다.≫ 또한 [否卦의 下卦인] 坤이 [변하여] 坎의 궁실(宮室)로 되니 ≪[未濟卦의] 下卦가 지금 坎≫ 이것이 "居方",[256] 즉 "머무를 곳을 정하는 것"이다. ≪坎은 거처(居處)가 된다.≫ 2位와

---

255) 辨物 : 同人卦의 「大象傳」에도 "辨物"이라는 말이 나온다. 즉, "天與火, 同人, 君子以類族辨物(하늘이 불과 더불어 있는 것이 同人卦의 象이다. 君子는 이 卦象을 관찰함으로써, 同類끼리 무리를 이루고, 事物을 辨別한다)"라고 함.

256) "居方"에서 居는 坎, 方은 坤의 德이다. 즉 원래의 비어 있던 坤方이 坎居로 인해, 居方이 된 것이다.

4位와 6位가 잇달아 세 개의 [작은] 艮을 형성하는데 ≪위가 陽이고, 아래가 陰이면, 곧 艮으로 간주될 수 있음≫ 艮은 멈춤을 뜻하니 [이런 멈춤이 세 번이나 있으므로] 신중함의 지극함을 뜻하는 것이다. 사물에는 좋은 것과 나쁜 것이 있고, [공간적] 방위(方位)에도 어긋난 것과 바른 것이 있으니, [사물을] 분별함과 [머무를 곳을] 결정함에 있어, [어찌] 신중하지 않을 수 있겠는가?

○易之爲道 分聚而已 乾坤者 聚之至也 旣未者 分之極也 物以羣分 分則有辨也 方以類聚 聚則爲居也 ≪史記云 一年成聚≫ 辨物居方 卽六十四卦 分聚之大經 而未濟爲六十四卦之終 君子之道 愼終而已 故 於六十四卦之終 曰愼

○易의 원리는 [단지 陰陽의] 나뉘어지고, 합쳐짐에 있을 뿐이다. 乾卦와 坤卦는 그 취합(聚合)의 극단적인 경우이고, 旣濟와 未濟는 그 분리(分離)의 극단적인 경우이다. 萬物은 [여러] 무리로 나뉘어지니,[257] 나뉘어지게 되면, 곧 구별이 있게 된다. [공간적인 방위(方位)의 측면에서 보더라도] 역시 같은 종류끼리 모여서 [그 머무르는] 방위(方位)를 定하게 되니, 모이게 되면, 곧 머무르게 된다. ≪『史記』「五帝本紀」에 이르기를, "一年成聚", 즉 "[舜이 사는 곳은] 1년이 지나자 취락(聚落)을 이루었다"라는 표현이 있다.[258]≫ [이처럼] "辨物"과 "居方"은 64괘가 나뉘어지고 합쳐지는 큰 원칙이다. 未濟卦는 64卦의 마지막이 되니, 군자의 道란 [그] 마침을 신중히 하는 것일 뿐이다. 그러므로 64괘의 종결(終結)에 이르러 "愼(신중할 것)"을 말한 것이다.

---

257) 같은 부류로 '나뉜다'는 것은, 같은 부류들끼리 '모인다'는 것이다.

258) 일년성취(一年成聚) : 『史記』「五帝本紀」에 나오는 말이다. 즉 "舜 …… 一年而所居成聚, 二年成邑, 三年成都(舜이 사는 곳은 1년이 지나자 취락(聚落)을 이루었으며, 2년이 지나자 읍이 되었고, 3년이 지나자 도시가 되었다)."(司馬遷, 『史記本紀』, 까치, 1994, 20면)

○說卦 主乎方 而立說 ≪如 震東方類≫ 序卦 主乎物 而著訓 ≪如物生必蒙≫ 又如否泰之反其類 ≪雜卦文≫ 風水之渙其羣 ≪此爻詞≫ 皆分聚之義也 讀易者 宜察之

○「說卦傳」에서는 方位를 중심으로 說을 세웠고 ≪예컨대 "震은 동쪽이 된다"고 하는 것과 같은 事例≫ 「序卦傳」에서는 事物을 중심으로 가르침을 드러내었다. ≪예컨대 "事物이 생겨날 때 [그 시초에는] 반드시 몽매하다"는 것과 같은 事例≫ 또 예컨대 "否泰, 反其類也", 즉 "否卦와 泰卦는 그 종류가 반대이다"라고 한 것과 ≪「雜卦傳」의 글≫ 風水 渙卦에서 "환기군(渙其羣)", 즉 "그 무리를 흩어 놓는다"라고 한 것은 ≪渙卦 六四[의 爻辭와 小象傳]≫ 모두 분산(分散)과 취합(聚合)의 의미에 해당된다. 『易經』을 읽는 사람은 마땅히 이를 잘 살펴야 할 것이다.

爻變表

1.乾	2.坤	3.屯	4.蒙	5.需	6.訟	7.師	8.比
初九=乾之姤	初六=坤之復	初九=屯之比	初六=蒙之損	初九=需之井	初六=訟之履	初六=師之臨	初六=比之屯
九二=乾之同人	六二=坤之師	六二=屯之節	九二=蒙之剝	九二=需之既濟	九二=訟之否	九二=師之坤	六二=比之坎
九三=乾之履	六三=坤之謙	六三=屯之既濟	六三=蒙之蠱	九三=需之節	六三=訟之姤	六三=師之升	六三=比之蹇
九四=乾之小畜	六四=坤之豫	六四=屯之隨	六四=蒙之未濟	六四=需之夬	九四=訟之渙	六四=師之解	六四=比之萃
九五=乾之大有	六五=坤之比	九五=屯之復	六五=蒙之渙	九五=需之泰	九五=訟之未濟	六五=師之坎	九五=比之坤
上九=乾之夬	上六=坤之剝	上六=屯之益	上九=蒙之師	上六=需之小畜	上九=訟之困	上六=師之蒙	上六=比之觀
用九=乾之坤	用六=坤之乾						

9.小畜	10.履	11.泰	12.否	13.同人	14.大有	15.謙	16.豫
初九=小畜之巽	初九=履之訟	初九=泰之升	初六=否之无妄	初九=同人之遯	初九=大有之鼎	初六=謙之明夷	初六=豫之震
九二=小畜之家人	九二=履之无妄	九二=泰之明夷	六二=否之訟	六二=同人之乾	九二=大有之離	六二=謙之升	六二=豫之解
九三=小畜之中孚	六三=履之乾	九三=泰之臨	六三=否之遯	九三=同人之无妄	九三=大有之睽	九三=謙之坤	六三=豫之小過
六四=小畜之乾	九四=履之中孚	六四=泰之大壯	九四=否之觀	九四=同人之家人	九四=大有之大畜	六四=謙之小過	九四=豫之坤
九五=小畜之大畜	九五=履之睽	六五=泰之需	九五=否之晉	九五=同人之離	六五=大有之乾	六五=謙之蹇	六五=豫之萃
上九=小畜之需	上九=履之兌	上六=泰之大畜	上九=否之萃	上九=同人之革	上九=大有之大壯	上六=謙之艮	上六=豫之晉

17.隨	18.蠱	19.臨	20.觀	21.噬嗑	22.賁	23.剝	24.復
初九=隨之萃	初六=蠱之大畜	初九=臨之師	初六=觀之益	初九=噬嗑之晉	初九=賁之艮	初六=剝之頤	初九=復之坤
六二=隨之兌	九二=蠱之艮	九二=臨之復	六二=觀之渙	六二=噬嗑之睽	六二=賁之大畜	六二=剝之蒙	六二=復之臨
六三=隨之革	九三=蠱之蒙	六三=臨之泰	六三=觀之漸	六三=噬嗑之離	九三=賁之頤	六三=剝之艮	六三=復之明夷
九四=隨之屯	六四=蠱之鼎	六四=臨之歸妹	六四=觀之否	九四=噬嗑之頤	六四=賁之離	六四=剝之晉	六四=復之震
九五=隨之震	六五=蠱之巽	六五=臨之節	九五=觀之剝	六五=噬嗑之无妄	六五=賁之家人	六五=剝之觀	六五=復之屯
上六=隨之无妄	上九=蠱之升	上六=臨之損	上九=觀之比	上九=噬嗑之震	上九=賁之明夷	上九=剝之坤	上六=復之頤

25.无妄	26.大畜	27.頤	28.大過	29.坎	30.離	31.咸	32.恒
初九=无妄之否	初九=大畜之蠱	初九=頤之剝	初六=大過之夬	初六=坎之節	初九=離之旅	初六=咸之革	初六=恒之大壯
六二=无妄之履	九二=大畜之賁	六二=頤之損	九二=大過之咸	九二=坎之比	六二=離之大有	六二=咸之大過	九二=恒之小過
六三=无妄之同人	九三=大畜之損	六三=頤之賁	九三=大過之困	六三=坎之井	九三=離之噬嗑	九三=咸之萃	九三=恒之解
九四=无妄之益	六四=大畜之大有	六四=頤之噬嗑	九四=大過之井	六四=坎之困	九四=離之賁	九四=咸之蹇	九四=恒之升
九五=无妄之噬嗑	六五=大畜之小畜	六五=頤之益	九五=大過之恒	九五=坎之師	六五=離之同人	九五=咸之小過	六五=恒之大過
上九=无妄之隨	上九=大畜之泰	上九=頤之復	上六=大過之姤	上六=坎之渙	上九=離之豐	上六=咸之遯	上六=恒之鼎